U0031362

意外的國度

蔣介石、美國、與近代台灣的形塑

ACCIDENTAL STATE

CHIANG KAI-SHEK, THE UNITED STATES, AND THE MAKING OF TAIWAN

林孝庭 著·校訂 — 黃中憲 譯

目次

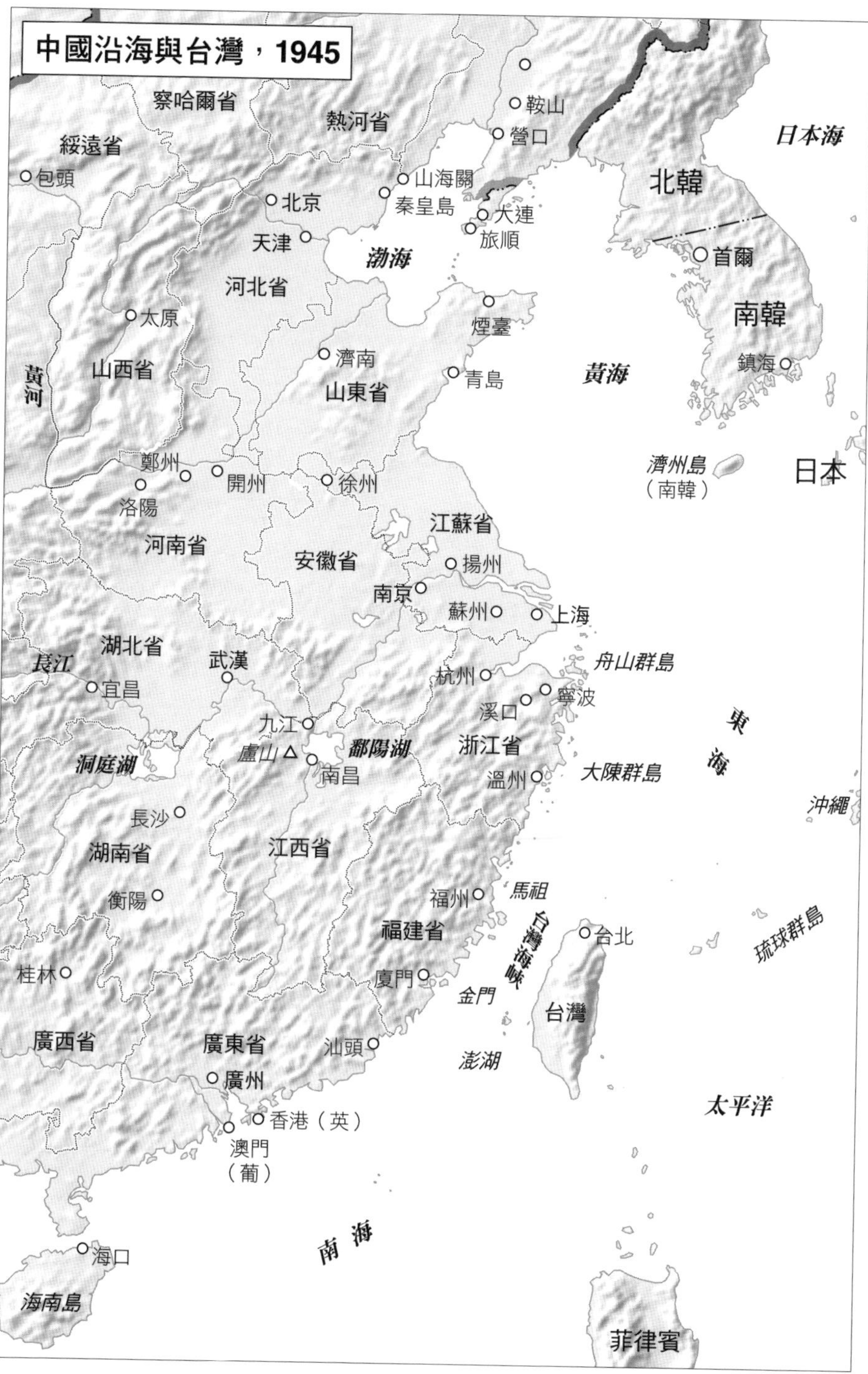
中國沿海與台灣，1945
察哈爾省
熱河省
綏遠省
包頭
鞍山
營口
日本海
山海關
秦皇島
北京
大連
旅順
北韓
天津
渤海
首爾
河北省
煙臺
南韓
太原
濟南
青島
黃海
鎮海
黃河
山西省
山東省
濟州島
（南韓）
日本
鄭州
開州
徐州
洛陽
江蘇省
河南省
安徽省
揚州
南京
蘇州
上海
湖北省
長江
武漢
舟山群島
杭州
宜昌
寧波
溪口
東海
九江
廬山
鄱陽湖
浙江省
洞庭湖
南昌
溫州
大陳群島
沖繩
長沙
湖南省
江西省
馬祖
福州
衡陽
台灣海峽
台北
福建省
琉球群島
桂林
廈門
金門
台灣
廣西省
廣東省
汕頭
澎湖
廣州
太平洋
香港（英）
澳門
（葡）
南海
海口
海南島
菲律賓

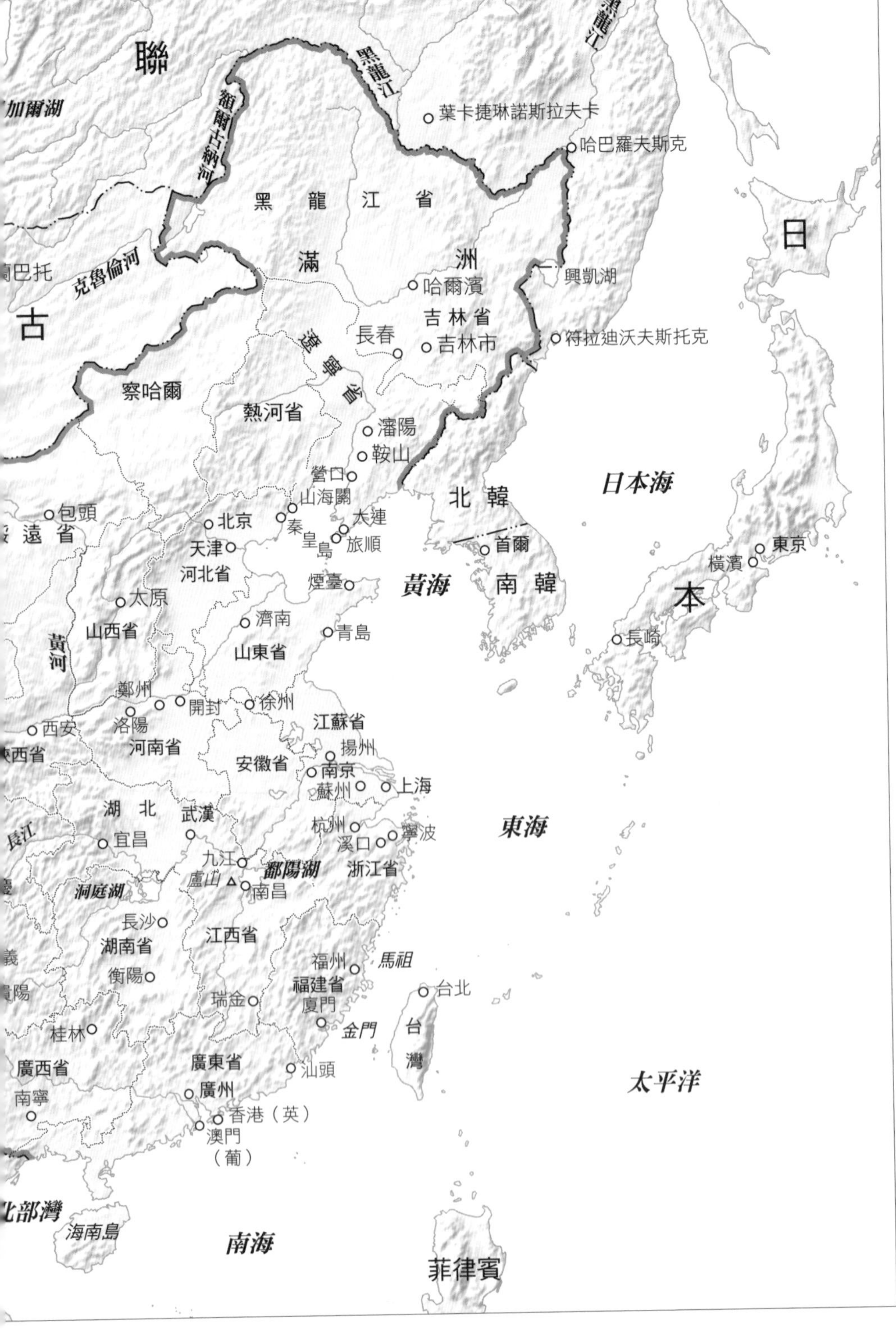

聯
加爾湖
額爾古納河
黑龍江
葉卡捷琳諾斯拉夫卡
哈巴羅夫斯克
黑龍江省
克魯倫河
滿
洲
興凱湖
哈爾濱
吉林省
長春
吉林市
符拉迪沃夫斯托克
古
遼寧省
察哈爾
熱河省
瀋陽
鞍山
營口
山海關
大連
旅順
秦皇島
北京
包頭
遠省
天津
河北省
煙臺
北韓
首爾
南韓
黃海
日本海
日
本
東京
橫濱
長崎
太原
山西省
黃河
濟南
青島
山東省
鄭州
開封
徐州
洛陽
西安
河南省
江蘇省
揚州
南京
上海
蘇州
安徽省
湖北
武漢
長江
宜昌
杭州
溪口
寧波
東海
九江
廬山
鄱陽湖
南昌
浙江省
洞庭湖
長沙
湖南省
江西省
衡陽
福州
馬祖
福建省
台北
瑞金
廈門
金門
台灣
桂林
廣西省
廣東省
汕頭
太平洋
南寧
廣州
香港（英）
澳門
（葡）
海南島
南海
菲律賓

中華民國，1945 年
蘇
伊爾庫茨
唐努圖瓦
巴爾喀什湖
伊塞克湖
蒙
烏魯木齊
喀什
莎車
新疆省
中國突厥斯坦
阿富汗
內蒙
寧夏
甘肅省
和闐
青海湖
西寧
拉合爾
青海省
噶大克
西藏
長江
新德里
尼泊爾
四川
布拉瑪普得拉河
拉薩
西康省
加德滿都
恒河
不丹
印度
密支那
昆明
雲南省
達卡
加爾各答
臘戍
曼德勒
湄公河
緬甸
法屬印度
孟加拉灣
暹羅
仰光

「中華民國在台灣」的歷史形塑

劉維開（政治大學歷史系教授）、王文隆（中國國民黨黨史館主任）

歷史的發展因素，有必然，也有偶然。中華民國政府於一九四九年十二月遷至台北，之後展開了中華民國在台灣生存發展的歷程，是一連串必然與偶然相碰撞的結果。林孝庭博士這本《意外的國度：蔣介石、美國、與近代台灣的形塑》，正是講述這個必然與偶然相碰撞的故事，故事的主角是蔣介石與美國。

蔣介石在一九四九年十二月的日記中，對於政府遷台一事，寫了如下一段感想：「在川、滇、康、黔叛離混亂之下，毅然獨斷，遷移中央政府於台北，……當時對於遷都台北問題，多主慎重，不即遷台。蓋恐美國干涉或反對，不承認台北為我國領土，及至最近年杪尚有人顧慮美將以武力占台者，此則自卑自棄不明事理之談。余始終認余在台，政府遷台，美、英決不敢有異議。如其果用武力干涉或來侵台，則余必以武力抵抗，寧為玉碎不為瓦全。以其背盟違理，曲在彼而直在我也。最近美國杜魯門且聲明台灣為我國民政府所屬領土之一部，而其對我政府繼續承認，並明言台灣非獨立國家，此語使台灣倡議獨立自治或託管之邪說者，可以熄滅矣。」顯然當時政府內部對於中央政府遷台一事，有著相當考慮，其主要原因來自於美國對於台灣的主張，而蔣介石的「毅然獨斷」，展開他與美國圍繞著中華民國在台灣生存發展的對弈。

林孝庭為英國牛津大學東方學部博士，現任美國史丹佛大學胡佛檔案館東亞館藏部主任。早期從事近代中國政治、外交、邊疆與少數民族研究，二〇〇七年獲聘為美國史丹佛大學胡佛研究所研究員，進一步閱讀該所檔案館庋藏豐富的民國史資料，包括宋子文資料以及暫存該所的蔣介石日記等，並將研究領域擴大至冷戰時期美、中、台三邊政治、外交與軍事關係，二〇一五年曾將歷年來撰寫相關論文結集出版《台海・冷戰・蔣介石：解密檔案中消失的台灣史一九四九—一九八八》，深獲各界重視與好評。

本書為林孝庭博士探討冷戰初期，美國與中華民國關係發展的一本專著。他從一九四三年，中、美、英三國領袖於開羅會議發表公報，宣示日本在戰後將台灣與澎湖歸還中華民國開始，至一九五四年，中華民國與美國簽訂《中美共同防禦條約》止，仔細分析了這十多年之間，中、美兩國互動的歷史過程，並藉以回答一個對於許多人來說好像理所當然，但是實際上卻是跌宕起伏、波譎雲詭的問題：「中華民國在台灣」是如何形成的？

全書除導論、結論外，分為十章，重點集中於台灣在二戰結束前後中國內部政治局勢與東亞地區國際情勢發展，兩股劇烈變動力量的牽扯下，如何被形塑與重新定位。作者指出中華民國在台灣形成的歷史過程，遠比過去學界所認知的要更為複雜，其中摻雜著許多過去為人所忽略的歷史因素與因緣際會，包括二戰與戰後許多鮮為人知的政策制訂，或者歷史意外與巧合。充分體現了美國官方以及諸多美方人物所曾經扮演的複雜與決定性角色，以及二戰結束後至冷戰初期，美國在亞太地區的地緣戰略問題，如何與國民黨政權的裂解以及內部權力鬥爭，發生緊密的關聯。

作者參閱大量的中、英文檔案資料，提供了不少以往不為外界所熟知的歷史事實。例如在一九四九年之後的一段時間，美國對於蔣介石失去了信任，一再考慮支持某些特定人選或第三勢力以取代蔣，作者指出這件事情背後有個不為人知的原因。在一九四七至一九四八年前後，隨著國共內戰加劇，以及未曾預期中國共產黨能夠迅速席捲中國大陸，所以美國軍事情報部門普遍預測中國內部局勢極可能重新回到民國初年軍閥割據的狀態，在中國共產黨尚未統治的地區，將出現不同的區域性反共政權。正是在這種思維下，美國政府認為必須加速扶持中國各地區的區域反共領導人，而非繼續與一個正在全面潰散瓦解的國民黨政權打交道。又如，一九四九年十二月，當成都面臨共軍威脅時，中央政府曾經考慮遷至昆明，但是雲南省主席盧漢態度曖昧，不為外界所知的是盧漢當時企圖尋求美國支持雲南宣布獨立，以拒絕蔣介石想要把中央政府遷往昆明的意圖。但是美國方面並未接受盧漢的請求，遂使盧漢決定投向中共靠攏。雲南情勢的演變，讓蔣介石斷然決定，請行政院召開緊急會議，通過政府播遷台北，在西昌設大本營案，隨即發布由代總統李宗仁具名的總統令。也因為這個決定，對中華民國的發展產生了關鍵的影響。

書中對於美國對華政策與規劃所帶來的影響，描述尤深，由此也能見得美國對於全球防堵共黨擴散之重視，因而各方也多仰盼美國政府投以關愛眼神，甚至試著透過諸多管道向美國示好，在一般研究國共內戰及台海兩岸政治分離的課題上，勾勒出內戰與冷戰交疊的圖像，都隱約有著美國的身影，使我們進一步理解美國在這段時期對於中華民國政治、軍事的影響。在韓戰爆發之後，美國寄望台灣成為第一島鏈不可或缺的一環，這是基於全球冷戰結構的戰略考慮，以地緣政治為基礎所做的判斷，但這並不意味著美國就必須支持播遷來台的蔣介石或國民黨政權，因而曾經負笈美國維吉尼亞軍校的孫立人、被視為民主派的吳國楨，甚至反蔣又反共的第三勢力都曾經是美國考慮合作的對象。此外，作者也敏銳地細分美國在這段時間的對華政策，並非將美國視為一個整體，而是把每一個影響著美國對華政策的角色切分出來，從中細看每個角色所提出的對華政策、對台規劃，使得葛超智、柯克、麥克阿瑟、艾奇遜等人所扮演的不同角色與不同的觀點，躍於紙上。同樣地，作者也反過來以蔣介石的角度，看待蔣介石如何在美國實際上並不盡信任，甚至有可能遭到不測的情況下，利用日籍軍事顧問、麥克阿瑟的盟軍總部、柯克等不同的脈絡，開啟了一條異於華府的非官方途徑，為自己及國民黨政權在台灣的存續爭取機會。

當然在閱讀完全書之後，讀者應該注意到在這個故事中，還有一個主角，就是中共的角色似乎隱而不顯，使得故事的完整性有所不足。作者在「導論」中也提到了這個問題，指出中國共產黨與中華人民共和國的「作為與不作為、成與敗，在中華民國如何於台灣定型的歷史過程中，同樣具有舉足輕重的地位，值得日後進一步探討」。好在近年來，本書所涉及冷戰初期的中文資料大量開放，以及兩岸關係發展的研究成果陸續出現，對於這個問題希望有進一步了解的讀者不難找到參考。而本書作為一本探討中華民國如何在台灣形塑，以及美國在此一歷史過程中所發揮作用的著作，作者藉由大量史料，對一九四三年至一九五四年間這十多年的歲月加以描繪，從中尋覓台灣在此期間，自一個日本殖民地，到經過國民政府接收，以及成為中華民國政府實質控制的最後堡壘，甚至最終成為一個意外國度的歷程，十分成功地傳達了他的目的，能說是一本相當優質的入門書。

或許是出於對現實國際政局的關懷，作者觀察到當前美國正重新思考全球布局，因而回顧美國在東亞的角色以及對華政策的歷史源流，找到了中華民國在台灣的發展線索——自一九五〇年代迄今都沒有改變的結構，即使冷戰終結也沒有基本的變化。對於台灣的讀者而言，除了可以看到一個與以往相關研究不完全相同的論點外，關心美國與台灣關係將如何發展的讀者，本書應該也可以提供需要的答案。

中華民國紙牌屋

涂豐恩（「故事：寫給所有人的歷史」網站創辦人）

一九五一年的七月，對蔣介石而言想必是段難熬的時間。

不過半年前，美國政府因應韓戰爆發後的新局勢，決定提供國民黨政府超過七千萬美元的援助。這對風雨飄渺、前途未卜的蔣氏政權而言，原本該是件值得慶幸的好消息。然而拿人手短，接受了美國的援助，也意味著蔣介石必須讓渡出一部分權力，讓美方介入中華民國的運作。而美國這位老大哥也著實不客氣，為了確保這筆經費能夠有效利用，達到原本的戰略目的，美國早已打定主意，將會嚴格監督、全力介入軍援的分配和使用，就算侵犯中華民國的主權也在所不惜。

盱衡情勢，國民黨政府別無選擇，只能乖乖聽從美國的指令，「反攻大陸」的夢想仍得放在心底，但扮演美方忠實而可靠的盟友，才是當下最重要的目標。

然而習慣指點天下的蔣介石，豈會心甘情願受人指導？委曲求全的他，將心中的憤恨不滿，全都化成了文字。在那年七月的日記，他忿忿不平地抱怨美方「以美援為理由，要求我軍事與經濟不合理緊縮」，並說自己「腦筋中悲憤哀傷，竟是夜夢泣醒，此種汙辱刺激，實為近年來所未有之現象。」

《意外的國度》一書，寫一九四九年前後的中華民國與台灣，如何在沒人能夠意料、或許也沒人樂見的發展下，成為了一個無奈的命運共同體。上述故事是本書的一個片段，而故事中的兩方，蔣介石政府與美國，正式推動這段歷史發展的兩個主角。在快速變換的國際局勢中，他們時而彼此算計，時而相互角力，都是要為自身謀求最大利益。

但可想而知，在內戰中不斷敗逃、最後將江山拱手讓人的國民黨政府，幾乎已是自身難保，必須仰人鼻息，引此在美國人面前不免總顯得矮上一截。也難怪，那段時間，蔣介石在日記中，屢屢以直率的語言，表達對美國的不滿。一九四八年，代表民主黨的杜魯門連任美國總統。杜魯門國民黨政府向來不甚友善，加上同一天，國民黨才剛丟掉了瀋陽，宛如雙重打擊，以致蔣介石在得知來自美國的消息後，竟稱自己「屢萌生不如死之感」。

夜夢泣醒、生不如死，這是一個威權時代不曾出現的領袖形象——民族救星豈能有軟弱的一面？但也是這些細節，展現了蔣介石與國民黨在戰後那段時光的窘迫與不安。

本書作者林孝庭教授是近年來在海外最受矚目的台灣歷史學者，他自台大政治系、政大外交所畢業，而後赴英留學。二〇〇六年，他以《西藏與國民政府時期的中國邊疆》（*Tibet and Nationalist China's Frontier: Intrigues and Ethnopolitics, 1928-49*）一書，奠定了學術地位，隨後加入史丹佛大學的胡佛研究所任職，直到今天。

胡佛研究所由美國第三十一任總統胡佛（Herbert Hoover）建立，一九一九年他捐贈給史丹佛大學五萬美金，成立這樣一所以「戰爭、革命與和平」為焦點的研究中心。經過將近一世紀，今天的胡佛研究所早已是學術重鎮，不僅有著出色的研究人員，更擁有超過四千萬件的檔案收藏，成為它傲視學界的本錢。更為一般台灣讀者所熟知的，是胡佛研究所受蔣家後人之託，保管頗受外界關注的「蔣介石日記」，因此屢屢吸引學者前往訪學。

在眾多學者留下的訪學紀聞中，林孝庭是一再被提起的名字。任職於胡佛研究所的他，往往居中牽線，為遠道而來的學者打點安排。而他自己，有了地利之便，更能充分利用蔣介石日記提供的線索，同時搭配英美等地公開的官方檔案，近年來屢屢推出新作，言人之所未言，開啟我們對於二十世紀東亞歷史的許多新認識。

《意外的國度》是他的最新力作，正如書名所顯示，他認為今天我們面對的「中華民國在台灣」體制，是場歷史的偶然，而非源自任何一方的算計或操縱。這樣的說法，或許要讓亟於擁護或打倒中華民國的讀者為之側目，但正如他一再論證的，歷史變化往往超乎人的意志與預期。

戰後的世界局勢詭譎複雜，表面上美國得以呼風喚雨，實際上它卻未必無所不能，甚至還時因為情報不足進而誤判情勢，或者因為內部的權力鬥爭，導致政策無法順利推行。比如，眾所週知，美方曾一度想要扶植親美的孫立人與吳國楨，將蔣介石取而代之，但最終未能如願。而美國情報局也曾大力支持國民黨與共產黨之外、棲身於香港的「第三勢力」，提供他們資源與訓練，希望以此牽制國共兩方，最後卻以完全失敗收場。韓戰的爆發與後續情勢，更是一發不可收拾，超出美國的控制，讓它必須重新審視原本的東亞政策。

換句話說，在這場國際政治的權力遊戲中，沒有誰比誰更高明，每個國家都必須盱衡度勢、步步為營地決定其政策走向，時時計算它與盟友之間的利害關係。美國如此，資源和能力都極其有限的國民黨政府，當然更是如此。

這樣的觀察，在林孝庭的前一本中文著作《台海．冷戰．蔣介石》中已經有跡可循。在這本書中，它利用大量的檔案資料，重建了數個重要的歷史個案。值得注意的是，他告訴我們，蔣氏政權雖然屢屢顯得左支右絀，但仍不時有奮起的一面，希望把握國際局勢創造出的機會，在夾縫中找到生存之道。比如冷戰期間，國民黨政府曾經十分積極地與東南亞國家接觸，輸出「反共經驗」，建立軍事情報合作網路，為的是將自己打造成亞洲的反共領導先鋒，換取美國的支持和援助。

《意外的國度》可以視為林孝庭這些年對戰後台灣歷史研究的階段性總結，與前一本著作相比，這本書提供了更具系統、更為完整的敘事。他從一九四七年的二二八事件開始，一路寫到一九五四年台美簽訂共同防禦條約，透過檔案的交相比對，細密地重建了其中的歷史演變。

儘管有扎實的檔案研究作為基底，《意外的國度》寫來卻無一般學術作品的艱澀之感，透過檔案中透露的細節，林孝庭讓這段歷史變得活靈活現，躍然紙上，書裡有著專業學者的嚴謹，卻也富含極為精彩的故事。

在他筆下，蔣介石一方面要與黨內各種勢力鬥爭，一方面要又在國際上鞏固自己的聲望。如一九四九年七月，他造訪菲律賓，與菲律賓總統季里諾（Elpidio Quirino）高調會面，並商討成立「太平洋聯盟」（Pacific Union）的可行性；四週之後，他又轉往南韓，與南韓總統李承晚見面。如此活躍、四處奔走，求的都是在國際舞台上保持能見度，並從中換取與美國要求援助之籌碼。

除了外交手段外，林孝庭也發現，在韓戰正式爆發之前，蔣介石就曾密謀派遣國民黨特務到南北韓邊界，引發局部武裝衝突，甚至是大規模戰爭。他的盤算是，這樣一來，美國勢必會改弦易轍，更加重視它的亞洲盟友，並全力保衛台灣的地位，國民黨政府也不必在擔心面臨倒台的危機。

他也懂得利用美國政府內部之矛盾，如一九五〇年七月，麥克阿瑟將軍自日本造訪台灣。當時韓戰已經開始，而麥克阿瑟仍是美軍在東亞的最高指揮官。自視甚高的麥克阿瑟，不但與杜魯門早有嫌隙，對於蔣介石也並無好感，甚至曾說他「對用兵一竅不通」。但他造訪台灣，對蔣介石而言是莫大的鼓舞，後者也抓住了機會，據說兩人不但相談甚歡，還達成諸多共識，惹得白宮內部極為不滿，下令要麥帥遵循華府政策，切勿輕舉妄動。

當然，不會只有蔣介石單方面地利用美方內部的分歧，美方對於國民黨內部的權力鬥爭，也是了然於心。在一九四九年前後，中華民國政府分崩離析之際，美方也不斷在尋找可能的合作對象。按照本書的說法，蔣介石在大多數的時間裡都不是華府心目中的最佳人選。除了前面曾經提及的孫立人與吳國禎外，美方一度頗為同情廖文毅等「台灣再解放聯盟」的成員，並與林獻堂、楊肇嘉等台籍精英保持密切往來。這些舉動，在在顯示對於蔣氏政權的不信任。在這種情況下，蔣介石竟然撐過了風風雨雨，保住大位，其中固然有他個人的算計與努力，但最終或許仍得算是種種因緣匯聚下的結局。

林孝庭也從檔案當中，挖掘出了許多少為人知的故事。比如一九四九年六月前後，在美國中央情報局內部一度盛傳，有個「暗殺某位亞洲領導人」的方案正在醞釀當中，而這位亞洲領導人，指的很可能就是蔣介石。又比如一九五〇年，眼看前途茫茫，蔣介石一度在日月潭召集黨務會議，計畫放棄他口中「早該被消滅、淘汰」的國民黨，改組新的「中國民主革命黨」，以另覓出路，期盼能夠重獲新生。凡此種種，都讓我們對該這段歷史有了更為生動的理解。

《意外的國度》既充滿著細節的魅力，又能宏觀地掌握歷史局面的演變，有條不紊地將一段複雜的歷史呈現在讀者面前，在在展現一位傑出歷史學者的功力。當國際局勢又一次變幻莫測的當下，在台灣前途依舊渾沌不明的時刻，重溫這一段美中台三角關係的歷史，似乎不只有著知識上的重要性，可能也將有著現實上的意義了。

導論

一九四九年十月一日，中華人民共和國在北京宣告成立，同年十二月，於國共內戰全面挫敗而失去江山的中華民國政府，自四川成都倉皇播遷台北，此後，一個與中國共產黨統治下的中國大陸互不統屬、在中國國民黨黨國體制運作下的實存國家，於台灣島上逐漸形成。本書之宗旨，在於探討中華民國如何在台灣形塑的歷史轉折過程。過去數十年來，我們往往傾向於將台灣海峽兩岸兩個政治實體的存在，視為二次大戰後國共兩黨激烈內戰下的必然結果。誠然，在我們過去的普遍認知裡，一九四九年國共內戰最後階段，隨著中國國民黨在大陸各地節節敗退，蔣介石不得不選擇台灣作為最後權力根據地，致力將該島打造成為堅強的反共堡壘。國民黨撤退來台之後，憑藉著台灣海峽天然屏障，得以阻止解放軍進犯，而一九五〇年夏天韓戰爆發之後，台灣進一步受到美國的軍事保護。冷戰初期，由於解放軍尚欠缺由海、空侵犯台澎的實力，蔣介石與其追隨者得以在台灣島上逐漸安定下來，並在之後數十年間，在島上細心經營，灌養反攻大陸與光復國土的希望。[1]

本書以中、英文檔案史料為基礎，包括蔣中正總統文物、中國國民黨黨史資料、蔣介石私人日記、宋子文專檔與美國國務院、中央情報局等相關文件檔案，嘗試描繪出「中華民國在台灣」這段關鍵時刻的另一種歷史風貌，跳脫我們過去所普遍認知的框架，並重述這一段歷史。本書主張中華民國與中國國民黨的黨國體制在台灣形成的歷史過程，遠比過去學界所認知的，要更為複雜與詭譎，其中摻雜著許多以往為人所忽略的歷史因素與因緣際會。回顧這段歷史，短短十餘年間，台灣從一個日本殖民地，轉變成為二次戰後中華民國新收復的邊疆島嶼省份，再成為蔣介石「自由中國」的所在地與反共中樞，並在往後二十年間，成為國際社會上「中華民國」的正統象徵與主流政治圖騰。這個過程歸於諸多因素，包括二次大戰與戰後許多鮮為人知的，即興式的、未預先設定的、充滿著個人色彩的政策制訂與規劃，甚至蘊藏著歷史意外與巧合。「中華民國在台灣」的歷史形塑過程中，還充分體現出美國政府官方與民間諸多人物，其所曾經扮演過的複雜關鍵角色，同時也與二戰後至冷戰初期，美國在亞太地區的地緣戰略問題，究竟如何與國民黨政權的崩潰和內部權力鬥爭，發生緊密關聯。嚴格而論，此書並非在於回顧國共鬥爭史，而是聚焦於二次大戰結束前後，台灣在中國內部政情演變與東亞地區國際情勢發展這兩股急劇變動力量的牽扯下，如何被形塑與重新定位。

基本而論，本書的重點並非在於探討國共兩黨衝突根源，或者探討為何一九四九年中共勝出，而國民黨慘敗。過去的相關研究，總把重點擺在闡述共產黨為何打跨國民黨，然本書並不著眼於此，而是放眼一九四五年日本投降後的東亞國際政治格局和中國內部情勢，並將此一時期的台灣，置於大的時空背景框架裡來檢視。本書從台灣作為日本殖民地開始談起，於日本戰敗後成為國民政府新收復的一個中國邊陲島嶼省份，隨著國共內戰席捲整個中國大陸，這座島嶼最終成為中華民國的所在地與國民黨最後的權力中樞，以後見之明，這個結局幾可說是既非國民黨政府、也非美國人所刻意促成的歷史結局。

台灣島座落於西太平洋，中國大陸東南沿海，如今構成「中華民國」的絕大部分領土。「中華民國」是這個國家的正式國名，冷戰時期，有人把它稱作「國民黨中國」（Nationalist China）或者「自由中國」（Free China），自一九九〇年代起，「中華民國在台灣」成了最常見到的辭彙。中共領導人認為台灣不是主權國家，而是中華人民共和國的領土一部分。過去數十年間，由國民黨所領導的中華民國政府也奉行一個中國政策，且直到一九九一年李登輝總統公開宣示不否定中共為一控制大陸地區的政治實體為止，依然堅稱其有效稱其主權涵蓋整個中國大陸。然而國民黨在島內的最大政治對手、二〇〇〇至二〇〇八年間首度執政並於二〇一六年二度執政的民主進步黨，則向來主張台灣並非中國的一部分，尋求將台灣視為自成一體、獨立、且具有完整主權的民族國家。統獨問題分裂台灣人民與社會；無論如何，沒有人會否認在討論或探討台灣未來時，兩岸關係將無可避免地成為一個重要課題。

直到如今，不論各方如何詮釋一九四三年《開羅宣言》的效力，一個不爭的事實是，美國總統羅斯福、英國首相邱吉爾與國民政府主席蔣介石在該會議上的討論結果，成為台灣與澎湖在戰後從日本回歸到中國的一個重要分水嶺，在美國支持與英國無異議的情況下，蔣介石獲得盟邦承諾戰後收回台灣，然而，在這一表象背後，卻隱藏著許多極為微妙與複雜的形勢；在國民政府內部，遲至抗戰接近尾聲之際，該如何界定台灣未來的行政地位以及台灣與大陸之間的連結，依然懸而未決；在美國，外交與軍方內部人士對於戰後台灣政治地位該如何定位，才符合

1 有關國民黨政府撤退來台經過綜述，另請參見：Jonathan D. Spence, *The Search for Modern China* (New York: W.W. Norton, 1990), 504–513; Jonathan Fenby, *Modern China: The Fall and Rise of a Great Power, 1850 to the Present* (New York: HarperCollins, 2008), 353–375; Michael Dillon, *China: A Modern History* (London: I.B.Tauris, 2010), 259–283.

美國在遠東地區的最佳利益，同樣爭論不休，儘管《開羅宣言》正式對外公布，美政府內部仍有不少人力主讓台灣於戰後接受聯合國託管，而非歸還中國。

雖然華府軍、政當局圍繞著台灣地位問題的辯論，最終並未影響國民政府於戰後接收台灣，然而美國政府在日本正式投降前夕所採取的一些當時看似無關大局的舉措，卻對日後台灣的命運帶來深遠影響。舉其中一例：美國於日本投降後臨時放棄了原本擬定在台灣成立一過渡時期軍政府，負責接管台灣並監督島上日本原殖民政府所管轄之龐大公營與民間物資的轉移，而是放手讓陳儀所領導的台灣省行政長官公署來全權處理戰後初期台灣事務，這種下了十八個月後「二二八」事件的遠因。隨著國共內戰局勢日益惡化，到了一九四〇年代晚期，一些在二戰時期無從真正獲得實施之有關台灣地位問題「假設性」方案，譬如聯合國或東京盟軍總司令部託管，卻悄悄地在華府決策圈內獲得認真考慮，最著名的例子就是曾在「二二八」事件中扮演要角的葛超智（George Kerr），他向來力主台灣自決與託管，其訴求在二戰期間與日本投降後，並不為美政府所重視，然到了國共內戰晚期，卻一度成為杜魯門行政當局對台政策的選項之一。

本書對於美國在「二二八」事件中所扮演的角色，進行了新的審視。國民政府指責當時美國駐台北副領事葛超智背後煽動台灣人脫離中國統治，最後導致葛超智被美方召回，然而在離開中國返回美國前夕，葛超智對於台灣治理的個人備忘錄，被收入於美國駐華大使司徒雷登（John Leighton Stuart）呈給蔣介石的正式建議報告書裡，也間接地影響了國民政府日後著手調整對台策略；蔣介石一改原本堅定支持陳儀的立場，任命文官出身的魏道明繼任，來撫平台灣同胞的憤怒與不滿情緒，並接納更多台籍人士進入省政府體制內，同時著手推動各項政、經改革。回顧歷史，這些舉措也標誌著台灣經濟體制，從戰後陳儀所提倡的統制經濟，逐步放寬，並於一九五〇年代起，慢慢走向自由經濟與市場經濟。易言之，二二八事件後國民政府在台灣的一些初步改革，主要目的是為了安撫當地民眾，然而這也是一個歷史的偶然，因為這些補救舉措也在無意中為一九四九年以後「中華民國在台灣」的過程，奠下基礎。另一方面，此時已回到華府的葛超智，仍不斷在國務院與軍事情報圈裡力倡美國應協助台灣建立一個開明、有別於中國大陸的政治經濟體系，方能符合美國在亞太地區最大利益，而隨著國共局勢愈趨惡化，「台灣託管」此一觀點也迅速成為美方主流看法之一。

漸漸地，「台灣託管論」不只受到主張獨立的台灣人歡迎，由於台灣民眾對於國民黨統治的不滿情緒升高，該主張也受到華府某些軍、政首長歡迎。隨著國共內戰中國民黨形勢江河日下，前景黯淡，華府決策者決定放棄蔣介石，甚至到了一九四九年底之際，為了鼓舞毛澤東所領導的新中國走上「狄托主義」之路，與蘇聯區隔，華府一度打算靜待國共內戰局勢塵埃落定，期盼北京與美國展開交往。另一方面，杜魯門政府裡依然有許多不願見到台灣落入共產黨之手者，堅稱中國對台灣的主權，只有在與日本簽定正式和約之後，方能生效，此一時期美國政府對台與對華政策的混亂與不一致，可見一斑。

一個過去不為人知的歷史事實是，一九四七至一九四八年前後，隨著國共內戰加劇，以及不預期中國共產黨能夠很快席捲整個中國大陸，美國軍事情報部門開始預測，中國內部局面極可能重新回到民國初年軍閥割據的分裂狀態，地方主義盛行，在中國共產黨尚未統治的地區，將出現許多不同的「區域性」反共政權。誠然，此種預測事後證明是錯誤的，然而在一九四〇年代晚期，正是在此種思維下，美國政府體認到必須加速扶持中國各地的區域反共領導人，而非繼續與一個正在全面潰散瓦解的中華民國政府中央來打交道。就台灣而言，蔣介石一九四九年初「引退」之後，時任台灣省主席的陳誠，於高雄鳳山練兵的孫立人將軍，以及向來立場與作風開明的前上海市長吳國楨等，都是美方當時可能支持出面主持台灣政局的可能人選。此時退而不休的蔣介石，仍欲在幕後操控政局，其構想是希望在中國東南沿海地區，建立一個涵蓋台、浙、閩三省的戰略三角，然因失去了美國的支持與信任，下野後的蔣介石，其反共布局也變得更加困難，他與昔日部屬之間的關係也愈趨緊張。

本書對於蔣介石與他引退前夕親自挑選擔任台灣省主席的陳誠之間的微妙關係，有深入的探討。一九四九年春，為了強化台灣的經濟與金融安全自主，陳誠認為他有必要違抗蔣介石的意旨，而與當時主持中央政府的桂系李宗仁妥協，陳於一九四九年五月不顧蔣的反對，自台北飛赴廣州與李宗仁會晤，換來李宗仁同意台灣省政府日後取得更大的自主權，包括爭取到台灣銀行在台徵稅權與動用外匯權、省政府獲准動用黃金白銀外匯儲備、高雄與基隆海關獨立運作權、台幣與大陸法幣脫鉤等足以穩定台灣財政的重要措施，此亦可視為台灣命運重要轉捩點之一。與此同時，中國大陸上各地局勢的演變，也都牽動著台灣日後的政治命運，本書中首次揭露的一九四九年雲南獨立運動，即是一例；該年秋天，雲南省主席盧漢依然幻想著美國對華援助的「區域化」，將有助於他設法保持雲南的中立地位，遠離國共之爭，當時他曾透過管道向華府表明，希望美國支持雲南宣布獨立，以拒絕蔣介石把國民黨中央由四川遷往昆明的意圖，盧漢並表示未來獨立後的雲南，將可利用境內豐富的礦產與鴉片來支撐其財政，只不過華府最後並未允諾，這也讓盧漢決定向中共靠攏，宣布雲南「起義」，形勢的演變，讓蔣介石失去了留在中國大陸上奮力一搏的最後希望，至此，退守台灣已成了他唯一的選擇。

一九四九年底，當蔣介石父子把搖搖欲墜的中華民國中央政府遷到台北時，國民黨所統轄的主要領土僅剩下台、澎、海南島，以及江、浙、閩沿海的外島，美國杜魯門行政當局對於中國局勢「塵埃落定」的消極態度，似乎一度讓國民黨政府最終被殲滅，成了注定之事。此時對蔣介石而言更為不利的，是國民黨內部的諸多嚴峻挑戰；由粵系所主導的海南島，結合桂系人馬，與蔣介石一同競爭美國的援助與支持，而台灣島內有關反蔣軍事政變可能發生的傳聞，也未曾歇止。美國此時還暗中支持位於香港、日本與菲律賓等地反共亦反蔣的「第三勢力」運動，以及由廖文毅在東京所領導的台獨勢力，這些舉動都可能進一步削弱國民黨政府原已日趨薄弱的政治正當性。可以想見，為了鞏固國民黨在台統治並重建蔣介石搖搖欲墜的領導地位，國民黨的國安單位開始以恐怖行動剷除共黨組織和其外圍份子，並將監視網絡擴及一般平民百姓，於社會基層裡布建細胞。這些舉措，意在讓當時剛在台灣島上立足的中華民國政府，能夠儘快穩定下來；隨著白色恐怖時代在台灣的開展，廣大台灣民眾有充分理由對國民黨政府在台統治產生憎恨，進而於島內醞釀出不同於國民黨的政治認同。

另一方面，在此中華民國危急存亡之時，許多不願意見到國民黨政府徹底垮台的美國人士，紛紛以個人身分展開具體行動，協助蔣介石穩住局面，度過危機，以美國前第七艦隊司令柯克（Charles M. Cooke）為首的「特種技術顧問團」，即是一例，柯克於一九五〇年春天起，悄悄地在台灣推展一系列非官方軍事顧問計畫，協助訓練國軍部隊，替台灣爭取武器裝備物資，並成為台北與東京麥克阿瑟盟軍總司令部之間最重要的溝通橋梁。柯克一度成為蔣介石在重大安全與防衛決策上最信任的人士，特別在棄守海南島與國軍撤退舟山群島，以及韓戰爆發後繼續駐軍金門外島等，柯克都曾扮演關鍵的角色。在杜魯門行政當局形同放棄蔣介石與國民黨政府之際，柯克所代表的一部分美軍勢力，卻讓當時台北的國家安全決策極大「私人化」與「地下化」。這段求助於美國非正式顧問團的獨特經歷，使得幾乎在國共內戰中被消滅且已被美國政府拋棄的國民黨政權，得以在台灣繼續存活下來。本書亦指出，在這個對「中華民國在台灣」此一歷史形塑過程影響極為深遠的關鍵時刻，美國很可能對國民黨使出了兩方、三方或多方籠絡的把戲，涉及的對象不只蔣介石，還有陳誠、孫立人、吳國楨、反蔣「第三勢力」、主張台獨的分子，以及滯留在大陸上的國民黨反共游擊隊等。

從一九四九年春直到一九五〇年六月韓戰爆發為止，美國曾多次表示願意與中共發展關係，藉此抑制蘇俄在遠東的擴張。毛澤東了解美國的動機，但最後依然選擇向蘇聯「一面倒」，與莫斯科結成緊密的軍事同盟，此後，毛澤東與蘇聯、北韓合作，支持平壤於朝鮮半島發動南侵戰爭，這一連串偶然性因素，都對國民黨的黨國體制在台灣重現生機與扎根，起了重要作用。無庸置疑，一九五〇年六月韓戰爆發，是讓中華民國在台、澎、金、馬深化的最大偶發因素。美國第七艦隊協防台灣海峽執行海峽中立化政策，讓國民黨政府轉危為安，此後，中共志願軍參加韓戰，美國為了戰爭需要，將大筆軍、經援助重新挹注於蔣介石所領導的「自由中國」，並在國際社會支持台北代表全中國唯一合法中央政府的正統地位。韓戰爆發出乎大家意料之外，影響了亞太局面，促使杜魯門政府幾乎是在一夜之間重新檢討反省其對華政策，甚至一百八十度地翻轉其原先對台灣問題的立場。儘管蔣介石仍繼續受到華府鄙視，然而他遷往台灣的瀕危政權卻得救了。回顧歷史，韓戰所帶來的遠東局勢轉變，也使麥克阿瑟、柯克等向來同情蔣介石與國民黨的美國軍方人士，得以較容易將其向來僅止於檯面下的對台活動，浮出檯面，化暗為明。

在這一個「中華民國」體制於台灣重新塑造的過程中，有幾個問題值得進一步細究。韓戰前，蔣介石原本期望「第三次世界大戰」儘快爆發，讓局面翻盤，藉以挽救其垂死的國民黨政府。然韓戰爆發後，由於其最後的島嶼據點的外在環境相對安穩，台灣成為美國在亞洲冷戰格局下的反共最前哨，在此情況下，發動一場毫無把握的軍事反攻大陸行動，在蔣介石眼中變得不切實際。於是，他開始啟動國民黨的黨務改革，並推動有限度的地方民主政治，以深化國民黨在台灣的社會基礎，強化其在台統治的正當性。由於這時台灣位於國際冷戰的最前線，蔣介石以武力光復中國大陸的主張，成為冷戰高峰時期極為有效的政治與宣傳辭令，既可吸引更多美援，也可用於維持國民黨在台灣的士氣和政治正當性。

傳統說法向來主張，一九五〇年韓戰爆發後，蔣介石極力敦促華府支持其趁勢反攻大陸，而杜魯門與艾森豪兩位美國總統則傾向於「圍堵」而非「推翻」毛澤東的新中國，本書利用解密的中、英文檔案發現，當韓戰陷入僵局時，其實是美國軍事情報高層，率先將國民黨政府的軍事反攻「口號」，轉化為詳細的軍事「行動方案」，以符合美國在遠東的地緣利益。華府不時督促台北高層，在美方支持下，以實際軍事行動收復共產黨所控制的海南島與兩廣地區，反倒是蔣介石本人極力避免做出此類承諾，其目的在於鞏固其在黨國體制內的最高領導人地位，並確保台灣安全無虞。換言之，一九五〇年代初期，當蔣介石在島上的地位仍未完全穩固、其權力地位仍有可能為其他美方所支持的人選所取代時，蔣介石把政治現實考量擺在第一位，鞏固其在台領導地位與權力基礎，成了首要之務，反攻大陸推翻中共之事，此時已非蔣的首選。在蔣的眼中，對大陸沿岸發動局部性、規模相對較小的突擊行動，藉此維繫其光復大陸之表象，最符合他的利益，美國中央情報局所支持的「西方公司」沿海游擊突襲行動，也成了台美之間情報合作的重要平台。在韓戰軍事衝突最激烈時刻，蔣介石不願聽從美國建議，以軍事手段對付中國大陸並伺機收復海南島與華南，此一態度似乎也不經意地將台灣的國軍部隊轉化成為守勢武力，從而為一九五四底台美雙方締結共同防禦條約一事，提供了一個概念性的基礎。

韓戰爆發後，美國對台灣的軍經援助無疑地強化了蔣介石與台北國民黨政府的國際地位，然而美援的到來，卻也不可避免地夾雜著美方對蔣介石在軍事、外交等重大議題上的決策影響力。冷戰時期台灣接受美國大量軍援，國軍部隊逐步走向「美國化」，甚至連政府預算的執行都需事先獲得美方的同意。一九五三年夏，朝鮮半島停戰協議簽署之後，台灣作為美國牽制中國大陸的軍事戰略地位開始下滑，國民黨的軍事投射能力範圍也逐步被限縮在台、澎、金、馬之間，難以超越台灣海峽地區。

一九五〇年代初期，台北的中華民國政府與日、美兩國所簽訂的兩項條約，一方面在國際社會上強化了台北代表全中國的正當性，另一方面卻也進一步深化了「中華民國在台灣」的政治事實。一九五二年台北與東京締結的《中日和約》，結束兩國戰爭狀態並恢復邦交，一九五四年台北與華府簽訂協防條約，雙方再度締結成為軍事同盟，這兩個重要條約讓蔣介石在台、澎、金、馬的最後領土根據地，獲得堅實的安全與外交保障。然而，無論國民黨人士同意與否，此兩約的內容、精神與適用範圍，讓國民黨宣稱其所代表的中華民國領土範圍僅侷限於台、澎一隅的格局，逐步走向永久化與固定化。易言之，一九四九年底播遷台北後，國民黨政府不斷致力於在國際舞台上維繫其宣稱代表全中國唯一合法中央政權之地位，然這兩個條約的締結，其精神與內容的執行，卻形同對以上的政治神話加以「解構」。

隨著一九五三年夏天韓戰停戰協議的簽署生效，國民黨政府也撤出了兩支在緬甸和越南的流亡部隊，這意味著以台灣海島為根據地的中華民國政府，在亞洲大陸上不復存在任何可觀的軍事力量，此後，台北官方有關武力光復大陸的宣傳，變得越來越沒有說服力。一九五四年底，台美締結軍事防衛同盟，被蔣介石視為是其自二次大戰結束以來最大的外交成就。對美國而言，與台北正式締約，為其在台取得和運用島上軍事基地設施，提供了一個法律與政治上的基礎，並有利於美國在台灣的軍事部署。從冷戰時期美國在東亞地區強化反共圍堵的戰略角度觀之，一九五四年台美共同防禦條約實具有重大意義。然對蔣介石而言，與美國人重新結盟，有得也有失。他肯定知道這一重新結盟的重大後果之一，乃是他未來對中國大陸的軍事行動將受到美方更強烈的影響與箝制，以及海峽兩岸存在兩個政治實體的永久化。

在協防條約簽定後的十年間，蔣介石未嘗不曾努力去挑戰、甚至打破由美國透過協防條約所規範的格局，較為顯著者，包括一九五〇年代晚期的金門外島危機，以及一九六〇年代初起祕密推動的「國光計畫」反攻大陸準備等，只不過國民黨回到中國大陸的夢想，隨著國共內戰、韓戰與冷戰的演變，已經逐漸變得遙不可及，「中華民國在台灣」的格局，至此大致底定，再也難以出現撼動的可能。

從一九四五年到一九五四年這短短十年裡，台灣從日本的一塊殖民地，變為戰後中國的一個省，再從中國邊陲島嶼，轉變成為幾乎潰亡的中華民國最後一塊領土根據地，以及國民黨政府最後的權力據點，台灣成為中華民國反共中樞的歷史過程，是意外、偶然、極富戲劇性與不確定性。一九四三年的開羅會議上，當中、美、英同盟國三巨頭與其幕僚共同討論台灣與澎湖的未來前途時，沒有任何一個人能夠預見，短短十餘年內，台灣會有如此劇烈的演變。在此一過程中，美國的角色，上自政府組織下至許許多多個別人士，其政策規劃與制訂，其諸多大膽的假設與曾經被束之高閣的建言，其對國共內戰「錯誤」的局勢推論，其許多的作為與不作為，都對台灣的政治前途，帶來深遠影響，也對形塑「中華民國在台灣」的關鍵時刻，扮演了重要角色。

本書特別強調國民黨和美國官民的因素，而另一個主角——中國共產黨與中華人民共和國——其在此一歷史關鍵時刻的作為與不作為、成與敗，在中華民國如何於台灣定型的歷史過程中，同樣具有舉足輕重的地位，值得日後進一步探討。近年來美國學、政界不時出現「棄台論」的聲音，認為美國應該犧牲台灣，來改善其與中華人民共和國的關係，[2]二〇一六年川普（Donald Trump）當選美國總統之後，有關台灣地位是否應當作為中美關係談判籌碼的論點，層出不窮。本書探討中華民國如何在台灣形塑，以及美國在此一歷史過程中所發揮的作用，希望此一研究不但對於我們思考「棄台論」有所助益，同時能讓我們更清楚地理解美、中、台這個歷史上錯綜複雜的三角關係，以及持續至今的深遠影響。

2 有關美國學界「棄台論」，參見 Bruce Gilley, "Not So Dire Straits: How the Finlandization of Taiwan Benefits U.S. Security," *Foreign Affairs* 89 no. 1 (2010): 44–60; Charles Glaser, "Will China's Rise Lead to War?" *Foreign Affairs* 90 no. 2 (2011): 80–91; Glaser, "Disengaging from Taiwan: Should Washington Continue Its Alliance with Taipei?" *Foreign Affairs* 90 no. 4(2011): 179–182; Nancy Bernkopf Tucker and Bonnie Glaser, "Should the United States Abandon Taiwan?" *Washington Quarterly* 34 no. 4 (2011): 23–37; Shelley Rigger, "Why Giving Up Taiwan Will Not Help Us with China," *Asian Outlook* no. 3(2011): 1–8, http://www.aei.org/publication/why-giving-up-taiwan-will-not-help-us-with-china/.

第一章 前途未卜的台灣

一九四三年十一月頭幾天，為了準備參加中國晚近歷史上前所未有的一場外交盛會，蔣介石顯得忙碌不堪。十月三十一日，他在戰時中國陪都重慶，收到美國總統羅斯福（Franklin D. Roosevelt）熱誠的邀請函，邀他參加即將在開羅舉行的盟國高峰會。蔣介石非常清楚他身為代表世界四強之一的中華民國[1]與英美領袖會晤一事的重大歷史意義，理論上，蔣對於即將與英美同盟國領袖的會晤，應該是非常雀躍、興奮，但是他卻在日記裡坦承，即將到來的高峰會使他「猶豫甚為不安」。[2]收到邀請後接下來的幾個星期裡，蔣介石和其高層幕僚忙著擬定開羅高峰會中，欲與同盟國領袖討論的重要事項，但這並非易事。十一月十八日上午，在他的專機從重慶白市驛機場起飛前幾小時，蔣介石終於敲定了擬在開羅提出的七個待解議題，其中，收回中國的幾片「失土」是其中之一；經過國民政府高層反覆商議，蔣決定在會議桌上向英美盟邦提出應將日本人占領的中國東北（滿洲）、台灣、澎湖歸還中國。[3]

對國民政府而言，將台灣列入他們有待收復的「失土」清單之中，是個漫長且不斷演變的過程，其中涉及了政治、外交考量與諸多不確定性因素。從政治現實層面而言，直到一九四一年十二月日本偷襲珍珠港、開啟太平洋戰爭為止，中華民國官員一直未把台灣和較晚近時落入日本之手的其他大陸領土（尤其是東北滿洲）列入同一範疇。這個島於一八九五年中國輸掉甲午戰爭並簽訂《馬關條約》時，由清廷正式割讓給日本。至於中國東北，一九三〇年代初期日本征服滿洲和接著扶植傀儡「滿洲國」一事，卻從未促使國民政府正式放棄其對該地區的主權。珍珠港事變發生後，國府除正式對日宣戰之外，還宣布廢除中日兩國之間所簽訂的所有條約。直到此時，蔣介石與其幕僚才開始嚴肅考慮將收復台灣納入其對日戰爭的目標。[4]

應該指出的是，關於台灣與中國大陸的關係，蔣介石在其政治生涯的不同階段，有其不同的想法和心態。而他對台灣與大陸兩者關係認知的演變，相當程度上也反映出民國時期國民黨內高層菁英對此議題的看法。一九二一年十月，蔣仍是個年輕的革命分子，他追隨孫中山，為著國民黨在華南根據地的生存而努力奮鬥，當時，他有機會首度踏上台灣這塊土地；在結束廣州的公務並會見孫中山後，蔣介石經由海路前往上海，在基隆短暫過境停留時，蔣介石在其私人日記裡曾留下這段話：「船中員役懶慢，器具狼藉，皆不如前，吾以此而知日本國運墮落，敗兆已見矣。」[5]

蔣介石對於日本在台灣殖民統治所持初步負面的印象，未必顯示他此時曾經認真思索過台灣島是否應立即或者在未來回歸中國。一九二七年春天，蔣介石領導的國民革命軍所發動的北伐，正如火如荼地進行。三月十一日，在南昌的總司令部內，蔣介石接待一位來自日本的稀客並進行晤談。此人名叫山本条太郎，是田中義一的私人特使，田中義一是當時日本政壇的重量級人物，在數週之後即將出任日本新首相。蔣介石與山本条太郎坦誠地交換了有關東亞局勢發展的看法，他向這位日本貴賓勸道，為了中日兩國長遠關係著想，日本應當讓朝鮮與台灣脫離殖民統治而獨立。蔣介石認為，如果日本政府有誠意協助朝鮮與台灣實現其民族自決，將可充分展現出日本對其亞洲鄰邦的善意與友誼。[6]

孫中山於一九二四年所撰的《三民主義》中曾提到中國的「失土」，包括朝鮮半島、越南、緬甸、琉球群島、不丹、尼泊爾、台灣與澎湖，而始終以孫中山忠實信徒與傳人自居的蔣介石，無疑地將其政治導師的革命信念視為其個人努力的奮鬥目標。[7]在一九四九年以前的許多時間裡，蔣介石以國家領導人身分，不斷以堅定語氣向外界宣告，他所領導的黨與政府，將以革命外交的精神，致力於收復先前遭帝國主義列強奪走的領土——類似這樣的宣言，幾已成為國民政府時期官方政治宣傳的陳詞濫調。然而有趣的是，回顧歷史，在一九二〇年與一九三〇年代的絕大多數時間裡，中國的中央政府，不管是北洋政府或者是一九二八年以後奠都南京的國民政府，都未曾公開宣告台灣是中華民國法定領土的一部分；當一九二三、一九二五、一九三

1 中華民國自一九三七年七月起即獨力抗日。一九四一年十二月珍珠港事變發生後，中華民國與美、英、蘇成為領導同盟國的世界「四強」。

2 《蔣介石日記》，一九四三年十月三十一日。

3 《蔣介石日記》，一九四三年十一月十八日。

4 關於戰時中國收復領土政策辯論之相關研究，參見Xiaoyuan Liu（劉曉原）, *A Partnership for Disorder: China, the United States, and their Policies for the Postwar Disposition of the Japanese Empire, 1941–1945* (Cambridge: Cambridge University Press, 1996), 55–80。

5 《蔣介石日記》，一九二一年十月三日。

6 《蔣介石日記》，一九二七年三月十一日。

7 《蔣介石日記》，一九三三年二月十九日。

四、一九三六年數度草擬《中華民國憲法》的各種場合裡，歷任的憲法起草代表，務實地承認外交與政治現實，並未將當時已受日本殖民統治的台灣，納入中華民國的一個省份，或者將其視同為如西藏與外蒙古一般的特別行政區。[8]

事實上，珍珠港事變爆發之前，國民政府的行事作風，確實已將台灣視為一塊外國所統治的領土。一九二九年，經與日本政府數度協商後，甫成立的南京國民政府決定在台北設立一個總領事館，隸屬中國駐東京公使館管轄。一九三一年四月，中華民國駐台北總領事館正式開館運作，由蔣介石親信林紹楠擔任首任駐台總領事，此後數年，總領事館運作順暢，直到一九三八年二月間，即盧溝橋事件爆發後七個月，駐台北總領事館人員才被迫閉館離台。[9]

一九三七年夏，日本全面侵華之後，國民政府對台灣的立場並未出現立即的改變；一九三八年四月初，蔣介石於武漢所召開的中國國民黨臨時全國代表大會上曾指出，從現實利害和戰略角度而言，國民政府應致力於終結日本對朝鮮與台灣的殖民統治，協助解放這兩個地方的人民，藉以鞏固當時受日本軍事威脅的國軍部隊在華東地區的防線，抵禦日軍的步步進逼，然而此時蔣介石並未主張台灣是否應當回歸中華民國，也未提及一旦這兩個日本殖民地獲得解放之後，國民政府該如何界定或者重新界定其與中華民國的關係。[10]

隨著中國對日抗戰持續進行，愈來愈多台灣人將其前途押在國民政府身上。一九三八年末，許多當時活躍於中國大陸的台灣人（後來被稱作「半山」）和當時各方零星的抗日組織漸漸結合，並於一九四一年二月正式成立「台灣革命同盟會」。而稍早之前，國民黨中央組織部所轄「台灣黨部」籌備處，已在一九四〇年九月成立，是為抗戰時期中國國民黨與台灣建立正式與直接連結的開端。一九四二年三月間，台灣革命同盟會成員在重慶討論未來成立台灣軍隊、在國民政府支持下建立台灣省政府、並支持中華民國於戰後收回台灣等議題。幾在同時，重慶《益世報》刊出一篇社論，公開呼籲國民政府應重申中國對台灣的主權，讓世界各國不再存有台灣為一殖民地的念頭，同時應鼓勵台灣同胞加倍抗日。美國外交官則研判，由於稍早之前被重慶國民政府視為與台灣同等身分的朝鮮，其脫離日本獨立之後的政治地位問題，已開始被公開討論，台灣革命同盟會也許因而受到鼓舞，也開始討論台灣戰後地位問題，並鼓吹回歸中國統治。[11]

儘管在中國大陸活躍的「半山」，開始積極倡言台灣戰後回歸中國，然當時國民黨高層對此問題反應卻頗為審慎。一九四三年四月間，蔣介石感到必須組織一個新機構以容納更多「半山」參與戰後台灣問題，前述「台灣黨部」籌備處因而擴大為「中國國民黨直屬台灣執行委員會」。[12]此機構始終隸屬於國民黨中央黨部，地位如同其他各省的國民黨省黨部，但是「省」這

8 John F. Copper, *Taiwan: Nation-State or Province?* (Boulder, CO: Westview, 1999), 33–34.

9 有關國民政府駐台北總領事館之相關歷史，參見許雪姬，〈日據時期中華民國台北總領事館，一九三一—一九三七〉，收錄於《日據時期台灣史國際學術研討會論文集》（台北：國立台灣大學歷史學系，一九九三），頁五五九—六三三。

10 秦孝儀編，《總統蔣公思想言論總集》，第十五卷（台北：中國國民黨黨史委員會，一九八四），頁一八六—一八七；Hun-gdahChiued, *China and the Question of Taiwan: Documents and Analysis* (New York: Praeger, 1973), 203.

11 有關此篇社論與美方相關分析，參見 "Formosa," April 6, 1942, National Archives and Records Administration (NARA), Record Group (RG) 165, Records of the War Department General and Special Staffs, Military Intelligence Division Regional Files, 1942–1944, Box 797.

12 中國國民黨台灣省黨部編，《中國國民黨台灣省黨部首任主任委員翁俊明先生紀念銅像揭幕特刊》（台中：中國國民黨台灣省黨部，一九七五），頁九—十三。

一個字，卻從未反應在日本投降之前的任何與台灣相關的黨組織機構名稱之上。大陸上某些親國民黨的台籍菁英，一度提議先在重慶成立一流亡的「台灣省政府」，然蔣介石也從未對此表示同意。一九四二年中之際，國民政府的決策階層對於台灣回歸中華民國一事，依然極端謹慎，甚至充滿不確定感。[13]事實上，此時美國政府軍事情報部門的分析報告皆認為，日本殖民地台灣與中國大陸之間的關係如何演變，日本投降後台灣是否將成為中國的一個省，還是成為中國政府甚至同盟國所控制的一個特別行政區，似乎仍在未定之天。[14]

到了一九四三年十一月間，隨著開羅會議舉行的日子逐漸到來，可以想見，蔣介石與其幕僚都認為，明確釐清中國究竟有哪些「失土」需從日本人手中拿回的時刻已經到來。此時，地緣戰略的考量極大程度上支配著國府決策者對此問題的態度。[15]就在開羅會議召開前半年，蔣介石出版了一本名叫《中國之命運》的著作，他在書中對於戰後中國版圖與邊防提出了一幅極具理想化的遠景，依其所見，中國的邊疆地區，包括東三省、台灣、琉球群島、外蒙古、新疆、西藏，乃至最偏遠的帕米爾高原地區與喜馬拉雅山麓，都是構成保衛中華民族生存不可或缺的重要部分。[16]蔣介石這番宏言高論，因觸及戰後國民政府似乎有可能將其權力延伸至周遭地區，甚至擴張中國領土此一外交敏感議題，一時之間，引來海外毀譽參半的反應與揣測。英國人憂心此書似乎已充分表達蔣介石對於向來屬於英國勢力範圍的西藏以及英屬印度毗鄰地區的強烈企圖心。而美國人相對而言則淡然處之，羅斯福總統甚至頗為樂見琉球群島於戰後歸還中國，並且在一九四二年就曾向國民政府提出此想法。[17]然而在開羅峰會即將召開之際，蔣介石至少腦筋還算冷靜清醒，在處理國際事務時懂得區分理想主義和政治現實。蔣深知若要讓同盟國領導人深信，打敗日本並支持中國收復失土乃最符合盟國自身利益，則必須把現實利害擺在最前頭。

從嚴格的法理上而言，琉球這個曾向清廷納貢的半獨立王國，從未被真正納入中國版圖，清朝因輸掉一八九五年的甲午戰爭而失去台灣與澎湖，但是其失去對琉球藩屬的宗主權，則是一段頗為複雜與漸進的過程。一八七九年，日本政府正式置琉球為「沖繩縣」，從而結束該王國與中國之間的朝貢關係，而一八九五年清朝敗於日本，使得琉球回歸中國、甚至只是名義上回歸中國的可能性，都變得更為渺茫。[18]

如果以上的「法理性」和「歷史正當性」等因素，讓蔣介石頗為猶豫是否應當「辜負」羅斯福好意而不收回琉球，務實態度與現實考量，特別是飽受戰火摧殘的中華民國在戰後東亞究竟能夠展現多少力量，則是他對琉球未來地位下定最後決心的最關鍵因素。誠如蔣介石於開羅會

13 一九四二年六月國府外交部官員在提到台灣戰後地位時，僅稱台灣回歸中國符合中國民心，因島上居民大部分是漢人且與中國保有密切關係。見時任美國駐華大使館三等祕書的謝偉思（John S. Service）之備忘錄，John S. Service, third secretary of the U.S. embassy in China, memorandum, June 17, 1942, *Foreign Relations of the United States (FRUS) diplomatic papers*, 1942: China, 733.

14 Office of War Information, Office of Strategic Services (OSS), "Taiwan (Formosa): Anti- Japanese Episodes in Taiwan from 1895 to the Present," August 22, 1944, NARA, RG 226, Records of Office of Strategic Services, Entry 211, Box 4; J. Bruce Jacobs, "Taiwanese and the Chinese Nationalists, 1937–1945: The Origins of Taiwan's 'Half-Mountain People' (Banshanren)," *Modern China*, 16 no. 1(1990): 99–100.

15 誠如瓦赫曼（Alan M. Wachman）所主張，由於二次大戰期間和戰後中國地緣戰略的需要，台灣的地位從「國民政府鮮少關心」之地，提升為戰後中國必須收復的失土。見：Wachman, *Why Taiwan? Geostrategic Rationales for China's Territorial Integrity* (Stanford, CA: Stanford University Press, 2007), 69–82

16 Chiang Kai- shek, China's Destiny (New York: Roy, 1947), 9–11.

17 T. V. Soong, "Summary of Impressions, 1943," personal memorandum, T. V. Soong Papers, Hoover Institution Archives, Stanford University, Box 32.

18 George H. Kerr, *Okinawa: The History of an Island People* (North Clarendon, VT: Tuttle, 2000), 342–420; *Michael H. Hunt, The Making of a Special Relationship: The United States and China to 1914* (New York: Columbia University Press, 1985), 115–142.

議結束後在重慶的一場會議裡所言，即使戰後中國在美國的好意之下收回琉球，然而由於在可預見的未來數十年之內，中國都鮮有可能充分發展其海軍能力至一定的程度，國民政府就算有心想要治理戰後琉球，也將顯得力有未逮。[19]考慮到琉球群島和朝鮮皆只是清帝國時期中國的藩屬，而非曾經帝國內部行省，蔣介石最後決定將這兩塊土地排除在開羅會議上欲討論的領土收復清單之外，從而使中國東三省和台灣、澎湖，成為爭取同盟國支持下所欲收回的失土目標。[20]

早期美國對台灣的觀點

開羅會議對蔣介石及其飽受戰火蹂躪的國民黨政府來說，是政治宣傳上的一大成功，確實也大大地振奮了當時中國民心士氣。高峰會最後一天所發表的新聞公報，也就是世人通稱的《開羅宣言》內容即陳述，美國總統羅斯福和英國首相邱吉爾一致同意「日本所竊取於中國之領土，例如東北四省、台灣、澎湖群島等，歸還中華民國」[21]而在重慶，中國內地輿論媒體普遍認為，這場高峰會在處理收復失土、扶持朝鮮獨立和強化同盟國共同對抗日本，直到日本無條件投降為止等議題上，都很出色。美國駐華大使館評論道，中國官員和民心大受鼓舞，對羅斯福總統和邱吉爾首相的「高瞻遠矚」，也極為尊崇。[22]

中國官民確實有理由為盟國願意支持中國收復「失土」的主張，而感到歡欣鼓舞。就在一年多前的一九四二年八月間，美國《時代・生活・財星》(*Time-Life-Fortune*)雜誌刊載了一篇名為〈新世界裡的美國（二）：太平洋關係〉(The United States in a New World, II: Pacific Relations) 的文章，內容談到戰後太平洋地區新秩序的結構時，提出了「一條橫跨太平洋幹道」（trans-Pacific highway）的概念，建議美國應致力於戰後打造一條橫跨太平洋兩岸的防禦帶，東起夏威夷，西抵台灣，而且台灣將是這一戰後聯合國在太平洋上軍事防禦帶上牢不可破的「定海神針與與西部終點站」。文章主張，在這一新安排下，戰後中國政府在台灣島上可享有最大利益，中國政府可在台灣設立海關，發行貨幣，但是使台灣成為戰後中國領土與主權的一部分，鑒於聯合國可能也將於該島設立一些軍事基地設施，這樣的一種主張似乎並不妥當。[23]此文一出並透過翻譯傳到當時飽受戰禍的中國西南大後方，當民眾得知其美國堅實盟友竟有人主張戰後將台灣交由聯合國託管，十分驚駭。而國府要員面對此類主張，認為國民政府在台灣可行使「管理權」，然而該島的對外關係、軍事與安全措施應交由戰後聯合國來主導，也不禁感到憂心。[24]

抗戰時期這篇刊載於《時代．生活．財星》雜誌的文章，一時之間激起中國輿論頗為強烈的反應，這一度也讓國民政府要員變得更願意表達其對台灣地位的立場。一九四二年十月間，蔣介石在重慶與羅斯福總統特使威爾基（Wendell Willkie）晤談時，即曾明告對方，台灣以及東北旅

19 國防最高委員會會議記錄，一九四三年十二月二十日，收錄於秦孝儀編，《光復台灣之籌畫與受降接收》（台北：中國國民黨黨史委員會，一九九〇），頁三十六—三十八。

20 《蔣介石日記》，一九四三年十一月十五日。

21 U.S. Department of State, *Occupation of Japan: Policy and Progress* (Washington, DC: Government Printing Office, 1946), 51–52.

22 Clarence E. Gauss to Cordell Hull, December 4, 1943, *FRUS* 1943: China, 177–178.

23 "The United States in a New World, II: Pacific Relations," supplement, *Fortune* (August 1942): 11–12.

24 同上註。另參見 Liu, *A Partnership for Disorder*, 71–72.

順、大連等地的沿岸要塞，戰後都必須歸還中國。[25]一個月後，宋子文在其出任國府外交部長後的首場記者會中，以堅定語氣告訴中外記者，中國將在戰後「收回東三省、台灣和琉球。」[26]一九四三年元旦，時任立法院長的孫科，在《中央日報》上發表一篇文章，抨擊《時代・生活・財星》雜誌關於戰後台灣地位的文章「忽視國民政府收復台灣的決心」。[27]隔天，外交部情報司司長邵毓麟，在頗具影響力的《大公報》和中央通訊社也發表其看法，表示竟然會有人把安全問題擺在民族自決原則之上，這令人感到非常震驚，邵還以堅定語氣表示，中國對其失土的領土主權若未能夠得到無條件的恢復，戰後中國盟邦將別指望其在國際安全事務上能夠得到中國政府的合作。[28]

這些強烈反應促使華府官方必須努力化解國民政府高層的不滿情緒。一九四三年三月，美國國務次卿威爾斯（Sumner Welles）在華府與宋子文會晤時強調，在攜手合作打敗日本後於遠東地區所需採取的措施上，「中、英、美三國的意見非常一致」。威爾斯還特別向宋子文保證，台灣必將歸還中國，而中國對東三省的主權恢復也將再度獲得確認。[29]雖然國府得到華府有關台灣戰後必將歸還中華民國的保證，但當時主張戰後台灣地位「國際化」，以及美國應對台灣島享有特殊利益的聲音，卻始終未曾消除。一九四二年夏，美國戰時新聞處（U.S. Office of War Information）一份內部備忘錄即強調，台灣向來是日本帝國前進東南亞的重要戰略跳板，提供日本大量天然物資。誠如當時美國軍事情報人員所指出，台灣島上的電力與其他基礎設施，還有日本人所留下來的豐富軍用物資以及戰時生產補給線，對戰後美國而言，將有極高戰略價值。[30]《時代・生活・財星》雜誌編輯顧問吉瑟浦（John K. Jessup）在面對戰時西南大後方媒體關於其文章對台灣戰後地位的強烈質疑時所做的回應，仍然堅持台灣地位的「國際化」乃是穩定且有助於戰後遠東地區復原的最佳方案。吉瑟浦此煽動性論點，翻譯成中文後在重慶報章上刊登，一時之間不但無助於讓戰時中美兩國關於戰後台灣安排的爭辯降溫，反而火上加油。[31]

以葛超智（George Kerr）對於戰後台灣地位的主張為例，似可窺見此類中美外交關係上「政治不正確」的觀點，如何在開羅會議前後的美國軍事與情報圈子裡，得到廣泛共鳴。葛超智生於美國東岸賓州，一九三五至一九三七年間曾負笈日本，結束在日本的求學之後，他前往台灣，在台北擔任英文教師，直到一九四〇年離台返美。由於他在日本與台灣的親身經歷，葛超智返美服役於海軍之後，很快成為美國軍事系統裡的台灣問題專家。[32]

一九四二年初，葛超智在美國軍部服務時，曾草擬一份關於戰後台灣政治地位安排的備忘錄，他提倡對台灣島進行某種國際控管，在台灣南部建立一座軍事基地；在戰後遠東重建與復原方案中，充分利用台灣豐富的農、林業與水資源。該年七月間，當美軍事情報單位的遠東部

25 秦孝儀編，《中華民國重要史料初編——對日抗戰時期》（台北：中國國民黨黨史委員會，一九八一），第三編（一），頁七七七—七七八。

26 Gauss to Hull, November 5, 1942, *FRUS* 1942: China, 174.

27 Gauss to Hull, January 6, 1943, *FRUS* 1943: China, 842.

28 Gauss to Hull, January 7, 1943, *FRUS* 1943: China, 842–843.

29 Sumner Wells, undersecretary of state, memorandum of conversation, March 29, 1943, *FRUS* 1943: China, 845.

30 U.S. Office of War, "Background on Formosa," memorandum no. S-3418, ca. 1942, United States Office of War Information Miscellaneous Records, Hoover Institution Archives, Stanford University, Box 1.

31 《大公報》，一九四三年五月十五日，第二頁。

32 George H. Kerr, *Formosa Betrayed* (Boston: Houghton Mifflin, 1965), xii, 12–13.

門被要求就戰後盟軍占領台灣總體策略陳述該部門看法時，上述草案就被列為正式備忘錄。葛超智在最後定稿的備忘錄中強調，基於以下兩個原因，戰後中國政府將無法獨自有效統治台灣：國民政府內部可以用來管理該島複雜且成熟經濟體系的行政與技術人員，人數普遍不足，且戰後台灣人民遭受國民黨內部派系鬥爭、貪汙腐敗不利影響與剝削的可能性，始終存在。[33] 葛超智顯然以其個人經驗窺見，從技術官僚管理能力，以及日據時代台灣一般社會整體生活水平的角度觀之，台灣的基本情況，遠比中國大陸要進步許多，他因而得出結論稱，國民政府已無多餘專業人才，可以投入戰後接收與統治台灣所必須執行的諸多繁重任務。[34]

此份備忘錄出現的時機頗啟人疑竇；它和出現於《時代．生活．財星》雜誌上所謂的「橫跨太平洋幹道」概念，幾乎同一時候問世。儘管國務次卿威爾斯曾就台灣問題向宋子文做出保證，然而直到一九四四年十月為止，美國的軍事情報核心集團裡，有關戰後台灣地位的內部討論與祕密規劃，依然持續不斷。以葛超智的說法為例，當時這些美國軍事情報單位內部討論裡，有關戰後台灣的安排，至少有三種選擇或者方案曾經被醞釀。首先，美方認為在理論上可以允許戰後台灣推動民族自決，走向獨立，然實際上即使台灣人願意且同盟國允可，此案似乎難以實現。第二種方案則是於日本投降後將台灣立即移交給中國，第三種方案則是讓台灣接受同盟國暫時託管，並且在託管期間由島上民眾舉行公民投票，來決定台灣最後的政治歸宿。[35] 誠如日後的發展所顯示，這第三種「託管」的概念，為二次大戰結束後台灣早期的獨立運動，提供了一個重要的理論架構與依據。

趨向務實

一九四五年七月，中、美、英、蘇同盟國四強簽署了《波茨坦宣言》，聲明將繼續落實《開羅宣言》內容，這也意味著同盟國將依約於戰後讓台灣歸還中華民國。《波茨坦宣言》的簽署，並未阻礙美國此時在太平洋戰區的軍事行動與戰略規劃，而美國對於台灣島上日軍設施的轟炸行動，以及美軍作為全面攻占日本本土行動前哨的占領台灣計畫，一時之間也未受到如上外交姿態的影響。[36]從更現實角度而言，同盟國雖然在中國收復其「失土」問題上意見一致，但是如何界定台灣的政治地位，依然未有具體答案。例如羅斯福總統雖公開同意東三省應歸還中國，但他也曾提及將在中國東北成立「自由區」，以解決戰後東北地區所可能引發的中、蘇爭端。[37]就台灣而言，從《開羅宣言》直到一九四五年八月日本投降為止，華府決策高層內部對於同盟國如何於戰後處置台灣，始終出現各種疑慮。譬如從日本政府正式投降，直到其根據終戰和約而將台、澎正式移交中華民國政府這段過渡期間，台灣的法律地位究竟為何？如果為了「治理」

33 Ibid., 18–19.

34 Ibid., 19.

35 Ibid.

36 Douglas J. MacEachin, *The Final Months of the War with Japan: SignalsIntelligence, U.S. Invasion Planning, and the A–Bomb Decision* (Washington, DC: Central Intelligence Agency, 1998), 1–5.

37 有關二次大戰期間與戰後的東北，可參見 Donald G. Gillin and Ramon H. Myers, eds., *Last Chance in Manchuria: The Diary of Chang Kia-ngau* (Stanford, CA: Hoover Institution Press, 1989); John W. Garver, *Chinese-Soviet Relations, 1937–1945: The Diplomacy of Chinese Nationalism* (Oxford: Oxford University Press, 1988)，第七章。

上的目的而將台灣交給中華民國，則中華民國是否將同時也擁有對台灣的「主權」，抑或僅有「管理權」？一般華府政治權的看法似乎認為，藉由簽署投降文書，日本政府無疑地將放棄對該島的主權，而中華民國政府將接收台灣，肩負起過渡時期的行政管理權。然據當時實際情況判斷，蔣介石所領導的國軍部隊，尚缺乏將治台所需之龐大行政人員運往台灣的能力，遑論占領過程中可能遭遇當地武裝抵抗所需之武裝力量。顯而易見，國民政府必然需要美國的協助，方能順利完成接收台灣的任務。[38]

根據上述理由，華府軍事情報圈普遍認為，美國為協助中國於戰後接收台灣所展開的行動，應由一位美國戰區指揮官來統籌領導與協調，此人將監督美軍人員於台灣成立一個軍政府，來處理台灣內部事務，而此一軍政府必須持續運作，直到台灣的政治地位獲得同盟國對日和約完成簽署為止。[39]此時，對華府而言，還有個尚待解決的重要地緣戰略問題，即台灣是否將在美國可被允許於島上擁有「一個或數個軍事基地」的條件下歸還中華民國，若答案是肯定的，那麼這些基地是否獨供美國使用，抑或與戰後國民政府共同使用，或是與其他同盟國共享？不論解決方案為何，當時華府國務院內部似乎有一共識，即台灣島上的軍事基地問題，應當與主權轉移問題徹底脫鉤，在台灣於戰後回歸中國版圖之後，美政府應當考慮設法取得在島上設立軍事基地的權利，以遂行遠東地區「國際安全之重要目標」。[40]

與此同時，美國海軍高階將領力持中國在正式取得對台灣主權之前，美方應有權代表盟軍，在台灣行使軍事占領之權力，至於占領台灣的權力究竟該由美國陸軍還是海軍來執行，美軍內部曾出現一些爭辯，最後海軍占得上風。[41]此前在歷史上由美國海軍來執行敵國領土占領的事例非常鮮見，在台灣問題上，美國政府開了一個特例。

事實上，一九四三年十二月間，即《開羅宣言》發表後不久，針對美國日後在台灣成立軍政府此一可能性，美方已在紐約哥倫比亞大學悄悄展開相關的準備與人員培訓工作。與此案相關的各項文件裡，台灣被稱作「X島」。一個名為「福爾摩沙小組」（Formosa Unit）的單位，也在哥倫比亞大學內成立，開始為美國可能占領與治理該島進行各項沙盤推演與模擬，而葛超智則是該小組的重要成員之一。[42]此外，除了進行接管台灣的準備，美國軍方也開始規劃對台軍事攻擊行動。一九四四年二月間，即美軍首次轟炸台北三個月之後，由當時主管軍事情報的美空軍助理參謀長辦公室所負責撰寫的一份機密情報內容中，詳盡地擬妥美軍對台灣島上其他轟炸目標，並具體指出基隆與高雄這兩個島上最重要的港口，以及基隆、台北之間與台南、高雄之間的鐵路設施，將是美軍下一波空襲目標，此份文件還揭露當時美軍其他轟炸目標，包括南投日

38 Research and Analysis Branch of Central Information Division, OSS, *Special Report on Formosa*, January 15, 1944, NARA, RG 226, Entry 210, Box 178; U.S. Joint Strategic Services Committee, "Strategy in the Pacific," memorandum, February 16, 1944, RG 218, Records of the Joint Chiefs of Staff, Geographical File 1942–1945, Entry 1, 190:1; Joint Military Transportation Committee, "Amended Shipping Requirements for Pacific Operations," memorandum, March 14, 1944, RG 218, Records of the Joint Chiefs of Staff, Geographical File 1942–1945, Entry 1, 190:1.

39 U.S. Joint Intelligence Committee, "Japanese Reactions to an Operation Aimed at the Capture of Formosa," memorandum, March 3, 1944, NARA, RG 218, Entry 1, 190:1.

40 有關日本投降前美國對台方案，參見：Leonard Gordon, "American Planning for Taiwan, 1942–1945," *Pacific Historical Review*, 37 no. 2(1968): 201–228.

41 U.S. Chief of Naval Operations, "Mounting an Invasion Force for Luzon- Formosa – China Area," memorandum, March 11, 1944, NARA, RG 218, Entry 2, 190:1.

42 Kerr, *Formosa Betrayed*, 29–30.

月潭發電站、台北松山機場、高雄、花蓮和與台中的重要基礎設施。[43]這些轟炸計畫先後於該年十一月間與一九四五年初執行，對台灣島上居民與日本殖民當局帶來重大損失。

一九四四年春，當盟軍持續對台灣進行轟炸之際，關於戰後接管台灣的相關政策，也由美國國務院的「國家與區域委員會」和華府的軍事情報部門之間緊鑼密鼓地進行最後的定案，其中扮演重要角色的哥倫比亞大學「福爾摩沙小組」，極為看重被日本所控制的台灣與海南島的戰略價值。[44]然而當小組成員極力主張美軍對台灣展開軍事占領行動，卻從未針對海南島提出類似的提議。[45]值得注意的是，從現有美方解密檔案所呈現內容可以知悉，在美方此一接收台灣的行動規劃過程當中，蔣介石和國民政府的角色，大體上遭到邊緣化。美方人員基本上認為，為了在打敗日本後能夠順利接收占領台灣，未來盟國軍政府若有中國人的參與及合作，將會有所助益，然考慮到戰後美國在遠東地區的整體利益，美方歡迎國民政府官員以「個人」或者「顧問」身分參與，但不擬邀請國民政府正式參與此一過渡時期台灣軍政府的事務。美方政策制訂人員亦認為，中方參與戰後台灣過渡時期治理的程度，將視中方對於占領台灣之相關軍事行動所能實際貢獻與配合的程度而定。[46]

台灣vs.呂宋之辯

美國國務院與軍事情報單位有關占領與接收台灣的內部建議提出之後，並無機會立即著手落實，羅斯福總統也未就這些方案做出最後決定，而是擱置一旁，靜候太平洋戰區的戰事演變。一九四四年三月，西南太平洋區最高指揮官麥克阿瑟（Douglas MacArthur）將軍，奉命準備反攻菲律賓南部，並以一九四五年二月為攻占呂宋島的預定發起日期。美軍方同時也擬定一代號名為「堤道行動」（Causeway Operation）的軍事方案，準備揮兵攻占台灣。六月中旬，當美參謀首長聯席會議問起攻擊呂宋島的可行性時，麥克阿瑟堅稱得先進攻呂宋，才能揮兵進攻日本本島，他永遠不會忘記數年前當他撤出科雷希多（Corregidor）島時所許下「我會回來」的豪語。麥帥的理由出於士氣考量，也出於戰略需求，易言之，美國的威信有賴於其履行重返菲律賓的承諾，而且當時日軍在台灣的統治基礎與嚴密的防禦工事，以及奪取台灣須從遠處取得充足後勤支援等考量，都讓美軍攻台行動顯得更加冒險。[47] 此外，攻台計畫主要由美國海軍擔綱，但當時美軍究竟占領菲律賓或者進攻台灣的意見分歧，並不必然是來自於美國陸軍與海軍之間抱持本位主義，反倒更像是華府軍事戰略決策者和太平洋戰區指揮官之間的分歧。

43 Office of the Assistant Chief of Air Staff, Intelligence, *Formosa: Interim Report,* February 1944, NARA, RG 319, Records of the Office of the Assistant Chief of Staff (319.9), Box 1880.

44 Naval School of Military Government and Administration (New York), "Taiwan and the Development of Hainan Island," ca. December 1943, George H. Kerr Papers, Hoover Institution Archives, Stanford University, Box 5.

45 Office of the Assistant Chief of Air Staff, Intelligence, "Hainan Island: Supplement to Interim Report of September 1943," July 1944, NARA, RG 319, Box 1881.

46 Research and Analysis Branch of Central Information Division, OSS, *Special Report on Formosa,* January 15, 1944, NARA, RG 226, Entry 210, Box 178; U.S. Joint Psychological Warfare Committee, "Seizure and Occupation of Formosa," memorandum, May 16, 1944, RG 218, Entry 2, 190:1.

47 有關太平洋戰爭時期美軍攻占台灣抑或呂宋島之爭議，參見：William B. Hopkins, *The Pacific War: The Strategy, Politics, and Players that Won the War* (Minneapolis, MN: Zenith, 2008), 237–248; William Manchester, *American Caesar: Douglas MacArthur, 1880–1964* (London: Little, Brown, 1978), 374–458.

一九四四年七月上旬，麥克阿瑟與太平洋艦隊總司令尼米茲（Chester Nimitz）海軍上將之間的衝突幾已公開化。尼米茲極力贊成「堤道行動」，然而在替呂宋計畫辯護時，其立場卻不如麥克阿瑟來得堅定。尼米茲承認以陸地為基礎的空中支援行動，譬如以呂宋島作為攻台行動所能提供的空中支援戰略地位，極為重要，然他仍不改海軍觀點，認為若從菲律賓南部來消滅呂宋島上的日本空軍力量，並取得菲律賓北部區域的制海權，或許將更有助於實現美軍占領台灣。在該先拿下台灣還是呂宋這個問題上，尼米茲立場搖擺不定，僅表示他深信未來的情勢發展會決定哪個是較理想的先奪取地點。[48]

此刻華府並未做成最後的戰略性決定，因為到底美軍該先拿下台灣還是呂宋的爭辯，又持續了三個月。[49]一九四四年夏，尼米茲將軍與其幕僚將大量心思花在僅先奪取台灣最南端、同時突襲中國東南沿海港灣廈門的作戰計畫。廈門的戰略地位，乃是作為盟軍戰時物資輸送到華中與華東戰區的前哨基地，特別是盟軍可以從華東與華中戰場對日本本土執行轟炸任務。然而一九四四年夏天起，中國戰區的戰局出現明顯變化，這對美軍擬議的攻台行動也出現關鍵性影響。一九四四年七月起，華東與華中戰區的機場接連落入日軍之手，這意味著美國軍機已難以降落台灣或中國東南沿岸。於是，盟軍攻台行動變得不再如此迫切。到了九月，由於日本「一號作戰」（中方稱「豫湘桂會戰」）攻勢猛烈，國軍節節敗退，不斷向西南後撤，這使得台灣在提供盟軍海軍後勤基地，以支援進攻中國大陸日軍占領區的戰略地位上，價值大為降低。[50]

隨著當時戰爭情勢不利於盟軍攻台，美國海軍高層包括尼米茲將軍本人，改變立場，提議略過台灣，更往北進，占領沖繩，從而使海軍系統與麥克阿瑟的看法更加接近，這些軍事因素，促使美國參謀首長聯席會議最終同意無限期擱置攻台計畫。一九四四年十月初，麥克阿瑟接獲命令，開始向呂宋島推進，尼米茲則受命為進攻沖繩進行準備。[51]美國軍方的攻台計畫從未正式取消，只是因為戰局的演變而被束之高閣。[52]值得一提的，由於盟軍可能出兵攻台，台灣島上驚慌的日本殖民當局不得不讓更多台灣本地人參與內政，同時宣布台灣本地民眾享有與日本本島公民同樣的待遇和權利。這些舉措目的在於提升島民士氣，強化抵禦盟軍進犯的決心。[53]回顧歷史，日本殖民統治者在太平洋戰爭後期對台灣居民所頒布的這些新舉措，似乎對於戰後台灣出現有別於中國大陸的政治認同與獨特史觀，在某種程度上帶來推波助瀾的作用。

一九四五年六月，隨著美軍拿下沖繩，台灣作為攻打日本本土軍事行動之集結待命根據地的地緣戰略價值已然下滑，而以台灣未來的行政安排為重心的外交與政治考量，重新浮上檯面。據當時國務院遠東司司長包蘭亭（Joseph W. Ballantine）的說法，一九四五年初，當攻台計畫逐漸被打入冷宮時，羅斯福總統已下定決心，日本一旦投降，就要讓中國「無條件」擁有台灣。[54]當時毛澤東、周恩來等中國共產黨領導人斬釘截鐵要求日本無條件將台灣與東三省歸還戰後中

48 Gordon, "American Planning for Taiwan," 222–223.

49 Samuel Eliot Morison, *History of United States Naval Operations in World War II*, vol. 8, *The Liberation of the Philippines, 1944–1945* (Boston: Little, Brown, 1959), 3–10.

50 Ibid., 224; Bernard C. Nalty, *War in the Pacific: Pearl Harbor to Tokyo Bay* (Norman: University of Oklahoma Press, 1999), 178–192.

51 Hopkins, *The Pacific War*, 261–271.

52 Stephen Jurika Jr., ed., *From Pearl Harbor to Vietnam: The Memoirs of Admiral Arthur W. Radford* (Stanford, CA: Hoover Institution Press, 1980), 42–44.

53 OSS, "Formosa Defense Mea sure," confidential memorandum, December 12, 1944, NARA, RG 226, Entry 211, Box 4.

54 Joseph W. Ballantine, Formosa: *A Problem for United States Foreign Policy*(Washington, DC: The Brookings Institution, 1952), 55–56.

國，也許對華府決策者在此議題的態度有所影響。[55]

由於順利拿下沖繩，美國軍方內部向來持強硬立場的人士，也逐漸改變其對美國軍事占領台灣一事的看法。一九四五年三月間，跨部會的國務院、陸軍部、海軍部協調委員會的一份極機密政策文件，仍建議美政府應仔細討論美國軍方於日本投降後在台灣成立軍政府之事宜，直到中華民國對台主權恢復後才予以解散。該份文件也主張對於國民政府參與此同盟國在台軍政府的程度和條件。[56]由於高度擔憂台灣島上的日本殖民勢力仍將按其原計畫在台灣各地構築其軍事防衛體系，甚至在戰爭最後階段對盟軍進行垂死掙扎前的困獸之鬥，這讓美方對於戰後在日本占領區內各地施行區域性軍事管制的觀點獲得重視。[57]同時，華府外交體系與軍方不斷研擬諸多技術性的細節問題，例如把台灣移交中國所可能產生的後果、研究在台灣成立軍政府之權限和職責，以及該軍政府管理台灣民政所可能遭遇的難題等等。[58]美方人士尤其預見到如何妥善接收與處置台灣島上價值可觀的日本資產。依照跨部會協調委員會原先的規劃，美國將著手制訂符合國際法規範的相關準則，用以處理接收在台日本官方與民間資產，並督促台灣海峽兩岸經濟的順利整合，同時在督促「中方人士（包括來自中國大陸及台灣本地）接收與處理島上原日本資產」此一重要議題上，扮演關鍵的仲裁角色。[59]

然而當一九四五年六月美軍順利占領沖繩之後，接管台灣愈來愈成為美國的次要問題，此後華府的共識，演變成為只有在對日作戰過程中台灣由美軍完全占領的前提下，才有必要在該地成立軍政府，而且如果對日作戰演變到這種情況，則只要能將台灣移交中華民國之細節安排妥當，而同盟國根本無需等到對日和約正式生效，當即迅速移交。[60]華府部分官員曾經設想，美方似有必要在戰後針對台灣島上的情報收集與滲透行動，擬定某些行動方案，但如果美國終究未因對日作戰行動而在台北成立軍政府，則國民政府對台灣的占領與接收當無問題。[61]頗令人驚訝的是，當日本政府於一九四五年八月十五日投降之後，上述一連串美方原本規劃的相關政策和行動建議，頓時成為廢文；照華府官方的說法，台灣情勢已經出現「根本變化」，過去的諸多方案，包括軍政府的成立與協助監督國府接收台灣等等，已不再有實現的需要。[62]

這一立場轉變，依然由國務院—陸軍部—海軍部跨部會協調委員會決議，且未曾再有所更動。二次大戰結束前，美國外交圈與軍方一直未曾停止設想以某種體制上與法律上的安排，使台灣與中國大陸行政制度加以區隔，最終，由於主客觀情勢的變化和意外發展，美國政府於戰

55 John Service, "Chinese Communist Views Regarding Post- War Treatment of Japan," report enclosure, September 23, 1944, *FRUS* 1944, vol. 6, China, 585–586.

56 "SWNCC 68 Series—National Composition of Forces to Occupy Formosa," March 19, 1945, in State-War-Navy Coordinating Committee, ed., *SWNCC Summary of Actions and Decisions,* Part II, 149, July 7, 1948, NARA, RG334, Records of Interservice Agencies, State-Army-Navy-Air Force Coordinating Committee Actions and Decisions 1947–1949, Entry 16A, Box 16.

57 OSS Far East Intelligence, "Notes No. 6," April 2, 1945, United States Office of Strategic Services Miscellaneous Records, Hoover Institution Archives, Stanford University, digital copy on the Hoover Archives workstation.

58 "SWNCC 53 Series—Relations of the Military Government of Formosa with China and the Chinese," March 13, 1945, in *SWNCC Summary of Actions and Decisions,* Part I, 116, July 7, 1948, NARA, RG 334, Entry 16A, Box 16.

59 "SWNCC 56 Series—Japanese Investments in Formosa," March 13, 1945, in *SWNCC Summary of Actions and Decisions,* Part I, 121, July 7, 1948, NARA, RG 334, Entry 16A, Box 16.

60 U.S. Joint Staff Planners, "Development of Operations in the Pacific,"memorandum, June 23, 1945, NARA, RG 218, Entry 1, 190:1.

61 Joint Chiefs of Staff, "Operational Plan for Secret Intelligence Penetration of Formosa," memorandum, April 12, 1945, NARA, RG 218, Geographical File 1942–1945, Entry 1, 190:1;Ballantine, *Formosa,* 56–57;Kerr, *Formosa Betrayed,* 31–33.

62 "SWNCC 16/2 Series," August 31, 1945, in *SWNCC Summary of Actions and Decisions,* Part I, 121, July 7, 1948, NARA, RG 334, Entry 16A, Box 16.

後允許國民政府迅速接收台灣。太平洋戰爭晚期，台灣不再成為美國在軍事上打敗日本的決定性因素，這個島嶼數年後意外成為國民黨黨國體制下的最後根據地，即由遠東地區局勢發展的結果而定。更意外的是，美國於日本戰敗後決定不在接收台灣一事上扮演有力角色，特別是美國不願插手或者監督國民政府接管與處置日本殖民地統治者在台灣所留下之諸多資產，其所引發的爭議，讓國民政府戰後統治台灣帶來嚴重後果，並導致十八個月後台灣一場流血悲劇。

界定台灣與大陸關係

誠如前面所述，美國於太平洋戰爭最後階段放棄以武力攻占台灣，同時在最後一刻決定不介入戰後盟軍接管台灣事務，大體上仍不出其自身利益與務實考量。平心而論，蔣介石所領導的戰時中華民國，不但是美國對抗軸心國陣營的堅實盟友，也是戰時同盟國內唯一最有資格收復對台灣主權的盟友，因此華府有關處理戰後台灣地位的各項決定，包括最後一刻不打算在島上成立軍政府以及允許重慶迅速接收並成立台灣省政府等，國民政府誠心歡迎並感激。儘管如此，日本投降前，國民政府高層對於戰後台灣究竟如何打算，仍值得我們再深究。

一九四三年開羅高峰會對國民政府在政治宣傳、民心士氣與政府威信所帶來的重大積極效益，確實促使蔣介石等國府領導階層決心致力於將台灣納入其戰後領土的規劃。在重慶，輿論媒體廣泛報導中國大陸上的抗日台籍菁英如何受到開羅宣言的鼓舞，以及這些半山人物對於國民政府如何表現出由衷的感激。[63]更深一層而論，對於台灣回歸祖國，蔣介石內心有著更大的盤算，他無疑看上日本治理下台灣島上豐富的天然資源與基礎建設。隨著戰後台灣回歸中國得到同盟國的保證，國民政府將可名正言順地接收島上日本殖民當局所留下的一切作戰物資、資產、地產、企業和基礎設施，不管這些是公營還是私有，都可以被視為是戰敗國日本對中國戰爭損失的合法賠償，而為國民政府全部接管。若從地緣戰略角度來看，由於戰後中國的海軍力量依然薄弱，把台灣作為未來中美兩國海軍合作的戰略基地，也是極具價值且可以和美方談判溝通的戰略部署。[64]

然而，此類樂觀的設想未必等同於此後國民政府對戰後台灣的治理與政策規劃一帆風順，令人滿意。一九四四年四月，國民政府決議在中央設計局之下成立一個新的「台灣調查委員會」，由曾任福建省主席的陳儀擔任主任委員。此一人事案頗富深意，更暗示著戰後台灣光復後，陳儀很有可能成為台灣首任最高行政首長。蔣介石挑選陳儀的理由值得我們關注；陳儀與蔣介石兩人的出身背景頗為類似，都是浙江人，都曾在日本讀過軍校，據聞也都曾經擁有日本情婦，而且都曾與上海地下組織關係密切。[65]從政治視角看，戰時中央設計局主要負責戰後中國失土的接收與行政體系規劃，該局被歸為「政學系」地盤，而政學系是當時國民黨內最大派系之一，因此政學系所處的位置，極有利於打造該派系的戰後權力基礎，此一事實並不難窺見：政學系的兩大核心人物熊式輝與張嘉璈，被委以接收東北之重責大任，而另一塊失土台灣，則交給該

63 秦孝儀編，《國民革命與台灣》（台北：近代中國出版社，一九八〇），頁一四二—一四三。

64 《蔣介石日記》，一九四三年十一月十四、二十一、二十四日。

65 有關陳儀與其政治生涯，參見賴澤涵，〈陳儀與閩、浙、台三省省政（一九二六—一九四九）〉，收錄於中華民國建國八十年學術討論集編輯委員會編，《中華民國建國八十年學術討論集》，第四卷（台北，台灣：近代中國出版社，一九九一），頁二三三—二五六。

派系另一要角陳儀來接管。[66]

在實務層面上，陳儀曾當過七年多的福建省主席，福建與台灣一水之隔，是二戰時期盟軍對台灣最重要的情報蒐集與滲透的作業基地，正如戰時美國軍事情報單位所言，福建既是同盟國合法或非法對台廣播發射與控制台的最重要設置地點，也是推動敵後抗日、突襲與中國東南沿海走私的理想基地。[67]福建與台灣在地理上的相鄰，讓擔任福建省主席的陳儀，比國民黨內其他同志更容易掌握台灣的相關資訊，此一事實也讓陳儀成為蘆溝橋事變爆發、中日兩國全面開戰之前，國民黨領導階層裡極少數具有涉台親身經歷的官員之一。一九三五年，陳儀以日本駐台總督府貴賓的身分受邀前往台灣，參加日本治台四十週年紀念大會，包括出席「始政四十周年紀念台灣博覽會」。陳儀訪台足跡包含台北、台中、台南、高雄與日月潭等地。他對島上的基礎設施和社會進步深表讚嘆，並曾公開為台灣人的「幸福」處境表示羨慕與道喜。回到福建後，陳儀曾向蔣介石呈上詳細的台灣考察報告，並提議將台灣的經濟發展模式用於福建等中國沿海省份。[68]陳儀對台灣的瞭解和在台的親身經驗，足以使國民黨高層相信他不僅是個「日本通」，他還是個「台灣通」。

從國民政府的角度觀之，處理戰後台灣事務也需要極為熟練的政治手腕。陳儀所主持的台灣調查委員會，成員包含外省籍官員和一群與國民黨淵源頗深的台籍菁英，與這些「半山」合作，成為戰後對台事務推動的一個重要環節。想當然爾，戰時這些台籍菁英受到國府無限厚望，於戰後扮演台灣與國民政府中央之間重要的溝通橋梁。[69]然而涉及到譬如界定戰後台灣與中國大陸之間關係等最根本問題時，要在該委員會裡達成最基本的共識，一開始就碰到困難。基本上而言，國民政府裡的大陸（外省）籍官員，傾向於將台灣視為一塊新收復、需要以有別於大陸各省份的治理模式來對待的邊陲海島。鑑於台灣曾受日本殖民統治長達半世紀之久，國府的外省籍官員普遍主張戰後給予台灣較為特殊的政治地位，認為台灣既不應該被視為如同內地一般的省份，也不該被視為有如新疆或蒙古的邊疆特別行政區，然而由於日本戰敗投降後所可能引發的政治不確定性，因此賦予台灣特殊之地位，實有其必要。更坦白言之，同盟國在打敗日本之前，美國可能對台動武，而且該島可能在過渡時期由一個同盟國軍政府來管理，在此情況下，台灣極不可能成為戰後中國的一個「正常」省份。[70]

國民政府理解到戰時必須先培訓一批新的技術官僚，以便戰後有足夠人才前往台灣進行接管與治理，而戰時國府官方如何對此類培訓計畫進行相關準備工作，則清楚地呈現出其最初如何看待該島相對於中國大陸的政治地位。譬如時任教育部長的陳立夫，力持台灣人才的培育，應從在福建成立一新的國立海疆學校開始，並告誡道，培訓計畫應細心設計，以符合台灣極為特

66 林桶法，《戰後中國的變局——以國民黨為中心的探討，一九四五—一九四九》（台北：台灣商務印書館，二〇〇三），頁二三八—二四〇。

67 OSS Research and Analysis Branch of Central Information Division, "Formosa," November 13, 1944, NARA, RG 226, Entry 210, Box 179.

68 Kerr, *Formosa Betrayed*, 48.有關陳儀此次台灣之行，參見福建省政府編，《台灣考察報告》（福州：福建省政府，一九三五）。

69 Steven Phillips, "Between Assimilation and Independence: Taiwanese Political Aspirations under Nationalist Chinese Rule, 1945–1948," in *Taiwan: A New History*, ed. Murray A. Rubinstein (New York: M.E. Sharpe, 2007), 280–281. 有關「半山」之研究，另見Jacobs, "Taiwanese and the Chinese Nationalists," 84–118.

70 張厲生（行政院秘書長）呈蔣中正，一九四四年三月十五日，收錄於《光復台灣》，頁四十一—四十二；台灣調查委員會會議紀錄，一九四四年七月十三日，收錄於《光復台灣》，頁五十八—六十五。

殊的殖民環境。[71]陳立夫的論點與蔣介石心裡的想法非常接近，日本投降後不久，蔣曾自記道，台灣特殊的地緣政治背景和殖民地經歷，賦予該島獨一無二的性格，因此台灣作為戰後中國東部海疆基地最為妥當，而日後派往台灣的工作人員，應經過特殊的培訓，以符合台灣的特殊殖民環境所需。[72]

台灣調查委員會裡的台籍成員，對於戰後台灣的政治地位與結構，卻持不同的看法。他們承認台灣被日本殖民統治半世紀，社會環境的確不同於大陸其他省份，然而這些「半山」也擔心，過於強調台灣的「外來性質」、「邊疆特性」甚至「殖民經驗」，都將可能導致台灣在戰後中國新的政治秩序與結構裡，其地位不可避免地遭到邊緣化。謝南光曾是一九二〇年代台灣抗日運動中的一名要角，並於一九三〇與四〇年代從事國民政府在台的情報活動，一九四四年之際，他曾指出國民政府的邊疆與少數民族政策乃一大失敗，因而坦言他最不願樂見的，乃是台灣於戰後回歸中國之後，被當成另一塊中國的邊疆地區來治理。[73]

台灣調查委員會裡另一個活躍的「半山」黃朝琴，和謝南光一樣內心感到不安與焦慮；為了避免相對於中國大陸各省份更為現代化的台灣，於戰後被視為中國一塊邊疆特區來統治，他力持國民政府應當將台灣打造成為中國的一個「實驗省」，在避免被「特殊化」的前提下，台灣有其自己的法條與適切的政治機制，來因應其較為獨特的殖民歷史經歷。[74]以參與一九四〇年代的抗日革命運動著稱的柯台山則表示，他擔心美國將趁著盟軍部隊攻占台灣之便，進而支配該島，他也憂心對日抗戰勝利到來之時，國民政府將不會把戰後台灣接收問題列為其最優先處理事項，柯台山因此力促台灣調查委員會應盡速為日本人投降後，為台灣島上權力的順利轉移而未雨綢繆、預作準備。誠如柯台山和調查委員會裡的其他台籍委員所言，接收台灣最重要的任務是儘速培養大批技術性官僚，以減少戰後台灣與中國大陸之間體制上的巨大落差。[75]

一九四四年底之際，台灣調查委員會成員對於戰後台灣地位的立場，逐漸達成一致，同意將台灣列為一「特別省」，而非如同西藏與外蒙一般的特別行政區劃來治理，然而未來台灣省的領導人將被稱為「行政長官」，而非「省主席」，其所享有的權力，也高於大陸各省的省主席。新的台灣省政府機關（行政長官公署）也將享有較大的權限，來處理該島的政治、經濟、民政與保安等事務。[76]

隨著國民政府內部逐步做好接收台灣的籌劃與準備，國府官員似乎變得更勇於說出自己對於收復失土的真正想法；一九四四年七月間，國府外長宋子文在與美國駐華大使高思（Clarence E. Gauss）討論戰後中、美、英三國治理軸心國解放區相關議題時，主動提議三個同盟國應當盡速召開一個會議來解決此問題，他自信滿滿地告訴高思，國民政府已準備好派遣官員進入中國東

71 見陳儀致陳立夫函，一九四四年五月十日；陳立夫致陳儀函，一九四四年七月十日，收錄於《光復台灣》，頁五十三—五十五。

72 《蔣介石日記》，一九四五年十月十三日。

73 台灣調查委員會會議紀錄，一九四四年七月二十一日，收錄於《光復台灣》，頁六十五—七十六。

74 同上註。

75 同上註。有關「半山」的治台觀點，另可參見〈台灣革命同盟會與台灣光復運動，一九四〇—一九四五〉，收錄於中華民國史料研究中心編，《中國現代史專題研究報告》，第三卷（台北：中華民國史料研究中心，一九七三），頁二五五—三一五。

76 陳儀呈蔣中正，〈台灣接管計畫綱要〉，一九四四年十月，收錄於《光復台灣》，頁八十六—九十六。蔣介石於一九四五年三月批准此議（頁一三七—一四七）。

北和台灣，並展開有效率的治理。[77]由於遲遲未能收到華府對此提議的回覆，宋子文於一個月之後再度催促美國大使，儘早提出同盟國召開會議的日程，宋的態度讓美政府感受到，蔣介石似乎有著一股自信心，亟欲確認中華民國政府在二次大戰結束後，於包括台灣與澎湖在內的「解放區」，依其步驟與看法，推行有效率且永久的治理。[78]

由於台灣調查委員會研擬一系列的接收方案與接收人員培訓計畫，加上國民政府官員與台籍「半山」已達成較為一致、有關戰後台灣地位的看法，蔣介石的確有足夠理由，對於台灣戰後回歸的治理，感到樂觀。一九四五年初夏，日本已呈現敗象，中國取得抗戰最後勝利，只是時間早晚的問題。然而此刻蔣介石和他的高階幕僚也許料想不到，其對台灣的接收與統治，在往後數年內竟然跌跌撞撞，充滿著不幸與意外，此時他們也無從預想到，就在台灣回歸中華民國短短十六個月的時間裡，出現了一場流血悲劇，讓台灣與中國大陸之間的關係蒙上一層陰影。這場悲劇，不只帶來流血傷亡，還促使美國重新思考對台政策，並且帶給台灣島上百姓對於政治認同上長久的分歧與衝擊，影響所及，直到今日仍未完全消散。

77 Gauss to State Department, July 25, 1944, *FRUS* 1944, vol. 6, China, 1165–1166.

78 Edward Stettinius to Gauss, August 3, 1944; Gauss to Stettinius, August 28, 1944, *FRUS* 1944, vol. 6, China, 1166.

第二章 不平靜的開始

一九四五年八月十五日，日本戰敗宣布無條件投降，同月二十九日，蔣介石任命陳儀為台灣省行政長官兼台灣省警備總司令部總司令。美國政府對此項任命案，基本上是肯定的；華府認為這位台灣回歸中國後的首任領導人，為人正直，得到蔣介石的信任。但杜魯門行政當局也評論道，在中國，陳儀得到的評價不盡然是完全正面的，原因之一是他主政福建省時，部屬貪腐，另一個原因則是他似乎有親日傾向，「更別提他有個日本老婆」，此類負面看法並非完全無的放矢。[1]華府的軍事情報部門憶道，一九四一年陳儀主政福建省任內的最後幾個月期間，福州被他搞得一塌糊塗，當地部分百姓甚至因此樂見日軍早日前來，藉此擺脫陳儀的統治。美方人士又發現，陳儀雖在福建省主席任內獲得推行統制經濟的良機，但成效卻不彰，因為他手下許多人競牟私利。總而言之，陳儀甫受國民政府任命在台新職之際，美國政府部門就似乎已經開始煩惱他日後在台灣的施政成果與表現。[2]對陳儀或者任命他的蔣介石而言，這並非一個好兆頭。

誠如日本戰敗投降前各方所預見，盟軍於戰後台灣的接收行動，大部分由美國擔下；一九四五年八月下旬起，美國海軍開始協助將國軍接收部隊運往台灣，並執行遣返在台日軍，以及當時被日本羈押於北台灣戰俘營裡的盟軍戰俘撤離行動。八月二十九日至九月九日之間，美國海軍第七七・一特遣艦隊從菲律賓的聖佩德羅灣（San Pedro Bay）駛入基隆港，該艦隊的飛機和船艦參與了一二八一名獲釋盟軍戰俘的撤離作業，並提供醫療照護，其中一一六〇名盟軍（大部分為美國）戰俘後來轉往馬尼拉，剩下的一二一名戰俘則撤到台北，由當時與美國特遣艦隊一起執行接收任務的英國海軍第一一一・三特遣艦隊暫時照料。[3]

幾於同時，一個美軍顧問團也在戰時陪都重慶組成，並且受魏德邁（Albert Wedemeyer）將軍指揮。魏德邁接替史迪威出任蔣介石的中國戰區參謀長，日本投降後，開始負責國民政府在日本受降區的接收工作。[4]一九四五年九月上旬到十月中旬這段期間，數個小型美軍代表團先後抵達台灣，不久之後合併成為一個「美軍聯絡組」，組長為顧德理（Cecil J. Gridley）上校，而最早抵台的美國軍官還包括哈特（Reginald L. Hatt）上校和萊斯利・卡爾德（Leslie C. Card）上校等人。哈特並且充當顧德理的情報官，掌管在台情報蒐集任務，卡爾德則接手美國戰略情報處（Office of Strategic Services）（中央情報局前身）駐台代表。[5]國民政府受制於缺乏海軍運輸的能力，其重要接收作業完全倚賴這個美軍聯絡組的技術協助和諮詢意見，方得以遂行。[6]一九四五年十月十七日，美國第七艦隊分隊護送四十多艘美國運兵船，自中國大陸駛入基隆，船上運載了國民政府第七十軍的兩個師，總兵力超過一萬兩千人。六天後，一架美國運輸機從重慶經上海飛抵台北松山機場，機上乘客包括即將前往台灣就任行政長官新職的陳儀與其隨員等一行。[7]

戰後國民政府接收台灣行動，似乎一開始就讓人看衰，而且處處充滿著不祥之兆。根據美軍聯絡組的說法，國軍接收部隊抵台時，士兵多穿草鞋，背著雨傘，甚至挑著鍋碗棉被，若缺乏基本物資用品，就直接向本地台灣民眾徵收索取，缺乏紀律，行動散漫。據部分美方資料顯示，國軍接收部隊來台後，似乎「缺乏自信心」，為便於作業，不得不硬著頭皮通知戰敗投降的日本殖民當局，美軍聯絡組成員乃扮演著重要的受降「顧問」角色，因此國軍部隊乃是聽命於美方人士的指示來行事。[8]此時葛超智舊地重遊，隨著美軍顧問團回到台灣，他的職務為美國駐華大使館助理海軍武官，負責護送陳儀一行前來台灣。他回憶道，甫抵基隆的國軍第七十軍部隊官兵，特別請求美軍聯絡組軍官作為「先遣部隊」，帶頭自基隆港前往台北市區，以免「心存報復」的日本自殺小組埋伏在基隆通往台北的山區，向國軍進行突襲。此一傳言很快在本地台

1 OSS, Intelligence Division, "Notes on the New Governor of Formosa," September 22, 1945, NARA, RG 226, Entry 211, Box 4.

2 OSS, "Formosa Governor Appointment," August 22, 1945, NARA, RG 226, Entry 211, Box 4.

3 US Department of the Navy, *Report of Evacuation of United Nations Prisoners of War from Formosa*, October 4, 1945, NARA, RG 127, Records of Marine Units, Box 25.

4 Albert C. Wedemeyer, *Wedemeyer Reports!*(New York: Henry Holt, 1958), 344–365.

5 Sir Horace Seymour to Foreign Office, *Report on Tour of Formosa 24th October–14th November, 1945*, February 4, 1946, FO 371/53577, F10998/911/10.

6 Ralph J. Blake to U. S. embassy in China, *Report on conditions in the Taihoku (Taipei) area, Formosa*, August 30, 1945, no. 894A.00/8–3045, *Formosa 1945–1949*, reel 1; Research and Analysis Branch of Central Information Division, November 13, 1945, RG 226, Entry 211, Box 4.

7 台灣省警備總司令部接管台灣報告，一九四六年四月，收錄於陳鳴鐘、陳興唐編，《台灣光復和台灣光復後五年省情》（南京：南京出版社，一九八九），第一卷，頁一五五—一六二；Kerr, *Formosa Betrayed*, 74–75.

8 Research and Analysis Branch of Central Information Division, *Report on the Political situation in Formosa*, October 16, 1945, NARA, RG 226, Entry 211, Box 4.

灣人之間傳了開來，國軍部隊成了眾人笑柄，台灣人還嘲笑他們「拖著腳走路，紀律差，很髒。」葛超智甚至宣稱，台灣本地人開始揶揄道，中國「戰勝者」膽敢踏上台灣，完全是因為有美國人在背後撐腰壯膽，在中國人以及「中國人所畏懼」的日本人之間作為緩衝之故，他還指責陳儀和其隨行人員愛搞小動作，一有機會讓美國人在台灣人面前丟臉，絕對不會放過，其中一個例子，發生在為陳儀和美軍聯絡組所準備的大遊行；按照事前安排，陳儀與美方人士被安排在遊行車隊最前方，接受眾人歡呼與迎接，結果在遊行時，國民政府接收代表團成員紛紛擠到陳儀座車旁邊，美軍聯絡組眾成員則被冷落在遊行隊伍的最後端。葛超智激動地回憶，此一毫無必要的小動作與失禮，無疑是因為中國人想讓美國人在公開場合丟臉。[9]

當時亦參與接收台灣任務的英國人士，其第一手記述或許可以平衡一下葛超智稍嫌誇大與主觀偏頗的說法。英方一份來自台灣的官方觀察報告顯示，第一批抵台的國軍第七十軍接收部隊，其實紀律頗佳，予人的印象也不壞。造成較為惡劣觀感者，乃是稍晚抵達而且駐守台北城的第一〇七師。[10]無論如何，倚靠美國盟友的協助，國民政府終於得以順利履行盟軍第一號命令，於台北完成日本受降儀式。

一九四六年四月上旬當最後一批日軍撤出台灣之後，已無官方任務需要執行的美軍聯絡組也隨之撤走。[11]此時美國政府完全依照其原訂計畫行事；一九四五年春，華府所制訂的政策指導原則載明，對日作戰結束後，美國對華軍事主要目的之一，在於協助國民政府維持其對中國東北與台灣這兩地的「治安」，但並不負責該地區的「治理」。[12]日本正式投降後，華府更幾乎是完全不願再碰觸與中華民國對台灣、澎湖管轄權等相關問題。儘管如此，像葛超智一樣如此關心台灣前途的美籍人士，依然存在，且從不放棄繼續呼籲並主張美方應當從嚴格的法律角度，要求台灣主權的移交，必須等候同盟國與日本正式簽訂和約且生效之時，才算獲得確認。此外，二戰結束後，儘管陳儀在台就任行政長官，美國軍方依然保持其對未來在台軍事戰略利益的關注，一九四五年十一月起到隔年十一月止，美方擬議對台灣進行全面航空測繪一事即可充分說明，即使在承平時期，美軍方依然極為看重該島在西太平洋地區的軍事戰略地位。[13]

回顧歷史，一個無法否認的事實是，在日本戰敗投降後，從未有任何一個同盟國政府，對於陳儀就任台灣首任行政長官一事提出任何官方異議與疑慮，此一事實間接表明，不論戰後國民政府治理台灣出現多少缺失與不幸，其對台灣的全面統治，是得到當時國際上的承認。一九四七年夏天，當魏德邁將軍率領考察團前來中國各地進行視訪時，美國國務院為他所準備的中國國情機密備忘錄裡，依然維持如此一種對台灣政治地位的理解與態度。[14] 諷刺的是，一九四六年春，當美軍聯絡組完成在台任務準備離開台灣時，沒有人能夠預料到，不出短短數年，台灣的法律地位和國民政府統治台灣的正當性，竟然成為美國杜魯門行政當局即將面臨的最迫切問題之一。

9 Kerr, *Formosa Betrayed*, 73–74, 77; Blake, *Report on Conditionsin the Taihoku (Taipei) area, Formosa.*

10 Seymour, *Report on Tour of Formosa.*

11 C. M. Maclehoseto Foreign Office, FO371/53671, F10998/911/10, July 29, 1946; Kerr, *Formosa Betrayed*, 96.

12 "SWNCC 83 Series—U.S. Policy toward China," April 3, 1945, in SWNCC *Summary of Actions and Decisions*, Part 2, 167, July 7, 1948, NARA, RG 334, Entry 16A, Box 16.

13 *FRUS*, 1946, vol. 10, The Far East: China, 1261–1267.

14 U.S. Embassy in China to secretary of state, *Report on Situation in Taiwan*, confidential, August 22, 1947, no. 894A.00/8–2247, *Formosa 1945–1949*, reel 1.

陳儀主政

台灣光復後，陳儀掌握島上軍政大權，行政長官公署運作初期，一切頗為順暢。一九四六年夏，英國駐上海總領事館的一份台灣政情觀察報告即指出，陳儀在處理名義上是中國人、然而實際上具有強烈島民心態、且與中國大陸傳統社會格格不入的台灣人與台灣事務時，表現得頗為出色。[15]此時美國國務院情報部門在分析台灣問題時，也承認陳儀在處理台灣島上的原日本資產、將其轉化為國民政府資產並投入於中國戰後復原重建方面的工作，幹得特別好。[16]事實上，若非美國政府在太平洋戰爭結束後決定不介入接收台灣事務，並放手讓國民政府來全權處理，陳儀是否能夠如此順利地接收在台日產並轉為國民政府所用，不無疑問。一九四六年底，台灣行政長官公署施行統制經濟的結果，已掌控了島上七成的工業資產與七成二的台灣土地。[17]到了一九四七年中，由陳儀所接管的前日本公、私營企業，總資產已達一五六億六〇〇〇萬法幣，約合七八三萬美元，包括九八七個單位的原日本「敵產」，其中四九四個單位，隨後被併入台灣省營企業。[18]

台灣回歸中華民國之後，如何吸引外資前往台灣投資，成了國民政府一項施政重點。一九四六年夏天，國府高層曾對美國石油公司和中國石油公司共同經營高雄煉油廠，進行熱烈的討論。主持此計畫的行政院副院長翁文灝深信，在台灣創辦煉油廠並且與外國公司合作在台投資企業，遠比在中國東北地區來得容易許多，在戰後東北，蘇聯勢力仍強，外交與政治情勢微妙，極不利於國民政府於當地施展拳腳。[19]翁文灝估計，恢復日治時期高雄煉油廠運作並對南台灣地區探勘石油蘊藏等計畫，需要經費約三七〇萬美元，他敦請美國政府支持此計畫，然前提是中國石油公司必須保持公營企業身分而不得民營化，在國府看來，此舉乃是確保石油等重要戰略物資不至於落入中國共產黨之手。只不過此一合作提案最後遭到美國務院否決，美方認為該計畫的潛在合作夥伴，同時具有國營企業、商業競爭對手和政府管理者多重身分，在此情況下，美方參與此項計畫並不妥當。[20]

回顧歷史，國民政府將甫脫離殖民地身分、重新回歸中國的台灣島上豐富資產與資源，投入於其在中國大陸上戰後的復原重建，並用於軍事上對抗中國共產黨，其代價極為龐大，特別是此一政策，難以避免讓一般台灣民眾感覺遭受剝削，並因此引發高度不滿，最後導致一九四七年「二二八事件」悲劇的發生。陳儀自認為是孫中山哲學的忠實信徒，深信國家資本重於私人投資，堅持統制經濟與國營企業乃是治理戰後台灣經濟的最佳辦法。[21]陳儀的想法與蔣介石心中規劃以台灣作為戰後中國重建與復興之供應基地之策略，完全契合。為此，陳儀就任行政長官

15 Maclehose to Foreign Office, July 29, 1946.

16 Research and Analysis Branch of Central Information Division, "Formosa: Survey of conditions in Formosa," March 15, 1946, NARA, RG 226, Entry 211, Box 36.

17 Tai-chun Kuo and Ramon H. Myers, *Taiwan's Economic Transformation: Leadership, Property Rights and Institutional Change 1949–1965* (London: Routledge, 2012), 30–31.

18 "General report on the takeover of Japanese properties in Taiwan," June 30, 1947, Research and Analysis Branch of Central Information Division, "Formosa: Survey of conditions in Formosa," March 15, 1946, NARA, RG 226, Entry 211, Box 36, 400–496. Ming-sho Ho, "The Rise and Fall of Leninist Control in Taiwan's Industry," *China Quarterly* no. 189 (2007): 162–179.

19 U.S. Consulate General in Shanghai to State Department, July 27, 1946,NARA, RG 59, 893.6363/7–2746.

20 John Leighton Stuart to State Department, August 13, 1946, NARA, RG 59, 893.6363/8–1346; Stuart to State Department, August 26, 1946, 893.6363/8–2646.

陳儀，1945年時任台灣省行政長官。（黨史館提供）

後，即著手制訂新法規與設立新政府部門，為接收日產並改組日本企業為省（公）營企業而奠定法律與行政基礎。[22]

然而，陳儀此一經濟政策，不但涉及日本資產與資源的妥善安排和台灣整體經濟重建，也牽涉到殖民文化與中國大陸母國政治文化之間的磨合與調整、語言與其他社會民間元素的隔閡，以及台灣本省人對於回歸之後政治活動的參與等重要議題，如此一來，外省統治階層與台灣本地人之間的爭執，勢將無法避免。在陳儀主政下，台灣人普遍的感覺是回歸中國後，生活條件明顯變差。早在一九四六年一月間，美國情報部門即指出，陳儀在接收原日產的過程中，疑似涉及「擅用美國政府名義」來為其行動合理化，導致台灣人不滿，而且行政長官公署內部無法完全避免弊端與法治不彰的情況，歧視台灣人的現象也層出不窮。[23]當時美國駐台北的情報人員，感覺到台灣本地人的反中情緒，已經升高到必須著手進行調查的程度，於是在一九四六年初，駐台情報人員在摩根（William J. Morgan）上尉的帶領下，開始進行全島的民意調查。據時任美國駐台北副領事葛超智的說法，美國駐台情報人員大膽地向滿臉驚訝的台灣人士問到以下問

21 Steven Phillips, "Between Assimilation and Independence," 282–283。有關陳儀的經濟思想，參見蘇嘉宏、王呈祥，〈陳儀在臺主政期間（1945-1947）的經濟政策：孫中山先生「民生主義」的實踐與背離〉，收錄於《國立國父紀念館館刊》，第十二卷（二〇〇三），頁五十五—七〇。

22 見陳儀一九四五年十月二十九日與十二月七月、一九四六年一月二十四日與二月十八日的指示，收錄於何鳳嬌編，《政府接收臺灣史料彙編》（台北：國史館，一九九〇），上冊，頁一二三、一五五—一五八、一七九—一八〇、二三二—二三五。

23 Research and Analysis Branch of Central Information Division, "Formosa," January 18, 1946, NARA, RG 226, Entry 211, Box 4.

題：其較中意繼續接受中國統治，還是重歸日本治理，或者未來台灣交由聯合國託管，並以美國為託管擔保者。[24]葛超智後來承認此項民意調查乃是「愚蠢之舉」，儘管如此，陳儀和行政長官公署很快就掌握美情報人員在台灣的舉措，並嚴重懷疑葛超智出於「保護日本人在台灣利益」的動機，而主導此項陰謀，因而欲將其逐出台灣，然最後未能如願。[25]

從一九四六年初起到一九四七年初之間，陳儀的統制經濟進一步擴及到台灣本島的糧食生產和配銷等私領域。糧食局在台灣省的每一個角落設置事務所，並於一九四六年三月起，開始控制全島稻米等農產品的收購、儲存與配銷等。農民和地主不得不以固定價格將穀物賣給糧食局在各地的代理人，而非出售給民間批發商，如不照辦，將遭到嚴懲。[26]此時，美方評估台灣局勢，仍認為台灣戰後經濟狀況還不算太糟，只不過台灣民眾苦於國民黨當局「治理不當與腐敗」，以及駐台國軍部隊行為不檢點。美方情報亦指出，台灣人普遍尊崇美國人，痛恨中國大陸在台官僚作風，此外，美方還觀察到台灣島上已有反國民黨革命活動正在醞釀之中，只不過台籍溫和派人士仍在盼望著蔣介石選派更為幹練的人才前來取代陳儀。[27]幾於同時，葛超智被召回華府向國務院簡報台灣情勢，他毫不猶豫地向同僚抱怨道，美國在日本投降後不久，即已先行拋棄了必要時干預台灣事務的權利，倘若未來需要台灣作為美方的基地，這樣一種干預台灣的權利絕對是必須的。葛超智對於陳儀在台灣的行徑非常惱火，並向上司忿忿抱怨，華府無視於自己負有讓「甫獲得解放的台灣人民享有被公平對待和基本人權保障」的道德義務。儘管義正詞嚴，葛超智的一番慷慨陳詞，當時在國務院裡並未受到太多重視。[28]

此時蔣介石明顯無意撤換陳儀，相反的，他認為陳儀在推行統制經濟與接收原日本資產等議題上，表現得可圈可點；一九四六年六月間，來自台灣的第一批約一百輛左右的坦克車和其他原日本帝國陸軍裝備，已移交給華北與華中地區的國軍部隊手上。[29] 到了一九四六年底，台灣行政長官公署所掌控的經濟、政治、社會與保安活動範圍，已經超過了日本前殖民統治者，然而與日本殖民者不同的是，國民政府在台行政管理人才與經費都少，且對台灣本地情形相對陌生，無法像日本人一樣有效率且公平地管理台灣，無可避免的，新的統制經濟政策必然將滋生出更多貪腐。[30]

國民政府在台灣的一舉一動，繼續受到美國政府密切關注。一九四六年秋，美國駐台北領事步雷克（Ralph J. Blake）向華府報告，由於陳儀的高壓獨斷，以及普遍出現的腐敗與無能，台灣島內的情況持續惡化。步雷克坦言他並不看好台灣的未來發展，儘管如此，有別於其副手葛超智，步雷克仍支持國民政府，願意相信陳儀在台灣的治理經驗，將為國民政府是否能夠正視並解決其所面臨的問題與挑戰，提供寶貴的測試機會，而如果國民黨領導階層願意「調整或改變

24 Kerr, *Formosa Betrayed*, 95.
25 Ibid., 93, 95.
26 Lai Tse-han, Ramon H. Myers, and Wei Wou, *A Tragic Beginning: The Taiwan Uprising of February 28, 1947* (Stanford, CA: Stanford University Press, 1991), 86–87.
27 Research and Analysis Branch of Central Information Division, "Survey of Conditions in Formosa," March 15, 1946, NARA, RG 226, Entry 211, Box 4.
28 Kerr, *Formosa Betrayed*, 144–145.
29 軍政部機械兵司司長向軍次呈蔣中正函，一九四六年六月七日，收錄於何鳳嬌編，《政府接收臺灣史料彙編》，上冊，頁二二一—二二二。
30 Lai et al., A Tragic Beginning, 87–89; Denny Roy, *Taiwan: A Political History* (Ithaca, NY: Cornell University Press, 2003), 55–75.

態度」，悲劇或許可以避免。[31]

對南京國民政府領導人而言，此刻「調整或改變」對台灣態度，並不在其考慮之列。一九四六年十月二十一日，蔣介石夫婦飛抵台北，於日本投降後首度踏上台灣，此行的目的在於出席慶祝台灣光復一週年的各項紀念活動，並向島上台灣民眾表達善意。停留台灣期間，蔣介石卻仍將心思放在大陸局勢上，他造訪台灣時，前來中國調停國共內戰的馬歇爾將軍，正在為避免中國爆發全面內戰而作最後的努力。馬歇爾力勸周恩來與國民黨妥協，雙方進行理性磋商，周恩來卻提議國民黨須先停止在各地武裝攻擊共產黨，作為雙方協商的前提條件，然此提議遭到蔣介石斷然拒絕。蔣的態度不難理解，此時國民政府控制了全中國七成六的領土和七成一的人口，光是在十月份，國軍部隊就從共產黨手中收復了六十三座城市，成為日本投降後國民政府單月份的最佳戰果。[32]由於在軍事上明顯地占上風，蔣介石當然不願與共產黨妥協。

蔣介石抵達台灣後，對於日本人在台所留下的深厚習俗和豐富的文化遺產，留下深刻的印象。十月二十三日，當他前往台中視察當地基礎建設時，蔣介石驚訝於日本人於殖民統治時期能夠克服當地種種自然屏障，艱苦地完成各項基礎工程建設，不禁私下對日本人不屈不撓的精神表示欽佩之情。[33]儘管如此，對於蔣氏夫婦來說，台灣仍是一塊令他們不習慣的陌生之地；在結束台中參訪行程之後，一行人原本欲繼續前往台南視察，然蔣介石夫婦擔心該地衛生條件不佳，有感染瘧疾之虞，於是臨時決定取消台南之行，於隔天返回台北。[34]

從台中視訪回到台北後，蔣介石夫婦下榻草山（陽明山）上一座寧靜行館，除了出席慶祝台灣回歸週年的相關活動之外，蔣介石把全副心思都擺在海峽對岸中國大陸的各項重要問題之上。在草山的行館裡，蔣介石與從南京匆匆飛來台北相見的行政院長宋子文，一同仔細琢磨中國東北的局勢。宋子文專程前來台北，欲說服蔣介石接受馬歇爾將軍所提，國軍立即停止攻擊安東省境內的共軍。蔣介石拒絕接受此一提議，堅持對共軍立即展開殲滅行動，隨後兩人在草山的行館內研擬致馬歇爾的覆電，並且對距離台灣萬哩之遙的東北國軍將領，下達最新指示與攻擊令。[35]

隔天，國軍部隊在東北地區告捷的消息傳到台北，陳儀在其官邸以日本料理款待心情極度愉悅的蔣介石。蔣確實感到高興，他在當天的日記裡寫道，這是自一九二八年北伐期間，山東濟南發生日軍殺害國民政府交涉員蔡公時的「五三慘案」以來，他第一次品嚐日本料理。在晚宴結束前，蔣介石提點陳儀，要他在台灣各地建設更多的學校、兵營與獄所，加強島上的警備兵力，不要讓共產黨有機會染指此島。[36]我們有理由推測，當蔣介石對陳儀講這番話時，他可能根本無法料到，就在短短兩年之後，他所曾經短暫留宿的草山行館，將成為中華民國最後的政治神經中樞所在地，當時也沒有人能夠預料得到，這個蔣介石夫婦還無法習慣的新收復邊陲海島省份，不久之後將成為國民黨政權與中華民國的最後一塊領土根據地。

31 U.S. Embassy in China to secretary of state, "Political and Social Conditions and Personalities and Group Interests on Taiwan," confidential enclosure, September 14, 1946, no. 894A.00/9-1446, *Formosa* 1945–1949, reel 1.

32 金沖及，《轉折年代：中國的一九四七年》（北京：三聯書店，二〇〇二），頁三十五—五十二。

33 《蔣介石日記》，一九四六年十月二十二、二十四日。

34 《蔣介石日記》，一九四六年十月二十四日。

35 《蔣介石日記》，一九四六年十月二十五日。

36 《蔣介石日記》，一九四六年十月二十六日。

1946 年 10 月 21 日，蔣介石夫婦首度訪台。（黨史館提供）

一九四七年二月風暴

在離開台北返回大陸前，蔣介石與台灣各新聞媒體會晤，表達他對台灣各方面建設與發展留下深刻印象，並表示「希望各位與台灣全體同胞，共同努力，來建設三民主義的新台灣。」[37]然而台灣此時的實際情況，可能比蔣介石本人想的還要糟；一九四六年間，台灣本省籍工人的失業率已達到百分之八十，一九四七年一月間，台灣省的大宗商品物價指數已不忍卒睹，糧價上漲七倍，汽油燃料與建材上漲十四倍，肥料上漲竟達兩百五十倍，台灣的資本財與糧食稻米常消失於大陸黑市，已是司空見慣。貪汙猖獗的情形，讓外交圈普遍傳聞，自一九四七年起，聯合國善後救濟總署分配給台灣的救濟物資，一經陳儀身旁官員之手，就憑空少掉一半。台灣回歸中國約一年左右光景，當地的中產階級已瀕臨破產。[38]

一九四六年底至一九四七年初發生在海峽兩岸一連串突發狀況，深化了台灣島內恐懼與不安的氣氛，最終導致二二八事件。一九四七年一月六日，馬歇爾將軍因其調停國共內戰使命失敗而離開中國，打道回府，中國即將爆發大規模內戰的低氣壓，開始籠罩在台灣上空，令當地民眾擔憂惶恐，有關台灣已被國民政府暗中「出賣」給美國政府，以換取巨額借款供與軍援的離譜傳聞，以及台灣不久之後將被駐東京盟軍總司令麥克阿瑟將軍重新歸還日本的謠言，在島上

37 有關蔣介石一九四六年十月二十七日在台北記者招待會上的談話，參見陳鳴鐘、陳興唐編，《台灣光復和台灣光復後五年省情》，第一卷，頁三〇三—三〇五。

38 Douglas Mendel, *The Politics of Formosan Nationalism* (Berkeley: University of California Press, 1970), 29–31.

到處流竄著。[39]與中國大陸流通的法幣掛鈎的（舊）台幣嚴重貶值，而陳儀主持下的行政長官公署逐漸失去台灣經濟的掌控能力。二月十四日，台北市民瘋狂搶購價格日漲且數量愈來愈稀少的米糧，導致暴動，米市隨之短暫關閉，全島籠罩在恐懼之中，大規模搶劫在台灣各地陸續發生。[40]

一九四七年二月二十七日晚，台灣省專賣局六名查緝員查獲一名育有一子一女的四十歲寡婦販賣私菸，查緝員欲沒收林婦全部的香菸及身上所有的錢財，寡婦表示生活困難，雙腳跪地苦苦哀求至少歸還其錢財，然而查緝員不予理會，並將她敲倒在地。附近憤怒民眾群起抗議，陪同查緝的警察朝民眾開了數槍，至少打死一人。此一事件激發群眾包圍台北市警察總局，要求逮捕開槍的警察。[41]隔天早上，更多群眾前往行政長官公署和專賣局，要求立即懲罰肇事警察，補償死者家屬，放寬香菸專賣並公開道歉。當群眾逼近時，公署衛兵以機關槍掃射，殺死數人，查緝私菸衝突自此開始演變為反國民黨統治的大規模暴動，並迅速擴散至全島各地，台灣本省人和政府當局爭奪各地機關大樓、火車站、警察局等公共設施的控制權。而在台北城外，情勢遠更嚴峻，反國民黨的政治團體紛紛成立，包括共產黨分子所鼓動成立的「二七部隊」，這些政治力量一度奪取台中、嘉義、台南、高雄與台東等地的軍械庫，並與各地方政府當局發生武裝流血衝突，許多參與暴動者被逮捕後，遭到國民政府處決或軟禁。[42]

當陳儀將二二八流血衝突事件上報南京國民政府時，蔣介石手上已有許多令他煩心與棘手的問題，在中國內地與其他邊陲地帶在華北和東北，國共雙方已兵戎相向；類似台灣二二八事件此類地方層級的官民流血衝突事件，從遙遠的新疆、內蒙古、西藏到西南的四川省境，層出不窮。譬如在新疆省會烏魯木齊（迪化），自二月上旬起，數百名當地維吾爾人開始圍攻省政府，要求國府當局給予少數民族更多自治權，新疆省政府如同台灣行政長官公署，迅即以電報將此狀況通報南京，正等候蔣介石裁示。[43]在內蒙古地區，親共的內蒙人士已準備成立一個體制外不受國民政府節制的自治區，即使是該地區親國民政府的內蒙人士，也起而要求蔣介石賦予他們更高的政治自主地位。[44]在拉薩，自一九四七年初期起，西藏政府內部親漢派與親英獨立派兩派人馬即相互仇視，甚至發生武裝內戰衝突，部分蔣介石幕僚力主趁此時機進兵西藏，一舉拿回對西藏的控制，一份已擬定好的軍事行動方案，正靜靜地躺在蔣介石辦公桌上，等候最後批示。[45]

因此，台灣境內發生動亂，又是一則蔣介石極不樂見的壞消息，使得原本已經為大陸上各邊疆地區發生動盪而焦頭爛額的南京政府，又多了一項頭痛問題。蔣介石對於陳儀的應變無方相

39 U.S. Consulate in Taipei to U.S. Embassy in Nanking, "Public Uneasi- ness and Rumors and Comment concerning the United States," memorandum, January 10, 1947, enclosed in U.S. Embassy China to secretary of state, February 14, 1947, no. 894A.00/2-1447, *Formosa* 1945–1949, reel 1.

40 G. M. Tingle, enclosed in Ralph Stevenson to Foreign Office, "Conditions in Formosa," March 24, 1947, FO 371/63320, F4030/2443/10. 另見Lai et al., *A Tragic Beginning* 96–98; Phillips, "Between Assimilation and Independence," 292–293.

41 Mei- ling T. Wang, The Dust That Never Settles: The Taiwan Independence Campaign and U.S.-China Relations (Lanham, MD: University Press of America, 1999), 102–105.

42 關於官方論點的詳細二二八事件報告，見賴澤涵，《二二八事件研究報告》（台北：時報文化，一九九四）。

43 Andrew D. W. Forbes, *Warlords and Muslims in Chinese Central Asia: A Political History of Republican Sinkiang 1911–1949* (Cambridge: Cam- bridge University Press, 1986), 208–209.

44 郝維民編，《內蒙古自治區史》（呼和浩特：內蒙古大學出版社，一九九一），頁二一二十五。

45 有關一九四七年西藏內戰的探討，參見Hsiao- ting Lin, *Tibet and Nationalist China's Frontier: Intrigues and Ethnopolitics, 1928–49* (Vancouver: University of British Columbia Press, 2006), 182–198.

當震怒，但也把這起動亂歸咎於台灣島民「遺忘祖國」；他在日記裡以坦率而帶有輕蔑的口吻寫道：「台民初附，久受日寇奴化、遺忘祖國，故皆畏威而不懷德也。」[46]在他看來，若中央政府要在戰後新收復的邊疆地區內維持有效統治與秩序，具備一定程度的武力威嚇能力，仍是必要的。[47]

事實上，當時蔣介石人在首都南京，第一時間絕無可能清楚研判台灣島內情勢嚴峻的程度，他除了完全倚賴陳儀與時任台灣警備總司令部參謀長柯遠芬等人的判斷與建議之外，其實沒有太多其他的選擇。三月二日，台籍菁英人士與民意代表等組成「二二八事件處理委員會」，希望透過和陳儀政府談判，讓動亂儘早落幕，並達成台灣省政改革目的。三月七日，委員會成員向陳儀提出《三十二條改革議案》，要求改革政治制度、提高台灣省自治權限、廢除專賣、推動縣市長民選、消除官府貪汙腐敗、台人掌控軍警、撤銷警備司令部、非武裝集會結社自由等。隨著民意高漲沸騰，台灣民眾開始大膽地要求推動以「自治」為目的之政治改革。[48]

就在前一天，對整個台灣情勢已失去耐心的陳儀，電請蔣介石以「肅奸」為名，儘速派兵前來台灣，協助恢復秩序。最初蔣介石並未同意陳儀所提綏靖方案，然而隨著國共內戰局勢惡化，鞏固台灣「後院」局勢不再繼續惡化，至關緊要，故決定出兵台灣，是當下所下的決定；蔣介石於三月八日日記裡如下一段話，充分展露此刻他的心情：「台灣暴動，形勢已擴張至全台各城市，嚴重已極，公俠〔陳儀〕未能及時報告，粉飾太平，及至禍延燎原，乃方求援，可痛。華北、延安，共匪禍正熾，又加此不測之變，苦心焦慮，不知所極。」[49]

出兵平亂似乎成了此一關頭唯一能走的路；三月八日，國軍整編第二十一師、憲兵第四團與附屬部隊先後於基隆與高雄登岸，陳儀迅即宣布全台戒嚴，聲明「二二八事件處理委員會」為非法叛亂組織，國軍部隊開始在全島進行大規模武裝鎮壓，消滅反國民政府勢力，三月中旬，台灣各地秩序逐漸恢復。[50]據統計，包括外省籍與台灣籍人士在內，有數千人甚至上萬人在此事件中遭到殺害或被捕入獄，眾多台籍二二八受害者與其家屬從此對國民黨政府乃至所有外省籍大陸人，懷有極深的怨恨。此一事件在一九八七年以前，一直是國民黨政府統治下台灣一個禁忌的話題，直到一九九〇年代台灣民主化之後才真正解禁。此後，二二八事件的政治餘波繼續籠罩著台灣政局，至今仍未消散。[51]

46《蔣介石日記》，一九四七年三月七、八日。

47《蔣介石日記》，一九四七年三月十五日。

48 欲了解「二二八事件處理委員會」之經過，見陳儀深，〈再探二二八事件處理委員會——關於其政治立場與角色功能的評估〉，收錄於張炎憲、陳美蓉、楊雅慧編《二二八事件研究論文集》（台北：吳三連台灣史料基金會，一九九八），頁一五三—一六八。

49《蔣介石日記》，一九四七年三月八日。

50《蔣介石日記》，一九四七年三月十五日；U.S. Embassy in China to State Department, "Report on Formosa," enclosure, March 14, 1947, no. 894A.00/3-1447, *Formosa 1945–1949*, reel 1.有關國民黨方面對於此事件在軍事行動與決策過程之觀點，參見彭孟緝，〈台灣二二八事件回憶錄〉，收於中央研究院近代史研究所編《二二八事件資料選集》（台北：中央研究院近代史研究所，一九九二），第一卷，頁三十九—一〇八。

51 針對國民政府領導人是否該為二二八事件的發生負責和該負多大的責任所做的論辯，見陳儀深，〈豈只是「維持治安」而已——論蔣介石與台省軍政首長對二二八事件的處置〉，收於李旺台編《二二八事件新史料學術論文集》（台北：財團法人二二八事件紀念基金會，二〇〇三），頁一四四—一六一；黃健彰，《二二八事件真相考證稿》（台北：聯經出版社，二〇〇七）。

美國角色的重新評估

美國人在這場流血事件裡究竟扮演何種角色，值得我們進一步審視。蔣介石於一九四六年秋天視察台灣並稱許陳儀的才幹和其治台「成就」時，顯然並不清楚，當時對國民黨失望與不滿的台灣異議人士，已悄悄地在推動改變台灣現狀，並且做出具體行動。一九四七年一月十日美國駐台北領事步雷克呈給南京美國駐華大使館的政情報告裡，不但詳實地揭示當地民眾不安情緒與諸多謠言揣測，更透露有一群「受過良好教育、且據說與當時台北市長游彌堅過從甚密的台籍菁英」，推斷中國大陸上所面臨的嚴重危機，包括國共全面內戰與經濟財政結構的崩潰，將會給台灣帶來致命災難與危機，這群菁英還告訴步雷克，在這危機發生期間，極有可能出現各方政治勢力爭奪對台灣的控制權，如果屆時果真發生此一危機，這群台籍菁英請求美國政府做到以下三件事：美國承諾不協助國府將國軍部隊運往台灣（日本戰敗投降後，美國曾經協助國軍渡海來台進行接收任務）；美國政府派遣技術與政治顧問前來台灣，協助台灣度過危機，以免台灣捲入中國大陸的混亂局勢；美國政府提供財力與物力，來協助台灣重振其工商業。[52]

據葛超智所言，五天之後的一月十五日，這群台籍菁英擬妥一份請願書，希望轉呈即將接任美國務卿的馬歇爾將軍，這份請願書有多達一百五十餘人的簽名聯署，其中包括個人與組織團體。然而正當這群人物準備就緒、打算正式向美國駐台北領事館請願時，該團體的領導人突然改變心意，暫緩向美方請願，改為求助於南京國民政府中央，希望蔣介石能夠親自出面，解決台灣日益惡化的局面，只不過該份請願書上呈蔣介石後，石沉大海，沒有下文。[53]一個月後的二月中旬，這群台籍菁英終於向美國駐台北領事館提交請願書，並以馬歇爾將軍為請願對象，該請願書的重要論點為：若要改革目前失靈的台灣省行政長官公署，最有效的辦法是全然倚靠聯合國對台灣的託管統治，並切斷台灣與中國大陸之間的政治、經濟連結，他們希望美國政府支持其實現上述目標，以免台灣人最後落得「一無所有」。[54]

這份請願書最終的下落為何，究竟是否被轉送至南京的美國大使館或者華府的國務院，不得而知。若結果是否定的，則並不足為奇；時任美國駐台領事步雷克早已清楚表明，美國駐台北領事館作為一個官方機構，不該直接介入台灣內部問題，該領事館的正式往來對象乃是是陳儀與行政長官公署，而非當地的台籍團體。[55] 然在二二八血腥事件爆發後，情況驟然改觀。三月三日，此一台籍菁英團體派代表，再次向美國領事館提交一份立場較為和緩的請願書，內容不再要求美國協助「聯合國託管台灣」，或者切斷台灣與中國大陸的關係，而只是敦促美國政府應設法尋求讓台灣能夠在主權確定由日本移交給中國之前，先由聯合國暫時代管其事務。該批菁英也告訴美國領事館，如果三月十日之前，二二八事件處理委員會向陳儀所提出的要求不被接受，或者國民黨政府決定訴諸武力鎮壓的話，他們將起而反抗國民黨政府的統治。[56] 美國駐台領事步雷克禁不住其他同仁的壓力，特別是副手葛超智與美國駐台北新聞處長卡度（Robert J.

52 美國領事的報告於一九四七年二月十四日由台北經南京傳送至華府。見U. S. Embassy in Nanking to State Department, "Public Uneasiness, Rumors, and Comment Concerning the United States," January 10, 1947, no. 894A.00/2-1447, *Formosa 1945–1949*, reel 1.

53 Kerr, *Formosa Betrayed*, 243.

54 Ibid., 250–251.

55 Ibid., 223.

56 Ibid.

Catto），於是他一改其不干預台灣內部事務的立場，決定替台籍人士向華府說項。三月六日，他在呈國務院的機密報告中斷言，唯一可以解決台灣動亂的辦法，是美國政府立即介入此事，或者代表聯合國介入此事，以阻止國民政府在台灣「大開殺戒」。步雷克進一步主張，美國在台灣人心目中威信甚高，當地民眾皆企盼渴求外力干預，不排斥將台灣交由聯合國託管，並且相信美國人可以主導實現此一結果。在該份報告結論裡步雷克示警道，如果不立即出手採取緊急行動，那麼「台灣發生內戰將是最有可能發生的結局」。[57]值得注意的，步雷克此份報告完成於國軍部隊抵台並展開大規模鎮壓的前兩天，但顯然其報告並無法阻擋國民政府派兵來台恢復秩序的決定。

持與步雷克或葛超智相近看法者，還包括當時英國駐淡水領事丁格（G.M. Tingle）。他在二二八事件發生後立即拍發電報給倫敦，說台灣問題的最佳解決辦法，就是讓該島脫離中國大陸的治理。丁格深信台灣民眾想要的是完全的自決，而在達到此一目標之前，把台灣交由聯合國託管，相信肯定可以得到全體台灣人的支持與認可。如同葛超智，丁格亦表達了對陳儀的憤懣，並說如果陳儀主持下的台灣省政體制不改變，那麼英國或者其他國家的官方或者民間貿易發展，在台灣都不會有任何實現的機會。[58]

當台灣陷入嚴重暴動與失序時，美國究竟是否該緊急撤離島上美國公民，引發不少的爭議。三月五日，美國駐台北領事館電告南京的美國大使館，由於危機在全島迅速蔓延，且國府即將派兵前來平亂，因此美方應認真考慮撤離領事館人員家眷和聯合國善後救濟總署駐台職員，領事館甚至建議美大使館應立即派遣一架飛機，前來協助撤離。[59]美大使司徒雷登（John Leighton Stuart）收到此一要求後，立即與蔣介石進行交涉，最後評估的結果是撤離行動「暫非必要」，儘管如此，美領事館要求撤僑此一想法已足以令蔣介石大感惱火與羞辱，並且在日記中抨擊美國駐華外交官「浮燥輕薄，極為反動派利用，使中國增加困難恥辱，悲痛之極。」[60]

三月十日，即國軍部隊開始在全島鎮壓暴動兩天後，葛超智經由當時美國大使館派往台灣調查最新情況的美國大使館助理武官道屋（F. J. Dau）上校，向司徒雷登大使上呈一份最新備忘錄，此時葛超智理解到，隨著國民政府出兵平亂，台灣交由聯合國託管的希望變得極端渺茫，葛超智因此迅即改變其立場，建議華府現在應鼓勵蔣介石撤換陳儀，改由一位文人主持台灣省政。為了避免台灣因二二八事件的發生、當地民眾反國民黨情緒而導致該島最後落入共產黨之手，葛超智同時力促美國應對新改組後的省政府施予經援。[61] 對於國民政府的治台方針，葛超智的立場出現以上微妙轉變，儘管如此，此時國民政府普遍對其反感至極，將其視為引發台灣動亂的主要禍源之一。三月十七日，葛超智奉美大使館之命，離開台北前往南京，協助美大使館草擬有關二二八事件的全面性報告，此後再也未曾回到他在台北副領事的職務。

二二八事件發生前後，由步雷克、葛超智等駐台北外交官所撰寫的諸多觀察報告與建議，因充斥太多個人情緒與觀點，而引發頗多爭議，導致司徒雷登大使不得不提醒華府國務院，勿遽

57 Ralph Blake, U.S. Embassy in Nanking to State Department, report, March 6, 1947, NARA, RG 59, 893.00/3–647.

58 "Conditions in Formosa," enclosed in Stevenson to Foreign Office, March 24, 1947, FO 371/63320, F4030/2443/10.

59 Blake, U.S. Embassy Nanking to State Department, March 6, 1947.

60 U.S. Embassy in China to State Department, March 8, 1947, no. 894A.00/3–847, *Formosa 1945–1949*, reel 1;《蔣介石日記》，一九四七年三月六日。

61 George Kerr, memorandum for the U.S. Embassy in China, March 10, 1947, no. 894A.00/3–1047, *Formosa 1945–1949*, reel 1.

爾相信其有關台灣暴動的論述和評斷。[62]司徒雷登甚至進一步指示當時美國駐華大使館與各地總領事館，今後凡是對中國國內政情發展具有「推測性」的研析電報，一律先送往南京的美國大使館，而非直接呈報華府。[63]

儘管葛超智本人在中國大陸和台灣已成為極不受歡迎人物，儘管連他的上司司徒雷登大使都不完全信任其有關台灣暴動的政情分析報告，然而直到他於一九四七年四月中旬離開中國返回美國的那一刻，他可能從未知悉，那份三月十日關於台灣問題的最新備忘錄，會在無意間扮演一個間接的政治催化劑，影響到南京國民政府對台的政策方向。葛超智所提出美國應經援台灣並協助改組後台灣新省政府的構想，不久後被司徒雷登納入其呈交華府的正式報告之中，並且進一步建議美政府應將台灣視為一個「特別經濟區」，派遣一批顧問協助其經濟發展，而隨著美國協助台灣發展經濟，這也必然將得到台灣民眾的親善，經濟的穩定與美國所扮演的角色，終將使民主化在台灣生根發芽與茁壯。[64]此一建議不久即得到華府正面回應；四月二日，國務次卿艾奇遜（Dean Acheson）表示助台發展經濟在原則上是好主意，不過有個前提，即是應先釐清美國派遣顧問團前往台灣，是否能夠獲得當地人民誠心的支持。[65]

以「後見之明」角度觀之，葛超智三月十日的備忘錄，也在無意中間接促成國民政府加速改組治台人事的腳步。三月二十九日，當蔣介石與司徒雷登進行晤談時，美國大使以葛超智之前的主張為基礎，大膽地建議蔣介石應以文人取代軍人來治理台灣，且認為甫辭去行政院長職務的宋子文，是個不錯的人選。司徒雷登直率地提醒蔣介石，由文人主政，著重經濟的振興，則台灣人民的生活狀況將可得到改善，吏治也將變得更加清明。[66]必須再次強調的是，蔣介石最初根本毫無撤換陳儀之意，在蔣看來，陳儀對於台灣動亂的處置，並非全然一無是處。[67]然而隨著陳儀的撤職勢在必行，而宋子文又無意主政台灣，其他國民黨內的可能接替人選逐漸浮現，包括數名軍事將領與蔣介石兒子蔣經國等，然而此刻唯有美國的反應與意見，才是蔣介石真正在意的。

種種跡象顯示，二二八事件發生後，美國針對台灣而向國民政府提出的政策建言，逐漸走向把台灣打造成某種新的政治經濟體制為主要目標，此時此刻，尚無人可以預見，此一有關台灣的新政策走向，最後竟然在一九四九年後催生出一個「意外的國度」。一九四七年四月中旬，葛超智在南京大使館內，終於完成其有關二二八事件備忘錄草稿並返回美國，司徒雷登予以修訂後，將定稿交給國民政府參考。在這份備忘錄中，葛超智再度強調台灣動亂後防止共產黨勢力滲入台灣的重要性，他以柔軟的姿態與口吻委婉表示：「毋庸置疑，台灣一般民眾是忠於國民政府和蔣委員長。」然而話鋒一轉，他示警道，經過這場動亂，「如果台灣的經濟結構禁不起持續的軍事鎮壓而最終瓦解，某種程度共產主義的出現，將非常有可能。」不論出於真心還是迫於權宜與無奈，在離開中國前夕，葛超智於備忘錄中不再強烈主張台灣應接受聯合國託管，而是

62 U.S. Embassy in Nanking to State Department, March 14, 1947, no.894A.00/3–1447, *Formosa 1945–1949*, reel 1.

63 U.S. Embassy in Nanking to the American Consular Offices in China, April 10, 1947, NARA, RG 84, Records of the Foreign Service Posts of the Department of State, China: Nanking Embassy Circular Instructions to the Consulates 1946–48, 124.66/Nanking.

64 Stuart to State Department, March 26, 1947, NARA, RG 59, 711.93/3–2647.

65 Dean Acheson to Stuart, April 2, 1947, NARA, RG 59, 893.00/3–3147.

66 Stuart to State Department, March 29, 1947, NARA, RG 59, 893.00/3–2947.

67《蔣介石日記》，一九四七年三月二十三日。

呼籲國民政府應儘速改造台灣的省政機關，納入更多的台灣籍菁英，一同與外省官員合作，以恢復台灣內部「發生動亂之前高度的政治忠誠與經濟產能。」[68]顯然地蔣介石接受了這些看法；收到此份備忘錄四天後，蔣介石宣布由曾任戰時中國駐美大使、與美國關係密切的魏道明接替陳儀，出任台灣新的最高行政首長，此派任案的用意之一，很顯然地是要讓美國政府滿意。

悲劇善後

基本上南京國民政府接受美國大使館的「建議」，開始著手重新整頓台灣省政，一方面藉由吸收更多台籍菁英進入省政體系服務，來補救大量失去的台灣民心，另一方面採取一系列新措施，以恢復島上治安與秩序。三月二十三日，國民黨中央決議將陳儀撤職，四月二十二日，文官出身的魏道明取陳儀而代之。同時，行政長官公署宣布裁撤，改組為省政府，採合議制，如同中國大陸其他行省，其首長被稱為「省主席」，權力也被大幅削減。[69]

新組成的台灣省政府，計有十四名省府委員，其中半數以上為具有大陸經歷的「半山」人士，而陳儀的舊班底幾乎全部遭到撤換，新任省主席魏道明的手下，有相當大比例是台籍人士。雖然省主席日後繼續擁有台灣省保安部隊的管轄權，然其在政治、軍事、財經等各方面權力已受到相當大的節制。[70]一九四七年台灣暴動之後所帶來的省主席權力削減，也為日後「意外的國度」在台灣的形成，帶來一個始料未及的後果；簡言之，台灣省政府與省主席權力遭到削弱此一事實，竟成為蔣介石一九四九年底、一九五〇年初得以在台灣保住其政治生命、重新恢復其國民黨內領袖地位的一項重要因素。當時中華民國政府遭逢內戰失利，倉促遷往台灣，李宗仁代總統遠走美國，蔣介石以中國國民黨總裁身分，力挽狂瀾，面對一位極受到美國支持、然其權力已無法和陳儀時代相比擬的台灣省主席吳國楨，蔣手上因此還握有一些可以和吳討價還價的籌碼。

台灣省政府進行改組，讓美國大使司徒雷登十分滿意，認為國府在顧及台灣人的情感上，「向前跨出了一步」。[71]然而當時已調回美國的葛超智，卻不那麼樂觀；在得知魏道明接替陳儀主政台灣之後，葛超智提醒國務院的上司與同仁，魏道明過去在外交領域的經歷，包括其駐美大使資歷，究竟是否能夠發揮在其處理台灣事務之上，進而在台灣打造出令人振奮與滿意的開明執政作風，仍有待觀察。而文官背景出身的魏道明治理台灣能否有成，將取決於他對駐台軍方系統能夠展現多大能耐，以及如何妥善處理陳儀在台舊班底與導致二二八事件發生的那些舊政策。[72]

葛超智的憂心的確有其道理，也許讓他內心稍感欣慰的是，魏道明上任後，確實誠心致力於改善島內情況。平心而論，在擔任台灣省主席一年半的時間裡，魏道明致力於剷除陳儀主政時

68 George H. Kerr, "Memorandum for the Ambassador on the Situation in Taiwan," April 18, 1947, enclosed in Stuart to State Department, April 21, 1947, NARA, RG 59, 893.00/4-2147.

69《蔣介石日記》，一九四七年三月十七日。

70 有關台灣省政沿革，參見楊正寬，《從巡撫到省主席——台灣省政府組織調適之研究》（台中：台灣省政府新聞處，一九九〇）。

71 Stuart to State Department, April 25, 1947, no. 894A.00/4-2547, *Formosa 1945–1949*, reel 1.

72 George Kerr, memorandum, enclosed in Stuart to State Department, May 31, 1947, no. 894A.00/5-3147, *Formosa 1945–1949*, reel 1.

的諸多流弊，他公開支持台灣推動自由經濟體制，不再奉統制經濟為圭臬。包括台灣火柴公司在內的公營企業，也開放民營，過去由省政府與民間利益團體共同經營的工、礦企業也逐步民營化。與此同時，省政府專賣局改組成為公賣局，並進一步整頓，緩和其專斷政策與公賣商品數量。貿易局則改組為物資調節委員會，著手整頓商品銷售與流通事宜，同時應付私營企業的需求。這兩個新改組機構大大增加了台灣地區私有企業的數目，提供了台灣本地商人一個比以往更為自由與穩定的經商環境。[73]

以上的這些政策變革，帶來一個當時未曾被明顯察覺到的新發展，即是台灣經濟政策走向的轉變。二二八事件後，曾經被國府派往台灣考察的國防部長白崇禧與閩台監察使楊亮功，在其各自呈給蔣介石的調查報告裡，不約而同地力促國民黨在台施行經濟改革，也都主張將台灣的公、民營企業加以區分，並縮減龐大公營企業所宰制的國家資本主義經濟。白崇禧尤其力促南京政府派員前往台灣省政府轄下各機構，考察經濟改革進展，以決定是否應推動進一步的革新措施，蔣介石頗為贊同這些觀點。[74]當美國政府敦促南京著手改造陳儀所主導且已失去民心的台灣省政時，這兩位來自國民政府內部的高層官員，則提出了有別於陳儀所奉行之經濟哲學的另一條道路。

整體而言，在魏道明任內，台灣的經濟狀況雖不能說已經出現立即與明顯的改善，然而整體情況沒有變得更糟，這是事實。誠如英國駐淡水領事館在其政情報告中所指出，到了一九四八年中，由於魏道明的手腕與技巧，島內政治情勢相對安定，最起碼反國民黨的情緒沒有進一步爆發，國民政府在台灣的統治也逐步回穩。[75]二二八事件後台灣所推行的新經濟措施，特別是廢除陳儀奉為圭臬的統制經濟與國家社會主義思想，最初本意在於安撫台灣本地民眾，弭平傷痕，同時在國共內戰愈演愈烈的情況下穩住國民政府後方基地。由此看來，這些在創痛後所採行的緊急療癒措施，無意中為一九四九年後中國國民黨黨國體制在台灣的形成，奠定了一個基礎，並為日後台灣發展自由市場經濟播下意外的種籽，這無疑是歷史的諷刺與偶然；蔣介石心不甘情不願地把陳儀撤換，讓台灣政局迅速穩定下來，對國民政府而言，這是一件好事。然而從外交角度看，這場流血事件的發生，加上中國大陸情勢因國共內戰而日益惡化，也不可避免地促使美國政府逐漸改變其對台政策。華府對台政策開始改弦更張，對稍後中國國內與遠東地區的政情發展，皆產生極為深遠影響，更與一九四九年後中華民國在台灣的形塑，關係密不可分。

73 Lai et al., *A Tragic Beginning*, 164–167.

74 有關楊亮功二二八事件報告，參見陳興唐編，《台灣「二二八」事件檔案史料》（台北：人間出版社，一九九二），第一卷，頁二七四—二八〇；白崇禧呈蔣介石報告，一九四七年四月十四日，收於中央研究院近代史研究所編，《二二八事件資料選集》，第二卷，頁二三八—二四四。另參見 Kuo and Myers, *Taiwan's Economic Transformation*, 32–35.

75 E. T. Biggs, "Summary of events in Formosa during the first six months of 1948," July 24, 1948, in *Taiwan Political and Economic Reports 1861–1960*, ed. Robert L. Jarman (Slough, UK: Archive Editions, 1997), 8:315.

第三章 美國重擬對台政策

二二八事件之後，葛超智雖被召回，然而他在台灣豐富的工作經驗，仍舊是華府政策規劃圈內一個重要的資訊來源。一九四七年五月底，他回到華府後，被召回國務院向同僚們簡報他對二二八事件後台灣未來發展的看法。在國務院的一場閉門會議中，葛超智敦促美政府應立即著手研擬對台新方案，以防台灣落入共黨之手。他強調「美援」對台灣經濟發展的重要性，也再次主張國民政府部隊應該自台灣撤離，讓台灣交予國際組織來託管，並建議從國際法角度，以「台灣法理地位仍然未定」為理由，將該島暫時置於一個國際組織監督之下，以遏止國民黨政府對台灣的「過分行為」，並強調台灣的穩健發展與茁壯，將成為日後中國大陸推動自由民主社會制度重建的一個重要對照依據。[1]根據葛超智本人的說法，他這一番慷慨激昂然卻充滿「帝國主義式」的論調，遭到同僚的冷落；在他的報告結束之後，國務院遠東司長范宣德（John C. Vincent）客氣地送他出了門口，然後告訴他，在聯合國裡將不會有任何一個人，會對台灣感興趣，而在華府，則肯定只有極少數人。無疑地，葛超智對於美國政府這種對台「沒有政策」的政策，感到憤慨不已。[2]

事實上，美國對台政策的確已開始出現新的發展。隨著國民政府在中國各地的內戰形勢日蹙，華府的亞太戰略專家開始隱隱不安。一九四七年初，從蘇北撤走的共產黨部隊與山東境內的共軍會合，在魯蘇兩省交界處對國軍展開反擊，蔣介石的部隊慘敗，損失了四萬兵力和數十輛坦克，共軍部隊則利用這批擄獲的坦克車，開始建立其自己的裝甲部隊。二月下旬，國軍部隊在魯中地區再嘗敗績，又損失三萬人，而且失去了對膠濟鐵路重要戰略幹線的控制權，國民政府在山東省的地位已是岌岌可危。[3]

一九四七年春，國軍部隊在山東境內向共軍發動一場大戰役，蔣介石動用了二十個師、約四十萬兵力，對付約二十五萬兵力共軍，結果國軍慘敗，在五月十四至十六日魯中的孟良崮戰役裡，國軍死傷高達一萬五千人，令人難以置信。當時被視為蔣介石精銳王牌師的國軍第七十四師，竟然全被殲滅，師長張靈甫舉槍自盡，以免受被俘之辱。[4]在此同時，共軍兵員與械彈迅速獲得替補，國民黨軍心士氣大為低落。華北孟良崮戰役不僅讓蔣介石震驚，也令太平洋對岸的美國軍事專家瞠目結舌，他們莫不驚訝地發現共軍在相當短的時間裡，從抗戰時期僅能進行游擊作戰，轉型成一支能夠打大規模正面作戰的強大部隊。[5]事實上，一九四七年春的孟良崮之役，對日後國共兩方的軍力消長，影響極為深遠，許多歷史學家重新評估此役，將其視為國共內戰的重大轉捩點之一。[6]

一九四七年夏，美國總統杜魯門指派魏德邁將軍率領一個考察團前來中國，評估中國整體情勢和未來援華政策。台灣也被列入魏德邁緊湊的考察行程之中。八月十一日，魏德邁一行人抵達台北，受到省主席魏道明的熱忱接待。訪台期間，魏道明察覺到魏德邁對台灣的興致似乎不太高，但仍盡力讓這批美方貴客相信台灣正在努力改革成為一座民主堡壘。[7] 事實上，魏德邁在日後呈交美政府的觀察報告中，明白指出這趟台灣之行，讓他更瞭解實地情況，從種種跡象可看出，台灣人的確願意接受美國的監護或者聯合國託管。魏德邁也注意到台灣民眾普遍擔心島上的資源將被「榨乾」，被投入支援當時民心漸失、日漸腐敗且士氣低落的國民政府，他最後總結道，台灣民眾的憂心與不滿，確實有道理，而且站得住腳。[8]

關於魏德邁考察台灣以上的大膽陳述，並未被立即公開，直到兩年後的一九四九年八月間，當美政府發表《中美關係白皮書》時，他的這番觀察報告才被公諸於世。儘管如此，在訪華期間，為避免引發不必要的麻煩，魏德邁絕口不提任何有關台灣的建議；在台北時，魏德邁甚至信誓旦旦說美國對台灣「不感興趣」，這一說詞肯定讓不少當時寄望於美國的台灣菁英大感沮

1 George H. Kerr to State Department, "Probability of Communist Penetration in Formosa," memorandum, May 26, 1947, no. 894A.00/5–2647, *Formosa 1945–1949*, reel 1.

2 Kerr, *Formosa Betrayed*, 326–328.

3 Odd Arne Westad, *Decisive Encounters: The Chinese Civil War, 1946–1950* (Stanford, CA: Stanford University Press, 2003), 157–159.

4 李雲漢，《中國國民黨史述》（台北：中國國民黨黨史委員會，一九九四），第三卷，頁六八七。

5 Intelligence Division, War Department General Staff, "Order of Battle of the Chinese Communist Armed Forces," August 27, 1947, NARA, RG 319, Records of the Office of the Assistant Chief of Staff for Intelligence (319.12), Box 2900.

6 金沖及，《轉折年代》，頁一四七—一五八；Jay Taylor, *The Generalissimo: Chiang Kai-shek and the Struggle for Modern China* (Cambridge, MA: Harvard University Press, 2009), 373–374; Christopher R. Lew, *The Third Chinese Revolutionary Civil War, 1945–49* (London: Routledge, 2009), 74–85.

7 Kerr, *Formosa Betrayed*, 345.

8 United States Department of State, ed., *The China White Paper: August 1949* (Stanford, CA: Stanford University Press, 1967), 1: 308–310.

喪。[9]

魏德邁將軍公開提及美國對台灣沒有野心，這番客套話無疑讓國民政府吃了定心丸。然而隨著國共內戰情勢日趨惡化，美國著手改變其對台立場，似乎已無可避免。一九四七年八月二十二日，也就是魏德邁結束考察離開中國的前兩天，美國駐南京大使館將一份機密備忘錄交給魏德邁參考，從許多方面來看，這份備忘錄似乎是葛超智數月前所撰寫的幾份備忘錄之化身，其內容強調中華民國政府對台灣的「事實」（de facto）控制，雖然受到普遍承認，然而法理上該島的主權轉移，尚未正式完成。這份報告接著指出，如果能夠在台灣建立一個有效率的政府，讓經濟得到合理發展與革新，讓台灣與中國大陸問題叢生的經濟與財政制度相隔離，將大有利於美國利益。只有台灣走上政治、經濟與社會的開明治理之路，美國的介入，特別是對台的經濟援助，才有其道理。該備忘錄最後並建議魏德邁應向蔣介石提議以台灣作為中美兩國軍事上的「聯合訓練根據地」，雙方共同培訓一個師以上的國民政府部隊。[10]

在南京美國大使館提交此份報告給魏德邁將軍參考後的翌日，國務院中國科官員，同時也是考察團成員之一的石博思（Philip D. Sprouse），提交了另一份備忘錄給魏德邁，他進一步指出台灣民眾非常渴望由聯合國或美國政府監管，因為他們認為讓中國繼續統治，台灣將沒有任何前景。石博思的看法幾乎是葛超智先前對台意見的翻版，在親自視察台灣之後，他認為國民政府在台治理無方，已失民心。雖然他不認為數個月前的二二八事件是由共產黨勢力在幕後唆使鼓動，然而如今他煩惱當前台灣的情勢，似乎為共黨勢力在島上的蔓延與發展，提供了沃土。[11]

魏德邁所率領的考察團，原意在於提供美政府有關未來軍事援助國民政府的決策參考，因此華府國務院、陸軍與海軍等跨部會協調委員會於十月初特別決議擱置美國對華政策的討論與制訂，以等候魏德邁進一步提供相關資料後再行定奪。[12]美國在面對國共內戰的局勢，儘管一個更明確的對華政策，仍有待華府高層仔細思考研究，然而在美方高層心目中愈來愈清楚的一件事，乃是有關台灣的法律地位；以上跨部會協調委員會已悄悄地檢討台灣法理地位的議題，並認為美政府應當堅持，中華民國對台灣的主權，應待其與日本政府正式締結和約之後，才算生效。所謂的「台灣地位未定論」，隨著中國內部政局的紊亂，開始在華府決策圈裡重新獲得重視。[13]

打造華南地區最後的反共根據地

正當魏德邁率團在中國各地進行考察之際，蔣介石打算以台灣作為國民政府軍事訓練與儲備基地的構想也更加明朗，他決定指派孫立人將軍前往台灣，啟動國軍新一波新兵訓練計畫。一

9 Stuart to State Department, August 23, 1947, *FRUS 1947*, vol. 7, *The FarEast: China*, 740–741. 另參見 Mendel, *The Politics of Formosan Nationalism*, 40–41; Ong Joktik, "A Formosan's View of the Formosan Independence Movement," *China Quarterly*, no. 15 (1963): 107–114.

10 U.S. Embassy in China to State Department, "Report on Situation in Taiwan," confidential memorandum, August 22, 1947, no. 894A.00/8–2247, *Formosa 1945–1949*, reel 1.

11 Sprouse to Wedemeyer, "Present Situation in China," memorandum, August 23, 1947, *FRUS 1947*, vol. 7, *The Far East: China*, 744–745.

12 State-War-Navy Coordinating Committee, "Policies, Procedures and Cost of Assistance by the United States to Foreign Countries," top secret memorandum, October 3, 1947, issued on July 7, 1948, NARA, RG 334, Entry16A, Box 5.

13 State-War-Navy-Air Force Coordinating Committee, "SWNCC 272 Series–Formosa: Acquisition of, by treaty," October 15, 1947, NARA, RG 334, Entry16A, Box 15.

九四七年夏，孫立人在一群美國駐華軍事顧問的陪同下，前往台灣考察合適的新兵訓練地點。此一消息傳開後，對於那些長久以來期盼美國政府進一步介入台灣問題的人士而言，必定百感交集。孫立人早年畢業於美國維吉尼亞軍校，英語流利，二戰期間其能力與才幹早已揚名海外，並為美國軍政高層（包括麥克阿瑟將軍）所周知。一九四七年十一月間，孫立人的新訓計畫於高雄鳳山一座原日軍基地裡展開。[14]值此之際，台灣是否交由聯合國託管的想法仍在暗中醞釀，而備受美國人欣賞與尊崇的孫立人出現於台灣，被許多觀察家視為一個令人振奮的好消息，尤其是美國海軍與情報系統，至少表明台灣日後作為美國在西太平洋島鏈（日本—沖繩—菲律賓）戰略上的一環，不無可能。[15]

孫立人在南台灣的新兵訓練計畫，正好在國軍幾個精銳部隊慘敗於共軍之手後不久展開。[16]更重要的是，孟良崮戰役的失利，促使國府高層不得不重新思考新的地緣戰略規劃，並做最壞的打算。在蔣介石與其少數核心幕僚眼中，華北戰局的慘敗，加上東北局勢急速惡化，意味著國民黨在長江以北大部分地區的統治恐怕不保。[17]一九四七年六月十九日，蔣介石與美大使司徒雷登晤談時，首度坦承他對中國東北的情勢已感到「絕望」，並表示他最近才看出這一點。會後司徒雷登立即把蔣介石的悲觀情緒與英國駐華大使施諦文（Ralph Stevenson）分享。[18]孫立人新任務的執行地點選在一海之隔的台灣島上，而非大陸上其他可能遭受共軍威脅的地點，也被解讀為南京國府對整個局勢憂心與悲觀的表徵，似乎開始為長江以北乃至整個大陸失守做心理準備。

為了能夠與共產黨進行長期對抗，國民政府需尋找一個反共的最後權力根據地，這個根據地應以長江以南為主，且共黨勢力在該地區必須尚未形成氣候，軍事物資與其他糧食資源需易於取得。於是，令人感到諷刺的是，在一九四七年九月間，正當蔣介石的國防部長白崇禧信誓旦旦地宣稱，中央政府將盡一切力量在華北與東北各地進行剿匪戡亂時，蔣介石似乎已悄悄地在為最壞情況而預作準備。[19]廣東省擁有當時全中國農業大省的優越條件，水資源與土地豐足，其濱臨南海而面向外部世界的絕佳地理位置，以及作為國民黨過去發動反清革命與北伐的歷史遺緒等條件，讓蔣介石決定選擇以該省作為國共內戰頹勢下，國民政府最後的權力根據地。[20]

一九四七年八月二十日，南京發布新的動員戡亂法令，並強化國民黨在長江以南各省的掌控，在這一波反共戡亂布局的過程中，廣東省也被南京中央劃定為重點根據地。[21]九月中旬，甫卸下行政院長職務的宋子文，被任命為廣東省主席兼廣州行營（隨後改編成為廣州綏靖公署）主任，理論上這讓他有權指揮兩廣境內所有國軍部隊。宋子文此一新職，從行政體制上來看似降職，儘管如此，其任命案仍遭國民黨內部反彈，特別是當時牢牢掌控廣東省黨部組織與情治系統的「中央俱樂部」（ＣＣ派）與粵系的強烈反對。然而誠如當時美國駐華外交人員所觀察，

14 沈克勤，《孫立人傳》（台北：學生書局，一九九八），第二卷，頁四六三—四七六。

15 Chief of Naval Operations, entitled "Note on China by Commander Naval Forces Western Pacific," memorandum, October 7, 1947, NARA, RG 218, Geographical File 1946–47, Entry: UD 4, 190: 1; Kerr, *Formosa Betrayed*, 353–355.

16 《蔣介石日記》，一九四七年六月十九日。目前仍無具體證據顯示蔣介石派孫立人到台灣練兵，是受美國政府施壓所致。

17 《蔣介石日記》，一九四七年六月十八日。

18 Ralph Stevenson to Foreign Office, telegram, June 19, 1947, FO 371/63325, F9883/76/10.

19 秦孝儀編，《中華民國重要史料初編》，第七卷（二），頁八九二—九〇五。

20 《蔣介石日記》，一九四七年六月二十六日。

21 吳淑鳳，〈宋子文與建設新廣東〉，《東華人文學報》，期五（二〇〇三），頁一二九—一三〇。

約1948年，宋子文檢閱廣東省警備隊。國共內戰期間，宋子文致力於將華南打造為國民黨最後的根據地。（胡佛檔案館提供）

縱使蔣介石骨子裡不喜歡這位個性專橫跋扈的郎舅，但比起宋子文，蔣介石更加不信任粵系軍、政人物。從務實的角度出發，蔣介石認為以宋子文過去與西方國家領導階層的私人交情，在建設廣東、吸引外資投入並強化國民黨中央對華南地區的鞏固上，將大有用處。[22]

從上任第一天起，宋子文即努力向世人證明他不是一個普通的省主席；為了打造廣東省成為國民黨堅實的反共堡壘，宋子文把剿「匪」列為最優先施政項目。（直到一九四七年底，國民黨才願意承認華南地區這些所謂的「匪徒」，乃是有組織的共產黨勢力。）[23]宋子文非常清楚，他無法指望能夠得到當地粵系軍、政人物的誠心合作，更別提相互之間有所信任，因此他找上在台灣鳳山練兵的孫立人，提供諮詢意見。孫立人曾是宋子文的部屬，一九三〇年代宋子文擔任國府財政部長時，孫立人曾任財政部稅警團團長。宋子文於廣州上任未幾，即請孫立人推薦一位幹練軍官，擔任宋的軍事參謀。孫立人遂推薦畢業於肯塔基州諾克斯堡美國陸軍裝甲兵學校的胡維達，胡很快就成為宋子文最信任的軍事幕僚。[24]接下來數月，宋子文繼續向孫立人請教有關「剿匪」行動，並要求孫推薦更多幹練的軍官來協助他。隨著大陸上國民黨戡亂作戰愈加不利，一九四八年九月間，孫立人親自從高雄飛往廣州，與宋子文密商如何有效進行軍事戡亂。[25]

22 U.S. Embassy in China to State Department, minutes of conversation between T. V. Soong and Hiram A. Boucher, October 7, 1947, NARA, RG 59, 893.00/10-747; 吳景平，《宋子文評傳》（福州：福建人民出版社，一九九八），頁五二〇—五二一。

23 這些所謂的「匪幫」，其實是抗戰期間廣東境內的抗日游擊隊。戰後，其中一些游擊隊拒絕解散，後來被中國共產黨收編。見廣東省檔案館編，《東江縱隊史料》（廣州：廣東人民出版社，一九八四），頁七—十二。

24 Sun Liren to T. V. Soong, December 20, 1947, T. V. Soong Papers, Box 9.

25 Sun Liren to T. V. Soong, April 16, 1948; Sun to Soong, September 24, 1948, T. V. Soong Papers, Box 9.

宋子文當然也找上美國人。在他就任廣東省主席兩個月後，宋子文致函美籍的中國海關總稅務司李度（Lester K. Little），以「改善粵省打擊走私能力」為名，向他尋求彈藥援助。受到鼓舞的李度，認為由宋子文出面主持廣東省政，乃是二戰結束以來最令人感到鼓舞的發展，他立即致函美國大使司徒雷登，力促美政府鄭重考慮給予廣東省政府兩百五十萬美元貸款，以利宋購買包括四艘快艇、無線通信設備與其他軍火零件物資等，以投入華南地區的緝私工作。[26]司徒雷登禮貌性回絕李度此一私下請求，但建議李度應敦促國民政府中央透過正式外交管道向華府提出貸款請求，沒想到古道熱腸的李度立即照辦。[27]

南京方面始終未曾就宋子文所需貸款，向美方提出正式請求，其原因可以理解；宋子文所未曾明言的想法，乃是致力於打造一支效忠於自己、且不受華南地方派系勢力節制的武力，而非僅是為了緝私。一九四七年底，鍥而不捨的宋子文決定另闢蹊徑，以廣東省另成立一獨立「水警」為名，欲將該省的海上保安部隊自幾乎不受中央節制的中國海軍抽離，以便於掌握與利用。[28]然而宋子文欲打造一支歸自己有效統轄武力的努力，卻也受到其美籍軍事顧問的勸阻，其認為從單純的軍事指揮角度觀之，宋的做法只會對華南地區的軍事保安與指揮系統製造不必要且尷尬的混亂情境。更糟的是，當宋子文以為他能以廣州行營主任或者廣州綏靖主任的名義，指揮調動兩廣國軍部隊時，他的外籍顧問卻私下向他透露，華南地區各地方的高階將領，根本從未把他的命令當作一回事。[29]

儘管出現不少挫折，從一九四八年初到一九四九年一月辭去省主席為止，宋子文仍透過其海外的人脈資源與特殊管道，取得相當可觀的軍火，為其打造武裝力量。一九四八年四月間，宋子文繞過南京中央，自行透過其抗戰時期的老部屬、時任行政院物資供應局局長江杓，購買六架PA-11輕型機和其他無線電通訊設備，供其在華南緝私之用。[30]接下來數月，宋子文透過多重關係購入龐大的軍火武器，包括舊金山的廣東銀行、加拿大某一商業公司、國民政府駐加拿大物資供應處、江杓的海外人脈，以及諸多國際軍火掮客，包括一位名叫施洛德（Schroeder）的神祕美國人等。宋子文購得數千支布倫式輕機槍和手槍、一千多萬發子彈、二十輛坦克，這些軍火從加拿大、西班牙、比利時等歐美國家，經海運由香港轉抵廣州。[31]香港總督葛量洪（Alexander Grantham）採取相當積極配合的態度，並不難理解；從港英當局的立場出發，極不願毗鄰香港的華南地區受到共產黨染指，對於宋子文，自是樂於支持。[32]

宋子文在廣東省主席任內，同樣用心於強化華南地區的經濟發展與金融穩定。就在他就職前夕，中國中央銀行與港英政府簽署一項協議，英方保證與粵省合作，共同取締粵、港之間的走

26 Little to Soong, November 19, 1947; Soong to Little, November 20, 1947, T. V. Soong Papers, Box 36.

27 有關廣東海關緝私隊所需的這筆貸款，南京國府終未收到華府回應。參見 Stuart to Little, December 2, 1947; Little to O. K. Yui, December 5, 1947, T. V. Soong Papers, Box 36.

28 Soong to U.S. Naval Advisory Group Survey Board, December 29, 1947; A. L. Rorschach (U.S. Navy), "Establishment of Separate Water Police in Kwangtung Province," memorandum, December 29, 1947, T. V. Soong Papers, Box 36.

29 Rorschach to Soong, January 7, 1948, T. V. Soong Papers, Box 36.

30 Soong to Jian Biao, April 10, 1948, T. V. Soong Papers, Box 10.後來南京政府監察院以宋子文未經授權擅自購買這些飛機為由提議彈劾他，見吳景平，《宋子文政治生涯編年》（福州：福建人民出版社，一九九八），頁五三三。

31 Soong to Jian Biao, May 27, September 11, November 4, December 1, 1948, and January 3, 26, 1949; Jian to Soong, September 29, November 6, December 3, 1948, and January 25, 1949, T. V. Soong Papers, Box 19.

32 Alexander Grantham to Soong, June 4, 1948, T. V. Soong Papers, Box 36.

私活動。此協議同時確保國府可取得由香港出口至海外中國商品的稅收，並遏止香港境內美元與法幣黑市。[33]而在上任不久，宋子文即致力於吸引外資，促進廣東省的經濟發展。一九四八年初，儘管九龍城與廣東境內各地發生反英示威，宋子文依然積極推動境內英國投資方案。他端出了建造一座新的「廣東鋼鐵廠」方案，尋求英國投資與合作機會，並受到英方正面回應。[34]此刻英國政府考慮到香港殖民利益與廣東情勢密不可分，因而比其他任何國家都更願意與宋子文所主持的粵省打交道。

與此同時，美國對於廣東局勢並未完全置身事外。一九四八年初，在美國友人楊曼（William Youngman）協助引介下，美國最大規模之一的「莫克營建公司」（Morrison-Knudsen）決定參與粵省新的工程項目，雙方討論的合作案，包括重建粵漢鐵路，籌建連接廣州與四川的一條新鐵路，與修復黃埔港等。[35]宋子文還邀請行政院長翁文灝前來廣東視察，作為支持宋推動華南地區跨省經濟合作方案的具體行動。

一九四八年初夏，宋子文邀長江以南湖南、福建、台灣、江西、廣西諸省省主席來廣州，出席會議，協調彼此共同發展華南經濟、金融與基礎建設。此一盛會，加上美國國會即將批准援華項目的消息傳開，一時之間，上百名外國投資人紛紛關注宋子文所提出的華南經濟發展構想。[36]

外國投資人所無法理解的，是國民黨複雜的傳統權力結構。此時儘管宋子文端出的經建牛肉看似美味可口，而國民黨內華南地區的龍頭之爭，則是極為激烈。張發奎將軍是宋子文最強勁的對手之一，他向來被視為是國民黨的左派，曾與蔣介石公然鬧翻，在廣東地區一直擁有雄厚的人脈與基礎，抗戰時期主掌國軍第四戰區，涵蓋範圍包括兩廣與海南島。張發奎不只對宋子文以文人身分欲掌控兩廣國軍部隊表示強烈異議，也對宋子文欲將其故鄉海南島正式納入廣東省行政轄區一事，反應激烈，他主張為使華南地區能夠更有效地排除共產黨勢力，非得讓海南島脫離廣東省管轄不可。誠如張發奎所言，海南改設省，歸國民政府中央直接管轄，並維持一個獨立且不受省政府掣肘的海南警備司令部，既可減輕廣州當局的負擔，且有利於殲滅島上的共產黨游擊隊。[37]據張發奎的說法，一九四七年五月間，南京中央幾乎已經接受他的提議，並準備任命他為海南設省後的首任省主席。[38]

然而張發奎的提議招來宋子文極力反對，張則指控宋子文強烈阻撓蔣介石的任命案，並暗地裡運作將海南島納入其轄地，且意志甚堅。一九四七年底至一九四八年春數月間，宋子文積極邀請聯合國善後救濟總署駐華官員和日本技術專家等，前往海南考察當地的經濟、農業與漁業狀況，數個有關外資開發海南的小型建設計畫也在討論審議之中。[39]一九四八年四月初，宋子文居然成功說服美國大使司徒雷登和美軍駐華顧問團團長巴大維（David Barr），自南京飛抵海南島

33 "Memorandum of Agreement between the Central Bank of China and the Government of Hong Kong," August 15, 1947, T. V. Soong Papers, Box 29.

34 George Kitson, Foreign Office minutes, August 11, 1948, FO 371/63331,F10250/76/10.

35 H. L. Hsieh to Soong, January 3, 1948; William Youngman to Soong, February 27, 1948,T.V. Soong Papers, Box 19.

36 Lanxin Xiang, *Recasting the Imperial Far East: Britain and America in China, 1945–1950* (New York: M.E. Sharpe, 1995), 127–134.

37 Zhang Fakui to Soong, September 6, 1948, T. V. Soong Papers, Box 29.

38 張發奎，《蔣介石與我——張發奎上將回憶錄》（香港：藝術與文化，二〇〇八），頁四三八—四三九。

39 UNRRA-Fishery Rehabilitation Administration to T. V. Soong, October 23, November 6, 1947, and January 13, 1948; Tateki Horiuchi, "Plans for the Developmentof Agriculture and Light Industry on Hainan Island," April 11,1948; Tateki Horiuchi, "Memorandum regarding the development of HainanIsland," April 15, 1948, T. V. Soong Papers, Box 29.

考察，一時之間有關美國即將在該島設立軍事基地的謠言傳遍各地，立即招來中共方面宣傳指控宋子文欲將海南島出賣給「邪惡美帝」。[40]

直到一九四九年初，海南島才終於被國府中央宣布劃為省級的「特別行政區」，並脫離廣東省管轄，在蔣介石宣布下野和宋子文宣布辭去廣東省主席前夕，張發奎也如願地被任命為海南島的首任行政長官。然而此時國民黨經歷遼瀋、徐蚌、平津三大戰役的失利，政權搖搖欲墜，尋找反共的最後根據地，成了生死攸關的要事。對局勢極度悲觀的張發奎，認為國民黨大勢已去，因而拒絕接受此一任命案。[41]誠如後來局勢發展所呈現，將海南島闢為反共堡壘此一構想，在韓戰爆發後重新獲得重視，只不過那時對此積極倡議者，是華府的美國軍事情報高層，而非已經撤守台灣一隅的國民黨政府。

中國即將崩潰？

一九四七年底至一九四八年秋天之間，國民黨在長江以北各地的情勢日趨惡化，相較之下，宋子文在華南地區的積極經營，獲得一定程度的成果。蔣介石在一九四八年五月十九日的日記裡曾寫道：「正午子文由粵來京，暢談時局，精神為之振奮。」誠然，當壞消息不斷從中國各地傳來之際，宋子文在華南的作為，似乎讓蔣感到一絲欣慰。[42]遲至一九四九年初，兩廣地區的中共地下組織在呈給毛澤東的報告裡，還承認國民黨在這兩個省份的「剿匪」工作，頗為有效，導致當地共黨的游擊行動無從開展，甚至不得不退守兩廣交界的山區。[43]另一方面，宋子文雖從海外積極添購軍火，然在爭取粵系將領的支持與合作上，實稱不上順利，彼此間的關係也遠非融洽。儘管如此，兩廣境內共黨游擊隊的裝備更加惡劣，力量也仍不足以挑戰國民黨。[44] 在海南島，直到一九四九年初，當地共產黨「瓊崖縱隊」領導人馮白駒仍研判國民黨對海南島的掌控依然牢固，而當共軍在各地勢如破竹之際，馮卻始終不看好共產黨能夠立即「解放」海南。[45]

眼見國民政府致力於經營華南地區，拒兩廣於國共內戰之外，加上國民黨在長江以北各地形勢日蹙，許多外國觀察家開始流傳著一種看法，即中國的統一局面將被打破，回到民國初年群雄割據的局面。一九四七年五月間孟良崮戰役之後不久，英國軍事情報部門首先推斷中國即將走向分裂：東北地區將出現一個受蘇聯控制的傀儡政權；華北將是中國共產黨的天下；在華南和西部地區，各地方的軍政實力派人物將據地稱雄，不再受國民政府中央節制；台灣則可能宣

40 桐廬，〈論華南「經建」陰謀的破產〉，一九四八年十二月三十日，收錄於中華人民共和國中央檔案館、廣東省檔案館編，《廣東革命歷史文件匯集》（廣州：廣東省檔案館，一九八八），第四十九卷，頁二十九—三十五。

41 張發奎，《蔣介石與我》，頁四五二—四五三。

42 《蔣介石日記》，一九四八年五月十九日。

43 中國共產黨粵桂邊區委員會報告，一九四九年二月三日，收錄於中華人民共和國中央檔案館與廣東省檔案館編，《廣東革命歷史文件匯集》，第四十九卷，頁五二六—五四五。

44 見中國共產黨汕頭小組政治部的指示，一九四八年十一月十三日，收錄於中華人民共和國中央檔案館與廣東省檔案館編，《廣東革命歷史文件匯集》，第五十九卷，頁一七二—一七五；中國共產黨閩粵贛邊區會議的會議紀錄，一九四九年二月，出處同上，頁二四〇—二五四。

45 見一九四九年十一月十七日和三十日馮白駒呈給中國共產黨中央軍事委員會的報告，以及一九四八年十二月七日馮白駒給中國共產黨香港分局的報告，收錄於中華人民共和國中央檔案館與廣東省檔案館編，《廣東革命歷史文件匯集》，第四十四卷，頁五七八—五八五、五九九—六〇〇；一九四九年一月三日馮白駒呈中國共產黨統戰部與香港分局的報告，出處同上，第四十八卷，頁一一〇—一一一。

布獨立；國民黨為了尋求反共根據地，極有可能更加積極向英屬印度政府聲索中印交界地區的領土主權。[46]此一看法同樣受到英國外交部的支持，倫敦外交系統普遍認為，唯有依靠美國全面援助，否則蔣介石所領導的國民政府必然崩解，無法生存。從倫敦的角度觀之，杜魯門行政當局此刻對蔣介石所採取的「有限度支持」，不但將一無所成，還會讓中國重回軍閥割據的時代。[47]

中國「重回軍閥割據時代」難道是英國人當時所希望的？對部分美國政府官員而言，英國人似乎是這麼期盼著。一九四七年夏，當蔣介石致力於強化南京對兩廣的掌控之時，英國人於華南地區暗中鼓動該地區分離主義的謠言開始廣為流傳。美國駐華情報當局透過管道得知，受英國人背後支持華南脫離中央掌控的一股政治勢力，是由桂系軍閥李濟深領導。如同粵系的張發奎，李濟深也被劃歸為國民黨左派，長期與蔣介石作對。[48]雖然當時並無強有力證據證實英國在幕後慫恿李濟深搞兩廣獨立運動，但是南京的美國大使館不敢忽視此項情報，並立即指示在華各地總領館不動聲色地調查各轄區裡分離主義運動發展的可能性。[49]

到了一九四八年初，連美國政府也開始相信中國逐步走向政治瓦解的趨勢，已不可扭轉。司徒雷登大使在拍發回國務院的一連串政情分析的報告中，研判國民政府中央權力的式微，以及中國共產黨不太可能在短期內席捲全中國，將導致中國的四分五裂，各地區各自為政，形同獨立政治實體，或發展成某種鬆散的邦聯體系。司徒雷登進一步分析，一旦中國各地區實力派人物據地稱雄，分裂成較小的政治單位時，這些地方領導人物將對其地盤有直接且有效的掌控，這將有利於重建當地武裝力量，以保護其自身地盤不受地方盜匪或解放軍的侵擾。司徒雷登更大膽預測，未來原中國境內這些新出現的區域性政權，也有可能維持一鬆散邦聯，共同處理涉外事務，他還特別以宋子文當時在廣東和海南島的經營為例，說明國共內戰情勢之下，中國各地反共區域集團的出現，將是中國未來最有可能的政治發展趨勢。[50]

回顧歷史，美國駐華大使館此番推論，事後證明出現了嚴重的錯誤，然而值得注意的是，在當時連美國的軍方與情報單位也是如此預測中國的未來發展。一九四七年秋，美軍方戰略情報部門開始著手探討，一旦中國走上群雄割據之路，以及國民政府中央權力的解體，對於國軍部隊所帶來的衝擊及其將如何影響中國內戰的最後結果。[51]同年十一月間，剛成立不到兩個月的美

46 British War Office, "Will China Disintegrate?" memorandum enclosed in Foreign Office minutes paper written by A. L. Scott, July 7, 1947, FO371/63325, F9309/76/10.

47 Ralph Stevenson to Foreign Office, April 30, 1947, FO 371/63322, F5994/76/10.

48 U.S. Embassy in China to State Department, August 6, 1947, NARA, RG 5985, 893.00/8–647。一九四八年七月間，宋子文向美國駐廣州外交官證實，李濟深將軍對中國的未來的確抱有一些「有意思的想法」，但不認為李將軍的想法會得到太多人響應。Raymond P. Ludden to State Department, telegram, July 22, 1948, RG 59, 893.00/7–2248。有關宋子文與李濟深在華南建立反共根據地的會談詳情，參見姜平，《李濟深全傳》（北京：團結出版社，二〇〇二），頁二三七—二四一。

49 U.S. Embassy in Nanjing to the American Consular Officers in China, "Separatist Tendencies in China," telegrams, July 21, 1947, NARA, RG 84,800/China.

50 Stuart to State Department, March 4, 1948, NARA, RG 59, 893.00/3–448; Stuart to State Department, March 8, 1948, 893.00/3–848; Stuart toState Department, May 14, 1948, 893.00/5–1448; Stuart to State Department, July 12, 1948, 893.00/7–1248; U.S. Embassy in China to State Department,report, parts 1 and 2, August 10, 1948, 893.00/8–1048.

51 Intelligence Division, War Department General Staff, "Regional origin of Units in the Chinese Nationalist Army," September 16, 1947, NARA, RG319, Records of the Office of the Assistant Chief of Staff for Intelligence(319.12), Box 2900; "Military Implications in the Possible Disintegration of the Chinese National Government Authority," October 14, 1947, NARA, RG 319, Records of the Office of the Assistant Chief of Staff forIntelligence (319.12), Box 2900.

國中央情報局，在一份評估報告中還清楚勾勒出中國走向「崩潰」的具體細節：東北、西北與西南邊陲地帶的獨立趨勢正占上風，一九四六年初外蒙古獲得獨立之後，鼓舞了內蒙古獨立運動與其他少數民族團體，紛紛向南京中央要求更多自治權。在華南地區，中央情報局目睹宋子文努力將兩廣打造成為能夠自給自足抵禦共產黨的堅強堡壘，雖然許多人看好宋子文未來將成為中國「分裂」後華南地區的領導人，但是中情局則預測李濟深或者張發奎才是華南分離主義運動裡最有實力的政治人物。[52]

到了一九四八年春，當時整個國共內戰情勢演變，已讓華府軍方與國務院決策階層普遍相信，其有關中國走向分裂崩解、各地出現區域性政權的預測，乃是最有可能的發展。基於如此的研判而採取即時且果斷的因應措施，就成了美國政府的當務之急。[53]不足為奇，此後在中國各地的美國外交與情報人員，開始忙著和當地軍政實力派人物打交道，因為在美方看來，這些人物很可能將成為日後中國境內各地區新出現「區域性政權」的領導人。譬如在內蒙古，當時有一位行蹤神祕低調、以學者身分前往考察，然實際上是中央情報局幹員的白智仁（Frank B. Bessac），積極地與內蒙古地區著名王公德王展開聯繫。[54]一九四八年五月間，國民大會在南京召開，美國大使館人員也積極接觸來自西北的重要人物。時任寧夏省主席的馬鴻逵即憶道，當他在南京時，某日司徒雷登大使突然邀他至官邸接受其私人款待，司徒雷登亟欲掌握內蒙古的第一手情況，最後告訴馬鴻逵，如果他在寧夏省境繼續堅持反共路線，則華府願意跳過南京中央，對他直接提供軍、經援助。司徒雷登還向他透露，包括前綏遠省主席、時任華北剿匪總司令的傅作義等其他國民黨軍事將領，都已私下同意和美國合作。[55]

在新疆省會迪化（烏魯木齊），美國副領事、同時也是中情局幹員馬克南（Douglas Mackiernan），忙著與中國西陲地區的各少數民族重要人物，建立起可能的反共合作關係，包括哈薩克族反共領袖烏斯滿（Osman Batur）。[56]一九四八年春，美駐迪化領事包懋勛（J. Hall Paxton）駕著一輛吉普車，跑遍新疆各地進行考察與演說，向各地方民眾宣揚美國國力的強大，及表達美國對中國境內各少數民族友善之意，同時積極物色該地區未來可能的反共合作人選。[57]該年十月，經過一番實地考察之後，包懋勛與馬克南列出一份美國可以合作與援助的少數民族實力派人物清單，呈交美國大使館，包括寧夏的馬鴻逵、青海的馬步芳、河西走廊的馬繼援與新疆的馬呈祥等西北回族馬氏家族要員。眼見國民黨可能要輸掉內戰，司徒雷登力促華府對這些西北回族人物

52 "CIA Research Report, SR-8: China, I-22–24,"November 1947, in Central Intelligence Agency, *CIA Research Reports: China, 1946–1976* (Frederick,MD: University Publications of America, 1982), microfilm, reel 1.

53 Stuart to State Department, July 12, 1948, telegram, NARA, RG 59,893.00/ 7–1248; "Limitations of South China as an Anti-Communist Base,"China Research Report ORE-30–48, June 4, 1948, *CIA Research Report*, reel 1.

54 有關白智仁在內蒙古的祕密活動，見Sechin Jagchid, *The Last Mongol Prince: The Life and Times of Demchugdongrob,1902–1966* (Bellingham: Western Washington University,1999), 373–440.

55 馬鴻逵，《馬少雲回憶錄》（香港：文藝書屋，一九八四），頁二八二—二八七。有關二次戰後美國對內蒙古政策，參見Xiaoyuan Liu, *Reins of Liberation: An Entangled History of Mongolian Independence, Chinese Territoriality, and Great Power Hegemony, 1911–1950* (Stanford, CA: Stanford UniversityPress, 2006), 283–329.

56 有關馬克南在中國西北邊疆的情報活動，參見Ted Gup, *The Book of Honor: Covert Lives and Classified Deaths at the CIA* (New York: Anchor Books, 2001), 9–42與Thomas Laird, *Into Tibet: The CIA's First Atomic Spy and His Secret Expedition to Lhasa* (New York: Grove, 2002).

57 J. Hall Paxton, "Travels in Southern and Eastern Sinkiang," memoranda nos. 1, 2, 3, and 10, top secret, June 27, 1948, NARA, RG 59, 893.00 Sinkiang/6–2748.

與其武裝力量加以援助，助其抵禦解放軍的進逼。[58]

蔣介石下野

就是在這樣一種認知到中國即將分崩離析、群雄割據，而必須採取新的對華因應措施之情況下，美國對台灣也開始出現新的應對方案。華府高層的共識是，基於中國很可能重回民初時期地方勢力興起的局面，因此美國今後援助與扶持的對象，應是中國各地能夠持反共立場且願意與美國合作的政治勢力與領導人，而非快速瓦解的國民政府中央。[59]為了進一步實現此一政策目標，美國不可避免地要鎖定該地區未來可能的支持對象。相較於美方在中國大陸各地方的積極作為，台灣這方面的起步相對要慢一些。一九四七年春天起，當美國在中國各地使領與情報人員暗中積極結交當地潛在合作與支持對象時，在台北美國駐當地領事館人員的作為，似乎僅有宣揚美國戰後自由、民主強大國力等政治宣傳，此類作為效果有限，且招來台灣地區由國民黨所控制之輿論媒體的負面反應，公開批評美國人似乎正嘗試著將台灣納為其勢力範圍。[60]國民黨官方傳媒對美國的批評力道愈來愈大，迫使華府不得不在一九四七年十二月初公開澄清，華府和南京雙方對於台灣未來前途的立場完全一致，任何有悖於此種立場的看法，都只是個人意見，和美國政府無關。[61]

隨著英、美等國政府開始預測中國即將回到民初地方主義盛行的局面，傾向台灣獨立的部分台籍菁英則忙著向台灣民眾鼓吹國民政府即將垮台，美軍很快會回到台灣。[62]與此同時，美國駐台北外交人員，一如美國在中國各地的同僚，也開始著手思考有關台灣未來政治前途的「探索性想法」。對於一旦解放軍跨越長江，奪取華南，威脅到台灣的安全，美方該如何因應，直到一九四八年底之際，五角大廈與國務院仍未達成共識。時任東京盟軍總司令的麥克阿瑟將軍及其部屬，從美國在亞太地區戰略安全與維繫遠東海上防線的角度考量，堅持不讓台灣落入共產黨或其他親共政治勢力手中。麥帥此一道理，華府人人皆懂，但是執行起來卻有實際困難；若蔣介石因國府垮台而去職，那麼台灣該由誰來領導？如果省主席魏道明或在高雄練兵的孫立人，基於情勢演變而片面宣布台灣自治，或者要求台灣接受聯合國託管，美國又該持何種立場？針對此類假設性問題，不論在東京的盟總或華府，都未能有一明確的結論。[63]

隨著一九四八年進入尾聲，國民黨在中國大陸的情勢也愈加惡化。九月間，中共奪下山東省會濟南，成為長城以南國民黨首座失去的大城市。濟南城裡，鬥志盡失的國民黨部隊，在投降前已根本無心戀戰，士氣低落，有些人甚至變節，讓許多外國觀察家相信國民黨失去整個華北地區，甚至失去整個中國，恐成定局。[64]濟南城裡的國軍部隊從堅守不退到變節投降，類似的情

58 Stuart to State Department, October 16, 1948, NARA, RG 59, 893.00/10-1648.

59 CIA, China Research Report ORE 45-48, "The Current Situation in China," July 22, 1948, in *CIA Research Reports, China: 1946–1976*, reel 1.

60 British Consulate in Tamsui to British Embassy in Nanking, "Political Rumours: Formosa," July 25, 1947, in *Taiwan Political and Economic Reports 1861–1960*, ed. Robert L. Jarman, 8:294–295; U. S. Consulate-Generalin Shanghai to State Department, December 7, 1947, NARA, RG 59, 894A.00/12-747.

61 U.S. Consulate-General in Taipei to State Department, December 13, 1947, no. 894A.00/12-1347, *Formosa 1945–1949*, reel 1.

62 U.S. consulate general in Taipei to State Department, May 13, 1948, no.894A.00/5-1348, *Formosa 1945–1949*, reel 1.

63 "Memorandum of Conversation with General MacArthur at Tokyo," December 7, 1948, no. 894A.00/1-649, *Formosa 1945–1949*, reel 1.

64 "The Political and Economic Appreciation of the Situation in China," December 10, 1948, CAB 134/285/FE(O)(48)34. See also Westad, *Decisive Encounters*, 200–202.

況在國共內戰最後階段一再上演，無疑地加速國民黨的滅亡。一九四八年底至一九四九年初的三大戰役，對國共勢力消長出現了關鍵性影響；九月十二日至十一月二十一日的遼瀋會戰，以國民黨軍在東北徹底潰敗收場；一九四八年十一月二十一日至一九四九年一月三十一日的平津會戰，結束了國民黨在華北統治；一九四八年十一月六日至一九四九年一月十日的徐蚌（淮海）會戰，為共軍渡過長江向南挺進，移除了最後的障礙。[65]

瀋陽淪落共軍手中的同一天，美國正舉行總統大選，民主黨的杜魯門以些微差距險勝共和黨對手杜威（Thomas E. Dewey），連任總統。對蔣介石而言，杜魯門連任與國民黨在東北的軍事潰敗，是同樣程度的挫敗。國民黨原先寄望在共和黨重新主政下，國民黨與華府的關係將回溫，當時一般認為，共和黨遠比民主黨更能體認到共產黨對中美兩國安全的威脅，因而願意積極對抗共產主義，即使冒著戰爭的風險也在所不惜。相較之下，蔣介石認為杜魯門主政下的民主黨，對其極不友善，所有的承諾都只是空話。杜魯門的連任與東北失陷，讓蔣介石夫婦的情緒惡劣到極點，蔣甚至在日記裡寫道「余亦屢萌生不如死之感」。[66]此時，蔣宋美齡決定親飛華府，為爭取杜魯門、馬歇爾等高層援助國民黨政府做最後的努力。蔣介石不同意宋美齡此刻前往美國，認為這只會自取其辱。[67]但是他的勸說無效，宋美齡堅持前往美國，並於十一月二十八日從上海啟程飛美，十四個月後，當宋美齡再次回到她丈夫身旁時，中國大陸已經淪陷了。[68]

如蔣介石預期，宋美齡的美國行無助於挽救國民黨政府和蔣介石的政治生涯。從一九四八年十二月初開始，美國透過各種管道，逼迫蔣介石下野。事實上，自馬歇爾調停國共關係任務失敗後，杜魯門當局即有意識地與蔣介石保持距離，以免美國被國民黨在大陸的困境所拖累。三大戰役結束後，國民黨民心盡失，從華府的立場來看，如果蔣介石下台，能夠讓國共兩黨回到談判桌上，甚至將解放軍阻擋在長江北岸，那麼蔣介石就沒理由繼續留在總統位置上。從現實權力角度而言，如果被共產黨深惡痛絕且讓廣大中國百姓失去信心的蔣介石，已經無力挽回大局，那麼讓國民黨內其他有能力的人一個機會來試試看，說不定對各方都好，至少結局不會更差。[69]美方透過司徒雷登大使的養子、時任美國大使館特助的傅涇波，私下傳達以上訊息給南京政府高層，蔣介石得知後怒不可遏，指責美國大使館「幾乎為反華倒蔣之大本營」。[70]

眼見美國人明顯要拋棄蔣介石，以副總統李宗仁為首的桂系因此大受鼓舞，開始以各種理由催逼蔣介石下野，並指責他應為最近華北與東北的軍事失利負全部責任。桂系要角深信華府願意支持他們，為了迎合美方態度，甚至主動表示將公開呼籲蔣介石下野，以利國共進行停戰和談。與此同時，長江以南的倒蔣運動聲勢愈來愈浩大，廣西與湖南兩省國民黨要員甚至公開發電勸辭，促其避免妨礙了民心「企盼已久」的國共和談。[71]

65 Ibid., 192–211。有關國共內戰三大戰役相關歷史研究，參見劉統，《中國的一九四八年——兩種命運的決戰》（北京：三聯書店，二〇〇六）。

66 《蔣介石日記》，一九四八年十一月二十三日。

67 《蔣介石日記》，一九四八年十一月二十五日。

68 有關蔣宋美齡在美國爭取援助相關活動，參見Hannah Pakula, *The Last Empress: Madame Chiang Kai-shekand the Birth of Modern China* (New York: Simon & Schuster, 2009), 563–578.

69 Robert J. Donovan, *Tumultuous Years: The Presidency of Harry S. Truman,1949–1953* (New York: W.W. Norton, 1982), 72–73.

70 《蔣介石日記》，一九四八年十二月十六、十八日。

71 《蔣介石日記》，一九四八年十二月二十二、二十五日和一九四九年一月一日；林桶法，《戰後中國的變局》，頁三〇〇—三〇三。

在此關頭，兩件事情的發生，讓原本堅決不願屈服於國內外政治壓力的蔣介石，決定引退。首先是當時舉行的立法院院長選舉，蔣介石屬意由國民黨提名的李培基當選，李是CC派要角，反共態度強硬，極力反對李宗仁等向中共求和。然而國民黨內其他勢力，包括政學系、三青團與地方派系等則支持童冠賢。選舉結果，李培基落選，蔣介石除了憤怒之外，更覺得受辱，此事也間接表明他已無法掌控國民黨的黨機器，其反共立場，除了立場極右的CC派支持之外，得不到其他人的贊同。[72]

立法院長選舉後翌日，蔣介石驚聞其一週之前手諭駐四川國軍第二軍向東調動以保衛江南地區，竟然遭到駐守武漢的華中剿匪總司令白崇禧的公開違抗。白崇禧不贊同蔣介石此一部隊調動，因而在武漢將載運這批部隊的海軍艦艇攔下來。蔣介石清楚知悉戰略地位最重要的華中防線，現由桂系白崇禧所掌控，他無法堅持自己立場，因此只有收回前命。[73]

由於手上的軍政大權急速旁落，蔣介石選擇暫時退出政治舞台，已無可避免。一九四九年一月十四日，毛澤東發表時局聲明與八項國共和談的前提條件，包括將蔣介石等列為戰犯並嚴懲、國民黨部隊併入解放軍、廢除國民黨憲法、沒收官僚資本、成立民主聯合政府等。蔣介石不接受這些條件，並於二十一日「引退」，辭去總統職務。李宗仁繼任為代總統，積極準備與中國共產黨進行和談。[74]一九四九年初，蔣介石遭逢二戰結束以來最大的危機，不但威脅其政治生涯，更動搖其所領導的政權與黨國體制。此後，不論他做出或者錯過了什麼樣的決策，也不論他採取或者捨棄何種作為，在此中國近代史的重大轉折點上，其一舉一動，都將對中國政治局勢發展帶來巨大影響，也無可避免地將對台灣的前途命運產生關鍵性的衝擊。

莫成德赴台

隨著蔣介石下野，對美國而言，一顆巨大的絆腳石似乎已經移除，華府也開始積極著手處理有關台灣的安排與部署。對華府決策者而言，國共內戰的發展導致中國內部政情瞬息萬變，然不論如何，在「後蔣介石」時期，在中國境內尋找合適與理想的打交道對手與可以支持的反共對象，從而努力確保美國在華利益，是天經地義之事。一九四九年初白宮國家安全會議最新出爐報告（NSC34/1）清楚表明，面對政局極端混亂的中國，美國的最高戰略目標是防止其成為蘇聯的附庸，為實現此一目標，美方應盡速擬妥適切的計畫，及早因應與準備，同時保持彈性立場，儘可能避免對中國境內不同的政治路線與派系，做出太多承諾。[75]在蔣介石下野之際，華府研判中國各地反共勢力的發展，依然樂觀認為新疆的張治中舊屬和西北馬家軍勢力，以及仍遠離國共戰火的四川、雲南、貴州等西南省份，在短期內還不至於落入中國共產黨之手。[76]

至於華南的兩廣地區，此時宋子文仍是華府最寄予厚望的領導人。自一九四八年初開始，宋

72 《蔣介石日記》，一九四八年十二月二十三、二十四日；林桶法，《戰後中國的變局》，頁二四一—二四二。

73 《蔣介石日記》，一九四八年十二月二十五日。另見Nancy Bernkopf Tucker, ed., *China Confidential: American Diplomats and Sino-American Relations, 1945–1996* (New York: Columbia University Press,2001), 32–33.

74 Te-kong Tong and Li Tsung-jen, *The Memoirs of Li Tsung-jen* (Boulder,CO: Westview, 1979), 483–486.

75 "United States Policy toward China," January 11, 1949, NSC 34/1, *FRUS: 1949*, vol. 9, 474–475.

76 U.S. Embassy in China to George Marshall, October 16, 1948, NARA, RG59, 893.00/10-1648; China Research Report ORE-77-48 entitled "Chinese Communist Capabilities for Control of All China," December 10, 1948, *CIA Research Reports, China: 1946–1976*, reel 1.

子文開始與與李濟深等反蔣粵系人物接觸，探討彼此如何攜手共同保衛華南地區不受共黨染指。或許曾獲得蔣介石默許，宋子文致力於拉攏反蔣卻仍反共的國民黨地方人士，藉以擴大並深化其在華南地區的政治與社會權力基礎，以保住國民黨最後的反共基地。[77]直到蔣介石引退前夕，宋子文的美國友人、中國遊說團成員之一的布倫南（James Brennan），還轉告宋本人，其自由派形象與開明作風，被美國行政與立法當局寄予厚望，許多友華人士正在努力奔走，希望找出保衛華南反共根據地的好辦法，因為確保兩廣的安全與穩定，「攸關美國國家利益」。布倫南還透露，華府部分軍方人士正設法籌組另一個「美籍空軍援華志願大隊」（American Volunteer Group, AVG），以設法協助國軍禦守長江防線。[78]

蔣介石引退前三個星期，任命陳誠為台灣省主席。陳誠自一九二〇年代追隨蔣介石參加東征起，一直是蔣介石最信任與最親近的部屬之一，向來也被美方視為少數獲得蔣完全與絕對信任的國民黨將領，陳誠主政台灣因而被許多人視為蔣介石似有意將台灣作為其個人東山再起的權力根據地。[79]蔣下野前夕，也令他的兒子蔣經國接掌國民黨台灣省黨部，這項安排讓以上的猜測更具可信度。此外，蔣下野前後，美國數個情報來源皆指稱，國民黨已將政府的黃金與銀圓，以及總值約五億六百萬美元的外匯儲備悄悄運出上海，運往何處仍不詳，但以台灣最有可能。[80]

蔣介石是否老早就視台灣為其最後根據地，至今學界仍未有定論。[81]至少遲至他引退前三天，蔣介石去信告知人在美國的宋美齡時，仍強調「政府絕不遷台」，他本人「亦不即刻赴台」。[82]在美國努力爭取美援的宋美齡，對於蔣的態度極不認同，一再勸蔣，如果南京已守不住，應盡速將國民黨權力中樞遷往台灣或者廣東，以利反共大業的推進。[83]宋美齡的意見，蔣介石並沒有聽進去，此時他似乎對於長江以南的防務仍然樂觀。[84]也許此刻蔣介石與其核心幕僚未選擇撤守台灣，有更為現實的理由；易言之，儘管當時中共解放軍仍缺乏兩棲作戰的能力，然考慮到台灣天然資源的缺乏，以及國民黨內部出現變節、顛覆與叛亂之可能性，因此比起中國大陸其他省份，台灣不論在政治、經濟或是內部安危上，似乎也未能保證安全絕對無虞。[85]

不論蔣介石內心如何思考，許多外人不免高度擔憂蔣前往台灣避難所帶來的不利因素。[86]眼見蔣介石在引退前夕，開始將其影響力伸向台灣，華府高層也嚴肅看待台灣捲入國共內戰的可能性。一九四九年二月初，白宮的國家安全會議上，進行一場針對美國對台政策的跨部會討論。[87]國務院和五角大廈軍方人員承認，台灣對美國具有重要的戰略價值，因此建議美政府應著手在

77 "The political and economic appreciation of the situation in China," cabinetminutes, December 10, 134/285/FE(O)(48)34。另見吳景平，《宋子文評傳》，頁五二一。

78 James Brennan to Soong, January 4, 11 and 20, 1949,T.V. Soong Papers, Box 19.

79 Kenneth Krentz to Secretary of State Dean Acheson, January 15, 1949, no. 894A.00/1–1549, *Formosa 1945–1949,* reel 1.

80 Krentz to Acheson, January 2, 1949, no. 894A.01/1–249, *Formosa 1945–1949,* reel 1; CIA memorandum, August 9, 1949, *CIA Research Reports: China,1946–1976,* reel 1.

81 Taylor, *The Generalissimo,* 362.

82 蔣介石致宋美齡，一九四九年一月十七日，國史館，「蔣總統家書／致蔣夫人書信」，第三卷。

83 蔣夫人致蔣經國，一九四八年十二月二十八日和一九四九年二月六日，國史館，「蔣經國文電資料」。

84 《蔣介石日記》，一九四九年一月十一、十八、二十二日。

85 吳國楨，《夜來臨：吳國楨見證的國共爭鬥》（香港：中文大學出版社，二〇〇九），頁二五五—二五九。

86 Elizabeth Converse, "Formosa: Private Citadel?" *Far Eastern Survey* 18: 21 (October 1948): 249–250.

87 David M. Finkelstein, *Washington's Taiwan Dilemma,1949–1950: From Abandonment to Salvation* (Fairfax, VA: George Mason University Press, 1993), 109–132.

島上扶植一個非共黨、至少對治理台灣具有一定基礎與能力的政權。與會人員也同意美政府應盡速展開與台灣地方領導人物之間低調的接觸，以便日後推動台灣「自治運動」等符合美國利益時，能加以籠絡與利用。[88]此外，美方決策高層顯然也基於如下理由，而認為處理台灣問題已刻不容緩：隨著蔣介石下野，國民黨積極推動和談，如果李宗仁與毛澤東最終順利組成一個新的聯合政府，那麼台灣無可避免地將由一個有中國共產黨參與的中央政府來管轄與治理，故著手防止該島落入共黨手中，成為迫切緊要之事。[89]

值得注意的是，美參謀首長聯席會議不願意承諾必要時美國將出兵防衛台灣，此乃因為美國面對冷戰初興，以及其在全球各地的安全防衛承諾，已有力不從心之感，不可能有多餘的兵力介入台灣。然而，美軍方人士一致認為美國應提供「某種形式」的軍事支持，做為華府遂行其在台扶植一個親美、非共政權的外交政策。五角大廈極力敦促美國務院強化其駐台外交人員，並立即派一高階官員赴台，以如上方針儘速和主持台灣省政的陳誠進行祕密磋商，一旦陳誠同意與美國合作，華府即可提供技術性與經濟援助，使台灣經濟能夠持續發展。[90]

當時剛接任國務卿職位的艾奇遜，是一位歐洲問題專家，他對亞洲情勢所知有限，因此立即批准美國軍方的建議。一九四九年二月底，美駐華大使館政治參贊莫成德（Livingston Merchant），從南京飛往台北，進行考察任務。莫成德並非美外交系統裡中國通，在一九四八年首度派赴中國之前，他是美國駐法大使館的經濟參事。因緣際會，他意外地成了美方派往台灣與當地政治人物進行試探性接觸的首選。[91]他在台灣肩負著雙重任務，首先，他要親自考察當時台灣的政經情勢，理解究竟誰在當家作主，評估島上的領導階層是否能提供有效的治理，並且願與華府誠心合作。其次，他還要評估「據說」是在島上很活躍的台灣獨立運動，並秤秤這股勢力的斤兩。[92]

未料當莫成德在台北時，意外發生了。原本他打算與省主席陳誠會晤，並傳達華府各項訊息，但是在最後一刻，莫成德卻改變初衷，決定不與陳誠晤面，隨後甚至批評陳誠，稱其極度缺乏治理台灣島所需的能力與本事。三月六日，莫成德返回南京後，立即拍發電報給國務院，建議華府應透過司徒雷登大使，積極敦促李宗仁撤換陳誠，並以孫立人取而代之。[93]史學家馮德威（David Finkelstein）的研究指出，莫成德認為此刻若找上陳誠，實屬不智，因為當時陳誠省主席職位似乎已經不穩。[94]另一個重要因素，也許在於當時對中國政治文化與內情並不完全在行的莫成德，在前往台灣之前，已先受到其他美國駐華人員的主觀影響了，特別是美國經濟合作總

88 "Note by the Secretaries to the Joint Chiefs of Staff on the Current Position of the United States with respect to Formosa," February 3, 1949, NARA, RG 218, Geographical File 1948–50, Entry: UD 7, 190:1; "Note by the Secretaries to the Joint Chiefs of Staff on the Strategic Importance of Formosa,"February 7, 1949, ibid.

89 Jonathan Fenby, *Chiang Kai-shek: China's Generalissimo and the Nation He Lost* (New York: Carroll & Graf, 2003), 473–498.

90 "Note by the Secretaries to the Joint Chiefs of Staff on Supplementary Measures with respect to Formosa," March 3, 1949, NARA, RG 218, Geographical File 1948–50, Entry: UD 7, 190:1.

91 英國外交情報資料顯示，莫成德訪台前後，美國西太平洋艦隊司令白吉爾（Oscar Badger）和經濟合作總署中國分署的賴普瀚（時任經濟合作總署中國分署署長）、葛里芬（Robert Allan Griffin）也在台灣。見 E. T. Biggs, "Summary of Events in Formosa during February1949," in *Taiwan Political and Economic Reports 1861–1960,* ed. Jarman, 8: 484–486.

92 Finkelstein, *Washington's Taiwan Dilemma,* 134–135. See also Tai Wanchin,"The U.S. Policy toward Taiwan in 1949 and the Mission of Livingston T. Merchant," *Tamkang Journal of International Affairs* (Taipei), 9, no. 3 (2006): 93–125.

93 U.S. Consulate-General in Taipei to State Department, March 6, 1949, no.894A.00/3–649, *Formosa 1945–1949,* reel 2.

94 Finkelstein, *Washington's Taiwan Dilemma,* 136–137.

署（Economic Cooperation Administration）駐華分署的諸多友人，這批人物幾乎都不喜歡蔣介石，批評蔣所領導的國民黨政府貪汙腐敗，而陳誠向被視為蔣介石心腹，因此無端成了替罪羔羊。[95]還有一個讓莫成德在最後一刻打退堂鼓、不願與陳誠會晤的原因，則更顯而易見：就在莫成德抵台前夕，盟總麥克阿瑟將軍邀請孫立人前往東京一敘，麥帥對孫立人禮遇有加，甚至從東京派了一架專機，前來台灣接駕，此舉所釋放出來的政治意涵極為清楚，即盟軍總司令部所中意的台灣未來領導人，是孫立人，而非陳誠。[96]

包括國務卿艾奇遜在內的眾多美方人士，對於孫立人的幹練、廉潔與親美態度向來多所肯定，但擔心他欠缺實際行政經驗。[97]為了掃除華府對孫立人此一疑慮，莫成德特別強調孫具備了政治勇氣和治理台灣所需要的特質，孫立人能幹，在國民黨軍事將領中屬於自由派，更重要的是，他向來特立獨行，不受國民黨舊官僚體系的薰染，如果共產黨最終席捲整個中國大陸，那麼與蔣介石關係「不那麼密切」的孫立人，將不會允許蔣把台灣打造為最後私人堡壘。有鑑於此，莫成德甚至力主美政府在李宗仁未撤換陳誠之前，不提供任何經援給台灣。[98]

如前所述，莫成德並非一位中國通，他對國民黨官場複雜的情形與見解，肯定無法深入透徹，雖然他對台灣政情的觀察心得、態度和結論，未必全然精準與公允，但已足夠引發國民黨與台灣政壇上的一陣騷動。在最後一刻遭到莫成德「放鴿子」的陳誠，顏面掛不住，同時擔心其省主席位置受到不利影響，於一九四九年三月下旬急奔浙江奉化蔣介石故鄉，向蔣面陳美國人對台灣的陰謀舉動。[99]陳誠前腳剛離開，被莫成德描述為與蔣介石關係「不那麼密切」的孫立人，也趕緊飛往奉化與蔣交心。此刻蔣介石非常清楚孫立人是美方所支持的大紅人，據說對他特別禮遇，在孫立人告辭時還親自步行送了他一程，同時鼓勵孫立人回台之後，繼續努力，好好訓練新軍。

孫立人離開奉化不久，未能全盤掌握當時國民黨機器的代總統李宗仁，憂心忡忡地勸告司徒雷登，如果美國真心認為孫立人是比陳誠更為理想的治台人選，華府應當立即向蔣介石要求磋商台灣省政府的新人事。李宗仁建議美方可以透過蔣介石所信任的國民黨元老吳忠信來影響這個任命案。桂系還研判，蔣介石似乎已經認可孫立人，孫若能夠成為台灣省主席，將有助於獲得美國及國民黨內不同派系的支持，司徒雷登大使對此大表贊同。[100]

因此到了一九四九年春，莫成德給華府有關扶持未來台灣領導人的建議——捨棄陳誠，改為

95 經濟合作總署中國分署副署長葛里芬（Robert Allan Griffin），主張以斷然行動阻止台灣落入國民黨或共產黨之手，在莫成德訪台前夕，兩人曾深入討論過台灣情勢。Griffin to Roger Lapham, February 25 and March 19, 1949, Robert A.Griffin Papers, Hoover Institution Archives, Stanford University, Box 1.

96 朱浤源，〈孫立人與麥帥：一九四九年〉，收錄於國史館編《一九四九年：中國的關鍵年代學術討論會論文集》（台北：國史館，二〇〇〇），頁三〇五—三二一；沈克勤，《孫立人傳》，第二卷，頁六九四—六九六。

97 Acheson to Merchant, March 6, 1949, no. 894A.00/3-649, *Formosa 1945–1949*, reel 2.

98 Merchant to Acheson, enclosed in U.S. Consulate- General in Taipei to State Department, March 9, 1949, NARA, RG 59, 893.00/3-949; U.S. Consulate-General in Shanghai to State Department, March 11, 1949, 893.50Recovery/3-1149.

99 對美國而言，陳誠或許有可能玩兩面手法。一方面，他告訴美國領事館官員稱，如果華府有意讓孫立人成為台灣省主席，他會請蔣介石勿阻止，並樂見其成，另一方面，當陳誠察覺到美國人事實上並不想支持他時，則轉為向蔣介石表態效忠。見Stuart to State Department, March 14,1949, NARA, RG 59, 893.01/3-1449; Donald Edgar to State Department, March 19, 1949, 893.00/3-1949.

100 Stuart to State Department, April 10, 1949, NARA, RG 59, 893.00/4-1049.

支持孫立人——似乎已成了華府和駐日盟軍總司令部之間的共識。[101]國務院甚至樂觀預測，如果孫立人願意與美方密切合作，美國在台灣將取得重大的軍事與戰略利益，蔣介石最終將被提供政治難民的身分而流亡他鄉。[102]然而中國傳統官場遠比美國駐華外交官或遠在華府的政府官員所想像的還要複雜與微妙，事後證明，陳誠的仕途並未因為莫成德不願與他會面而終結，此後數月，他仍繼續穩坐台灣省主席位置。尤其甚者，陳誠和蔣介石之間的關係，並不如外界所認為的和諧與親密，美國人不久之後即將發現此一事實。此外，只要陳誠在台灣島上仍握有行政權與資源，理論上他就應當有機會能夠獲得美方人士的青睞。莫成德離開台灣之後一段時間內，陳誠在台灣所推動的幾個重要政策，對日後台灣的存亡影響深遠，同時也清楚表明，決定此島未來前途的要角，終非孫立人或其他人。另一方面，美國已公然表明其支持孫立人的立場，視其為台灣未來理想的軍事領袖，不久之後又公然表明支持國民黨內另一名親美、開明派的吳國楨，將其視為與孫立人並列的未來台灣理想的政治領袖。美方如此一種公然背書舉措，反而替孫、吳兩個人埋下了禍根，使這兩位國民黨內優秀的人才，在未來數十年間，深受美國青睞之害。

101 U.S. State Department, "Implementation of NSC 37/2 regarding United States Policy toward Formosa," May 12, 1949, no. 894A.00/5–1249, *Formosa1945–1949*, reel 2.

102 Policy Planning Staff, "A Possible Course of Action with respect to Formosaand the Pescadores," draft memorandum, June 23, 1949, *FRUS 1949*, vol. 9, *The Far East: China*, 359.

第四章 失勢的老蔣

一九四九年一月二十一日蔣介石「引退」之前，他做了一連串人事上的安排，讓他的「引退」彷彿只是一時權宜之計。除了任命黃埔同僚與多年心腹的陳誠為新任台灣省主席之外，蔣介石也在長江以南與西南地區，安插了他的親信擔任要職。張群和朱紹良兩位他早年留日時的同窗，分別被任命為重慶與福州的綏靖公署主任，坐擁指揮西南、東南國軍部隊的合法權力；湯恩伯，另一位受蔣介石信任且同樣曾留學日本的麾下將領，則被任命為京滬杭警備總司令，負責長江下游防線；余漢謀，這位曾在一九三六年「兩廣事變」過程中，於關鍵時刻毅然投入蔣介石陣營，因而在最後一刻平息一場可能的反蔣叛變的粵系將領，則受命主持廣東與海南島防務。[1]

蔣介石在長江以南地區安插心腹擔任要職時，也加速將國家儲備從上海的中央銀行金庫搬到廈門、基隆、廣州等南方較安全的地方。[2]聯勤總司令部財務署長吳嵩慶，對蔣介石搬運國家黃金外匯儲備之事，涉入甚深。根據其公子吳興鏞研究揭露，一九四八年十二月至一九四九年五月間移出上海的國庫資產，包括黃金、銀圓、與外匯等，總值達五億美元，其中黃金部分為四百萬兩。[3]蔣介石當時原本還打算將存放在武漢的三百萬銀圓運往廣州，然遭白崇禧拒絕，可以理解的是，此刻負責華中剿共戰事的白崇禧，希望能夠主導這筆資產，以穩定整個華中地區金融情勢。[4]蔣介石日後以這批移出上海的金銀外幣儲蓄，作為啟動台灣島上金融改革與穩定台灣新貨幣之基礎，並且用來支應國軍部隊在中國大陸各地作戰的開銷。

下野前夕，蔣介石急召長江以南諸省主席會議。一九四九年一月初，雲南、貴州、四川三省省主席飛赴南京與蔣會晤，蔣要求他們表態效忠，希望其反共立場堅定不移。[5]而在宣布「引退」後，蔣回到故鄉浙江省奉化縣溪口鎮老家的「小洋房」，並在溪口建了數個無線電台，以國民黨總裁名義，繼續遙控著國民黨控制區內的軍、政與黨務。「引退」後短短不到三個月的時間，他在溪口接見了逾百位國民黨軍、政要員，幾乎就每項重要議題不斷地給予他「個人」的意見與提示。[6]

蔣介石宣稱他下野後將不再過問政事，然而國民黨在中國的統治，卻未因此而轉危為安。以白崇禧將軍及其所統轄部署於華中地區的五十萬國軍部隊為靠山，代總統李宗仁所領導的中華民國中央政府，似乎一時之間頗有自信能夠應付一個沒有蔣介石當家的新政局。[7]一九四九年一月底，白崇禧曾告訴美國駐華大使司徒雷登，他要藉由與西北地區的反共回族領袖及華南、西南各省領導人結盟的方式，來打造一個堅實的反共勢力。這位桂系將領並告訴美國大使，他和李宗仁均篤定認為，國共和談在即，這些非共地區的地方領導人，可望組成一個新的政治集團，並設法甩掉與蔣過去的從屬關係。[8]

然而此刻司徒雷登卻認為蔣介石恐非真心退隱，而李宗仁在國民黨政府裡的權力與影響力，恐怕也沒有他自己所稱的那麼大。從政治現實觀之，蔣下野後，由桂系所主導新的反共政治聯盟，成員包括許多反蔣分子在內，蔣、李二人在逐漸萎縮且岌岌可危的國民黨統治區內，激烈爭奪著各自未來的領土與權力據點，勢將無法避免。[9]在李宗仁的個人回憶錄中，他詳述了他欲在中國西南取得一個反共據點，以防一旦與毛澤東之間的和談失敗，國民黨還能保有一最後根據地。依李宗仁所言，如果情勢發展到最壞的地步，共軍渡過長江，他將下令放棄南京與上

1 《蔣介石日記》，一九四八年十二月二十七日和一九四九年一月十八日；蔣介石致余漢謀，一九四九年一月十三日，國史館，「籌筆」，10–0858; Stuart to Dean Acheson, January 4, 1949, NARA, RG 59, 893.00/1–449; Stuartto Acheson, January 22, 1949, 893.00 Chiang Kai-shek/1–2249; F. van de Arend to State Department, March 11, 1949, RG84, 350/Chungking.

2 蔣介石密籌將國家黃金白銀外匯儲備自上海移走一事，約始醞釀於一九四八年十一月第二週。見蔣介石致俞鴻鈞，一九四八年十一月十日，國史館，「籌筆」，10–0783。

3 吳興鏞，《黃金檔案——國府黃金運台一九四九年》（台北：時英，二〇〇七）。據美國中央情報局估計，當時運往台灣的儲備總共值一億零六百萬美元。見CIA memorandum, August 5, 1949, *CIA Research Reports: China, 1946–1976,* reel 1.

4 中央研究院近代史研究所編，《白崇禧先生訪問紀錄》（台北：中央研究院近代史研究所，一九八四），第二部分，頁八六四—八六五。

5 《蔣介石日記》，一九四八年十二月三十一日和一九四九年一月二、三日。

6 有關蔣介石引退後在溪口的活動詳述，可參見蔣經國，《風雨中的寧靜》（台北：黎明文化，一九七四），頁一一七—一八九；張令澳，《我在蔣介石侍從室的日子》（香港：明報出版社，一九九五），頁四一八—四五三。

7 一九四八至一九四九年間擔任美國駐漢口領事的馬丁（Edwin W. Martin）憶道，一九四八年末，在桂系已掌控華中地區的情況下，蔣介石極不願爭取白崇禧的支持。見 Tucker, ed., *China Confidential,* 33.

8 Stuart to Acheson, January 20, 1949, NARA, RG 59, 893.00/1–2049.

9 Stuart to Acheson, January 25, 1949, NARA, RG 59, 893.00/1–2549; U. S. Consulate in Hankou to Acheson, February 7, 1949, NARA, RG 59, 893.00/2–749; Lewis Clark to Acheson, February 22, 1949, NARA, RG 59, 893.00/2–2249.

海，並動用當時部署在華中地區的白崇禧近五十萬兵力，加上從大上海地區撤到浙贛交界的湯恩伯所轄三十萬兵力，來阻止解放軍挺進華南與西南。概括來說，李宗仁似乎認為，只要能夠鞏固從武漢、浙贛鐵路沿線往南延伸到廣東汕頭這條重要的防線，那麼國民黨在華南與西南保住一大片反共根據地，並非不可能。[10]

但此刻已「引退」的蔣介石與其核心僚屬，對於共軍渡江後的情勢，卻持迥然不同的看法，於是一個與桂系截然不同的戰略規劃隱然出現。稍早之前，在一九四八年六月時，蔣介石曾和張治中將軍有過一場私人晤談。蔣、張之間的關係，可遠溯至黃埔時期，數十年來，張受到蔣介石的信任，抗戰時被中央委以治理西北之重任，抗戰勝利後又被任命為新疆省政府主席兼西北軍政長官，他在該省推動的諸多政策措施，向來被視為左傾。而在此次晤談中，張曾力勸蔣介石藉由「聯俄」以解決共產黨問題，並藉以挽救當時已險象叢生的國民黨政府，避免進一步陷入國共內戰深淵而無法自拔。張治中主張，若蔣感覺到一時之間難與莫斯科重修舊好，那麼在中國當時外交政策上，至少應平等對待蘇俄和美國兩大強權，而非全然傾向於華府。張堅持只有藉由改變對蘇政策，蔣介石才有可能挽回日益惡化的軍政情勢。[11]

張、蔣會晤時，中國廣大的西北地區其實仍未受到中國共產黨威脅，國民黨在該地區的軍事力量主要由反共的回族馬家軍與蔣介石愛將胡宗南所掌握，故在蔣看來，張治中那如今看來頗為荒謬的構想，在當時並非全然不可行。在與張密晤之後，蔣介石仔細評估大西北的情勢，甚至將數位馬家軍重要人物召至南京，親自會面討論，以設法尋求最好的策略。[12]但蔣終究打消了將西北地區打造為最後反共根據地的念頭，幾在同時，他似乎也一度放棄了將易守難攻、資源豐富的西南諸省，作為長期抵抗共產黨之根據地的構想，即使他很清楚西南大後方曾讓他撐過了日本人對中國長達八年的侵略。若轉向西北打造根據地，那麼在外交上勢必採取親蘇路線，如今他決定不走此路，而是積極籌劃於東南沿岸地區，打造一個未來的反共堡壘，這一策略基本上也確立了他在未來與中共的對抗格局當中，尋求與依靠美國（包括駐日盟軍總司令部）援助的大方向。[13]

即使中國大陸與台灣兩地日後情勢演變，將迫使蔣介石重新修改策略，然而在一九四九年初下野之時，蔣介石陣營已感受到強化控制東南與華南沿海地區，刻不容緩。為了打造一個堅實的反共堡壘，蔣介石心中有一個「戰略三角」。他任命湯恩伯為京滬杭警備總司令一事，清楚表明一旦國共和談破裂，國民黨仍應堅守江南，嚴防共軍渡江。他也預期到李宗仁將會棄南京往南撤退，故擬出一套策略，旨在防守閩粵台三角，進而將其轉化為有效的戰略根據地。[14]他為了設法阻擋共軍進入此一戰略三角，在下野後曾潛心研究浙贛閩三省交界山區的游擊戰，及從閩、浙離島向大陸沿岸發動突襲戰的可行性。[15]

一九四九年春，蔣介石為了保衛東南沿海的戰略三角，下令在浙江外海的舟山群島，建立一

10 Tong and Li, *The Memoirs of Li Tsung-jen*, 511-513.

11 《蔣介石日記》，一九四八年六月二十七日。

12 《蔣介石日記》，一九四八年六月十九、二十一、二十四、二十六日。

13 《蔣介石日記》，一九四八年六月十三日和二十七日。

14 《蔣介石日記》，一九四九年一月一日、十一日。

15 關於蔣介石對於此東南戰略三角的思考，見《蔣介石日記》，一九四九年一月二十二日、二月二十五日、三月十八、二十四、二十六日。

座新港口和新機場。事後證明，五月下旬上海淪陷時，當李宗仁命令湯恩伯部隊撤至湘贛交界進行防禦戰時，蔣卻下令以舟山群島作為湯恩伯部隊後撤並據以保衛東南各省的重要基地，湯部也確實遵守蔣之命令，轉進舟山，接著南下前往東南沿海地區，部署防禦閩、台。[16]

台灣：避風港還是險地？

蔣介石將台灣納入其華南反共戰略三角的構想，令美國人大為憂心；時任美軍駐華軍事顧問團團長的巴大維幾乎不敢相信，蔣介石竟然在西北與長江以南諸省仍完好無損，且台灣法律地位仍未確定之時，就打算放棄整個中國大陸，發展台灣。[17]美國經濟合作總署中國分署署長賴普瀚（Roger D. Lapham），向來在規劃美國援華政策上極具分量，他對於蔣介石似乎準備經營台灣，同樣惱火至極，甚至建議華府不可對台灣提供實質金援，除非美國政府已經準備好，將竭盡所能防止這類援助遭到蔣介石人馬的利用。賴普瀚同時主張華府應運用其影響力，防止台灣島遭到外省人「進一步剝削」，他認為，大陸省籍人士將把該島打造成用來對付共產黨的軍事基地。[18]賴普瀚在一九四九年三月十日寫給國務卿艾奇遜的個人備忘錄裡再度強調，美國應防止台灣淪為國民黨對付中共的「反動據點」。換句話說，賴普瀚深信由本省人而非外省人來治理台灣，方能符合美國在遠東的利益。[19]

此時，任教於華盛頓州立大學，但仍受華府軍事情報圈諮詢的葛超智，對於華府未能出手阻止蔣介石企圖「染指」台灣一事，感到氣憤難平。當國務院和五角大廈徵詢其看法時，他老調重彈：若美國政府決心支持即將成為「難民政權」的國民黨勢力在台灣生根發展，那麼島上六百萬台灣民眾恐將走投無路，最後不得不投向中國共產黨的懷抱。葛超智宣稱，把國民黨趕出台灣，是當前最急迫的課題；他甚至坦率指出，即使美國有能耐能夠讓台灣未來的領導人聽命於華府，然而讓「令台灣本地人深惡痛絕且被共產黨一路追趕」而逃到島上的國民黨來主導台灣未來政局，遠不如讓台灣本省人出面組織一個新政權來得理想，並且將更能夠落實美方的構想。[20]葛超智的觀點在當時華府情報圈內頗能獲得共鳴；中央情報局在一九四九年三月間的一份分析報告中即指出，美國政府的「不作為」，將使台灣最終落入共產黨之手。葛超智認為，即使是有限度的作為與表態，都可能為美國帶來有利的結果，並可強化與激勵日本、朝鮮半島、菲律賓和其他遠東地區，甚至中國境內尚未淪入共產黨控制地區內的反共意志。此一看法儘管未獲得國務院與五角大廈百分之百的認同，但已被採納成為中央情報局當時有關台灣局勢發展的備忘錄之中。[21]

如果蔣介石此時知悉抗戰時期堅實盟友美國，此刻竟然擔憂甚至有意阻撓其將台灣打造為一反共根據地時，恐怕他將難以嚥下這口氣。如前章所述，一九四九年初，在國務院與軍方討論

16 John M. Cabotto Dean Acheson, May 19,1949, NARA, RG 59, 893.00/5–1949.

17 Tong and Li, *The Memoirs of Li Tsung-jen*, 508-509.

18 Roger Lapham to Paul Hoffman,"Recommendations Regarding China Policy," memorandum, March 9,1949, Robert A. Griffin Papers, Box 1.

19 Lapham to Griffin, letter, March 17, 1949, Robert A. Griffin Papers, Box 1.

20 George Kerr, "Elements of the Formosan Problem," memorandum enclosedin Kerr to W. W. Butterworth, January 7, 1949, no. 894A.00/1–749, *Formosa1945–1949*, reel 1; Kerr to Butterworth, January 23, 1949, no. 894A.00/1–2349, *Formosa 1945–1949*, reel 1.

21 CIA, "Probably Development in Taiwan," China Research Report ORE 39–45, March 14, 1949, *CIA Research Reports: China, 1946–1976*, reel 1.

如何確保美國在台利益之後，駐華大使館政治參事莫成德被派往台灣，考察當地情況。當時美方外交與軍事部門認為，面對台灣，華府似有兩個選項：一是針對該島是否交予聯合國或駐日盟軍總司令部託管一事，舉辦公投，若華府不願意協助台灣推動公投，就只能冒著「成敗參半的風險」，以各種手法來取得台灣島上領導人士的真誠合作。[22]

很顯然地，此刻的孫立人將軍，是華府最寄予厚望的人選。凡是曾與包括孫立人在內的國民黨軍政高層打過交道的美國人，均視孫為中國最傑出的軍事領袖之一。麥克阿瑟與其參謀長艾蒙德（Edward Almond）皆曾高度讚賞孫立人，兩人都對這位能力出眾且英勇無比的維吉尼亞軍校校友，持最高的評價，認為孫「絕非泛泛之輩」，他們並且以孫為例，證明美國若能給予他足夠的支持與充沛的資源，則由孫所領導的國民黨在台勢力，仍可為「一股不容小覷的勢力」。[23]

由於孫立人維吉尼亞軍校的淵源與傑出表現，受到麥帥的看重，兩人在一九四九年一月十日於東京會晤，共同探討反共大業「最迫切的需要」，孫向麥帥表示，在政治與軍事議題上，「我們的心態與做事方法，都需要來一場激進改造。」[24]這次東京的會晤之所以引發眾人關注，在於從中可以窺見孫立人此時內心的想法。孫表面上仍誓言效忠蔣介石，然而他卻對一位重量級的美國將領直抒胸臆，毫無隱瞞地談到反共、民主和在台灣打造一個「自由省」，他甚至向麥帥強調，在實現如上反共大業時，我們務必做到「政治靈魂的重生」。以其當時僅為國民黨政府陸軍副總司令的地位來看，這些話傳至蔣介石或者其他政府高層耳中，著實大膽且不妥。即使大陸情勢日趨惡化，孫立人仍高聲強調，美國對華施以援手從不嫌遲。從日本返台後，他寫了一封信給麥克阿瑟，除了感謝他在東京的接待之外，還表示希望能夠收到來自美方的「鼓勵」與建議，也深信憑著「勤奮與公平的手段」，他將能夠在不久之後「完成此一別具意義的（政治）饗宴」。[25]

東京之行後，孫立人返回台灣，並與當時美國駐台北總領事館人員保持密切的接觸，雙方不時交換有關台灣政局發展的最新情報。一九四九年五月間，在與美國駐台總領事艾德格（Donald Edgar）私晤時，孫立人忿忿地抱怨省主席陳誠正想盡辦法架空他，陳除了偏袒自己人之外，還在枝微末節上干預其訓練計畫，孫向美國人表達了他對中國大陸事務極度不以為然的態度，也表示樂見台灣不久之後，能夠出現一位完全有辦法駕馭島上軍方、強有力的文職人員來出任省主席，他認為台灣島上的共產黨勢力仍不成氣候，並聲稱他所統轄的部隊對他完全效忠。[26] 顯見此時孫立人確實想讓美國人對他寡目相看，讓美方相信他確實是華府未來在台灣可以完全倚賴與託付的不二人選。

一如預期，國共和談僅為毛澤東的虛晃一招，他只想藉由和談來為解放軍爭取休整補充的時

22 Lapham to Griffin, letter, March 22, 1949, Robert Griffin Papers, Box 1.

23 Wedemeyer, *Wedemeyer Reports:* 325; U.S. Senate Committees on Armed Services and Foreign Relations, *Hearings to Conduct an Inquiry into the Military Situation in the Far East and the Facts Surrounding the Relief of General of the Army Douglas MacArthur from His Assignments in That Area,* 82nd Congress, 1st Session, 1951, 56–57, 183。另一方面，於一九四九至一九五〇年擔任孫立人將軍侍從官的沈克勤則指出，「維吉尼亞軍校淵源」正是讓孫立人無法真正取代蔣介石的主要因素，因為大部分國民黨高階將領皆出身黃埔或保定系統，不會接受由出身美國軍校的孫立人來領導國軍部隊。

24 Sun Liren to MacArthur, March 5, 1949, Shen Keqin Papers, Hoover Institution Archives, Stanford University, Box 1.

25 Ibid. See also Howard Schonberger, *Aftermath of War: Americans and the Remaking of Japan, 1945–1952* (Kent, OH: The Kent State University Press, 1989), 80–85, 264–265.

26 Edgar to Acheson, May 11, 1949, no. 894A.00/5–1149, *Formosa 1945–1949*, reel 2.

間。毛澤東在和談時堅持必須先實現其八點提議，雙方才能繼續談下去，這些提議除了懲罰蔣介石、宋子文等「戰犯」外，還堅持國民黨允許共軍渡江，國軍改編為人民解放軍一部分，共軍立即解放長江上游地區，最後解放全中國。毛澤東同意在召開全國政治協商會議並成立由中國共產黨所領導的新政府之前，可由國民黨繼續治理國統區，只不過此一治理僅屬「看守」性質。李宗仁所派去北平的國民黨和談代表，同意接受這些要求，然而在南京等候和談結果的國民黨高層，根本無法接受，認為一旦同意中共條件，無異於政治自殺。[27]四月二十一日，談判破裂翌日，毛澤東下令陳兵長江北岸的百萬共軍即刻行動，共軍渡過長江後，於四月二十三日攻占南京，不到一個月時間，杭州、武漢、上海陸續落入共軍之手。在解放軍進入首都南京前數小時，李宗仁和其隨員倉皇飛往廣州，廣州成了國民黨中央的所在地。[28]

南京落入共軍之手前二十四小時，李宗仁曾急忙飛往杭州與蔣介石會晤，眼見和談失敗，李勸蔣復出，重登總統之位，繼續領導國民黨與共軍對抗。蔣介石則禮貌地回絕，但保證此後會「全力協助與配合」李宗仁。[29]任何人都聽得出來，這番話僅是客套，蔣、李兩人連在如何動員與部署長江以南國軍部隊等最重要與迫切的議題上，都無法達成基本共識，遑論誠心合作。共軍渡江後，蔣立即命令湯恩伯部隊經舟山群島撤往東南沿海，此命令獲得實現後，也讓李宗仁希望湯恩伯部轉進西南，並與白崇禧部隊在湘贛交界會合聯防的戰略構想落空。頗令人意外的是，此時已撤離武漢、轉進湘南地區的白崇禧部隊，展現了驚人戰力，有效地抵擋林彪部隊攻勢，讓共軍解放華南與西南行動，推遲了半年之久，直到一九四九年秋天，才有所進展。[30]

解放軍渡江與國民黨政府移至廣州，也讓蔣介石對於經營東南沿海戰略三角的決心更加堅定。一九四九年初，隨著中國大陸政經情勢的惡化，台灣也受到不利的牽連，島上的年通貨膨脹率飆升至駭人的百分之三千。三月上旬，蔣介石命宋子文就台灣推動貨幣改革一事，前往台灣考察，由於此時有存放於台灣、廈門的金銀儲備支持，宋子文一度建議台灣省政府，應發行可以兌換英鎊且只限於台、閩、粵三省流通的新紙幣，宋的這番提議再度顯示蔣介石此時仍努力推動東南沿海戰略三角根據地。[31]五月間，短暫前往上海督導湯恩伯淞滬戰事的蔣介石，再次拍發電報給當時人在香港的宋子文，希望他推遲赴歐規劃，等候台灣金融局面穩定之後再成行。[32]

蔣介石敦促國軍力守上海直到最後一刻，讓大部隊得以順利後撤，此舉頗受魏德邁將軍讚賞。一九四九年五月間，魏德邁曾給蔣介石一封私函，鼓勵他將台灣打造成為一「反共作戰基地」，並希望實現一個「矢志提升島民福祉最有效能的政府」，值得注意的是，此時魏德邁勸告

27 Spence, *The Search for Modern China,* 510。關於一九四九年初期史達林是否曾阻止毛澤東越過長江，以免被拉進與美國的直接對抗中，目前仍未有定論。如果史達林果真如此建議，則毛澤東顯然對此置之不理。見Westad, *Decisive Encounters,* 216–218; Donggil Kim, "The Crucial Issues of the Early Cold War: Stalin and the Chinese Civil War," *Cold War History,* 10 no. 2(2010): 185–202.

28 Westad, *Decisive Encounters,* 240–243; Tong and Li, *The Memoirs of Li Tsung-jen,* 515-517.

29 《蔣介石日記》，一九四九年四月二十二、二十三日；Lewis Clark to Acheson, April 25, 1949, NARA, RG59, 893.01/4–2549.

30 Lloyd Eastman, Jerome Ch'en, Suzanne Pepper, and Lyman P. van Slyke, *The Nationalist Era in China, 1927–1949* (Cambridge: Cambridge University Press, 1991), 350–351.

31 俞鴻鈞致蔣介石與陳誠，一九四九年五月十四日，國史館，「革命文獻／政治：政經重要設施」；British Consulate in Tamsui, "Recent Developments in Formosa," April 25, 1949, in *Taiwan Political and Economic Reports 1861–1960,* ed.Jarman, 8:395–396; Edgar to Acheson, April 10, 1949, no. 894A.00/4–1049, *Formosa 1945–1949,* reel 2; Edgar to Acheson, April 11, 1949, no. 894A.00/4–1149, *Formosa 1945–1949,* reel 2.

32 蔣介石致宋子文，一九四九年五月二日，國史館，「革命文獻／政治：政經重要設施」。

蔣介石應撤換陳誠，改任命吳國楨為台灣省主席。吳國楨於抗戰結束後曾出任上海市長，被視為國民黨內的開明改革派，頗受美方人士欣賞。[33]蔣介石收到魏德邁的信函，大受鼓舞，立即邀請他擔任私人顧問。然而耐人尋味的是，蔣介石在覆函裡，卻隻字未提吳國楨。[34]

變生肘腋

我們無從知悉，此時蔣介石究竟如何看待魏德邁將軍以吳取代陳的提議，畢竟在此緊要關頭，蔣除了煩惱台灣之外，還有其他更多的頭痛事。由於和談破裂與隨之而來的長江防線失守，愈來愈多國民黨高層開始視蔣介石為妨礙李宗仁統領反共大業的絆腳石，甚至許多人深信，不只是下野，唯有蔣盡速離開中國，李宗仁在國民黨內的領導地位，才能夠獲得鞏固與強化。[35]無疑地，蔣介石察覺到自己的影響力正快速式微中，特別是在軍事部門。一件頗不尋常事件的發生，清楚地點出此一令他不快的事實；上海陷落前，蔣介石乘靜江輪前往舟山群島，打算在那裡待上一星期，視察島上的防禦工事。[36]五月十二日，當他仍在舟山時，大約十名國民黨空軍高階軍官突然飛往定海求見，請求蔣同意把台灣未來行政，交由空軍來負責，這些軍官並在言談中，向蔣表達無法接受空軍副總司令王叔銘的看法，並希望擁戴時任總司令的周至柔，成為未來國民黨空軍最高領袖。這些「直言犯上」的空軍將領，自恃握有解放軍當時仍缺乏的空中武力，故深信站得住腳，有實力與立場來向蔣總裁提出要求。蔣聞後大為震怒，當場嚴斥這些軍官「驕矜自大」，他懷疑這批人乃是周至柔本人幕後唆使，不禁擔憂空軍內部派系傾軋與分裂。這一意外事件讓蔣介石私下煩惱不已，並在日記抱怨「文武幹部之驕橫，其對余之態度，漸不如前。」隨著蔣下野並遭受美國政府拋棄，他對國民黨軍方領導階層掌控力的衰退，乃一不爭的事實。[37]

一九四九年春，共軍不斷試圖往華南挺進，李宗仁和桂系認為必須儘快將台灣納入其有效掌控範圍之內，此一意向，讓蔣介石與陳誠的關係備受考驗。四月下旬，李宗仁顧問邱昌渭在廣州告訴美國駐華公使柯慎思（Lewis Clark），國民黨政府中央對於台灣資源是否能夠有效控制，是為整個中國境內反共軍事行動的成敗關鍵。邱告訴美方，李宗仁打算找陳誠好好談一談，力勸陳誠要為他自己和中國整體利益著想，應全心支持李而非蔣。邱說，一旦勸說不成，李打算用更強勢的手段逼迫陳誠辭職。[38]幾天後，李宗仁與柯慎思在桂林會晤時，重提控制台灣一事的重要性，並尋求美方支持，李還向柯慎思透露了一段祕辛：蔣介石原本打算在引退後立即前往台灣，但是當陳誠向蔣轉述了美國駐台北總領事「不經意脫口說出的一段話」——即台灣的法理地位，要等到聯合國對日和約正式簽署之後才能確定——蔣當下即決定他不能夠退居到主權仍受到質疑的一塊島嶼上。李宗仁以此內幕情事為例，力勸華府站在李的陣營，一同向陳誠施

33 Albert Wedemeyer to Chiang Kai-shek, May 10 and June 1, 1949, Albert C.Wedemeyer Papers, Hoover Institution Archives, Stanford University, Box 100.

34 Chiang to Wedemeyer, May 22, 1949, letter, Albert C. Wedemeyer Papers,Box 100.

35 Lewis Clark to Acheson, April 25, 1949, NARA, RG 59, 893.01/4–2549; Clark to Acheson, May 1, 1949, NARA, RG 59, 893.001Chiang Kai-shek/5–149; Tong and Li, *The Memoirs of Li Tsung-jen*, 514-515; 蔣經國，《風雨中的寧靜》，頁一九〇—一九二。

36《蔣介石日記》，一九四九年五月九、十二、十三、十四、十六日。

37《蔣介石日記》，一九四九年五月十二日。

38 Clark to Acheson, April 29, 1949, NARA, RG 59, 893.00/4–2949.

1950 年代初期，陳誠（前排中）、蔣經國（前排最右）和國民黨中央改造委員會的核心成員合影。1949 年中期，陳誠違抗蔣介石旨意，協助穩定了台灣。（黨史館提供）

壓，希望台北省政府當局為了國民黨抗共大業，而聽命於桂系。[39]

此刻陳誠肯定感受到來自李宗仁與桂系所掌控之國民黨中央的強大壓力。五月十六日，蔣介石自舟山抵達澎湖，準備待上一星期。陳誠未展現以往的忠誠，親往澎湖迎接並隨侍在側，反而不聽蔣的勸阻，飛往廣州與李宗仁會晤。李警告陳誠，若不交出存放在台灣的黃金白銀儲備，就等著被撤職。陳誠在廣州不但受到桂系壓力，甚至連美國都可能曾經表達對他未來動態的嚴重關切；陳曾告訴柯慎思，只要李宗仁展現出願意繼續反共到底的決心，他便同意將所有台灣島上的重要財政資源交予他來處置。[40]在澎湖輾轉得悉陳誠這番話之後，蔣介石感到相當憂心，害怕陳誠立場左右為難，無法堅持己見。蔣迅即傳話給陳，如果李宗仁同意將台灣的黃金儲備投入於剿共，並作為幣制改革之準備金，他個人不會反對將黃金自台灣再度移往大陸。然蔣介石也提到，一旦黃金出台，其未來運存地點必須是一個比台灣更為安全的地方。與此同時，蔣非常擔心陳誠在廣州的安危，私下記道：「甚為其危乃為之設法脫身，不知其果能領悟否？」[41]

從後見之明觀之，陳誠此時看似違抗蔣意，然而其於一九四九年五月間前往廣州會晤李宗仁，卻成為台灣日後命運的一大轉折點。急遽惡化的大陸情勢，迫使陳誠對蔣介石經營閩、粵、台「反共戰略三角」的構想開始存疑；失去上海這個對台灣而言最重要的進出口市場與集

39 Clark to Acheson, May 1, 1949NARA, RG 59, 893.001 Chiang Kai-shek/5–149; CIA, memorandum, June 1, 1949, *CIA Research Reports: China, 1946–1976*, reel 1.

40 Clark to Acheson, April 29, 1949, no. 894A.01/5–2049, *Formosa 1945–1949*, reel 3.

41 《蔣介石日記》，一九四九年五月十八、二十、二十一日。

散地，意味著此後台灣的貿易市場勢必轉往福建、廣東，乃至國外的日本、菲律賓與香港等地。[42]與此同時，鑒於大陸通貨膨脹嚴重，陳誠欲使台灣貨幣法幣脫鈎的決心也愈加堅強，顯然的，陳把台灣與中國大陸之間的金融體系逐漸脫節，視為確保台灣穩定的殺手鐧，甚至不惜採取某些激進手段，包括裁撤派駐於高雄和基隆兩港、依法聽命於洋人所控制的海關總稅務司署所轄之中國稅務司，而改以兩地的「港口管理委員會」取代之，陳誠的提議，令總稅務司李度極度不滿，認為一旦實現，將是對運作百年之久的中國海關體制一項「致命打擊」，李度甚至揚言若陳誠決定硬幹，他將不惜辭職以示抗議。[43]

陳誠為了穩定台灣的金融和經濟，不得不採取某些斷然措施，儘管他深知桂系主政的中央政府已日薄西山，然而為了達成其目的，他需要中央政府的支持與認可，來獲得推動台灣改革的政治正當性。陳誠此一策略很成功；在與李宗仁等廣州高層會談後，陳誠於五月二十七日宣布四項有關台灣財政、金融與經濟的新措施。首先，在廣州同意下，台灣的外匯此後將由本地台灣銀行直接掌控；其次，廣州當局同意讓台灣省政府在未來使用存放於台灣的外匯時，享有更大的彈性空間；第三，廣州同意由台灣省政府利用台灣島上的黃金白銀儲備、外匯、稅收以及當地的國營企業資產，來支付島上中央與地方政府機關人事開銷；最後，廣州也同意讓台灣銀行著手徵收台灣本地稅收，並由台灣省政府代表中央政府來處理台灣的財政開支。[44]這些新措施提高了台灣省財稅、金融與外貿的自主性，讓省政府預算赤字逐步下降，通膨得以避免。同時，省政府在使用台灣本地的稅收時也有更大的權限，其有權使用台灣各地的國營企業與資產，同樣更加強化台灣本身的經濟自主性。

六月五日，「台灣區生產事業管理委員會」正式成立，負責台灣外匯管制業務，並著手擬定台灣未來金融、貿易（及後來的工業、經濟）政策。這一新機構的運作，也標誌著台灣逐步脫離其原先作為二次戰後中國大陸經濟體一部分的處境，同時不可避免地強化了台灣本身各方面的運作與主體意識。[45]六月十五日，陳誠提出新的貨幣改革方案，台灣銀行以存放在台灣的八十萬兩黃金儲備為後盾，發行「新台幣」取代舊台幣。新台幣發行總額限制在兩億元，以確保黃金、白銀、大宗商品等作為新台幣充足準備。此外，新台幣將緊盯美元而非英鎊，並推行黃金儲蓄存款辦法，允許個人在帳戶裡存入的新台幣能於到期時，能夠兌回黃金。一九四九年初夏，在切斷與中國大陸混亂不安的貨幣連結後，台灣的金融局勢逐漸穩定下來。[46]

陳誠在現實政治與理性思考下，懂得適時違抗其政治導師蔣介石的旨意，於制訂治台政策時，將當時整個中國大陸與國民黨內情勢納入考量，以爭取台灣最大的利益。[47]一九四九年四月

42 Edgar to Acheson, April 29, 1949, NARA, RG 59, 893.50/4–2949.

43 Lewis to Acheson, June 2, 1949, no. 894A.02/6–249, *Formosa 1945–1949*, reel 3. 中國海關總稅務司署是中國政府的收稅機關，於一八五四年創立，一九四九年分為兩支，一在台灣，一在中國大陸。它是國際性的政府機構，職員以英國人為主，經歷數任中國中央政府而不墜。一九五〇年一月，最後一任美籍總稅務司李度（Lester K. Little）辭職，海關職權最後分別由中華人民共和國的海關總署和台灣的中華民國關稅總局掌理。有關海關總稅務司署歷史，可參見Donna Brunero, *Britain's Imperial Cornerstone in China: The Chinese Maritime Customs Service, 1854–1949* (London: Routledge, 2006).

44 陳誠，《陳誠先生回憶錄——建設台灣》（台北：國史館，二〇〇五），第一卷，頁六十三—六十四。

45 陳思宇，《台灣區生產事業管理委員會與經濟發展策略，一九四九—一九五三》（台北：南天書局，二〇〇二）。

46 陳誠，《陳誠先生回憶錄——建設台灣》，第一卷，頁六十五—六十六；Copper, *Taiwan*, 136–137.

47 陳誠公子陳履安先生曾告訴作者，陳誠在一九四九年台灣風雨飄搖時刻，對於如何治台與保台等重大議題上，與蔣介石在意見有極大差異。

二十三日，陳誠依稍早二月間宣布的土地改革計畫，頒布一道新命令，責成全台各地的佃農穀租，從主要農作物年收成的五成以上，降為三．七五成以下。省政府決意將公地重新分配給島上的貧農和佃農，這也讓與陳誠基本上沒有直接利益糾葛的諸多台灣本省地主，蒙受極大的損失。[48]然更重要的是，此一新措施之發布，在於共軍渡江、南京落陷的危急關頭，成為穩定台灣局勢並讓占台灣大多數人口的佃農安心、不至於轉變成為共產黨支持者的救亡圖存之舉。為了確保此一土地改革有效推行，陳誠甚至強硬宣示，若地主不配合新政策，省府將予以「嚴懲」。[49]

五月一日，杭州落入共軍之手當天，陳誠下令推動日本殖民時期以來最全面的台灣全島戶口總普查；誠如其公開宣示，此舉在於揪出島內匪諜並強化台灣公共安全。[50]接著，五月二十日，當上海即將失陷、亟需阻止大批外省難民湧入台灣之際，陳誠宣布台灣戒嚴，除了由台灣警備總司令部所控制的基隆、高雄、澎湖馬公港口仍開放之外，其餘港市皆基於安全理由而關閉。[51]直到一九八七年，才廢止此戒嚴令。

蔣介石的落寞時刻

陳誠在一九四九年中期的諸多作為，包括飛赴廣州會晤李宗仁，可說是為了台灣整體利益著想。事後證明，在廣州時，直到最後一刻，他在有關黃金白銀儲備與轉移等重要議題上，都未曾屈服於桂系的壓力與要求。儘管如此，陳誠與蔣介石之間的關係並未因此而得到改善。蔣介石似乎已無法確定陳誠是否依然效忠著他，或者誠心歡迎他前往台灣，蔣為此而感到困擾與憂心，只能在荒涼的澎湖島上不安地等候著。五月二十一日，陳誠結束與李宗仁的晤談後，突然從廣州直接飛來馬公見蔣，陳誠的突然現身，令蔣既驚又喜，還在那天的日記寫道：「甚慰，數日來所焦慮者，至此默然。」[52]不過兩人之間的尷尬與芥蒂，不可能立即化解，陳對蔣的態度，也頗有距離。[53]五月二十五日，蔣介石自澎湖出發前往台灣視察，但臨時改變心意，不去台北，改前往高雄。蔣是否對其半年前親手挑選的台灣省主席感到不太放心，頗啟人疑竇；據傳，當蔣抵當高雄之後，見到迎接他的孫立人將軍時，劈頭的第一句話就是：「我在此地安全嗎？」[54]

蔣介石在台灣的安全也許無虞，但接下來數週時間裡，他與過去向來效忠於他的諸多國民黨軍事將領之間的關係，卻每況愈下。蔣介石認為，若要鞏固中國東南沿海的戰略三角，就必須建立一個新的、涵蓋台、澎、浙、閩、粵各省沿海島嶼的軍事指揮體系；若要讓台灣成為這戰略三角裡有效的作戰基地，此一新指揮體系要能自主運作，獨立於當時飽受解放軍威脅的中國大陸各省。因此當蔣介石發現絕大多數國民黨將領與舊屬，竟然對這個新指揮體系的運作與人

48 Thomas B. Gold, *State and Society in the Taiwan Miracle* (New York: M.E.Sharpe, 1997), 53–55; Peter Chen-main Wang, "A Bastion Created, A Regime Reformed, An Economy Reengineered, 1949–1970," in *Taiwan: A New History*, ed. Rubinstein, 324.

49 劉進慶，《戰後台灣經濟分析》（台北：人間出版社，一九九二），頁七十三—七十四。

50 見《台灣新生報》（台北），一九四九年五月一日和十四日。

51 陳誠，《陳誠先生回憶錄——建設台灣》，第一卷，頁二十一—二十六。

52 《蔣介石日記》，一九四九年五月二十二日。

53 《蔣介石日記》，一九四九年五月二十五日。

54 薛慶煜，《孫立人將軍傳》（呼和浩特，中國：內蒙古大學出版社，二〇〇〇），頁三一八。

事安排、攸關國民黨生死存亡的大事無動於衷時，其內心之憤怒與寒心，可想而知。周至柔即曾向蔣經國抱怨，蔣介石以「總裁」身分直接統御軍事幹部，已使「空軍統帥權有分裂之勢」。蔣則在其私人日記裡清楚寫道，「將領意見日深，對余亦有妄加干涉之怨」，他甚至必須以頗不具說服力的牽強理由，來回應國民黨諸將領對其指揮權的質疑；他宣稱他「革命領袖權力，並不關於總統名義職位之存否，尤其無總統職權，不必有法律之限制，故今日對革命軍隊有絕對無上之權力也。」[55]此時對於面臨山河動搖的諸位國軍將領而言，蔣的這番話無異於詭辯。

周至柔絕非此刻唯一一位敢如此傲慢對待蔣介石者；孫立人也曾違抗蔣意，拒絕讓不久前從上海經舟山群島撤來的湯恩伯殘兵餘部，安置於他在鳳山的大本營。[56]到了五、六月間，美方甚至開始謠傳時任台灣警備副總司令、與蔣介石關係密切的彭孟緝，曾悄悄地飛往香港，祕密與當地的中共地下代表接觸，因彭當時掌握台灣八萬兵力，力量極大，地位重要，此一未經證實的訊息，著實讓美方國務院與軍事情報單位感到憂心忡忡，遂明查暗訪彭未來的政治動向究竟如何，國務院甚至認為，彭是否真的曾與共產黨接觸，攸關台灣未來前途命運。根據美方史料所記載，此時極度憂心的華府官員，正忙著著手準備支持孫立人採取行動的祕密行動計畫，以便彭孟緝真的變節時，設法保住孫在南台灣的權力據點。[57]

從蔣介石的觀點來看，陳誠遲遲不肯答允出面領導由蔣介石倡議成立的「東南軍政長官公署」，對局勢無異是雪上加霜。「東南軍政長官」的職責，在於指揮與協調東南沿海各地區的國軍軍事資源，地位重要，然而陳誠卻認為，只要蔣仍繼續在幕後下指導棋，他就不可能完全作主。[58]必須注意的是，陳誠此時謙辭不受的原因，也有可能是擔心來自桂系、甚至是華府的不利反應；根據美方資料顯示，直到此時，部分華府人士似乎仍有意願繼續支持讓陳誠來領導台灣省政府，但前提是他得選擇疏遠蔣介石，而非與蔣親近，因此陳的顧忌並非毫無理由。[59]直到八月中旬，當蔣介石大發雷霆，準備攤牌之後，陳誠才勉強接下此職。[60]

一九四九年六月間，另一則來自美國的消息，不但讓蔣介石的心情為之一沉，也讓他對國民黨未來前景益趨悲觀。六月十五日，他收到妻子宋美齡來自美國的兩封急信，內容提及華府似乎正在積極研擬將台灣交由聯合國或東京盟軍總司令部託管。[61]宋美齡的訊息絕非空穴來風，六月初，麥克阿瑟將軍致函國務院政策規劃司長喬治・肯楠（George Kennan），他表示非常憂心國務卿艾奇遜只把心思放在歐洲，這將使得美國在亞太地區的盟邦，認定華府對於美國將繼續保持戰後遠東地位的承諾，不再堅定如昔。不久之後，麥帥收到肯楠的回信，內容透露國務院某些決策者正在處理一件「頗為棘手」的祕密計畫。[62]很巧合的是，約莫在這個時間點，中央情報

55 《蔣介石日記》，一九四九年六月六、七、十一日。

56 《蔣介石日記》，一九四九年五月二十九日和六月四日。

57 Edgar to Acheson, June 3, 1949, no. 894A.00/6–349; State Department, topsecret memorandum, June 8, 1949, no. 894A.00/6–849, Formosa 1945–1949, reel 2.

58 《蔣介石日記》，一九四九年六月十一、十二日、七月十六、十九、三十一日、八月十二日。

59 State Department to National Security Council, top secret memorandum, June 15, 1949, no. 894A.00/6-1549; Edgar to Acheson, August 24, 1949, no.894A.00/8–2449, Formosa 1945–1949, reel 2.

60 《蔣介石日記》，一九四九年八月十三日；Edgar to Acheson, August19, 1949, no. 894A.00/8–1949, Formosa 1945–1949, reel 2.

61 《蔣介石日記》，一九四九年六月十五日。

62 Wilson D. Miscamble, *George F. Kennan and the Making of American Foreign Policy, 1947–1950* (Princeton, NJ: Princeton University Press, 1992), 106–111.

局裡開始有人積極地談論著「暗殺某位亞洲重要領導人物」的方案，一時之間，此內幕消息在華府情報圈裡引起極大騷動，儘管有關此一密謀暗殺某位亞洲領導人的傳聞，隨後遭到中情局高層予以否認。[63]

不論美方情報單位是否真的動過暗殺蔣介石的計謀，無可否認的，自一九四九年夏天起，駐日盟軍總司令部確實開始加劇對蔣介石的批評力道。九月間，麥克阿瑟告訴當時前往東京訪問的美國國會代表團稱，蔣介石身邊盡是些腐敗官員與腐敗將領，還批評蔣「雖然聰明，但對用兵一竅不通。」[64]不久之後，向來替蔣介石說話的《紐約時報》發行人索爾茲伯格（Arthur H. Sulzberger）向麥克阿瑟請教對亞太時局的看法，麥帥論道，面對解放軍的兩棲攻擊，大家不要指望台灣能夠撐多久。在此同時，東京盟總也傳出消息稱，麥克阿瑟將軍已在思考，一旦蔣介石準備「出國走走」時，他該如何著手經營「他（麥帥）在台灣的政府」，此後，有關盟軍總司令部即將接管台灣的謠言，再度迅速地傳遍台灣。[65]

蔣介石對於美國人有意利用台灣法律地位未定此一論點來維護其自身利益之舉，並不感到訝異，儘管如此，他仍對國際之間缺乏信義與世態炎涼，深感痛心。接下來數日裡，蔣與幕僚不斷研擬台灣主權地位與美方態度，但未能有所決定。[66]直到六月二十日，蔣才致電給麥克阿瑟，內容表示他將不惜「死守台灣，確保領土」。[67]蔣歡迎麥帥與他一起努力防衛台灣，但表示絕不能將台灣交予盟軍總司令部。儘管言詞中展現堅決態度，然而從後來的事態發展來看，蔣介石內心確實無法不受到影響，不得不重新思考其在海峽兩岸反共戰略的三角部署，究竟是否妥當與可行。

一九四九年中，儘管台灣的財經狀況開始穩定下來，但在軍事與政治上，情勢仍極為嚴峻。

英國駐淡水領事館一份拍發回倫敦的密電顯示，不少國民黨軍政人物，在解放軍的攻勢之下，台灣究竟還能夠挺得住多久時間，都感到非常懷疑，因而不願接掌任何可能損害其日後與中共關係的相關職務。[68]孫立人在福州陷落後不久，即曾提醒蔣介石，解放軍可能在二十四小時內發動一千艘機帆船，將數十萬兵力運往台灣，屆時若無外國軍事援助，台灣將劫數難逃。[69]隨著中國大陸政軍情勢持續惡化，美國也加快其對台灣的操控，誠如英國駐台外交官所觀察，一九四九年五月間，一架新設立的大型無線電站，於美國駐台北總領事館內，開始與華府直接聯繫。[70]許多美國軍事人員，包括陸海空軍武官，接連來到南台灣，與孫立人及其位於鳳山的司令部密切接觸，敏感的英國人立即察覺到，這些人士的到來，肯定有高度的政治敏感性。[71]

63 U. S. Senate, *Final Report of the Select Committee to Study Governmental Operations with Respect to Intelligence Activities* (Washington, DC: U. S. Government Printing Office, 1976), 4:132.

64 Finkelstein, *Washington's Taiwan Dilemma*, 224.

65 Ibid., 226–227; MacDonald to State Department, November 25, 1949, no.894A.00/11–2549, Formosa 1945–1949, reel 2.

66《蔣介石日記》，一九四九年六月十五、十七日。

67《蔣介石日記》，一九四九年六月十八、二十日。

68 British Consulate in Tamsui, "Summary of Events in Formosa during April,1949," May 8, 1949, in *Taiwan Political and Economic Reports 1861–1960*, ed. Jarman, 8:503.

69 MacDonald to Acheson, September 15, 1949, no. 894A.00/9–1549, Formosa1945–1949, reel 2.

70 British Consulate in Tamsui to Foreign Office, "Tamsui telegram No. 12," May 21, 1949, in *Taiwan Political and Economic Reports 1861–1960*, ed. Jarman, 8: 402.

71 British Consulate in Tamsui to Foreign Office, "Tamsui telegram No. 44," May 27, 1949, in *Taiwan Political and Economic Reports 1861–1960*, ed. Jarman, 8:403.

對蔣介石來說，這是關鍵的時刻；在逐漸崩潰的國民黨領導階層裡，如今能夠信任且指望的僚屬，似所剩無幾。美國人則明顯利用台灣法律地位未定論，尋求讓台灣避免落入共產勢力手中的可能途徑。難以預料的情勢演變，再次將蔣介石推向其個人政治生涯的重大關頭。此刻，由於台灣絕非十足安穩，故於大陸上另覓其他可能的反共根據地，已成為蔣介石在艱困中不得不走的一條路。

第五章
大陸上的最後一瞥

一九四九年七月中旬，蔣介石在廣州與代總統李宗仁及其他國民黨內各派系要角展開一連串的正式會議，這是他於年初下野之後的首次官式活動。此次各巨頭聚首的主要目的之一，在於成立一中國國民黨「中央非常委員會」，討論保衛華南、扭轉時局與黨務改造等重大議題。蔣介石在政壇上的復出，一度讓國民黨人士氣大振，只不過美國政府冷眼旁觀，卻認為蔣重出江湖，根本是「徒勞無功」之舉。[1]在廣州，蔣介石被推舉為「非常委員會」主席，主導國民黨軍政大計之最高決策權，也再次取得了日後其在中國大陸與台灣推動各項政治議題的權力正當性。蔣為了挽救士氣瀕臨潰散的國民黨政權，公開宣示他將保衛兩廣，鞏固華南，並以此作為反共最後根據地。然而他的諸多黨內同志卻缺乏像他一樣如此的決心；譬如余漢謀，這位老蔣所欽選擔任廣州綏靖公署主任的粵系名將，竟然對於國軍是否能夠守得住廣州，表示「萬不可能」的悲觀立場，甚至敦請蔣介石改考慮讓其他更有才幹之人來接掌他的職務。蔣聞言大怒，叱責了他一頓，直到蔣說出「余決以死保穗，如你不願聽命保衛此革命唯一根據地，則余願出而親任保衛戰之指揮」，余漢謀才勉強答應繼續擔任此職。[2]

一九四九年夏天，蔣介石在廣州的現身，無疑具有重大政治意涵。他在白崇禧部隊英勇地守住湖南長沙至福建廈門及廣東汕頭這條國民黨「馬其諾防線」之際現身廣州，至少在表面上釋出了他願意與李宗仁攜手合作的訊息，藉以彌補國民黨內的裂痕。此時，包括蔣、李在內的國民黨高層，對時勢皆抱持審慎樂觀的看法，認為只要能守住湖南，不讓解放軍繼續越過雷池，則國民黨以廣州為大本營，或許將能夠保有兩廣、海南與西南各省。[3]事實上，一九四九年初夏之際，國民黨的戰情確實一度有好轉的跡象；除了白崇禧部隊於湘贛交界處的幾個師，奇蹟似地抵擋住了共軍進犯，雙方僵持不下之外，在中國西北，回族馬家軍和胡宗南部隊，一度奪回陝西境內十餘個縣市，迫使共軍彭德懷部隊不得不向東後撤。這些戰績讓蔣介石得以向美國人展示，國民黨的確有意願且有意志抵抗中國共產黨。[4]與華府決策階層關係密切的美國經濟合作總署中國分署主任賴普瀚，也為國民黨此時的佳績感到欣喜，他傳話給李宗仁說，華府仍願意出手拯救他所領導的政府，同時保證，國民黨若能繼續守住現有成果，另一波新的美援也許不久即將到來。[5]

蔣介石冀望不久之後美援重啟之時，自己仍是受援的要角之一，於是他開始積極地參與國內外各項活動，增加其外交與政治能量。一九四九年七月十日，蔣介石應菲律賓總統季里諾（Elpidio Quirino）之邀，飛往呂宋島北邊的度假勝地碧瑤，做短暫但高調的訪問。他在碧瑤與季里諾商討依循北大西洋公約組織（NATO）模式而成立一「太平洋聯盟」（Pacific Union）的可行性，此聯盟成員應包括中華民國、菲律賓、大韓民國，以及任何一個願意持反共立場的亞太地區國家。[6]然而美國人卻極不看好，駐華公使柯慎思以挖苦的口吻評論蔣介石的菲律賓之行，認為此舉沒有任意義，只告訴世人，蔣本人已經明顯地改變了引退心意，重新回到政治舞台。[7]另一方面，華府國務院則推斷，蔣介石認為自己可以利用菲律賓之行，以及正在研議成立的「太平洋聯盟」與其他可能加入的會員國，為自己壯聲勢，並作為進一步施壓華府對他恢復反共軍經援助的資本。於是，部分美國國務院官員主張應動手切斷季里諾與蔣介石的關係，勸告季里諾將中華民國排出在外，並提出其他替代方案。華府外交系統官員也認為，應向季里諾與蔣介石清楚表明，美方不會接受任何正在擬議中的亞太地區反共運動，以及任何可能隨之衍生的新組織，成為爭取或者接受西方國家（包括美國）援助的工具平台。[8]中央情報局不但同意國務院的看法，還進一步研判蔣介石與季里諾這場外交大戲的另一個重要目的，在於將台灣的法律未定地位「合法化」；蔣頗有可能透過此一新的外交平台，向國際宣稱台灣並非共產黨統治下中國的

1 Clark to Acheson, July 1, 1949, NARA, RG 59, 893.00/7–149; Clark toAcheson, July 6, 1949, 893.00/7–649.

2 《蔣介石日記》，一九四九年七月二十日。

3 周宏濤，《蔣公與我——見證中華民國關鍵變局》（台北：天下文化，二〇〇三），頁一一三—一一五；Tong and Li, *The Memoirs of Li Tsung-jen*, 522.

4 Clark to Acheson, July 19, 1949, NARA, RG 59, 893.01/7–1949.

5 "Meeting with President Li Tsung-jen," memorandum by Griffin, May 22, 1949, Robert Griffin Papers, Box 3.

6 蔣介石致陳質平，一九四九年七月八日，國史館，「特交檔案／外交／訪問菲律賓」，第七十三卷，編號54848；蔣介石與季里諾會議記錄，一九四九年七月十一日，國史館，「特交檔案／外交／訪問菲律賓」，第七十三卷，編號54852。

7 Clark to Acheson, July 11, 1949, NARA, RG 59, 893.001, Chiang Kai-shek/7–1149.

8 State Department Office of Chinese Affairs, "Chiang-Quirino Proposal for a Pacific Union," memorandum, July 19, 1949, *ROCA*, reel 7.

1949 年 7 月，蔣介石（中）在碧瑤會晤菲律賓總統季里諾（右），希望在亞洲建立一反共聯盟。（黨史館提供）

1949 年 8 月，蔣介石（左二）前往鎮海與南韓總統夫婦會晤。（黨史館提供）

一部分。[9]

然而時任蔣介石「國民黨總裁辦公室」設計委員、隨同前往碧瑤的吳國楨，卻向美國駐台北總領事館官員透露，蔣此行前往菲律賓，其實是為日後整個中國大陸完全淪陷而預作準備，不無暗示蔣介石可能正在尋找流亡的棲身之所。[10]吳國楨此番訊息加深了美國駐台領事人員先前的推測，即蔣正在為整體情勢做最壞之打算，並有可能將部分黃金儲備從台灣轉移至菲律賓，供他日後開銷之用。[11]不過檢視蔣介石私人日記，他並未留有類似記載，倒是提及碧瑤之行的重大成就之一，乃是獲得季里諾允諾，將美國留給菲律賓的剩餘軍事物資轉賣給中華民國政府，作為對抗共產黨之用。[12]

碧瑤之行四週後，八月六日蔣介石前往韓國鎮海進行另一場重要但相對低調的外交訪問，並受到韓國總統李承晚夫婦的熱情歡迎。當時駐華外交使節團評論，蔣此行的目的仍不脫爭取籌組一個亞太地區新的反共集團，同時提升其個人聲望。[13]然而蔣的鎮海之行，卻有著比碧瑤之行更重要的軍事戰略目的，他希望尋求李承晚支持，同意他使用朝鮮半島西岸黃海內的數個島嶼，將其打造成為國軍海上反共根據地，作為滲透共產黨所控制的華北地區之跳板，封鎖解放軍在華北沿海的海上軍事活動，同時成為國民黨在山東敵後情報人員外撤的重要據點。蔣也盤算著利用這些南韓離岸島嶼，作為日後國民黨軍事反攻華北與東北的前哨基地。[14]然而老練的李承晚並未給予蔣介石任何具體承諾，反而給蔣出了難題，要求國民黨對南韓增加軍援，包括協助南韓海、空軍作戰訓練，並出售或贈與一大批軍火，根據蔣介石檔案顯示，李承晚當時所提出的清單，包括三十架F-51戰鬥機、五架C-47運輸機、三十架AT-6教練機、五萬枝卡賓槍與七艘各類型戰艦。[15]蔣介石對於李承晚的獅子大開口，未置可否，於是這場鎮海峰會，除了一紙空洞的反共聲明之外，幾乎無任何具體成果。

在台灣，省主席陳誠繼續依照他自己的計畫與步驟行事，此時他與蔣介石的關係，依然未見明顯改善。一九四九年七月中旬，蔣介石要求陳誠撥出台灣島上一部分軍糧，急援被共軍圍困在福州的湯恩伯部隊，然而陳誠卻公然抗命，蔣為此怒不可遏，痛罵陳誠「以封建自居，毫不顧忌」。[16]八月底，當福州行將不保之際，蔣又催促陳誠立即從台灣派遣海、空軍替台灣海峽對岸的國民黨部隊解圍，然陳誠竟然以颱風將至、天氣惡劣為藉口，再度抗命。[17]

此時陳誠與國民黨內其他派系之間的關係，似乎比他和蔣介石的關係來得更加密切。當時中

9 CIA, "Chiang-Quirino Conference," memorandum, July 21, 1949, *CIA Research Reports: China, 1946–1976*, reel 1.

10 Edgar to Acheson, July 18, 1949, no. 894A.00/7–1849, *Formosa 1945–1949*, reel 1.

11 Edgar to Acheson, July 14, 1949, no. 894A.00/7–1449, *Formosa 1945–1949*, reel 1.

12 《蔣介石日記》，一九四九年七月十三日。

13 Ralph Stevenson to Foreign Office, September 20, 1949, FO 371/75733/F1533/1533/10。有關蔣介石鎮海之行詳情，參見邵毓麟，《使韓回憶錄》（台北：傳記文學出版社，一九八〇），頁一一二—一三五。蔣介石訪問南韓時，邵毓麟是當時中華民國駐南韓大使。

14 邵毓麟呈蔣介石，電報，一九四九年八月一日，國史館，「特交檔案／外交／對韓外交」，第六十八卷，編號54898；蔣介石致鄭彥棻與洪蘭友，電報，一九四九年八月七日，國史館，「特交檔案／外交／對韓外交」，第六十八卷，編號54908；黃少谷與董顯光呈蔣介石，極機密報告，一九四九年十二月二十日，國史館，「特交檔案／外交／對韓外交」，第六十八卷，編號54949。

15 邵毓麟呈蔣介石，電報，一九四九年八月一日，國史館，「特交檔案／外交／對韓外交」，第六十八卷，編號54928；《蔣介石日記》，一九四九年八月八日，第四十七盒。

16 《蔣介石日記》，一九四九年七月十九日。

17 《蔣介石日記》，一九四九年八月十八、十九日；Edgar to Acheson, August 24, 1949, no. 894A.00/8–2449, *Formosa 1945–1949*, reel 2.

國共產黨華南地下組織一份祕密報告顯示，一九四九年初夏，華南各界正在密切觀察，陳誠極有可能在李宗仁的領導下，與桂系所任命的海南行政長官陳濟棠等向來反蔣的粵系將領，展開進一步合作與相互支援。此時，台灣與海南島雙方互派軍事代表之議正在如火如荼展開，兩位省級領導人都同意在反共的前提下，推動軍事訓練合作計畫。[18] 一份英國駐淡水領事館的政情報告則指出，陳誠與桂系交心的可能「酬報」之一，是將國民黨政府在長江以南仍未陷共地區的反共防禦機制一分為二，並由陳誠掌管台灣的軍事防衛決策與資源。[19]

陳誠對蔣介石冷淡，還有其他理由；如前所述，一九四九年夏天，美國政府似乎一度改變支持孫立人的態度，轉而寄厚望於主掌省政府機器的陳誠。陳為了台灣福祉，不遺餘力地推動一連串極具建設性的改革方案，讓台灣與中國大陸不穩定局面逐步脫鉤，這使他在華府不少官員心目中，看起來似乎比當時仍頗願意配合蔣介石行事的孫立人，更讓美國人放心。相較於陳誠對蔣數次違命，孫立人儘管對蔣的意見不見得贊同，但最起碼還願意服從；當陳誠拒絕出兵福建之時，孫還是從鳳山派了其最精銳的學生團，趕赴廈門解救行將潰敗的湯恩伯部隊，孫也遵從蔣的指示，將麾下另一個炮兵營送往舟山群島，投入當地抵禦解放軍的戰事。當孫立人稍後得知其子弟兵在福建泰半犧牲之後，不禁私下向美國駐台北總領事館官員抱怨，他被迫將這些「僅訓練到一半的子弟兵」投入沙場，並忿忿不平地埋怨蔣介石與「極度令人厭惡的國民黨政府」。[20]

鑒於中國大陸東南沿海地區這些新的情勢發展，支持孫立人不遺餘力的美國駐台外交官普遍研判，孫的權力將遭到陳誠進一步的壓制；當東南軍政長官公署於一九四九年八月中旬開始組織與運作時，孫立人被任命為台灣防衛司令，彭孟緝則出任台灣省保安司令，這兩個職位的職級相等，同樣直屬陳誠管轄，然不久之後，台灣所有的警備部隊全部被納入彭的指揮與管制，孫立人只剩下一個空頭銜。此時被歸類為陳誠陣營的彭孟緝，幾乎是台灣軍事上的第二把交椅。[21] 美國人也注意到，當台灣島上所有國軍部隊皆以銀圓支餉時，只有孫立人部隊以隨時可能貶值的紙鈔來支餉。而大陸上國軍殘兵舊部仍不斷湧入台灣，這無助於提升台灣整體的防禦能力，反而大為稀釋孫立人在台灣的軍事影響力，許多仍希望孫立人出面主掌台灣軍政大局的美國駐台人員，對此一現象感到非常憂心。[22]

儘管孫立人在台北與東京的美國軍政外交圈裡仍擁有不少支持者，遲至一九四九年夏、秋之際，台灣地區的情勢發展，讓華府不少要員一時之間似乎體認到，既然陳誠在台灣所「製造的麻煩」要比蔣介石來得少，華府此後應當可以繼續以他作為溝通與打交道的對象。[23] 無怪乎當廣州於十月中旬落入共產黨手中後，一個「自治政府」將在台灣成立的傳言，甚囂塵上，而可能

18 中共華南工作小組內部報告，一九四九年（未註明日期），收錄於中華人民共和國中央檔案館、廣東省檔案館編，《廣東革命歷史文件匯集》，第四十九卷，頁一四一。

19 British Consulate in Tamsui to Foreign Office, July 10, 1949, in *Taiwan Political and Economic Reports, 1861–1960*, ed. Jarman, 8: 412.

20 John J. MacDonald to Dean Acheson, August 11, 1949, NARA, RG 59, 893.001 Chiang Kai-shek/8–1149; Edgarto Acheson, August 19, 1949, no. 894A.001/8–1949, *Formosa 1945–1949*, reel 2; Edgar to Acheson, August 24, 1949, no. 894A.00/8–2449, *Formosa1945–1949*, reel 2.

21 MacDonald to Acheson, August 30, 1949, no. 894A.00/8–3049, *Formosa1945–1949*, reel 2.

22 Edgar to Acheson, June 3, 1949, no. 894A.00/6–349; State Department, office memorandum, June 8, 1949, no. 894A.00/6–849; Edgar to Acheson, August 24, 1949, no. 894A.00/8–2449; MacDonald to Acheson, August 30,1949, no. 894A.00/8–3049, *Formosa 1945–1949*, reel 2. See also CIA memorandum, June 14, 1949, *CIA Research Reports: China, 1946–1976*, reel 1.

23 MacDonald to Acheson, October 31, 1949, no. 894A.20/10–3149, *Formosa1945–1949*, reel 3.

在此一新政權裡擔任「陸軍部長」的陳誠，也被美方繪聲繪影地描述為將會是未來台灣新政權幕後真正的掌權者。[24]

一九四九年八月上旬，隨著湖南省主席程潛及其麾下八萬餘名國軍部隊變節投共，國民黨在華中與華南局勢突然變得十分危急，而程潛通電宣布「和平起義」，對於當時致力於在華南地區鞏固反共根據地的桂系而言，是決定性的一擊。[25]程潛的舉措，讓國民黨的粵東防線有崩潰與瓦解之虞，也讓白崇禧部隊艱苦支撐的長沙─廈門─汕頭「馬其諾防線」，從此暴露於湘省投共部隊之前，讓國民黨政府在兩廣的根據地變得極難防守。[26]儘管白崇禧竭盡心力，設法止住其麾下部隊因程潛變節而可能產生的骨牌效應，然而發生驟變的華中政局，讓桂系所主導的國民黨政府積極爭取新一波美國軍援的希望，變得更加渺茫。八月六日，李宗仁就華府是否仍願意考慮支持中國境內各地願意「繼續抵抗共產黨的地方政治勢力」一事，請教美國駐華公使柯慎思，李口中的那些「地方政治勢力」，包括西北的回族馬家軍、以廣西為根據地的桂系等，很顯然的，此時李宗仁已打算退守故鄉廣西境內，領導該省的反共事業，而不願意繼續出面主持一個殘破不堪與士氣渙散的中央政府。[27]

由於遲遲未能收到柯慎思對於以上問題明確的答覆，心急如焚的李宗仁迅速指示駐美大使顧維鈞，在華府向國務院提出一份新的軍事援華方案說帖。在此份說帖裡，顧維鈞指出國民黨反共力量仍控有內蒙古、西北與長江以南大部分廣闊土地，這些地區構成了反共事業的基礎，而且在對日抗戰如火如荼之際，國民黨人就是在這些崇山峻嶺中，擋住日軍的攻勢。據此，顧力促華府慎重考慮給予李宗仁總值兩億八千七百萬美元的軍援。[28]

美國務卿艾奇遜與國防部長路易斯・詹森（Louis Johnson）收到顧維鈞的提案後，曾仔細評估其可行性，可以想見，絕大部分國務院官員並不贊同顧維鈞的請求；美國駐華大使館參事瓊斯（Wesley J. Jones）向華府提出他的觀察：李宗仁與白崇禧欲將國軍部隊撤退到一個境內已有「大批地下共黨與各種匪幫出沒」的廣西省境內，其未來是否有前途，不無疑問。[29]美國駐華代辦師樞安（Robert Strong）也認為李宗仁的請求不切實際，而且缺乏長遠可行的具體方案，讓美國無法認真考慮援助的適切性。[30]

一九四九年九月十六日，當閩粵邊境地區的軍事防禦險象已露之際，李宗仁曾透過師樞安，向美國海軍第七艦隊總司令白吉爾（Oscar C. Badger）將軍傳達一項緊急訊息，李稱他的政府處境艱困無比，可能不消數日，湘省境內的局勢將對國民黨政府的存亡產生決定性的後果；美國若有意給予其軍經乃至精神與道德上的支持，不論多寡，「此其時矣」。[31]兩個月之後，白吉爾的確向垂死掙扎中的國民黨政府提出具體回應，只不過後來白吉爾接觸的對象，已非當時避不出

24 MacDonald to Acheson, September 16, 1949, no. 894A.01/9–1649, *Formosa1945–1949*, reel 3.

25 Clark to Acheson, August 5, 1949, NARA, RG 59, 893.00/8–549; Tong and Li, *The Memoirs of Li Tsung-jen*, 526-527.

26 Clark to Acheson, August 5, 1949, NARA, RG 59, 893.00/8–549；中央研究院近代史研究所編，《白崇禧先生訪問紀錄》，第二卷，頁八七九—八八一。

27 Clark to Acheson, August 6, 1949, NARA, RG 59, 893.00/8–649.

28 Wellington Koo to Acheson, "Memorandum on Proposed Military Aid Program from U.S.A. for China," August 15, 1949, NARA, RG 59, 893.50Recovery/8–1549.

29 Wesley Jones to Acheson, August 28, 1949, NARA, RG 59, 893.20/8–2849.

30 Robert Strong to Acheson, September 6, 1949, NARA, RG 59, 893.00/9–649.

31 Strong to Acheson, September 16, 1949, NARA, RG 59, 893.20/9–1649.

面的李宗仁，而是遭到杜魯門行政當局唾棄的蔣介石。

八月底至九月初，胡宗南部隊與回族馬家軍在西北的陝、甘、寧、青防線快速崩潰，加上新疆省政府公開醞釀「和平起義」，這使得中國西南各省成為國民黨政府在中國大陸上的最後希望。九月中旬，美國國會據一九四八年的援外法案，核定通過一筆七千五百萬美元的軍事援助方案，擬用於「大中國地區」的反共勢力。十月十四日，國防部長詹森致函國務卿艾奇遜，對當前中國局勢感到憂心忡忡，詹森表示，只要國軍部隊能夠守住中國西南地區防線，並建立起有效的反共根據地，他願意將此新的軍事援助預算撥交給西南各省的反共領導人。[32]

一星期後，國務院回覆五角大廈：儘管國民黨的處境極端不利，然其在華南與西南中國仍保有面積不算小的反共據點，這些尚未淪入共產黨的地區，將中共所控制的中國大陸與東南亞地區相隔離，一旦這些據點失陷，則整個亞洲大陸也將可能落入共產黨手中。國務院官員認為，在目前關頭要蔣介石與桂系放下成見，攜手合作共同奮鬥，已不切實際，反之，由於中央政府的影響力快速崩解，各地區軍政強人將興起，在其各自勢力範圍內擔起區域性領導者的角色，據此國務院認為一個「適切地、被有技巧地引導的」軍事援助方案，並將該地區的地方領導人物納入美國軍經援助考量之下，將符合當前美國在東亞地區的安全與戰略利益。[33]

當時並非華府所有人都樂見此一結論。中央情報局十月十九日的一份備忘錄即認為，即使美國大力支持大中國地區境內各反共團體，然而在美國不派遣地面部隊、缺乏大規模軍事干預國共內戰的前提下，除非解放軍大發慈悲，否則中國大陸境內任何一片尚未被「解放」的角落，都將撐不過一九五〇年。言下之意，中情局根本不認為有任何一個非共或者反共的區域性政權，能夠順利存活下來。[34]美方是否軍援，仍在未定之天，然而華府通過軍援預算且考慮撥交地方性反共政權的消息傳到中國，卻讓蔣介石與李宗仁為了爭奪西南中國最後一塊反共根據地，展開了一場激烈的權力鬥爭。

蔣、桂爭奪西南地盤

如前所述，一九四九年八月中旬，蔣介石為了東南沿海地區防禦的問題，一度與其軍方的舊部門生發生齟齬，福州行將失陷之際，他對台灣的防衛能力也擔憂不已。此外，台灣的法律地位不明，以及華府對此議題模稜曖昧的態度，都加深他對台灣作為反共最後根據地的疑慮與憂懼，這些因素都促使他必須在中國大陸積極另覓合適的權力根據地。八月下旬，少數受到蔣介石信任的滇系政治人物、國民黨元老李宗黃，在台北曾就雲南問題向蔣提出極為精闢的分析與見解，李認為萬一兩廣不守，川黔動搖，中央即應以雲南為最後根據地，並以緬甸、泰國、越南為外府，「先謀堅守，再圖恢復」。然而李也明白指出，解決整個雲南問題至為關鍵者，在於省主席盧漢態度，以及滇省境內左傾分子。「若中央不遷滇，盧漢必叛，反之，若盧漢在位，中

32 Johnson to Acheson, "Memorandum by the Joint Chiefs of Staff," enclosure, October 14, 1949, NARA, RG 59, 893.50 Recovery/10–1449.

33 Max W. Bishop to Dean Rusk, "Study on the Problems Involved in Military Aid to China," memorandum, October 21, 1949, NARA, RG 59, 893.24/10–2149.

34 CIA China Research Report ORE 76-4, "Survival Potential of Residual Non- Communist Regimes in China," October 19, 1949, *CIA Research Reports: China, 1946–1976*, reel 1. See also John Ranelagh, *The Agency: The Rise and Decline of the CIA* (London: Weidenfeld & Nicolson, 1986), 184–185.

央必不能遷滇。」[35]

具歷史諷刺意味的是，當年把盧漢送上雲南省主席之位者，不是別人，而是蔣介石本人。一九四五年夏，抗戰勝利，國民政府以戰勝國姿態對越南進行接收，也為蔣介石解決雲南問題帶來難得的契機，讓蔣有機會剷除統治該省二十年、人稱「雲南王」的龍雲。日本投降後，蔣下令由陸軍第一方面軍司令盧漢，率滇軍開赴越南受降，趁此滇省防務空虛之際，國民政府突然發布命令，免去龍雲的雲南省主席職，調任有名無實的軍事參議院院長，同時任命人尚在河內的盧漢為省政府新主席，盧未到職前，暫由省民政廳長李宗黃代理。昆明事變的消息傳到越南，在滇軍中引起相當的震撼，龍雲亦急電盧漢儘速回師救駕。然而盧漢欲有所行動，實非易事。蔣介石安排盧漢率軍赴越接收時，已安排中央軍入滇，部署於滇越邊境，以為牽制，致使駐越滇軍難以自由行動。而為穩住盧漢，蔣任命盧為雲南省主席，以安其心，在蔣的軟硬兼施下，盧漢在越南按兵不動，龍雲迫於無奈，只得就範，此後三年過著形同軟禁的生活。[36]此後，盧漢與扶植他掌權的國民黨中央互動良好，龍雲主政期間活躍的反國民黨及左派團體受到壓制，國民黨在該省的影響力迅速竄升。一九四九年初，隨著國共內戰情勢日益惡化，盧漢親蔣與親國民黨的立場也開始動搖。[37]

李宗黃於台北時，向蔣提出兩種方案：一、電令盧赴重慶出席西南軍政會議，將其扣押；二、以中央在滇之李彌、余程萬兩部，對盧以武力解決，並重組雲南省政府。[38]蔣介石顯然非常用心思考了李宗黃的提議。他認同盧漢的態度是決定整個中國西南地區反共運動成敗最關鍵的因素，故準備擬出一套周詳計畫，以達成此目的。[39]

蔣介石憑什麼對大陸上這一最後的救亡圖存之舉抱持信心？據推測，當時有關美國政府可能考慮援助西南中國區域性反共政權的消息，肯定是重要因素之一。此外，解放軍自一九四九年八月底起，如秋風掃落葉般長驅直入西北各省，而蔣介石也預測，毛澤東當時可能先往西北中國發展，藉此打通中國共產黨與蘇聯老大哥相接連之路，以此推論，蔣預測共軍恐將延遲長江以南的軍事行動，以免戰線拉得太長，影響到西北戰役的推進。[40]蔣的核心幕僚依照此一推斷，而開始籌劃一套新的軍事方案，目標在於西南各省招兵買馬，至少建立三個陸軍師，甚至招募康藏地區少數民族投入這支反共新武力。蔣介石顯然打算在當時由陝西撤退至四川境內胡宗南部隊的掩護下，讓這些新建部隊向西挺進康藏邊區，在西藏高原建立「反共最後根據地」。與此平行發展的，則是積極地將雲南打造成為固若金湯的反共基地，準備長久與共軍周旋。[41]

為了下好最後一步棋，一九四九年八月底，蔣介石匆匆自台北飛往重慶，召集西南數省軍政

35 李宗黃，《李宗黃回憶錄》（台北：中國地方自治學會，一九七二），第二卷，頁二七一。
36 有關龍雲與蔣介石之間關係之詳細探討，可參見楊維真，《從合作到決裂：龍雲與中央的關係（一九二七—一九四九）》（台北：國史館，二〇〇〇）。
37 LaRue R. Lutkins to Acheson, March 16,1949, NARA, RG 84, China: Kunming Consulate, Classified General Records,1944–49, 350/Yunnan.
38 李宗黃，《李宗黃回憶錄》，第二卷，頁二七一—二七二。
39 《蔣介石日記》，一九四九年八月二十、二十七日。
40 《蔣介石日記》，一九四九年八月二十日。
41 總裁辦公室備忘錄，一九四九年八月十二日，國史館，「特交檔案／政治／西藏問題」，第六十二卷，編號54097；行政院，會議記錄，一九四九年九月九日，中央研究院近代史研究所檔案館，「外交部檔案」，019/42；蒙藏委員會呈行政院，備忘錄，一九四九年九月二十四日，中央研究院近代史研究所檔案館，「外交部檔案」，019/42。

領導人會議，說明他的策略，同時表明不惜一切將解放軍阻絕於四川大後方之外的決心。[42]當時絕大多數軍事將領皆與會，唯獨盧漢卻在最後一刻婉拒出席，這不禁讓蔣介石感到憂心與猜疑，認定滇局已「危急萬分，應速定收復之計，使西南仍得保全整個局勢也。」而李宗黃稍早所建議的，以軍事政變手段快速剷除盧漢的行動，也正在緊鑼密鼓籌劃中。九月上旬，蔣除了決定以貴州省主席兼綏靖主任谷正倫擔任未來的「滇黔剿匪總司令」，負責對滇軍事部署要務之外，還手書第二十六軍軍長余程萬二十餘頁密函，詳示其向昆明採取軍事行動應準備及注意要點，同時派遣谷正倫胞弟、時任總裁辦公室宣傳工作的谷正綱，飛赴雲南蒙自，協助余程萬進行各項宣傳事宜。[43]蔣介石亟欲控制雲南，據聞其特務組織此時也正密謀暗殺雲南省政府裡幾位反蔣立場激烈、正尋求與當地共產黨員祕密交易的滇系要員。[44]

另一方面，仍在廣州主持國民黨政府的李宗仁與桂系也非常清楚體認到，一旦華南失陷，雲南省的地緣戰略價值將變得極端重要，因此同樣亟欲藉由各種激進的策略與手段，將其影響力伸入該省。李宗仁充分運用其「代總統」職權，在廣州召開臨時非常會議，任命出身雲南、當時在白崇禧麾下擔任第十一兵團司令的魯道源，取代盧漢，繼任雲南省主席，改組省政府，聽命於桂系。李宗仁在獲得粵系將領薛岳等人承諾支持之後，還擬空投當時部署在廣西境內的魯道源部隊入滇，與中央二十六軍共同聽命於桂系指揮，而一旦入滇中央軍與滇軍發生衝突，桂系亦可坐收漁利，將勢力伸入滇境。[45]

處在蔣介石與桂系之間的盧漢，深感處境之困難，以及維持雲南自主之不易，此刻他決定暫時投靠蔣介石陣營。九月六日，他突然自昆明飛到重慶會晤蔣介石，此舉令蔣大感意外。盧見到蔣後，聲淚俱下，「一一再表示其苦衷與精誠也」，盧並向蔣表示，只要蔣允撥兩千萬現款，新編六個師，壯其聲勢，他便願意決心肅清滇中的共黨勢力。蔣介石認為盧漢的想法雖有風險，但仍值得一試，於是從存放於台灣的儲備裡，撥出一百萬銀圓，以換取盧漢在滇推動反共政策。[46]

盧漢心滿意足地飛回昆明，立即採取一連串肅清左派與反動分子的行動；省參議會被解散，左派報社與電台遭查封，數百名「反動分子」也遭到逮捕，而依賴蔣介石的金銀儲備支餉的國軍增援部隊，也開始從鄰省四川、貴州移入雲南。[47] 一時之間，雲南局勢穩定下來，在西南建立反共最後根據地，出現曙光，當時此一新發展一度令蔣介石欣喜若狂，認為在上帝的祝福下，「此實國家轉危為安最大之關鍵。」蔣感到樂觀，以為從此可在西南地區長治久安，甚至開始認真考慮踢走李宗仁的時機，準備復行視事。[48]

42 《蔣介石日記》，一九四九年八月二十六、二十七、二十八、二十九、三十日；Strong to Acheson, August 28, 1949, NARA, RG 59, 893.00/8–2849; Ralph Stevensonto Foreign Office, September 20, 1949, FO 371/75733 F14296.

43 《蔣介石日記》，一九四九年八月三十一日和九月二日；俞濟時致余程萬，一九四九年九月四日，國史館，「籌筆」，10–0991；蔣介石致余程萬，一九四九年九月五日，國史館，「籌筆」，10–1000。

44 沈醉，《我的特務生涯》（北京：中國文史出版社，二〇〇五），頁二八八—二九一。

45 《蔣介石日記》，一九四九年九月三、四、五日；周宏濤，《蔣公與我》，頁一二三—一二四；Lutkins to Acheson, top secret, September 6, 1949, NARA, RG 84, 350/Yunnan.

46 《蔣介石日記》，一九四九年九月七、八日；張群呈蔣介石，一九五〇年一月六日，收於《中華民國重要史料初編》，第七卷（二），頁九五九—九六三。

47 Foreign Office, monthly summary of foreign political developments, September 1949, FO 370/1933/L5649; Lutkins to Acheson, September 13, 1949,RG 84, 350/Yunnan; A. Doak Barnett, *China on the Eve of CommunistTakeover* (New York: Praeger, 1963), 290.

48 《蔣介石日記》，一九四九年九月十、十七、二十四日。

盧漢搖擺不定的態度，以及他見過蔣介石之後開始在雲南展開的「政治肅清」，在台灣也引發許多關注，同時也再度掀起有關台灣未來政治地位的新傳言。美國駐台北總領事麥克唐納（John MacDonald）向華府報告了一則謠言，他說當地百姓普遍相信，駐日盟軍總司令部將在十月中旬之前，把盟軍調駐台灣，以防止共黨接收該島。雖然省主席陳誠數次就台灣的穩定以及台灣作為中華民國領土一部分發表公開聲明，但島內的不安情緒仍持續升高。麥克唐納評論，許多島民認為動亂即將蔓延到台灣，而且無法避免，台灣人的「反中」心態似乎比二二八事件發生時高出許多。[49]在得知駐日盟軍總司令部不來台灣後，許多台籍菁英感到非常失望，力促美國出手干預，以防止共黨入侵，若美國不願直接介入，至少也應該支持他們就台灣未來的前途向美國請願。[50]

在蔣介石眼中，台灣地位與前途仍然極不確定。一九四九年十月五日，蔣自重慶飛抵台北後不久，即曾在其私人日記裡寫道：「共匪與俄諜到處活動，而且深入各國，其挑撥我內部，望我自相殘殺之陰謀，思之殊堪驚悸，現復以孫立人為其目標，將行讒間矣。」當天他還收到宋美齡自美國寄來的密函，「報告孫立人事，其全被共諜所利用而不察，如非余之明見，則誤大事矣。」[51]或許就在此一時刻，蔣介石意識到華府終將要求孫立人與吳國楨主導台灣的軍、政大局，並依據美國參眾兩院新通過的軍事援助計畫而給予其具體支持。當他從陳納德將軍得知，華府準備從援助款項撥出一筆現金贊助白崇禧部隊，以協助桂系在西南各省的反共行動時，他不禁感到更加擔憂。[52]蔣有理由相信，如果新一波對華美援果真變得「區域化」，提供給各地區的軍政人物，那麼沒有真正立足之地的他，似乎也將沒有任何取得美援的希望。

一九四九年十一月初，就在蔣介石憂慮美國對華真正意圖之際，美駐台總領事麥克唐納依照國務院指示，將一份美國國家安全會議備忘錄（NSC 37/8）轉交給蔣介石，此份文件具體指出，美國未來對台灣的立場，特別是美國對台提供援助此一問題上，將取決於國民黨政府是否能夠改善其施政成效，並達到其能力所及的最高度自助。根據麥克唐納向華府回報的說法，當蔣介石收到這份備忘錄時，似乎為美方願意重新與他直接打交道，且他終究未遭到「老朋友遺棄」的事實而感到心情愉悅。[53]然蔣介石本人的記載則非如此，他在日記裡寫道：「十一時見美國駐台總領事，提其國務卿備忘錄，始則感覺其措詞仍傲慢不馴，指責我政治不良無效，毫未變更其舊態。」當他進一步研究此備忘錄，並與宋美齡先前電報內容比較之後，蔣發現此份文件似乎是國務院應前國務卿馬歇爾之要求而發，「即以此電為轉圜之地步，要我覆其一電，欲順其意，要求其派軍政顧問來台協助，然後彼乃可正式派其顧問來援，否則彼昧自白皮書後，無法轉圜其幼稚，實可恥可笑。」易言之，當美方認為蔣介石因為美國願意重新與他交往而感到高興時，蔣卻把這一接觸視為數月前美方發表《中美關係白皮書》企圖推卸美國在中國的各項責任後，希望修補雙方關係裂痕的「挽回顏面」之舉。[54]

49 MacDonald to Acheson, September 7, 1949, no. 894A.00/9–749; State Department, "Deteriorating Situation in Formosa," memorandum, September9, 1949, no. 894A.00/9–949, *Formosa 1945–1949*, reel 2.

50 MacDonald to Acheson, September 8, 1949, no. 894A.00/9–849, *Formosa1945–1949*, reel 2.

51《蔣介石日記》，一九四九年十月五日。

52《蔣介石日記》，一九四九年十月十六日，第四十七盒。

53 MacDonald to Acheson, November 6, 1949, no. 894A.20/11–649; MacDonald to Acheson, November 9, 1949, no. 894A.20/11–949, *Formosa 1945–1949*, reel 3; Tucker, ed., *China Confidential*, 74.

54《蔣介石日記》，一九四九年十一月三日。

無論如何，事到如今，隨著中國大陸江河日下，美方似乎有意重新與蔣介石打交道。十一月十九日，時任國防部次長、向來為蔣介石重要親信的鄭介民將軍，應美大使司徒雷登與魏德邁將軍之邀，前往華府訪問，在一場重要閉門會談中，海軍中將白吉爾與五角大廈的美國軍方高層透過鄭介民向蔣介石傳達了以下的口信：如果蔣同意讓吳國楨取代陳誠出任台灣省主席，美政府願意提供軍經援助，協助吳國楨在台灣啟動真正的改革，包括美方派遣經濟顧問團到台北，並提供充分的軍事裝備，來補充孫立人所轄六個陸軍師。[55]從此次晤談看來，此刻華府軍事部門已有共識，準備全力支持孫立人與吳國楨，由兩人分別主持台灣軍事防衛與政治改革等相關事務。

胎死腹中的雲南獨立運動

本書稍早曾指出，魏德邁將軍自一九四九年春起，曾力勸蔣介石應以吳國楨為台灣省主席，到了該年秋天，美國政府則將國軍部隊近來在金門古寧頭和浙江登步島的兩場軍事告捷，歸功於孫立人所訓練的新軍在這些戰役上的英勇表現，這也讓華府堅信台灣未來的軍事防衛，應交予孫立人來負責。[56]十一月底，美國駐台北總領事麥克唐納在發給國務院的一份極機密電報裡，出現一段頗令人難以置信的文字：他宣稱，為了向美方表達其真誠合作的態度，並同意改組台灣軍政人事，蔣介石已透過美國駐台外交管道，向華府傳遞如下信息，表示願把在台灣的國軍部隊指揮權交給美國，以換取華府發表足以消除眾人對台灣地位未定與疑慮的公開聲明。[57]此一信息，特別是蔣介石的讓步姿態，似乎一度讓華府決策高層大為側目，甚至出現不切實際的想法，以為蔣介石真心地願意交出權力。一份一九五〇年三月八日由美國務院情報司所撰寫的回顧性備忘錄即顯示，華府確實有不少人士，把蔣介石願意依照美方意思與指示，改組台灣軍政領導階層一事，視為台美關係的一個重要轉捩點，並認為蔣當時的低姿態，在相當程度打消了美國準備發動棄蔣保台軍事政變的可能性，而在一九四九年秋天之際，一場政變確實有可能在台灣出現。[58]

如今藉由蔣介石私人日記的公開，使我們對於這段關鍵歷史過程，有更清楚的掌握。蔣在收到白吉爾將軍的訊息之後，數日之內，他為了美國提出對改革台灣的要求條件而感到心痛，並苦思回應方案。由於不確定自己在未來能否牢牢掌控台灣，因此蔣依然希望能夠在雲南建立一個屬於自己的權力根據地。[59]由於解放軍在西南各省持續挺進，與他早先對局勢的預料大相逕庭，也使得他亟欲將雲南打造成為反共最後據點的目標，變得益加渺茫。十月中旬，華南失守，廣州落入共軍之手，國民黨政府遷往重慶，軍心士氣正在迅速瓦解之中。十一月中旬，重慶防衛搖搖欲墜，心力交瘁的李宗仁自覺無力挽回大局，乾脆回到故鄉廣西，不願再出面主持

55 顧維鈞，《顧維鈞回憶錄》（北京：中華書局，一九八八），第七卷，頁五三〇—五三一；吳國楨，《從上海市長到台灣省主席，一九四六—一九五三》（上海：上海人民出版社，一九九九），頁九五—九九。

56 周宏濤，《蔣公與我》，頁一四三—一四七。

57 MacDonald to Acheson, top secret, November 29, 1949, no. 894A.20/11–2949, *Formosa 1945–1949*, reel 3.

58 Office of Intelligence Research, State Department, "Estimate of the Political, Economic, and Military Position of M.D.A.P.," Part 2: "The Far East," OIR Report no. 5178.2, March 8, 1950, *O.S.S./State Department Intelligence and Research Reports VIII: Japan, Korea, Southeast Asia, and the Far East Generally: 1950–1961 Supplement*, ed. Paul Kesaris (Washington, DC: University Publications of America, 1977), microfilm, reel 1.

59 《蔣介石日記》，一九四九年十一月三十日和十二月三日。

1949年11月，蔣介石（中）在重慶召集當地國民政府官員，討論西南部對共軍最後的防禦部署。（黨史館提供）

已分崩離析的「中央」政府。重慶似乎已不保，然而此刻無人能夠指出下一個更安全的撤退地點。[60]

對蔣介石而言，失去中國大陸上的據點，意味著失去國民黨政府的國際地位與代表全中國的正當性與公信力，他希望在雲南做最後一搏的企圖心，因而可以被充分理解。十一月十四日，蔣介石自台北飛往重慶，督導當地岌岌可危的防務，值得一提的是，當他駐留重慶時，一位日本退役軍官富田直亮曾協助擬定保衛重慶的防禦作戰方案。[61]由於駐守重慶南郊的國軍部隊突然叛變，讓富田直亮的方案最終未能實行，然而其軍事素養卻讓蔣介石留下深刻印象。[62]此事也成為蔣日後在台灣聘請日本非正式軍事顧問團為其效命的濫觴。數月之後，由富田直亮所領導的一批前日本軍官，悄悄抵台為蔣介石服務，此後持續了近二十年之久。

十一月三十日，重慶落陷，蔣介石與其核心幕僚隨即撤往成都，這裡成為中華民國政府在中國大陸上的最後一個落腳處。此刻蔣介石仍奮力希望取得川、康、滇各將領的合作與效忠，努力抵抗共軍來犯，隔天，他召集各軍政要員前來成都緊急會議。盧漢不但婉拒出席，甚至回絕蔣介石任命他出任滇黔剿匪總司令。[63]事實表明，此時盧漢心中有一個異想天開的盤算；稍早於

60 Tong and Li, *The Memoirs of Li Tsung-jen*, 544-545; Robert Strong to Acheson, November 15, 1949, NARA, RG 59, 893.00/11–1549; Foreign Office, monthly summary of foreign political developments, November 29,1949, FO 370/1933/L6291.

61 白鴻亮呈蔣介石「川省剿匪作戰意見」，一九四九年十一月二十一日，國史館，「特交檔案／軍事／總統對軍事訓示」，編號54329。

62《蔣介石日記》，一九四九年十一月十八、二十四日。

63《蔣介石日記》，一九四九年十二月一、二日；蔣經國，〈危急存亡之秋〉，《風雨中的寧靜》，頁二六七—二七〇。

陸德瑾（右），1964 年。他當時擔任美國駐斯里蘭卡大使館公使，法蘭西絲・威利斯（Frances E. Willis，左）時任大使。（胡佛檔案館提供）

十一月十五日，即蔣介石抵達重慶後翌日，盧漢密派了一名身分不詳的滇商友人，前往美國駐昆明領事館，會見代理館務的副領事陸德瑾（LaRue R. Lutkins）。這位滇商以盧漢代表自居，告訴美方，雲南省政府因受到美國會通過之軍事援助方案，以及華府表示願意援助中國境內反共地區性政權之鼓舞，而向美方尋求支持雲南宣布獨立。他說，如果華府願意協助保持雲南領土的完整，不受國共兩方染指，則該省「最高當局」將願意接受美國所提出的任何條件，包括切斷與中國政府的關係，接受美國外交保護與美軍進駐，同時將遵照美方有關軍事、政治與經濟方面之指令。為了取信於美國政府，這名代表甚至聲稱，雲南天然物資豐富，包括鴉片，因此不需美方的財政援助，即使只是華府口頭上對於雲南獨立運動道義上的支持，昆明當局都將由衷感激。[64]

陸德瑾收到這項祕密信息後，急忙發電報給國務院，請求明確的指示。他對盧漢的困境和雲南獨立傾向表示同情，他也擔心甫發生於瀋陽美國駐當地領事館人員遭中共拘捕的情事，將會在昆明重演，因而向華府示警道，若斷然拒絕此項提議，將對雲南政情與美國駐當地領事館人員的安全撤離，帶來不利的影響。[65]一星期後，美國務卿艾奇遜在與美參謀首長聯席會議討論之後，駁回盧漢有關雲南獨立的祕密請求，華府認為，在連當地國軍部隊都擋不住解放軍攻勢的情況下，美國對於地理位置遙遠的雲南，更無可能有效地運補軍事與其他相關物資。陸德瑾並且奉命婉轉告知盧漢代表，在不便干涉中國內政的前提下，美政府將無法給予其任何具體的承

64 Lutkins to Acheson, November 15, 1949, NARA, RG 84, 350/Yunnan; Tucker, ed., *China Confidential*, 67–68.

65 Lutkins to Acheson, November 21, 1949, NARA, RG 84, 350/Yunnan.

諾。[66]

十一月二十八日，眼見重慶即將不保，盧漢的密使向陸德瑾作最後一次請求，強調任何形式的美援都有用，不一定要派兵，盧漢甚至願意先公開宣布雲南獨立，再請求國際協助與保護，他深信此舉將可讓美國不致有「干預中國內政」之嫌。[67]然而華府仍不改初衷，盧漢眼見事不可為，於是決定投向共產黨陣營。十二月九日，張群與滇軍李彌、余程萬及龍澤匯三位軍長在成都面謁蔣介石後，飛往昆明，準備繼續與盧漢商談在雲南建立反共基地事宜，盧漢擔心國民黨政府機關即將伸入其地盤，便打算將張群和其隨員軟禁。當天晚間九點五十分，包括張群在內的所有前來開會的中央駐滇軍政要員，在省主席公館內遭盧漢警衛繳械扣押，十分鐘後，盧漢本人在昆明警備司令部現身，通電全國，宣布雲南「起義」。[68]隔日，盧漢致電其他四川籍將領，要他們一起倒戈，並扣留蔣介石。此時對大局已經絕望的蔣介石，在蔣經國和數名親信的陪同下，於最後一刻搭機自成都飛往台北，從此告別中國大陸，終其一生未再踏上這片土地。[69]

蔣介石在離開成都之前，仍籌劃將胡宗南部隊自四川往西南撤至西康省，欲於西昌建立一個大本營，繼續其反共大業。[70]然而盧漢的突然變節以及雲南倒向共產黨，讓此一構想消失於無形。蔣介石在其日記裡，懊悔自責對盧漢識人不明，過度天真，並把盧漢的變節歸因於「邊疆人善變多疑」。他坦承學到了一個慘痛的教訓，並勸誡自己，往後處理事務時應謹記一切事務「絕無信義，更無情感可言，只有實力與強權，方為政治與外交之本質也。」。[71]這遲來的心得或許有其道理，然而當蔣怨嘆西南局勢一敗塗地時，他可能未曾知悉，美國政府因無法承諾支持雲南獨立，其對於盧漢在關鍵時刻決定變節一事，還曾經起了某種間接的催化作用，此一結果，也對台灣未來的命運產生了直接關聯。

66 Acheson to Lutkins, November 22, 1949, NARA, RG 84, 350/Yunnan.

67 Lutkins to Acheson, November 28, 1949, NARA, RG 84, 350/Yunnan.

68《蔣介石日記》，一九四九年十二月九、十日；Lutkins to Acheson, December 10, 1949, NARA, RG 84, 350/Yunnan; Foreign Office, monthly summary of foreign political developments, December 1949, FO370/1933/L5649.

69 周宏濤，《蔣公與我》，頁一五九—一六二；李玉、袁蘊華、費祥鎬編，《西南義舉——盧漢劉文輝起義紀實》（成都：四川人民出版社，一九八七），頁一八四—一九四。

70《蔣介石日記》，一九四九年十二月九、十日；蔣介石致賀國光，一九四九年十二月十三日，國史館，「籌筆」，10–1054；蔣介石致胡宗南，一九四九年十二月十三日，國史館，「籌筆」，10–1058。

71《蔣介石日記》，一九四九年十二月十日。

第六章
漂浮的國家，分裂的政策

隨著雲南省主席盧漢等西南各省國民黨軍政人物的變節投共，蔣介石除了離開中國大陸之外，已別無選擇。一九四九年底發生在四川、雲南等西南諸省一連串的外交與政治演變，不僅加速了國共內戰的步伐與結局的到來，也無可避免地讓台灣成為中華民國領土的核心部分。儘管雲南「起義」後，撤退台灣成了蔣介石及其追隨者無可迴避的抉擇，然而直到離開大陸之前的最後一刻，蔣介石對於台灣究竟是否為他安全無虞的棲身之地，仍心存疑慮，特別是美國的態度，讓他非常不放心。

一九四九年十二月四日，當蔣介石還待在成都時，他曾派親信洪蘭友與鄭彥棻兩人前往台北，觀察當地政情，而國民黨中樞遷往西康首府西昌的計畫，也仍在進行當中。[1]同時，西北馬氏回族部隊甫由甘肅與北疆撤至南疆地區，這些反共的回族武裝勢力也有決心把南疆地區打造成另一反共根據地，而這些發展一度讓蔣介石對於國民黨政府繼續留在中國大陸，抱持一絲希望。[2]但這一絲希望很快就破滅了；十二月六日，蔣獲報西昌遭當地土匪包圍，已非安全之地，眼見無路可走，蔣介石黯然飛往台北，準備就台灣的未來以及他個人的命運，與美國正面交鋒。十二月十二日，當中華民國政府遷台後首次行政院院會在台北召開時，其所實際有效控制的領土，只剩下台灣、澎湖、海南島、康滇兩省南部數縣，以及浙、閩、粵沿海的一串外島。當時在蔣介石身旁工作的吳國楨回憶道，蔣無時不刻處在極端焦慮的狀態；這些支離破碎的島嶼與邊陲，是他曾經風光治理、中華民國廣袤秋海棠領土下僅存的最後餘暉，而在此刻，在國民黨政府幾乎要被消滅殆盡的危局下，甚至沒有人敢打包票，這些殘存的中華民國領土，還能夠維持多久。[3]

甫抵台灣的蔣介石向美國政府做出的最初妥協之一，是撤換台灣省主席。一九四九年十二月二十四日，陳誠不太情願地將省主席之位交予吳國楨，他在個人回憶錄中曾忿忿寫道，台灣省政府在此一緊要關頭進行改組，實屬不智，考量到此時國民黨政府與美國之間繼續維持外交關係的迫切性與重要性，陳誠毅然辭去省主席一職，以顧全大局。[4]陳誠的憤懣，與此刻認定已取得華府支持承諾、意氣風發的吳國楨，成了一個鮮明的對比。吳國楨就任省主席前夕，曾密會美國駐台北外交人員，他向美方保證，上台後會與孫立人充分合作，推動令人滿意的改革，但同時吳國楨也要求美方信守承諾，向台灣提供援助，並派遣政治與軍事顧問來台，協助他來推動改革。[5]在獲悉吳與這些與美方人士的祕密聯繫後，蔣介石內心強烈的猜疑與不安，也進一步加深。一九五〇年一月五日，孫立人曾私下告知一位美國駐台北武官，蔣介石已得知他有可能發動軍事政變的計畫，並以此謠傳質問他，孫則回告蔣介石，這是共產黨造謠，並建議他徹查謠言來源，將所有共黨分子逐出台灣。孫立人最後告訴這位美國武官，蔣介石聞後顯然還願意相信他這番話。[6]

由於大局難挽，李宗仁於一九四九年十二月初，自廣西桂林經香港飛赴美國養病，中華民國暫時成了一個沒有國家元首的國家。一九五〇年二月初，李宗仁知會台北，他因健康因素而決定繼續留在美國，事實上，他根本無意飛返台灣這塊已由蔣介石勢力掌控的島嶼。蔣此時已決定「復行視事」，重登總統之位，這讓太平洋另一端的李宗仁及其桂系追隨者，痛斥蔣為「非法」、「叛國」，甚至無異於發動一場「政變」。[7] 李宗仁曾試圖取回他身為中華民國代總統的權力正當性；二月下旬，他透過桂系要員甘介侯在華府的運作，爭取到與杜魯門總統、國務卿艾奇遜及國防部長詹森的一場午宴。三月二日，李宗仁在白宮對面的布萊爾國賓館（Blair House），以杜魯門總統「貴賓」的身分，接受其午宴款待，而在太平洋彼岸的台北，剛恢復總統職位的蔣介石與其夫人宋美齡，則站在總統府的陽台上，接受廣場前十萬名聚集慶祝民眾的熱情歡

1 《蔣介石日記》，一九四九年十二月四日。

2 國民黨總裁辦公室第六組機密報告，一九四九年十二月二十日，國史館，「特交檔案／政治／西藏問題」，第六十二卷，編號54067；新疆省立法委員廣祿、阿布都拉呈蔣介石，一九五〇年一月四日，國史館，「特交檔案／政治／西藏問題」，第六十二卷，編號54119。

3 吳國楨，《夜來臨》，頁二五九。

4 陳誠，《陳誠先生回憶錄》，第一卷，頁八十六—八十九。

5 Donald Edgar to Dean Acheson, December 14, 1949, no. 894A.00/12-1449; Edgar to Acheson, December 16, 1949, no. 894A.00/12-1649, *Formosa 1945–1949*, reel 3.

6 Office of the U.S. Military Attaché in Taipei to U.S. Department of Army, top secret, January 5, 1950, *ROCA*, reel 14.

7 Robert Strong to Dean Acheson, March 3, 1950, no. 794A.00(W)/3-350, *Formosa 1950–1954*, reel 2; Tong and Li, *The Memoirs of Li Tsung-jen*, 553-554.

呼，一時之間，究竟誰才是真正代表中華民國，頗有錯亂之感。[8]

嚴格而論，在此一中華民國生死存亡的緊要關頭，華府對中國極為含糊與矛盾的政策，不但讓幾乎覆頂的國民黨領導階層感到迷惘，同時也讓當時派駐第一線的美國外交人員們極度困惑。時任美國駐台北大使館經濟參事的馬丁（Edward Martin）曾憶及，他與當時派駐台北的其他同僚，常常被華府的對台政策搞得相當糊塗，大家都不清楚應該怎麼做，更對華府行政當局未能給予明確的指示與信息，感到挫折與不滿。[9]在蔣介石復行視事前夕，利用包括暗殺或發動軍事政變在內等激烈手段設法將蔣除掉，似乎曾被美方列為選項之一；據蔣介石個人記述，當時英國政府與華府情報機構雙方曾研擬一個把他趕出台灣的方案，一位身分不詳的英國人，找上中華民國駐美大使顧維鈞，勸他說服蔣介石儘早將政權交予三位人士（顧維鈞拒絕向蔣氏父子透露此三人的名字），從此遠離台灣。若蔣介石願意自我放逐，他將可以得到一艘價值四百萬美元的豪華遊輪作為報酬。隔天，此位神祕英籍人士邀請顧維鈞與隨後接掌中央情報局的艾倫·杜勒斯（Allen Dulles）午宴，在午餐時彼此雖未進一步討論蔣介石離開台灣之事，但顧維鈞深信，華府的情報圈對此一祕密提議，必定瞭若指掌。[10]

蔣介石復職之後，與此時依然備受美方寵愛的孫立人相形之下，威脅性較小一些的陳誠，被委以行政院長一職，此一任命案，也不無可能是用來制衡當時同樣獲得美國人支持的省主席吳國楨，不出所料，陳誠出任行政院長之後，兩位前後任省主席之間的心結馬上浮現，吳國楨甚至數次揚言不惜辭去省主席的職位。儘管台灣省政府掌握當時台灣島內百分之九十以上的行政資源，然而憲法明文規定省主席聽命於行政院長，這對向來自信滿滿且認為已經獲得美方背書支持的吳國楨而言，根本不可能服氣。[11]陳、吳兩人的緊張關係，排除個人或情緒因素，不無反映出「中華民國在台灣」、黨國體制植於台灣此一轉變過程中，所帶來的「制度性」緊張與荒謬：國民黨政府中樞遷往台灣，意味著一個基本上只剩下空殼的中華民國中央政府，被強迫加諸在當時遠比中樞規模更大，運作良好，有骨有肉的在地台灣省政府之上；而排除當時由粵系所掌控的海南島不論，鑒於台灣省幾乎等同於中華民國領土的絕大部分，屬於中央的行政院長與屬於地方的台灣省主席之間的職權，在各方面必然出現嚴重的重疊與衝突，雙方環繞在爭奪與分配稅收等重要資源而展開激烈的權力競爭，一點也不令人意外。[12]

蔣介石決定復行視事前夕，他為了調解陳誠與吳國楨之間的衝突，簡直費盡心力，甚至感到氣憤與沮喪；他在日記中罵行政院長「器狹量小」，又痛批省主席挾洋自重，藉著美國人的聲援而「驕矜虛詐」，而且「只有個人利害，毫無國家之損益」。蔣私下痛罵這兩位僚屬，卻始終無法化解兩者間因權鬥而出現的僵持。[13] 國民黨政府遷台初期中央與地方之間劍拔弩張的關係，似乎遠比蔣介石所想像的更為嚴重；根據美國官方解密檔案顯示，吳國楨在一九五〇年四月底與美國駐華大使館代辦師樞安私下餐敘時坦言，對於省主席這個「令人痛苦萬分」的工作，他幾乎快要幹不下去，此時情緒極度悲憤的吳國楨，甚至直率地告訴美國人，他認為台灣根本撐不

8 Ibid., 554-555;《蔣介石日記》，一九五〇年三月二、三日。

9 Tucker, ed., *China Confidential*, 75.

10 蔣經國於一九五三年十月訪美時，顧維鈞首度向他透露此事。見《蔣介石日記》，一九五三年十月二十三日。

11 Strong to Acheson, March 11, 1950, no. 794A.00(W)/3-1150, *Formosa 1950–1954*, reel 2;《蔣介石日記》，一九五〇年三月四、六日。

12 關於吳國楨抱怨其在台灣省政府處境艱難一事，可參見吳國楨，《從上海市長到台灣省主席》，頁一一三—一一七。

13 《蔣介石日記》，一九五〇年三月四、十一日。

過一九五一年春天，接著便與師樞安等人「談起（他）妻子和（他）本人取得美國簽證，準備離台赴美探望（他們）女兒等議題」。[14]

在中華民國風雨飄搖的時刻，競爭、猜忌與懷疑之風，同樣蔓延於國軍高層將領之間。當時還發生了一個令人跌破眼鏡的人事安排，華府與東京盟總所中意的孫立人，竟然未被蔣介石任命為參謀總長，而是由台灣防衛司令轉任為陸軍總司令兼任台灣防衛總司令，其職責大抵侷限於軍事教育與訓練。孫對此一人事案極感憤慨，認為他存在的作用，僅在於為蔣介石爭取美國軍援而充當門面。直到蔣介石承諾一旦美援與軍備運抵台灣後，將在第一時間交由他來使用，孫立人才勉強接受新職。[15]

此時，國軍將領彼此之間相互厭惡的程度，實不下於他們對共產黨死敵的態度。在一九五〇年四月底一場與美國駐台武官私下的晤談裡，孫立人痛批被蔣任命為參謀總長的周至柔將軍，「事事迎合蔣介石之意旨」，甚少與他相互配合，孫毫不隱瞞地向美國人揭露，當時駐紮在舟山群島、金門與海南島上的國軍部隊編制，至少有百分之二十是缺額吃空餉的情況，而他卻必須花費極大心力，才能替自己在鳳山的部隊爭取到應有的補給。孫立人忿忿不平地指稱，這些不合理的情況，完全肇因於他在國民黨政府內部的軍事決策上沒有發言權。[16]孫此時向美國駐台外交人員訴苦，似乎也有替自己爭取華府更多支持、強化其在台地位之用意。

孫立人極為特殊的留美背景與過去在戰場上優異的表現，似可解釋他為何無法獲得蔣介石的全然信任，畢竟「功高震主」導致下場悽慘，乃是歷史上一條鐵律，然而必須指出的是，此時蔣介石同樣不信任國軍其他高階軍官，並非只有孫立人一人。一九五〇年二月下旬，蔣介石下令處決國防部參謀次長吳石中將，他被視為是潛伏於國軍內部的中共間諜。接著在三月中旬，蔣介石復行視事之後不久，美國一份在台情報指稱，某位國防部的少將正祕密籌劃一個由十二名軍官所組成小集團，準備行刺蔣介石，這份機密報告透露，某次蔣介石剛下車，一枚安裝在他座車上的定時炸彈隨即引爆，不過沒有任何人傷亡，只是虛驚一場。[17]即使是蔣介石的第二把交椅陳誠，也一直與蔣處於不睦的狀態，不少人猜測，蔣任命陳誠為行政院長，目的在於讓陳「明升暗降」，以文職順勢解除陳誠對其在台灣島上嫡系部隊的直接掌控，藉以削弱他的軍權。[18]國民黨政府領導階層的內鬥紊亂，加上台灣日益惡化的經濟與財政狀況，無怪吳國楨會對美國駐台外交人員私下斷言，國民黨在台灣的統治，極可能在一九五一年春天初期徹底瓦解，此一預言，我們若置於當時的情境來觀察，不無實現之可能。[19]

海南島上另一個國民黨政府

國民黨軍政高層不僅在台灣島上鬧分裂，當時在海南島上另一股國民黨殘餘勢力，還曾經為險象環生的台北蔣介石政府，意外地帶來政治與外交上的不便與尷尬。一九四九年底，華南淪

14 Strong to Acheson, April 25, 1950, no. 794A.00/4–2550, *Formosa 1950–1954*, reel 1.
15 見沈克勤有關孫立人將軍工作日誌，一九五〇年三月二十日、四月七、八、十一日，Shen Keqin Papers, Box 3.
16 Strong to Acheson, April 23, 1950, no. 794A.00(W)/4–2350, *Formosa 1950–1954*, reel 2.
17 Strong to Acheson, March 26, 1950, no. 794A.00(W)/3–2650, *Formosa 1950–1954*, reel 2.
18 See Strong to Acheson, March 8, 1950, no. 794A.11/3–850; Strong to Acheson, March 10, 1950, no. 794A.11/3–1050, *Formosa 1950–1954*, reel 3.
19 吳國楨，《夜來臨》，頁二六〇。

落共產黨手裡之後，瓊州海峽一水之隔的海南島，成了台灣之外，另一塊從大陸撤退國軍部隊之重要避難所。粵系將領陳濟棠於該年三月出任該島行政長官之後，即致力將海南島打造成一個不受蔣介石勢力影響的反共基地，他深信，若能夠在海南島上苦撐待變，一旦以美國為首的西方世界與共產集團果真爆發第三次世界大戰，說不定他將有機會成為「自由中國」的最高領導人。陳濟棠這份天真與樂觀，且自信能夠守住海南島，部分乃肇因於一個事實，即是直到一九四九年底，若無法獲得蘇聯協助，則解放軍依然缺乏足以有效進犯海南島的空軍與兩棲作戰能力。就純粹軍事觀點而言，海南本地的共產黨游擊隊，遠比不上陳濟棠麾下裝備精良的七萬名國軍部隊。[20]政治與外交上，陳濟棠和當時許多海內外人士的看法一致，皆認定杜魯門行政當局已經棄蔣介石於不顧，轉而支持有能力有意願對抗共產黨的地區性領導人物，而他堅信自己即是其中之一。[21]

一九四九年十月重慶陷落後，海南島的處境變得愈加困難。白崇禧將軍原本打算將其三十萬部隊從華中撤往其廣西故鄉，靜待東山再起的時機，然而事與願違，這批部隊絕大多數在粵桂交界遭到解放軍殲滅，最後僅剩幾個師的兵力轉進海南島，或者跨越國境，進入法屬中南半島。[22]到了一九五〇年春，海南島上已有大約八萬名國軍部隊，分別隸屬於不同的政治派系，且效忠於不同的軍事將領。稍早廣州陷落後，原廣東省主席薛岳將軍立即將省政府遷往海南島，並隨之被代總統李宗仁任命為海南防衛總司令，總管全島兵符，同屬粵系的薛岳與陳濟棠，因而爆發激烈的權力鬥爭，情況愈演愈烈，讓美國情報單位一度悲觀預言，當時心懷不滿的陳濟棠，即有可能宣布起義，主動把海南島交給中國共產黨。根據一九五〇年初一份中央情報局的機密文件顯示，據傳陳濟棠曾派人秘傳信息給初抵廣東的中共當局，表示願意促成海南島的「和平轉移」，然條件是中共答允保護並且歸還其在廣州的私人資產，並且同意他在共黨接收海南後，繼續擔任該島的行政長官至少半年以上，未經證實的消息則指稱，中共方面斷然拒絕陳濟棠的提議，並要求他無條件投降。[23]

也許由於中共當局拒絕其提議，讓陳濟棠不得不改變其預留後路、投降共黨的想法，而展現守島的強烈決心。一九五〇年一月中旬，陳主動致函美國參議員諾蘭（William Knowland），籲請美政府應立即援助海南島，他向華府表示，海南島上的國民黨軍政高層團結一致，合作無間，彼此已化解內部不和的疑慮，陳還堅稱島上國民黨部隊鬥志高昂，願意為防衛海南而戰至最後一兵一卒，他甚至告訴美國人，海南島上所有部隊都由抗日名將薛岳統轄領導，他本人已經「主動」讓出海南防衛總司令之職。陳還大聲疾呼，此刻台灣與海南是全中國境內僅存的兩個反共海島據點，外界總是重視台灣，卻忽略了一個事實，即海南島擁有比台灣更多的天然資源，有

20 根據美國中央情報局的說法，到了一九四九年秋，馮白駒所領導的共黨「瓊崖縱隊」，總兵力已達約一萬零三百人，下轄六個支隊。見CIA Information Report entitled "Chinese Communist Organization on Hainan," September 15, 1949, *CIA Research Reports:China, 1946–1976,* reel 1。而根據馮白駒本人同時期所發給中國共產黨的報告顯示，當時縱隊總兵力一萬三千人，包括五千名戰士和八千名後勤人員。見〈瓊崖區黨委縱隊關於軍事工作的報告〉，一九四九年十二月，收錄於中華人民共和國中央檔案館、廣東省檔案館編，《廣東革命歷史文件匯集》，第四十八卷，頁五四一—五六四。

21 張發奎，《蔣介石與我》，頁四五七—四五八。

22 Westad, *Decisive Encounters,* 285–287; 黃翔瑜編，《富國島留越國軍史料彙編》（台北：國史館，二〇〇六），第一卷，頁三八二—三八三。

23 CIA, "Offer by Chen Chi-tang to Turn Over Hainan," memorandum, January 1950, *CIA Research Reports: China, 1946–1976,* reel 1; EvanThomas, *The Very Best Men: The Daring Early Years of the CIA* (NewYork: Simon & Schuster, 2006), 50–51.

更富饒的土地、更豐富的礦藏，以及源源不絕的農產品，因此海南島應該享有與台灣同樣重要的戰略地位與價值。[24]

就在陳濟棠向諾蘭參議員發出求助信的同時，人在華府的李宗仁私人代表甘介侯也致函美國國務院，積極爭取華府對海南島上反共勢力的支持。甘奉李宗仁指示，向美方強調海南島的戰略地位，易言之，海南島在未來反攻大陸軍事行動上，將扮演著和台灣同樣重要的角色，因此美方應對海南島的防衛，賦予同等的重視。[25]

在粵系、桂系人士不斷的遊說與籲求之下，華府部分決策官員開始討論美政府是否應給予海南島上國民黨政府更多實質援助，此一發展無疑令台北的蔣介石大為光火。在蔣介石眼中，海南島向來屬於粵系的地盤，甚至連李宗仁的桂系都比他在該島更具有影響力。蔣非常清楚，即使軍事上能夠守住海南島，他對該島日後內部事務是否能夠插得上手，仍大有疑問。然而一九五〇年初，當國民黨政府在大陸兵敗如山倒，士氣幾已崩潰瓦解的情況下，為了安定民心與提振反共士氣，蔣介石絕無可能在台北主動宣布要放棄海南島。當台北當局密集規劃各項反共作戰方案時，海南島仍被納入成為國軍重要的根據地，當時由國民黨所支持的「自由中國勞工同盟」準備在省會海口市設立分會，不久之後軍方高層也準備在島上設立一座可供日後國民黨監聽華南與西南情報的大型無線電台。[26]然而，一個眾人皆知卻不便明講的事實是，海南島距離台灣八百英里，距離大陸雷州半島僅有十英里，這意味著一旦解放軍跨海進犯海南，島上的國軍部隊將無法從台灣獲得即時而有效的後勤支援。在此情況下，毫不令人意外的是，如今解密史料揭示，儘管軍事部署計畫依然納入海南島，然蔣介石早在一九五〇年一月間，已悄悄地令其幕僚著手研擬海南撤退計畫，以備不時之需。[27]

對蔣介石與其親信幕僚而言，如何處理海口與台北兩個本質上各自為政、卻同時並存且競爭美援的國民黨政權，不啻是個棘手問題。一九五〇年春，跡象顯示共產黨於粵南地區的統治，仍不甚穩固，與海南島一水之隔的雷州半島地區，當地的財經狀況持續惡化，民心浮動，氣氛極不平靜，解放軍士兵被禁止於夜間在市區裡走動，位於城郊的軍事營地，則受到嚴密守衛，以防止突發狀況。[28]三月上旬，薛岳的部隊屢次擊退欲於海南島北岸登陸的共軍，國軍的海軍巡邏艇也曾數次擊退在岸邊活動的共軍木船，而空軍則持續轟炸廣東省南部沿海的解放軍基地。[29]陳濟棠與薛岳為了維持海南島財政運作，排除萬難將六十萬噸當地生產的鐵礦砂出口至日本，

24 Chen Jitang to William Knowland, January 16, 1950, enclosed in Knowland to Walter Judd, February 7, 1950, Walter H. Judd Papers, Hoover Institution Archives, Box 163.

25 Gan Jiehou to State Department, January 4, 1950, no. 794A.00/1–450, *Formosa 1950–1954*, reel 1.

26 "Free China Labor Union schedule for the first stage," January 1950,CRCA, 6–4.1/85, microfilm, reel 4.

27 顧祝同將軍致蔣介石，草案，一九五〇年一月三十一日，國史館，「特交檔案／軍事／金馬及邊區作戰」，第一〇二卷，編號58103。

28 〈瓊崖區黨委關於目前工作緊急指示〉，一九五〇年三月九日，收錄於中華人民共和國中央檔案館與廣東省檔案館編，《廣東革命歷史文件匯集》，第四十八卷，頁五八〇—五八一。類似的看法可見於美國中情局當時的報告："Prediction and Cause of Unrest in Kwangtung Province," February 8, 1950, *CIA Research Reports: China, 1946–1976*,reel 1 and "Nationalist and Communist Order of Battle and Military Information, South China," February 25, 1950, *CIA Research Reports: China,1946–1976*, reel 1.

29 CIA, "Nationalist Naval Forces, Hainan," March 6, 1950, *CIA Research Reports: China, 1946–1976*, reel 1; CIA, "Communist Landings, Hainan," March 5–7, 1950, *CIA Research Reports: China, 1946–1976*, reel 1; CIA,"Situation in Hainan: Supply of Nationalist Guerrillas, China Mainland," March 1950, *CIA Research Reports: China, 1946–1976*, reel 1.

為了爭取中央更多軍經援助，粵籍軍政人士頻頻搭機往返海口與台北之間。[30]

一九五〇年三、四月間，鑒於海南島情勢看來似乎頗有作為，致使部分華府軍事情報圈人士相信，該島遭受共軍立即侵犯的可能性相當低，並樂觀地認為，此乃「前所未有」之事。[31]當時就連國務院裡主導亞太事務的官員也持同樣的看法，只不過事後證明這些都是誤判。國務院的政策信息委員會（Policy Information Committee）在四月十二日所草擬的一份備忘錄裡，將浙江外海仍由國軍控制的舟山群島和海南島的情勢列為「穩定」，研判並無立即崩解之虞。[32]這兩個國民黨統治的島群，在未遭到共軍出兵解放的情況下，最後竟然是在一位「非官方」美國顧問的主導與影響之下，由台北主動放棄撤守，成為中華民國風雨飄搖關鍵時刻國家安全政策「私人化」一個相當罕見的現象，此段故事容後再詳述。

白宮國家安全會議四十八號文件：懸而未決的美國對華政策

中國共產黨以如此短的時間席捲整個中國大陸，不但讓國民黨政府敗走東南沿海島嶼，苟延殘喘，幾乎滅頂，此一情勢也讓美國政府在處理對華重要事務的決策上，出現各個部門之間不同調的混亂局面。一九四九年底，甫自成都飛抵台灣並逃過被西南軍閥活捉的蔣介石，恐怕壓根兒都沒想到，就在一個多月前，當他認定在其心腹鄭介民與白吉爾於華府會晤且台灣省政府進行改組之後，美國已願意重新與他打交道時，一場對台政策的跨部會辯論，立即在華府登場。鑒於整個中國大陸態勢幾乎已定，共軍勢如破竹，美方諸多軍政首腦並不認為此刻對台灣提供軍備援助，蔣對整個大局的扭轉帶來多少助益，這也讓白吉爾向鄭介民軍援台灣的口頭承諾，形同跳票。儘管如此，國務院考量當時美國國內強烈支持國民黨的中國遊說團成員與反共國會議員的激烈反彈，依然必須對如何避免台灣落入共產黨手中，做出一些評估動作，以作為美國內部政治上的姿態。當時五角大廈裡的決策階層，苦思著如何才能最有效地運用那筆由國會通過、依據軍事援助法案撥給「大中國地區」使用的七千五百萬美元。與此同時，白宮國安高層針對美國在亞太地區政策所擬定的第四十八號政策文件（NSC48）也進入最後完成的階段，而華府各部會對於未來美國政策走向卻仍莫衷一是。[33]不待此份政策文件最後定稿，東京盟總的麥克阿瑟將軍即以其一貫獨立自主的行事作風對外公開表示，他認為台灣具有戰略價值，美國應努力不讓其淪入共產黨的勢力範圍。[34]

一九四九年十二月二十四日，吳國楨在台北宣誓就任台灣省主席的同一天，華府參謀首長聯席會議經過一番討論之後主張，美政府仍應向台灣提供具體軍援，而且有立即派團前往台灣考

30 British Consulate in Tamsui to Foreign Office, "Political Report: Summary of Events in Formosa during the month of March, 1950," April 5,1950, in *Taiwan Political and Economic Reports 1861–1960,* ed. Jarman, 9:97–98; CIA, "Situation, Hainan," March 20, 1950, *CIA Research Reports:China, 1946–1976,* reel 1.

31 CIA, "Communist Landings, Hainan," March 25– April 5, 1950, *CIA Research Reports: China, 1946–1976,* reel 1; CIA, "Communist Military Losses in Preliminary Landings, Hainan Island," March 6– April 10, 1950,*CIA Research Reports: China, 1946–1976,* reel 1.

32 Policy Information Committee of the State Department, memorandum, April 12, 1950, in Dennis Merrill, ed., *Documentary History of the Truman Presidency,* vol. 32, *The Emergence of an Asian Pacific Rim in American Foreign Policy: The Philippines, Indochina, Thailand, Burma, Malaya, and Indonesia*(Frederick, MD: University Publications of America, 2001), 208–209.

33 John W. Garver, *The Sino-American Alliance: Nationalist China and American Cold War Strategy in Asia* (New York: M.E. Sharpe, 1997), 15–21.

34 Peter Lowe, *The Origins of the Korean War,* 2nd ed.(London: Longman, 1997), 130–136.

察之必要，以作為日後美國推動一項「小規模、受細心指導與密切監督」援台計畫的前哨。[35]與此同時，國務院遠東助卿白德華（W. Walton Butterworth）所草擬的另一份備忘錄中，卻出現與軍方完全不同的論點；白德華在文件裡坦言，他找不到任何一個可以令人折服的戰略理由，讓美國政府必須改變其以往立場，開始著手以軍事手段處理對台政策，雖然五角大廈斷定台灣對於遏止共產黨在亞洲地區的擴張，具有其重要功效，但國務院以剛發生在雲南的盧漢變節投共一事為例，堅持主張台灣的最大問題，在於來自內部可能發生的顛覆叛亂，而非解放軍從外力入侵與占領。據此，美國任何對台灣的軍事防禦行動，或許可以「延緩」共產黨的占領，但卻無法「阻止」該事最終的發生。國務院甚至認為，冒然對台灣採取軍事援助行動，恐將讓美國付出慘重的代價：高調出手最終卻無法防止該島落入共產集團之手，將致使美國威信盡失，此外，當此情況下重新支持一個早已被唾棄的國民黨政權，也有損於美國在亞洲的名聲，甚至招來與蘇聯同樣的罵名，而成了名符其實、介入中國內政的「美帝國主義」。[36]

美國政府內部對華與對台政策的嚴重分歧，在十二月二十九日來到了攤牌的時刻。國務卿艾奇遜以如上強有力的論點，在杜魯門總統面前毫不費力就擊敗力主軍援台灣的軍方部門；艾奇遜以白德華所提供的立論為依據，強調國民黨因內部貪汙腐敗，已經在中國大陸徹底失敗，其遷往台灣之後仍將難逃失敗的命運。[37]出席會議的美國軍事首長皆保持緘默，無法辯駁。當天稍晚，白宮國家安全會議「第四十八號政策文件」正式定調，內容依照國務院之意，重申美國政府無意以軍事援助與介入台灣事務。[38]杜魯門總統還公開批評蔣介石及其所領導的國民黨政府，幾乎是「前所未見最腐敗的政權」，而華府決意維持不涉及軍事層面的對台政策，形同正式宣告拋棄台灣及撤退至島上的蔣介石與國民黨，任其自生自滅，並靜待國共內戰塵埃落定。[39]

我們若思索當時歐洲冷戰場上緊張局勢的快速升溫與東西陣營壁壘分明，以及隨之而來的柏林危機與蘇聯成功試爆第一顆原子彈等重大發展，便能充分理解到，面對國際上諸多挑戰與壓力，美國此刻無法承諾投入額外軍事力量來防衛台灣的困難立場。面對國會裡的共和黨人士以及「中國遊說團」不斷要求對蔣介石伸出援手的強大壓力，杜魯門與艾奇遜決定出重手，遏止此一議題繼續無止境地蔓延下去。一九五〇年一月五日，杜魯門發布一則新聞稿，表明台灣乃中國領土的一部分，美國政府對台灣沒有任何企圖心，美國既不會涉入中國內戰，也不會向台北的國民黨政府提供軍事援助或諮詢建議。[40]一星期後，艾奇遜在一場公開演講中，進一步將台灣與南韓排除在美國亞太地區的防衛圈之外，並重申華府不會向台灣島上的國民黨殘餘勢力提供任何軍事援助。[41]兩位美國行政當局最重要的政治人物先後如此直白的聲明，無疑宣判了國民

35 John Lewis Gaddis, "The Strategic Perspective: The Rise and Fall of the 'Defensive Perimeter' Concept, 1947–1951," in *Uncertain Years: Chinese-American Relations, 1947–1950*, ed. Dorothy Borg and Waldo Heinrichs (New York: Columbia University Press, 1980), 82–84; Robert Accinelli,*Crisis and Commitment: United States Policy toward Taiwan, 1950–1955* (Chapel Hill: The University of North Carolina Press, 1996), 11–12.

36 Butterworth to Acheson, "Memorandum Respecting Formosa," top secret,December 16, 1949, no. 894A.00/12–1649, *Formosa 1945–1949*, reel 1.

37 Dean Acheson, *Present at the Creation: My Years in the State Department* (New York: W.W. Norton, 1969), 349–353.

38 Acheson to Edgar, top secret, December 30, 1949, NARA, RG 59, 711.94A/12–3049; Accinelli, *Crisis and Commitment*, 12.

39 Gordon Chang, *Friends and Enemies: The United States, China, and the Soviet Union, 1948–1972* (Stanford: Stanford University Press, 1990), 62; Nancy B. Tucker, *Taiwan, Hong Kong, and the United States, 1945–1992:Uncertain Friendship* (New York: Twayne, 1994), 29–30; Lowe, *The Originsof the Korean War*, 136–137.

40 Donovan, *Tumultuous Years*, 86–88; Lowell Thomas, *History As You Heard It* (New York: Doubleday, 1957), 371.

41 Tucker, ed., *China Confidential*, 18; Victor S. Kaufman, *Confronting Communism:U.S. and British Policies toward China* (Columbia: University of Missouri Press, 2001), 20–30.

黨死刑，台北外交部雖奉命向美方表示強烈抗議，卻猶如狗吠火車，得不到華府任何回應。[42]

由於美國軍援希望落空，台北政壇高層顯得憤世嫉俗，一股遭到美國背棄出賣的感覺油然而生。此刻華府並未搬出稍早極為流行的「台灣地位未定論」，而是明白表示美方預期台灣遲早將被中共解放，接下來華府期盼出現中國式的「狄托主義」，期待毛澤東主政下的新中國，將與蘇聯有所區隔，願意與美方打交道。陳誠在其個人回憶錄裡記載，杜魯門一九五〇年初有關台灣的一番無情談話，以及美國政府拒絕對台軍援一事，讓當時台北政壇一些「不切實際」且「不負責任」的政治人物，終於認清現實，他似乎在指責挾美自重、態度「跋扈」的吳國楨。陳誠眼中的吳國楨，原本期待美國軍經援助的到來，將強化其政治權力與地位，如今杜魯門與艾奇遜先後的公開談話，只能證明吳的「愚蠢」、「自負」及其在政治上的「天真幼稚」罷了。[43]

面對台灣極端不利的態勢，陳誠對其政治敵手以及當時一些寄希望於美國的軍方人事的一番批評，實可被充分理解。然而必須指出的是，當部分華府高層將吳國楨與孫立人等國民黨內開明派列為美方可以培植的對象之時，也有其他美國政府人士主張應扶持國民黨以外的政治勢力，廖文毅與台獨運動的一段歷史，恰可說明在國民黨政府風雨飄搖、行將瓦解之際，以台灣本土意識型態為主體的政治力量與美國之間關係的演變，並由此證明美國此時舉棋未定且政策分歧的對台政策。廖出生台灣雲林仕紳家庭，父親是地主，一九三〇年代負笈美國，學成歸國後曾在浙江大學任教，一九三九年返台，日本戰敗投降後曾短暫服務於行政長官公署與台北市政府，一九四七年「二二八事件」發生後不久，廖文毅和其同志前往上海成立「台灣再解放聯盟」，積極向聯合國請願，力主國際社會同意讓台灣先交由聯合國託管，然後再宣布獨立。[44] 一九四七年夏天魏德邁將軍來台考察時，廖文毅曾向他遞交一份請願書，主張台灣人民應有權利來決定自己的前途。雖然他的請願未獲美國政府正式的回應，然而其主張卻逐漸引起國際媒體的注意。[45]一九四八年秋天起，「台灣再解放聯盟」核心成員將陣地從上海移往日本，為台獨運動尋找更安全與合適的活動地點。不久，他們與東京的盟軍總司令部直接聯繫上，廖文毅等人與麥克阿瑟將軍身旁情報人員之間的交流接觸，很快就成為公開的祕密。一九四九年一月二十七日，在盟總默許下，「台灣再解放聯盟」於東京公開籲請美國全面託管台灣，以防止共產黨接管統治。[46]三月間，麥克阿瑟的首席政治顧問席伯德（William J. Sebald）和廖文毅等人數次晤談後，向國務院發了一份極機密電報，他表示值此國共內戰局勢動盪之際，中國前景不明，廖文毅與其所領導的「台灣再解放聯盟」，適切地提供宣揚台灣脫離中國大陸而獨立的絕佳機會。席伯德還提醒華府，不能排除以下情況的出現：中國內戰混亂情勢，恐導致部分國民黨軍政領導人物操作利用台獨運動，作為其在台灣取得政治據點，及日後與中共談判或討論籌組聯合政府的籌碼。[47]

接下來數月，「台灣再解放聯盟」的重要成員在各地積極為台獨主張奔波遊說。廖文毅在香港

42 美國代辦師樞安與中華民國外長葉公超會談記錄，一九五〇年一月九日，國史館，「特交檔案／外交／對美外交」，第七卷，編號54541。

43 陳誠，《陳誠先生回憶錄》，第一卷，頁九十—九十二；吳國楨，《從上海市長到台灣省主席》，頁一三〇—一三二。

44 Ong, "A Formosan's View of the Formosan Independence Movement," 107–114; Mendel, *The Politics and Formosan Nationalism*, 146–161.

45 陳正茂，〈廖文毅與台灣再解放聯盟〉，《傳記文學》，第九十四卷第一期（二〇〇九），頁七—八。

46 Sebald to John M. Allison, February 9, 1949, no. 894A.01/2–949, *Formosa 1945–1949*, reel 3.

47 Sebald to Allison, intelligence summary no. 2370, top secret, March 11,1949, no. 894A.01/3–1149, *Formosa 1945–1949*, reel 3.

的活動，得到當地美國與菲律賓外交人員的同情。[48]五月至該年秋天，該聯盟另一重要人物黃紀男先後在廣州與台灣活動，並於來台後數次與美國駐台北外交人員會晤，他在廣州曾告訴美國駐華公使柯慎思，「台灣再解放聯盟」一向敞開胸懷，並未自我封閉，他極希望能夠與所有願意為台灣生存而奮鬥的政治人物或政治派系合作，他甚至向美國人表示，希望能夠與當時在鳳山練兵的孫立人將軍直接取得聯繫，以爭取其認同與支持，他還希望美方能夠代為居間聯絡。[49]

黃紀男在台北活動時，也曾告訴美國駐台北總領事麥克唐納稱，「台灣再解放聯盟」已準備於未來的流血鬥爭中「犧牲十萬台灣人」，一旦台灣脫離中華民國的偉大目標取得成功之後，「美國政府可以前來接收。」黃接著還令人難以置信地告訴美方，孫立人將軍曾試圖找他談話，而且同意提供武器與兵力，全力支持「台灣再解放聯盟」的義舉，他以此敦促華府對其提供金援，以利其在台發展與茁壯。[50]麥克唐納聞後不為所動，對黃紀男本人也沒有太大好感，他在發回華府的電報中如此描述黃紀男：比起其他幾位台獨運動人士，「他沒有比較好，也沒有比較差。」麥克唐納論道，雖然黃紀男在台灣各地活動了兩個月，然而令人感到可悲的是，他毫不瞭解當地的真實情況及時下一般台灣民眾的想法，又稱此一組織僅在台灣社會最基層擁有支持者，而且沒有跡象顯示孫立人將軍或其他省政府重要成員對其表達支持之意，美國駐台總領事的結論是，「台灣再解放聯盟」沒有資格聲稱其可以代表全台六百五十萬人民，因此華府不應當對其提供任何實質的援助。[51]

黃紀男在台灣的活動施展不開，廖文毅則在日本繼續不斷努力。一九四九年九月初，當時在駐日盟軍總司令部謠傳即將派兵接管台灣的氛圍中，廖文毅向前來遠東巡迴考察的美國務院巡迴大使吉瑟浦（Philip Jessup）提交一份詳細的行動準則，籲求盟總立即將台灣與澎湖納入託管範圍，並且毛遂自薦，希望在盟總未來可能組織成立的「軍政諮詢委員會」監督之下，委任他領導一個新成立的「台灣臨時政府」。廖文毅保證他將肅清國民黨內全部通匪通敵者，協助台灣內部不同族群人士在各地建立起地方政府，推動民主自治，並且在盟總指導與監督下，組建一支擁有五萬名常備兵力的「福爾摩沙民族防衛軍」。廖文毅還進一步提議，為了維護台灣內部政治的穩定及建立新的社會秩序，美國應派遣八千餘名兵力進駐台灣，編成八個分隊，分別駐守台灣島上八個地點，其中台灣西岸駐守五隊，東岸兩隊，澎湖一隊。廖甚至獅子大開口，向美方要求六千萬美元經援，用來推動台灣經濟建設，此外也希望透過美國民間企業，以投資的形式提供另一筆六千萬美元的援助。[52]

儘管麥克唐納不看好黃紀男等人能在台灣有所作為，然而到了一九四九年秋天，隨著中國大陸局勢日益惡化，美國國務院與國防部部分決策階層人士，開始評估把「台灣再解放聯盟」視為一股有助於促成美方和吳國楨、孫立人及國民黨內的台灣菁英合作、實現台灣真正改革的潛在力量。黃紀男在十一月中旬與美國駐台北領事艾德格（Donald Edgar）的會晤中透露，在東京的

48 當時菲律賓駐香港總領事埃斯佩雷塔（Mariano Ezpeleta）特別熱中支持「台灣再解放聯盟」，他不但親邀廖文毅訪問馬尼拉，並保證促進該組織與菲國政府的關係。參見 R. M. Service to State Department, May 15, 1949, no. 894A.01/3–1549, *Formosa 1945–1949,* reel 3.

49 Clark to State Department, May 11, 1949, no. 894A.01/5–1149, *Formosa1945–1949,* reel 3.

50 MacDonald to State Department, August 16, 1949, no. 894A.01/8–1649, *Formosa 1945–1949,* reel 3.

51 MacDonald to State Department, August 5, 1949, no. 894A.01/8–549, *Formosa1945–1949,* reel 3.

52 Thomas Liao to Philip Jessup, "Recommendation for Disposing of Formosa under the Present Circumstances," September 2, 1949, no. 894A.00/9–249,*Formosa 1945–1949,* reel 1.

廖文毅已經收到杜魯門總統的一封回信，私下鼓勵再解放聯盟與國民黨內開明派攜手合作。[53]廖文毅收到杜魯門鼓勵的說法是否屬實，我們不得而知，然而對於「台灣再解放聯盟」其他成員而言，他們倒是相信並認真看待這一來自華府最高層的正面信息。於是一九五〇年一月初，黃紀男開始積極地與當時台灣政壇幾位國民黨籍頗具分量的台籍菁英如丘念台、林獻堂、吳三連、楊肇嘉等人，祕密往來聯繫，當時甚至傳聞，再解放聯盟成員不久之後將被延攬進入吳國楨所主持的台灣省政府服務，並且在日後台灣政壇扮演更重要角色。[54]國務院內一份一月六日所擬定的備忘錄文件觀察指出，由吳國楨所主導的這股台灣內部改革，若果真能有成效，那麼台灣本地人與外省的國民黨政權或許可以達成某種政治上的諒解。[55]當時美國在台外交人員的一項重要職責，在於盡可能地廣泛接觸「台灣再解放聯盟」成員，駐台北副領事歐斯本（David L. Osborn）甚至被指派為美國總領事館與該聯盟之間的聯絡人。值得一提的是，為了便利黃紀男在台各地的政治活動，歐斯本還安排他以美國所支持運作的農復會「觀察員兼翻譯」的身分，以掩護其行動。[56]

一九五〇年一月十二日，當國務卿艾奇遜在華府演講重申美國將不會干涉中國內政，準備放任台灣自生自滅之際，已遷往台北的美國駐華大使館臨時代辦師樞安（Robert Strong），正在使館內密會一群「台灣再解放聯盟」領導幹部，這些人將一份提議書親手交給美方，其中包含四項重點：廢除一九四三年的《開羅宣言》、建立「台灣臨時政府」、由孫立人代表台灣人民發動驅逐蔣介石的軍事政變、創建一支台灣人部隊以保衛台灣。師樞安回報華府所言，這場會晤的重要意義之一，在於時任台灣省政府民政廳長的楊肇嘉也一同與會，楊在吳國楨麾下擔任要職，向來受到台灣民眾的敬重。[57]

一月十二日的密會之後，師樞安於一月二十六日又與該聯盟另一名中文姓名不詳、英文名為James的陳姓要員密晤，陳姓人士告訴美方，國民黨內及黨外諸多台籍菁英，正在積極籌組運作一個由林頂立領導的「台灣民主人士協會」（Taiwanese Democratic People's Association）。林頂立為台灣雲林人，二戰結束後曾任國民政府情治單位保密局台灣站站長。陳姓人士天真地告訴師樞安，以林頂立過去在國民黨內情治系統的特殊背景，他相信蔣介石最終將認可並同意此一台籍人士政治組織的存在。他甚至預測，一旦該協會獲得國民黨政府認可，曾任福建省主席、且在古寧頭戰役表現英勇的李榮良將軍，將取代林頂立而領導協會。這位陳姓人士向美國人透露，該協會的最終目標是推動台灣獨立建國，他並斷言美國政府對該協會的支持與否，將是實現該目標最關鍵的因素。[58]

師樞安耐心聽完陳姓人士的陳述後，回稱華府將不會給予此類政治組織與活動任何實質的承諾，但美方願意傾聽任何攸關台灣未來前途的建言。兩週後，這位陳姓人士回到美國大使館，向師樞安報告蔣介石和吳國楨皆已口頭同意「台灣民主人士協會」正式設立，故請求華府給予

53 MacDonald to State Department, November 19, 1949, no. 894A.00/11–1949, *Formosa 1945–1949*, reel 1.

54 Donald Edgar to State Department, transmission of a memorandum of conversation, January 5, 1950, no. 794A.00/1–550, *Formosa 1950–1954*,reel 1.

55 W. E. Nelson to Edgar, memorandum, January 6, 1950, no. 794A.00/1–650, *Formosa 1950–1954*, reel 1.

56 Strong to State Department, "Relations of D. L. Osborn with Formosa League for Re-emancipation," memorandum, July 14, 1950, no. 794A.00/7–1450, *Formosa 1950–1954*, reel 1.

57 Strong to State Department, January 13, 1950, no. 794A.00/1–1350, *Formosa1950–1954*, reel 1.

58 Strong to State Department, January 26, 1950, no. 794A.00/1–2650, *Formosa1950–1954*, reel 1.

明確的支持。師樞安的反應頗為正面與肯定，他向華府報告稱，此一新的組織的出現，對美國確實有利，若一切運作順暢，日後可能逐漸擴展成足以取代或者接管台灣省級或地方層級政治運動的準政府組織。[59]接下來數週，吳國楨所代表的省政府與「台灣再解放聯盟」似乎競相拉攏美國駐台北大使館的支持，藉以取得對該協會的未來領導權，但國務院內部對此事的態度仍然模糊未決；儘管陳姓人士信誓旦旦地宣稱「台灣民主人士協會」已經獲得蔣介石批准成立，蔣甚至支持有關組建一支新台灣軍的構想，然而國務院內對於蔣介石是否真的允諾並同意該協會在未來扮演重要的角色，仍感到懷疑與不可置信。[60]

未竟之黨務改造

事實證明，此刻蔣介石對於某些台籍菁英和美國駐台外交官之間的眉來眼去，暗通款曲，感到既惱又怒，他在日記裡把此類暗中接觸，視為美國對台邪惡的政治陰謀，欲鼓動台灣脫離中國而獨立。[61]然而，此時為了讓華府相信國民黨真心在台灣推動各項改革，蔣必須有所隱忍與妥協。一九五〇年三月中旬，蔣介石派其親信唐縱前往美國大使館，向師樞安親口傳達蔣介石本人樂見更多台籍菁英參與台灣內部的政治事務。[62]蔣介石的正面態度，一時之間鼓舞了許多黨國體制內外的台籍菁英，也幾乎在同時，國民黨政府宣布將推動地方自治，舉辦地方層級選舉，對許多外國人士而言，這個決定是台灣最終走向民主化所邁出的重要第一步。[63]

師樞安雖樂見這些新發展，但他對未來可能的結果卻不抱樂觀。四月四日，「台灣民主人士協會」正式成立，他收到出席成立大會的邀請函，但選擇不出席，而是在大使館內撰寫拍發回國務院的觀察報告，他預言此一協會最終可能出現三部曲：台籍「半山」人士將利用它來獲取政治權力，接著林頂立、黃紀男等國民黨體制內外的發起者與參與者，被國民黨政府視為密謀叛國的違法組織團體，最後，當時機到來時，蔣介石將派其人馬滲透至該組織，以消除其政治上的潛在威脅，並逐步瓦解之，任其消散於無形。[64]

師樞安對於台籍人士推動政治運動最終下場的負面預言，很快就成真；一九五〇年五月底，蔣介石在得知政府部門內某些重要台籍官員，包括省民政廳長楊肇嘉與台北市長吳三連等，竟與「台灣再解放聯盟」及台獨運動頗有往來，大感震驚，並驚覺必須有所行動，不久後，其子蔣經國以「國家安全」為由，下令逮捕該聯盟十九名主要成員，包括廖文毅、黃紀男與那位陳姓人士等。[65]雖然蔣介石此時並未對楊肇嘉或吳三連採取行動，然而事情發展至此，任何吳國楨所屬團隊與「台灣再解放聯盟」之間進行合作的可能性，也隨之煙消雲散。

過去較鮮為人知的是，中華民國政府自成都遷至台北後不久，蔣介石曾一度認真思考徹底放

59 Strong to State Department, February 8, 1950, no. 794A.00/2–850, *Formosa1950–1954*, reel 1.

60 Strong to State Department, February 22, 1950, no. 794A.00/2–2250, *Formosa 1950–1954*, reel 1; Strong to State Department, March 10, 1950, 794A.00/3–1050, *Formosa 1950–1954*, reel 1; Strong to State Department, March 11, 1950, no. 794A.00(W)/3–1150, *Formosa 1950–1954*, reel 3.

61 《蔣介石日記》，一九五〇年一月十七日。

62 Strong to State Department, March 18, 1950, no. 794A.00/3–1850, *Formosa1950–1954*, reel 1.

63 Strong to State Department, April 9, 1950, no. 794A.00/4–950, *Formosa1950–1954*, reel 1.

64 Strong to State Department, April 4, 1950, no. 794A.00/4–450, *Formosa 1950–1954*, reel 1.

65 《蔣介石日記》，一九五〇年六月二日；Strong to State Department, June 2, 1950, no. 794A.00/6–250, *Formosa 1950–1954*, reel 1.

棄「中國國民黨」這塊招牌；一九五〇年一月初，蔣把他最信任的幾名幕僚找來，著手擬定黨務改造計畫。兩年前在中國大陸時，蔣曾批評國民黨走向「頹廢」、「腐敗」、「沒精神，沒紀律，更無是非標準。」甚至口出重語：「這樣的黨早該被消滅、淘汰了！」[66]此時，大陸江山已經丟失，他在南投日月潭的湖光山色裡，召集黨務高層會議，眾人皆同意黨內改造勢在必行。蔣的幕僚擬定具體方針，認為為了吸引更多優秀人才前來為國民黨服務並改善黨的領導，黨務改造應訴諸與宣傳的重點方向包括：黨為新組織，有新的指導方針、新的需求與新的任務。[67]事實上，遷台初期蔣介石的構想遠比推動「黨務改造」要來得更為激進。他體認到著手改造一個士氣早已渙散瓦解的國民黨機器，勢必徒勞無功，因此蔣曾考慮另創一個新的政黨，稱為「中國民主革命黨」，並允許舊國民黨繼續運作。蔣希望透過此一雙重設計，讓台灣開始實行多黨民主，藉以打造正面形象，爭取更多國內外支持。從政治操作的實際角度觀之，蔣介石亟欲在新成立的政黨裡重塑其領導地位，同時將那些與他作對或不聽話的黨內大老與派系成員，拴在已近失靈發霉的舊國民黨機器裡。[68]

一九五〇年的上半年，蔣介石因為自己無力掌控黨和國家機器而備感沮喪，儘管當時台灣面臨的軍事、外交、財經與國家安全情勢，危急萬分，然國民黨內與政府部門之間激烈爭辯與相互攻訐，依然未曾歇止。行政院長陳誠與省主席吳國楨兩廂，對於中央與地方財政稅收如何分配各持己見，互不相讓，即使蔣介石復行視事，彼此依然僵持不下。接著，立法院一群屬於CC派的立法委員拒絕在院會裡通過一項同意擴大行政院長權力以因應政局危機的緊急法案，導致行政、立法兩院之間關係勢同水火，這場爭議讓幾乎束手無策的蔣介石，在日記裡怒斥「黨員蠻橫無道，其心中不復再有黨國存亡。」[69]由於台灣島上危機盤旋不去，多數政府官員與國民黨黨員對黨務改革雖不熱中，但頗擔心自己手上仍擁有的一些權力，恐將因改革而消失無蹤，鑒於整個大環境情況不佳，蔣介石不得不暫時擱置其所亟欲推動的黨務改造。

亞洲大陸上的國民黨軍事殘部

一九五〇年初，播遷台北的中華民國政府還面臨一項挑戰，即該如何妥善處置於國共內戰失利的殘兵敗將。當時胡宗南部隊所轄兩個師，共三萬餘兵力，仍據守川康邊界的一小片領土，艱困地抵禦著不斷進逼的二十八萬共軍部隊。同時，在滇緬交界，仍有一批國民黨游擊部隊，正奮力守護著一塊反共基地。蔣介石倉促離開成都之後，胡宗南在西昌設立行營，欲將川康地區打造為一個可持久作戰的反共游擊地。[70]為了強化西昌的防禦，蔣介石打算利用滇南國民黨游擊隊所控制的蒙自地區，作為後勤補給的轉運站，具體行動也如火如荼地展開，包括第一批五萬加侖的燃料與其他物資裝備，從海南島經由蒙自轉運到西昌，台北同時也利用陳納德所運作

66 Lloyd E. Eastman, *Seeds of Destruction: Nationalist China in War and Revolution, 1937–1949* (Stanford, CA: Stanford University Press, 1984), 311.

67 秦孝儀編，《總統蔣公大事長編初稿》，第九卷（台北：中國國民黨黨史委員會，二〇〇二），頁二。

68 《蔣介石日記》，一九五〇年一月三、二十一日，二月三日，五月十八日。

69 李松林，《蔣介石的台灣時代》（台北：風雲時代，一九九三），頁一〇八—一一二；《蔣介石日記》，一九五〇年五月三十、三十一日和六月一日。

70 蔣介石致胡宗南，一九五〇年一月二日，國史館，「特交檔案／一般資料／民國卅九年」，編號75716；蔣介石致胡宗南，一九五〇年一月三日，「特交檔案／一般資料／民國卅九年」，編號 75718; Donald Edgar to State Department, January 2, 1950, no. 794A.00(W)/1–250, *Formosa 1950–1954*, reel 3.

的民航空運大隊，自蒙自運出當地所出產的錫礦砂並外銷牟利，作為支應國軍部隊在大陸西南地區的軍事開銷。[71]蔣介石為了表明捍衛西昌到底的決心，還派蔣經國與其他高階將領冒險前往視察，同時擬具各種可行的防禦策略，設法持久守住川、康、滇交界處的國民黨控制區。[72]

在中國大陸偏遠的西南一隅維持國民黨駐軍，本非易事，而這最後的反共努力終歸於徒勞。儘管補給和後勤支援極為困難，西昌據點仍奇蹟似地堅守了三個月之久，西昌胡宗南殘部的表現，可圈可點，只不過到了一九五〇年三月底，該部已精疲力竭。當胡部在遭受共軍包圍而不得不棄守西昌行營時，胡宗南指示下屬往南撤入滇西境內，與李彌將軍所統領的當地游擊部隊會合。李彌這位忠貞的國軍將領，於盧漢起義後拒絕加入中共，率部一路南撤，奮力抵抗變節投共的雲南省政府。[73]大多數胡宗南部隊於穿過康滇邊界途中遭解放軍殲滅，最後僅剩約四百名倖存者，順利撤入緬甸北部，後來與李彌來自雲南的兩千殘部會師。[74]李彌在緬甸的非正規軍，日後逐步演變成為一股台北無法完全掌控的流亡武裝勢力，並在數年後成為東亞冷戰戰場上的一個熱點。

除了緬甸之外，另有部分國軍部隊逃入越南。一九四九年十一月間，白崇禧部隊大部分在兩廣境內遭到殲滅，僅有黃杰將軍所統領總數約三萬人的兵團倖免於難，撤到廣西、越南交界，與法越殖民當局一番交涉之後，這支國軍被允許在繳械之後進入越南境內，不久後由越北邊境轉移至海防附近的下龍灣沿岸留置。[75]李彌麾下另一批四千五百名國軍部隊，於一九五〇年一月底、經歷共軍追擊後也進入越南境內，同樣遭到法國殖民當局繳械與拘留的命運。[76]

在得知國軍部隊即將跨越國境進入中南半島時，毛澤東非常火大。十一月二十九日，周恩來警告法越殖民政府，若膽敢向國軍部隊提供庇護，後果將由其自行承擔。[77]法國人對於中國共產黨的警告，膽戰心驚，他們在中越邊界僅有一、兩個連的薄弱駐軍，而周恩來的強烈警告，則有廣西境內五萬餘解放軍作為支撐。北京的警告，讓法國人大為不安，甚至一度考慮將拘留的國軍殘部送回中國大陸。[78] 一九五〇年夏天，國軍入越部隊被遷移到越南最南端外的富國島，等待遣返，而來自雲南近五千名士兵，則被遷置於金蘭灣。經過兩年的艱困歲月，直到一九五三年夏天，這些遭到繳械的國軍部隊，才被送往台灣。[79]

71 蔣介石致王叔銘，一九五〇年一月三日，國史館，「特交檔案／一般資料／民國卅九年」，編號75717；蔣介石致王叔銘，一九五〇年一月三日，「特交檔案／一般資料／民國卅九年」，編號75719; Strong to State Department, January 16, 1950, no. 794A.00(W)/1–1650, *Formosa 1950–1954,* reel 3.

72 蔣介石致羅列，一九五〇年一月二十日，國史館，「特交檔案／一般資料／民國卅九年」，編號75721；《蔣介石日記》，一九五〇年一月二十五日。

73 蔣介石致胡宗南，一九五〇年三月二十五日，國史館，「特交檔案／一般資料／民國卅九年」，編號75732。

74 State Department, "Danger that Chinese Communist Troops may Enter Burmese Territory," memorandum, July 1, 1950, NARA, RG 59, 790B.00/7–150; Dean Acheson to Robert Strong, July 28, 1950, 790B.00/7–2850.

75 國防部，〈國軍撤越及處理經過輯要〉，一九五〇年七月一日，收錄於黃翔瑜編，《富國島留越國軍史料彙編》，第一卷，頁三十一—三十五。

76 Ibid., 32–33; Strong to State Department, January 10, 1950, no. 794A.00(W)/1–1050, *Formosa 1950–1954,* reel 3; Strong to State Department, April 22,1950, no. 794A.00/4–2250, *Formosa 1950–1954,* reel 1.

77 有關一九五〇年代初期中共與胡志明關係之研究，參見Zhai Qiang, *China and the Vietnam Wars, 1950–1975*(Chapel Hill: The University of North Carolina Press, 2000), 10–42.

78 King C. Chen, *Vietnam and China, 1938–1954* (Princeton, NJ: Princeton University Press, 1969), 203–208.

79 Division of Research for Far East, State Department, Intelligence ReportIR 5809, "Indochina Background Brief," by February 11, 1952, in Kesaris,ed., *O.S.S./State Department Intelligence and Research Reports VIII,* reel 1; 黃杰，〈黃杰自述〉，《傳記文學》（台北），第三十八卷第三期（一九八一），頁三十三—四十二。

一九四九年後這兩股流亡緬甸、越南的國軍殘部，處境雖然悲慘，卻仍具有相當大的象徵性意涵。對於撤往台灣的蔣介石與中華民國政府來說，只要在亞洲大陸上仍存在國民黨的軍事力量，即意味著其依然具有反攻大陸的一線希望。當黃杰的舊部甫落腳於海防附近不久，當時在台灣的白崇禧即建議蔣介石，應著手將這批流亡異鄉的部隊改組為志願軍，與越南保大政權攜手對抗越共分子，黃杰將軍甚至不死心，認為也許未來終有一天，流亡異域的國軍部隊能夠重回到中國西南。[80]一九五〇年四月，被蔣介石任命為雲南省主席的李彌將軍，提議於滇緬、滇越交界處各設立兩個作戰基地，並且在曼谷與西貢成立兩個聯絡處，以利其在滇緬邊境的反共大業，他並敦促台北為此事應立即與泰國與越南兩國政府展開談判。台北外交部考量到當時中華民國風雨飄搖的外交處境，不願再添額外麻煩，故未照辦。儘管如此，外交部仍建議其在台灣位於曼谷與西貢現存使領館的掩護下，於內部成立祕密單位，負責此方面業務。[81]這兩股流亡海外的國軍殘部，在韓戰爆發之後，成為台北與華府之間外交上的燙手山芋。

如前所述，對台北而言，如何妥善處理海南島上的國民黨當局，是另一個令人頭痛的議題。一九五〇年三月初，白崇禧請求蔣介石金援當時倖存於其故鄉廣西省境內山區、正與共軍短兵相接的九萬名桂系舊部，蔣介石心不甘情不願地口頭允諾，將透過海南島當局每月支付此一仍留在廣西境內的白崇禧殘部十萬銀圓，然而考量到台灣的財政已出現巨大危機，蔣也了解到，和非嫡系國軍部隊進行財政上的切割，實已刻不容緩。[82]

美駐台北大使館一份機密報告曾指出，一九五〇年初，國民黨政府每個月的軍事預算，總共是三千八百五十三萬銀圓，其中撥予東南軍政長官公署轄區（包括台灣、海南、舟山以及中國東南沿海其他島嶼）的預算為兩千六百七十一萬銀圓。播遷台北的中央政府為了維持東南軍政長官公署，需支付一千一百九十九萬銀圓，剩下的一千四百七十二萬銀圓（約四千兩百萬新台幣）則由台灣省政府籌支。一九四九年時的台灣省政府，其稅收根本不足以支應自身的運作開銷，況且此時，吳國楨每月所能籌到的軍事經費，不超過一千零六十四萬銀圓，故省政府若不動用通膨措施，將很難籌措到這筆每個月必須固定支出的款項。[83]據吳國楨底下幹練的省政府財政廳長任顯群所述，一九五〇年二月間，蔣介石從上海運來的黃金儲備估計有八十五萬盎司，其中的二十萬盎司花在每月的軍事開銷之上。[84]到了三月底，蔣對於台灣黃金儲備的迅速消耗大感憂心，下令每月的軍事開銷不得超過兩千三百萬銀圓，此一額度比起一九五〇年初所制訂的三千八百五十三萬銀圓上限，已降低許多。[85]

鑒於國民黨政府惡劣的財政狀況，海南行政長官陳濟棠與海南防衛司令薛岳，本擬於三月上旬連袂飛往台北向蔣介石爭取更多援助，然蔣以海南島軍事吃緊，說服他們打消台灣之行，並

80 白崇禧呈蔣介石，一九五〇年二月七日，收於黃翔瑜編，《富國島留越國軍史料彙編》，第一卷，頁十一—十七。

81 外交部呈行政院，極機密，一九五〇年四月十二日，國史館，「外交部檔案」，編號172–1/0591。

82 《蔣介石日記》，一九五〇年三月二十八日；Strong to State Department,March 16, 1950, no. 794A.00/3–1650, *Formosa 1950–1954*, reel 1.

83 Strong to State Department, January 20, 1950, no. 794A.5/1–2050, *Formosa 1950–1954*, reel 4。這些數據是由時任台灣省政府財政廳長的任顯群，向美國代辦師樞安所透露。另參見吳國楨，《從上海市長到台灣省主席》，頁一一五—一一七。

84 Strong to State Department, February 18, 1950, no. 794A.00(W)/2–1850, *Formosa 1950–1954*, reel3.

85 《蔣介石日記》，一九五〇年三月三十、三十一日。美國國務院也曾做出類似的評估，並預測蔣介石手中的黃金儲備將撐不過一九五〇年十月。見State Department Policy Information Committee memorandum, April 12, 1950, in Merrill, ed., *Documentary History of the Truman Presidency*, 32: 210.

改派其經濟部次長到海口進行交涉。[86]同時，陳濟棠所轄之駐海南島第三十二軍，因取得糧食與後勤支援益加困難，有意撤往台灣，此議再度遭到蔣介石斷然回絕。[87]明眼人都看得出來，到了四月上旬時，蔣介石對於國軍能否守住海南，已愈來愈不在意，這不禁讓美國駐台北大使館武官巴大維（David Barrett）上校認定，美方任何花費在防衛海南島的金援，不久後必將全數浪費，一滴不剩，以「金錢換取時間」的策略根本行不通。[88]蔣介石此時所亟需的是，為了能夠早日主動放棄海南島，而找到一個可以被各方接受的時程表與正當理由，以免進一步傷害台北國民黨政府每況愈下的國內外威信、財政負擔與民心士氣。最後，他在美國退休海軍上將柯克（Charles M. Cooke）的建議下，找到撤守的時間點。以「私人顧問」身分前來台灣，協助防衛台灣、鞏固國民黨政府的柯克，從而在中華民國處境最凶險的關鍵時刻，極大程度地影響了蔣介石對於國防與安全政策的制訂與執行。

86 秦孝儀編，《總統蔣公大事長編初稿》，第九卷，頁五十九；British Consulatein Tamsui to Foreign Office, "Summary of Events in Formosaduring the month of March, 1950," April 5, 1940, in *Taiwan Political and Economic Reports 1861–1960*, ed. Jarman, 9: 97–98.

87 CIA, "Situation, Hainan," March 20, 1950, in *CIA Research Reports: China,1946–1976*, reel 1.

88 Strong to State Department, April 10, 1950, no. 794A.00/4–1050, *Formosa1950–1954*, reel 1.

第七章
走到檯面下的美台軍事安全關係

一九五〇年一月，當杜魯門和艾奇遜公開宣布華府不會提供軍援保衛台灣時，這似已表明中華民國的命運大勢已去：毛澤東的軍隊不久後將渡海占領台灣，而台灣必然成為中華人民共和國的一部分。然而就在同時，一群堅定支持蔣介石的美國政治人物、企業家、現役與退役軍官，仍努力尋求一切可能防止台灣落入共產勢力的辦法。由於華府官方公開聲明不介入國共內戰，並靜待中國政局塵埃落定，蔣介石在美支持者的努力，必須走到檯面之下，這也意外促成了這段時期美國與中華民國關係走上非正式、「私人化」的一種特殊情況，在極大程度上，來自美方非官方、私人層面對蔣介石有關台海安全的決策影響，甚至超過了來自華府官方階層乃至於國民黨政府內部本身的政策機制，這在近代中美關係或者國際關係史上，都是一個鮮見的特例。

隨著杜魯門行政當局決意自國共內戰中抽離，置身事外，其任何有關於蔣介石與其所領導國民黨政府的軍事與外交政策，也無可避免地走入非官方與私人化。一九四九年十一月七日，甫卸任美國駐巴西大使職位、向來是華府「中國遊說團」核心成員之一的威廉・鮑立（William Pawley），眼見國民黨在中國大陸統治行將崩潰，曾致函國務卿艾奇遜，建議美方應立即派遣「一小批」退休軍官到台灣，擔任蔣介石「非正式」軍事顧問。鮑立告訴國務卿，這一批非正式軍事顧問，若再加上其他文職的經濟顧問在內，應達一百三十至一百五十人，他請求杜魯門政府同意批准，或至少默許與不阻撓。[1]國務卿艾奇遜覆函時，並未立即拒絕此一構想，而是回覆稱，他其實並不反對一個以「有限數量」所組成的美國公民，以私人身分前往台灣工作，他認為，如果這批退休官員以私人名義，直接和中華民國政府簽訂合約，由台北提供津貼資助，且和華府沒有任何瓜葛，則美方應不會加以干涉。[2]艾奇遜看似已經「默許」鮑立的請求，只不過此事過後並無任何下文。美國軍方高層稍後在華府與鄭介民將軍晤談時，也曾就派遣顧問團前赴台北一事，進行短暫的討論，但後來因國務院持保留態度，加上如前一章所述，美白宮國家安全會議第四十八號文件出爐，此一派遣顧問團援台構想又無疾而終。[3]

國民黨政府於一九四九年十二月底遷往台北之後，台灣的軍事防衛安全依然是華府與東京軍事高層相當關切的議題，他們特別注意與擔心的是，一旦這個看似毫無希望的政權果真如大家所預期的崩潰瓦解，那麼中共解放軍在占領台灣之後，也將完全接收島上所有國軍部隊所留下來的美式武器裝備，如此一來，其整體軍事能力也將大幅成長。美軍方高層此番顧忌，實不難理解；在美方一份完成於一九五〇年初有關台灣軍事裝備評估的機密報告中，我們得以窺知此時台灣島上美援裝備的真實情況。從一九四八年秋到一九五〇年初這十四個月裡，美國運抵台灣的重要軍火物資包括十三萬七千兩百枝步槍、七千零六十挺機槍、兩百輛自走炮車、二十架AT-6飛機、七千七百一十八萬九千發炮彈和彈藥、七萬發火箭彈與一萬七千九百枚各式炸彈。此份報告同時還揭示，蔣介石的軍方高層幕僚正致力於從英國購入三十輛雪曼戰車（Sherman tanks），從西班牙購買一千噸小型武器彈藥，從加拿大進口八千一百萬發子彈，以及從比利時購得兩千五百萬發彈藥、四萬一千枝步槍與六百挺機槍。[4]同時還有等著從美國東岸費城海運前往台灣的偵察車、裝甲車、輕型坦克各一百輛，這些來自美國軍火商的物資，最後於一九五〇年三月下旬順利運抵台灣。[5]

儘管五角大廈的資深幕僚願意相信，憑藉著這些武器裝備，國民黨能夠抵禦解放軍進犯並穩住台灣，然而還有其他人，特別是駐東京盟軍總司令部的高級將領，堅信美方應有更多具體拯救蔣介石的行動。一九五〇年一月下旬，在麥克阿瑟將軍的默許下，兩位來自駐東京盟軍最高總司令部的高級情報官員抵達台北，與蔣介石、吳國楨及其他國民黨高層官員會面。根據盟總的指示，他們此行的目的是考察在台灣島上「有無建立雷達站的可能性」。[6]蔣介石抓住機會，力促東京盟總設法支援台灣當時極為薄弱的空防，蔣除了與這兩名情報官討論如何提升台灣空

1 William Pawley to Acheson, memorandum, November 7, 1949, Charles M.Cooke Papers, Hoover Institution Archives, Stanford University, Box 26.

2 Acheson to John MacDonald, top secret, telegram, November 18, 1949, no. 894A.20/11–1849, *Formosa 1945–1949,* reel 3.

3《蔣介石日記》，一九四九年十一月十五日。

4 State Department, "Shipments of Military Materiel to Formosa and Status of Equipment on Island," top secret memorandum, January 3, 1950, no.794A.5/1–350, *Formosa 1950–1954,* reel 4.

5 U.S. Embassy in Manila to State Department, April 19, 1950, no. 794A.56/4–1950, *Formosa 1950–1954,* reel 4.

6 Strong to Acheson, January 30, 1950, no. 794A.00/1–3050, reel 1; State Department, office memorandum, February 2, 1950, no. 794A.551/2–250, *Formosa1950–1954,* reel 4.

防及設置雷達站，同時也和他們交換了國軍在南韓境內設置祕密作戰基地的可行性。[7]

儘管外表看起來，此次台灣之行是出於軍事技術層次的考慮，但這兩位美國軍事官員訪問台北，很快就引起華府國務院的關注，不少官員強烈認為此類「考察之行」，顯然已違背杜魯門和艾奇遜一月初公開宣言的意圖。駐台北的美國大使館代辦師樞安向艾奇遜國務卿抱怨，盟總方面事先未告知他們抵台計畫與來台目的，也未遵守兩人前往美國大使館拜會的約定，甚至還特意繞過大使館安排，逕行與國民黨方面敲定與蔣介石在內的各項會晤，這必然助長了美國政府各部門之間協調紊亂的不良觀感。更嚴重的是，兩位盟總情報官現身台灣，將讓國民黨政府對美國開始產生不切實際的「錯誤期待」。[8]國務院還擔心島上的中華民國政府，可能會向這兩位官員諮詢有關雷達站運作和維護方面等機密軍事問題，而新聞媒體則極可能把此次訪問解讀為美方準備進一步援助台灣的證據。[9]此事後來還出現餘波；同年九月間，來台考察的其中一位情報官范德普耶（Henry Vanderpuyl）少校，被發現違反美國內部安全保防規定，私自向中華民國駐東京軍事代表團洩露一份美國駐台北大使館的機密電報內容，國務院立即逮住機會加以反擊。[10]一九五一年春，在時任遠東助理國務卿魯斯克（Dean Rusk）的強烈要求下，國防部下令范德普耶此後不得接觸涉及中國的情報工作，隨後並將他調到美軍內部一個處理戰術性轟炸行動的部門，不再碰觸台灣相關業務。[11]

柯克來台助蔣

儘管國務院系統憂心忡忡，麥克阿瑟和其他美國軍方內部堅定的友蔣人士，依然我行我素。

盟總情報官員到訪十天後，美國海軍退役上將柯克（Charles M. Cooke）也以「國際新聞社通訊員」的身分來到台灣，當時陪同他前來的還有古德菲勒（Millard P. Goodfellow），古氏曾任美國中央情報局前身、戰略服務辦公室的副主任，二戰結束後不久就在朝鮮半島工作，和南韓政府、東京盟總和沖繩的美國軍事部門保持著密切的關係。最新的中文解密檔案文件顯示，兩人前往台北的行程，顯然是由盟總安排，而且得到麥克阿瑟的支持。[12]另一方面，美國國務院和駐台北大使館都被蒙在鼓裡。他們被告知柯克和古德菲勒前往台北的目的只是「做點私人生意」，包括「推銷肥料」，但是他們在台灣真正幹了什麼事，華府和台北兩地的美方官員都一無所知。[13]

7 《蔣介石日記》，一九五〇年一月三十一和二月一日、十六日。

8 Strong to Dean Acheson, February 1, 1950, in *ROCA*, reel 20.

9 Strong to State Department, January 31, 1950, no. 794A.00/1–3150, *Formosa1950–1954*, reel 1; State Department, "Visits by Air Force Intelligence Personnel to Taiwan," memorandum of conversation, February 2, 1950, no.794A.5511/2–350, *Formosa 1950–1954*, reel 4.

10 一九五〇年八月二十一日，在中華民國駐東京代表團所舉辦的一場晚宴上，范德普耶少校將一封原本要交給代表團長何世禮將軍的密函，透露給當時也在場的前中國海關總稅務司李度，並稱李度可能會對此函內容有興趣。該密函乃美國駐台北大使館致電華府國務院的密電，由師樞安主筆，大意是蔣介石最近所發起的國民黨黨務改造，根本未帶來真正的改革。李度後來抵台時，曾將此事告知繼師樞安之後出任美國駐台北代辦的藍欽。參見Rankin to State Department, September 5, 1950; H. Freeman Matthews to Major General James H. Burns, September 11, 1950; O. Edmund Clubb to Rankin, March 21, 1951, in *ROCA*, reel 20.

11 Frederick E. Nolting Jr. to Troy L. Perkins, June 28, 1951; Perkinsto Rankin, July 1951, *ROCA*, reel 20.

12 朱世明將軍（中華民國駐日代表團團長）呈外交部，一九五〇年二月二日，國史館，「特交檔案／外交／對美外交」，第七卷，編號54506。

13 Strong to State Department, February 24, 1950, no. 794A.00(W)/2–2450, *Formosa 1950–1954*, reel 3.

大約在 1950 年，柯克（左二）與一群國民黨軍官開會。（胡佛檔案館提供）

在台灣，柯克的任務顯然不只是推銷肥料。蔣介石和柯克是舊識，早在一九四六年柯克仍擔任美國太平洋第七艦隊指揮官時，就曾和蔣介石、戴笠等國民黨高層保持密切的合作關係。柯克當時強烈主張在中國成立一個美國海軍顧問團，以遏止蘇聯在二次戰後欲填補東亞海權真空的企圖與野心。[14] 一九四八年間，當國民黨看起來將於國共內戰中失敗之際，柯克仍堅持在中國大陸保留一支美國海軍，並敦促美方不惜一切代價，向蔣介石提供軍事援助。其強烈親蔣傾向造成他與其他美國軍方領袖的不和，特別是馬歇爾將軍。[15]

一九五〇年二月，柯克抵達台灣後，很快就贏得蔣介石的信任。這不難理解：在當時風雨飄搖之際，蔣其實很難完全信任他自己的部屬。就在蔣於三月初「復行視事」後不久，柯克即受邀參加蔣所主持的定期高層軍事會談。[16] 蔣顯然希望能夠透過柯克，重新取得美方的軍事援助，或是利用柯克的人際網絡，以任何可能的手段，向外界取得所有可能之援助。

柯克當時的首要考量，是努力實現美國軍事顧問團來台的構想，不論是以官方或者非官方形式。前文提及柯克的盟友鮑立曾努力再三，然此一構想，最終是由柯克來實現。一九五〇年三月，柯克首先在台北草擬了一份合約，建議在台成立一個為推動「特種技術合作案」（Special

14 Maochun Yu, *OSS in China: Prelude to Cold War* (New Haven, CT: Yale University Press, 1996), 256–260; Nancy Bernkopf Tucker, *Patterns in the Dust: Chinese-American Relations and the Recognition Controversy, 1949–1950* (New York: Columbia University Press, 1983), 91.

15 Edward J. Marolda, "The U.S. Navy and the 'Loss of China,' 1945–1950," in Larry I. Bland ed., *George C. Marshall's Mediation Mission to China: December 1945-January 1947*, ed. Larry I. Bland (Lexington, VA: George C. Marshall Foundation, 1998), 409–420.

16 K. C. Shahto Cooke, March 25, 1950, Charles M. Cooke Papers, Box 2; Cooke, How Formosa Was Dropped but Did Not Fall," personal memorandum, ca. 1953, Charles M. Cooke Papers, Box 11.

Technician Program）所需的顧問團，名義上受到總部位於紐約的「中國國際商業公司」（Commerce International China, Inc.）監管，該公司為世界貿易公司（World Commerce Corporation）的子公司，由當時中國遊說團另一要員法索利斯（S. G. Fassoulis）主持。[17]世界貿易公司是一個商業機構，背後的支持者包括一些美國頂尖的資本家，比如洛克菲勒（Nelson Rockefeller），但私底下也得到一些前美國情報高官的支持，比如美國戰略情報局（中央情報局前身）的創始人唐納文（William Donovan）。從一開始，「中國國際商業公司」的複雜血統，就注定了其與祕密政治之間密不可分。[18]柯克在一九五一年秋天的一次華府國會聽證會上坦承，他從未得到任何美國政府部門對他在台推動「特種技術合作案」的許可，他透過這些名義上的商業機構來從事相關的祕密軍事活動，也從未得到過華府官方的授權。[19]

對於柯克所提出的「特種技術合作案」，蔣介石完全贊同。然而值得一提的是，在一九五〇年的上半年，柯克絕非唯一一位尋求以「技術援助」來協助「被美國拋棄的」在台國民黨人士。在一份致柯克的機密備忘錄中，台北高層提到自一九四九年以來，約有高達五千名美國人士，曾在中華民國駐華府大使館和其他各地的總領事館，主動表明願意前往中國協助對抗共產黨。一位名叫修特（Irving Short）的美國退休陸軍上校即聲稱，曾和中國遊說團大員孔爾鉢（Alfred Kohlberg），以及友蔣參議員諾蘭（William F. Knowland）等人士有密切接觸，他曾努力取得中國遊說團的經濟支持，組織一支軍事志願團來台灣協助蔣介石抵抗共產黨。修特的工作一度獲得極大進展，他曾告知蔣介石，一個包含五名美國海軍退休軍官的考察團，即將於一九五〇年春訪問台北。一旦得出一份令人滿意的調查報告，則一支美國志願隊將被組織起來，此志願隊的資金來自美國的反共企業界與其他右派捐贈者，將對國民黨提供精神與實質上的支持，包括派遣軍事和技術顧問團。[20]

在走訪台北之前，修特在紐約和法索利斯會面，並由後者引見了一批蔣介石的堅定擁護者。修特認為，他組織志願隊的建議不僅得到美國友蔣人士的擁護，連時任美國空軍參謀長的范登堡將軍（Hoyt Vandenberg）等五角大廈軍方高層人士私下也頗為認同。在紐約，法索利斯還曾熱情地邀請修特，參與「中國國際商業公司」即將在台灣開展的特種技術顧問團活動。然而到了台灣以後，柯克顯然把修特看作是一個潛在的「競爭者」。一九五〇年四月初，修特停留台北期間，他受到柯克及其在台同僚的冷遇，最後雙方不僅惡言相向，而且柯克還拒絕支付法索利斯先前答應過修特的旅費。回到美國之後，修特向國務院洩露了「中國國際商業公司」在台灣所進行的祕密活動，以示報復。[21]

柯克的「特種技術合作案」於一九五〇年四月初正式啟動，台北行政院物資供應局成了與柯克接觸與處理此一高度機密合作項目的主要對口單位。四月四日，雙方：三十一名美國「特種技術顧問」，其中包括一名主要「協調員」（即柯克本人），將被派遣至台灣，協助中華民國政

17 A. E. Gates of Commerce International China to Cooke, memorandum, December 6, 1954, Charles M. Cooke Papers, Box 26.

18 John Lewis Gaddis, "Defensive Perimeter Concept, 1947-1951," in *Uncertain Years: Chinese-American Relations, 1947-1950*, ed. Dorothy Borg and Waldo Heinrichs (New York: Columbia University Press, 1980), 88-89; Peter Dale Scott, *Drugs, Oil, and War: The United States in Afghanistan, Colombia, and Indochina* (New York: Rowman & Littlefield, 2003), 109-117.

19 "Internal Security," copy of transcript of the Congressional Hearing on Admiral Charles M. Cooke, dated October 19, 1951, Alfred Kohlberg Papers, Hoover Institution Archives, Stanford University, Box 42.

20 K. C. Shah to Cooke, April 7, 1950, Charles M. Cooke Papers, Box 2.

21 Lt. Col. Carl Poston, Irving Ritchie Short," memorandum, August 14, 1950, no. 794A.022/8-1450, Formosa 1950-1954, reel 4.

府；該顧問團成員的年度薪資預算額，約為三十九萬六千美元。同時，柯克被授權可使用國民黨政府存在洛杉磯的聯名帳戶周轉基金，用以支付未來「特種技術合作案」的所有開銷。[22]六天後，物資供應局局長江杓和中國國際商業公司代表在台北進一步簽署了正式協議，並將於每六個月更新一次。

「特種技術合作案」的啟動，標誌著國軍部隊在台灣的改革與整頓，進入了一個新的階段。根據蔣介石指示，新的「特種技術顧問辦公室」陸續在陸、海、空三軍總部裡設置。在三月中旬已陸續前來台灣的特種顧問成員，開始對原本士氣低落、萎靡不振的國軍部隊，進行監督與考察等相關活動，其職責還包括評估國軍高級軍官的才能，並把這些情況直接接彙報給蔣介石。[23]身為特種技術顧問團的總協調員，並得到蔣的充分信任，柯克成為在台灣極富權勢和影響力的人物，不久之後，許多軍方高級將領開始對他出現敵意。

在「特種技術合作案」的初步開展過程中，柯克很快地展示出他提高國民黨政府軍事與安全地位的能耐。就在協議案於台北簽署的同一天，柯克以他退休海軍上將和美國新聞駐台通訊員的雙重身分，寫信給支持蔣介石的參議員諾蘭，要求把美國共同防衛計畫軍援盈餘中，部分原本計劃撥給菲律賓的額度，轉撥援助台灣。柯克聲稱，國民黨亟需至少三百架戰機，來維持台灣海峽的空中優勢，並且抵禦那些仍在台灣當局控制下的外島。柯克認為，提供這些飛機給在台國軍部隊，將大有助於挽回美國在遠東地區逐漸下墜的影響力。[24]

實際上，在一九五〇年三月，當中國遊說團還未能夠採取具體行動，將上述軍費盈餘轉撥台灣之前，柯克與「中國國際商業公司」已經替台北政府自菲律賓祕密採購了一批數量可觀的軍火，包括價值八百萬美元的飛機零件、三百箱雷達設備和一百輛履帶式登陸車。應柯克要求，這些軍火多數被撥用於補強孫立人轄下諸師的戰力。[25]另有傳言，「中國國際商業公司」在馬尼拉的代理商，還將訂購四百二十六輛剩餘坦克並隨後運往台灣。[26]國民黨政府採購如此大量的坦克車，一度引起了美國國務院和英國外交部的不安，他們擔心如果台灣被占領，這些重型武器就會落到共產黨的手裡，並對西方在東亞地區的安全利益造成極大威脅。雖然這四百二十六輛坦克最後並未運往台灣，但柯克和「中國國際商業公司」確實在菲律賓購買了總數達三百輛的裝甲車與偵察車，於一九五〇年三月下旬陸續運抵台灣。[27]

柯克同時還克服萬難，從舊金山和美國其他地方的物資代理商，替台灣購得至少七萬餘桶汽油。當時國軍嚴重缺乏汽油，此現象已嚴重危及台灣的軍事防禦能力，然而柯克所促成的這筆汽油交易，卻讓華府行政當局相當驚愕；在一份內部流通的備忘錄裡，國防部官員對於某「第

22 Jiang Biao to James A. Gray, April 4, 1950, Charles M. Cooke Papers, Box 26.

23 「行政院物資供應局與中國國際商業公司協議」，Charles M.Cooke Papers, Box 26; Jiang Biao to Cooke, April 15, 1950, Charles M. Cooke Papers, Box 26。於一九五〇年代初期服役於中華民國陸軍的退役上校徐柏林回憶，柯克和其團員在國軍基層部隊裡非常活躍，督導基層訓練計畫與評估操練成效，展現十足幹勁，當時國軍最基層的部隊官兵都知道這些非正式顧問團的存在。

24 Cooke to Knowland, April 10, 1950, Charles M. Cooke Papers, Box 4.

25 孫立人將軍工作日誌，一九五〇年四月七、十一日，Shen Keqin Papers, Box 3.

26 Strong to State Department, March 29, 1950, no. 794A.56/3–2950; U. S. Embassy in Manila to State Department, April 19, 1950, no. 794A.56/4-1950, Formosa 1950-1954, reel 4.

27 U.S. Embassy in London to State Department, April 1, 1950, no. 794A.56/4-150; Dean Acheson to U.S. Embassy in Manila, April 1, 1950, no. 794A.56/4-150; U.S. Embassy in Manila to State Department, April 19, 1950, no.794A.56/4-1950, Formosa 1950–1954, reel 4.

柯克（前排右）與孫立人（前排中）在南台灣某軍事基地，約 1950 年。（胡佛檔案館提供）

三方」正為國民黨政府採購汽油一案，表達嚴重的關切，雖然五角大廈未出手攔阻，但仍嚴密監控，務必讓這批汽油抵達「適當目的地」，而不致落入共產黨手中。[28]

一九五〇年四月初，柯克還協助台灣，從美國在日本橫須賀港的海軍基地取得兩萬三千發炮彈。當時國軍部隊亟需更多的彈藥，來防衛那些危在旦夕的沿海島嶼基地，而柯克善用其人脈關係，在華府和東京適時發揮了他的作用，以優惠價格購得一批剩餘軍火。[29]在成功地為台灣取得美軍留存在橫須賀港的剩餘炮彈之後，柯克與「中國國際商業公司」繼續進行他們帶有冒險性的軍購事業；一九五〇年四月下旬，柯克寫信給五角大廈的軍方高級官員，包括海軍部長薛爾曼將軍（Forrest Sherman），敦促他們把駐留在橫須賀港的二十七艘當時被視為海軍剩餘武器的護衛艦和登艦坦克，轉移到台灣，柯克還聲稱，此項轉移並不違反一九四七年美國國會通過的第五一二號法案（Public Law 512）中，「轉移至中華民國海軍的軍艦數量，總數不超過兩百七十一艘」的規定。[30]韓戰爆發前，「特種技術合作案」在台灣如火如荼地進行著，其程度甚至一度到了凡是與當時援助國民黨政權相關事物，皆與柯克扯上關係。五月間，一件匪夷所思的例子出現了；當時盛傳，不久之後一個由美國與以色列退休軍官所組成的援台空軍志願大隊，將在柯

28 Department of Defense memorandum entitled "AV Gas to Chinese Nationalist Government, Formosa," March 7, 1950, NARA, RG 330, Records of the Secretary of Defense, Records of the Office of the Assistant Secretary of Defense (330.6), Box 50.

29 Cooke to Fassoulis, April 14, 1950, Charles M. Cooke Papers, Box 26; Fassoulis to James Gray, June 10, 1950, Charles M. Cooke Papers, Box 26.

30 Cooke to Forrest Sherman, letter, April 14, 1950, Charles M. Cooke Papers, Box 8; "Basis of request by the Chinese Government April 1950 for Transfer of Surplus U.S. Vessels and Boats to China as authorized in U. S. Public Law 512," memorandum by Cooke, April 1950, Charles M. Cooke Papers, Box 35.

克的促成與協助下，前來協助國民黨政府，事後證明這純粹是空穴來風。[31]

柯克也許真的曾經提出成立一支國際航空勁旅前來協防台灣的構想，然而他出身美國海軍，其專長與重點仍在海軍相關業務，而非空軍。一九五〇年六月中旬，柯克飛赴日本，要求盟總官員同意將留在橫須賀港中至少十二艘軍艦，重新武裝後轉交台北當局。但是這一次柯克碰了軟釘子；雖然像海軍部長薛爾曼此一層級的官員，頗為認同柯克的想法，然此時全球各地的輿論焦點，關注於國軍部隊在兩週之內先後失去了海南島和舟山群島。很顯然地，值此之際，任何把新一批武器運交台灣島上國軍部隊手裡的舉措，都將引發世人強烈的關切與不安。[32]

蔣介石對柯克的倚重程度，甚至使得柯克可以一人的意志，改變國民黨政府駐美軍事官員在美國祕密購買軍火的決策。一九五〇年六月初，駐美軍事代表團原本計劃以軍事採購基金裡所剩餘的一百八十萬美元，替台北添購十六萬發對空導彈，及一百萬發點四五口徑的炮彈。柯克在得知此一決定後，與他的「特種技術顧問團」幕僚立即建議蔣介石改變決定，改由「中國國際商業公司」為中華民國海軍購買點三〇、點五〇口徑，以及海軍使用的三吋火炮彈藥，柯克認為這些海軍武器，對台灣當前的軍事防禦更為急迫。[33]蔣最後同意了，但是他在華府的軍事代表團一開始卻持抗拒心理，拒絕與「中國國際商業公司」合作，只不過這些駐華府的國府官員很快就理解到，沒有「中國國際商業公司」的介入與打點，在當時的情況下，台北駐美軍事代表團不易購買到任何急迫需要的武器。[34]

「私人化」的軍事與安全政策

柯克在台灣的活動，標誌著韓戰爆發前後這段關鍵時刻裡，國民黨政府的外交和軍事決策的「私人化」。在得到蔣的充分信任後，柯克開始在國民黨政府主要軍事與安全決策中，扮演著舉足輕重的角色。一九五〇年四月二十七日，蔣介石派柯克到舟山群島進行一次危險的考察任務。當時蔣與他絕大多數的高級軍事顧問，都認為舟山群島在台灣防衛的戰略安全上，至關重要；台北對舟山群島的掌控，不僅能夠威懾共產黨控制下的大上海地區，而且能夠監控解放軍自東南沿海南下進犯台灣。自一九四九年秋天以來，效忠蔣介石的部隊，已花費極高的代價來固守舟山群島，將其打造成一個堅強的軍事堡壘。[35]為了顯示國軍固守此一據點的決心，大量兵力被部署在舟山的各個島上；一九五〇年四月，除了大約十三萬國軍駐紮在總面積五〇二平方公里的群島上之外，台北方面還考慮派駐更多的兵力。[36]

在考察舟山群島後，柯克提出了一個大膽的建議：撤出所有國軍部隊，放棄全部島嶼。他的

31 Strong to State Department, May 12, 1950, no. 794A.00(W)/5–1250, *Formosa 1950–1954*, reel 2.

32 Sherman to Cooke, May 3, 1950, Charles M. Cooke Papers, Box 8; Cooke to Chiang Kai-shek, memorandum, June 10, 1950, Charles M. Cooke Papers, Box 26; Strong to State Department, June 24, 1950, no. 794A.00(W)/6–2450, *Formosa 1950–1954*, reel 2.

33 Cooke to Chiang Kai-shek, memorandum, June 10, 1950, Charles M. Cooke Papers, Box 26.

34 James Gray to Cooke, June 21, 1950; Fassoulis to Gray, June 24, 1950, Charles M. Cooke Papers, Box 26.

35 中國廣播公司呈蔣介石之提案，一九五〇年三月二十三日，國史館，「特交檔案／一般資料／民國卅九年」，編號75733；周至柔呈蔣介石，一九五〇年四月十四日，「特交檔案／軍事／金馬及邊區作戰」，編號58086。

36 石覺呈蔣介石，一九五〇年四月二日，國史館，「特交檔案／軍事／金馬及邊區作戰」，編號58083。

舟山群島的行政中心——定海，中華民國政府從該群島撤軍之前，約 1950 年 4 月。（胡佛檔案館提供）

理由直截了當：根據最新的情報，共軍在上海與杭州一帶的機場，都已配備了先進雷達與防空炮，由蘇聯飛行員所駕駛的新式噴氣式戰機，也已進駐該區域。而將與這支先進的共產黨空軍正面交鋒的，則是舟山群島上僅有的兩個雷達設備，和高射炮陣地不足的機場。[37]在柯克看來，共軍在舟山區域的海空兩軍優勢已極為明顯，舟山已不再能夠起到國軍對中國東南沿海空軍前哨站的作用，更沒有必要再派兵留守。柯克進一步指出，儘管放棄舟山的決定將會重挫國軍的士氣，但台北仍應立即下令撤離，絕不能拖到六月一日以後，因為到了此時，穩定的天氣狀況將極有利於共軍對該群島的空中行動。[38]此刻，柯克不僅極力建議國民黨政府從舟山撤軍，據聞他還向蔣介石保證，一旦撤離後，美國第七艦隊未來將前來巡弋台灣海峽。[39]

可以想見，蔣介石的軍事顧問幾乎一致反對放棄舟山的主意，咸認為失去這個海島據點，將嚴重破壞台灣北面的防禦力量，並為國軍士氣和聲譽帶來沉重的一擊。[40]國民黨政府的軍事高層對於柯克此項建議是如此地氣憤，以至於他們在各種軍事會議的場合，對柯克懷有極深敵意，並常對他失去風度與理智。他們還私下將矛頭指向蔣介石，批評他竟被一個外國人所蒙蔽，並

37 Cooke to MacArthur, May 2, 1950, Charles M. Cooke Papers, Box 6; Cooke's memorandum for the record, May 1, 1950, Charles M. Cooke Papers, Box 33.

38 Cooke to Chiang Kai-shek, "Choushan Situation," memorandum, April 29,1950, Charles M. Cooke Papers, Box 2.

39 Strong to State Department, May 17, 1950, no. 794.00/5-1750, *Formosa 1950-1954*, reel 2.

40 國防部第三廳呈蔣介石極機密報告，一九五〇年五月五日，國史館，「特交檔案／軍事／金馬及邊區作戰」，第一〇一卷，編號58076。

指責其幼稚懦弱，竟然可以不發一槍一彈，就輕易拱手讓出長江三角洲的最後據點。[41]儘管有來自軍方將領的激烈反對，蔣介石最終仍決定採取柯克的建議，於五月十日清晨下達撤軍令。在柯克的建議下，蔣還要求心不甘情不願的海軍總司令桂永清，冒著風險親自前往舟山，指揮協調撤退，以免發生混亂狀況。五月十六日，國軍部隊與島上居民共十五萬人，以及大量的彈藥與物資，安全抵達基隆港，撤退期間未曾遭遇共軍。[42]

柯克在國軍撤出海南島此一過程裡，扮演同樣重要的角色。一九五〇年三月上旬，海南島上國民黨當局在未遭逢解放軍威脅的情況下，主動撤守位於雷州半島以西東京灣內戰略地位重要的潿洲島。此次撤軍行動並未受到太多關注，然而由於潿洲島的地理位置有利於監控粵南地區共軍動靜，故國軍失去這塊小島，對其海南島的防禦而言，終非吉兆。[43]四月中旬，在解放軍成功登陸海南島北岸後不久，陳濟棠立刻飛赴台北，與蔣商榷有關該島的最後防衛事宜。在會上蔣明確表示他將不會再投入台灣任何資源於海南島防禦，此番態度令海南島上的國民黨當局大為氣憤。[44]四月二十五日，也就是共軍攻占海南島省會海口市的第三天，一條向全球發布的美聯社新聞，引述海南當地「權威人士」談話，稱蔣介石不願意防衛海南島，是因為他害怕當地的軍事當局力量壯大，使他無法有效掌控島上事務。[45]這一消息令蔣大發雷霆，他擔心此類說法，只會進一步打擊中華民國政府已極為脆弱的民心士氣與國際形象。[46]

在台灣與海南兩個島上的兩股國民黨勢力關係極度緊張的時刻，蔣決定派遣柯克前往海南島視察。柯克於四月二十日抵達海口，卻親眼目睹該城市如何被解放軍占領。根據柯克事後寫給麥克阿瑟將軍的報告內容顯示，由薛岳將軍所領導的國軍部隊簡直被「徹頭徹尾地打敗」；柯克甫抵海口，薛曾向他報告大約有四千名已登陸的共軍，在海口外灘向他指揮的國軍部隊投降，他因此決定暫不殲滅這批共軍。但是柯克有理由相信，這批共軍實際上是在等待新的增援，因此薛岳實際上是給了敵人喘息的機會。薛不相信柯克的說法，然事後證明柯克的判斷是正確的；當天傍晚，解放軍增援部隊抵達後，重啟戰端，而國軍則被徹底擊垮。[47]

海口的失守，促成台北當局最終放棄海南島。柯克於四月二十三日回到台北後，立即呈給蔣介石一份報告稱，基於他在海南的個人考察，共軍在進攻海南島之前，已在雷州半島的南端建築強大的炮台工事。這些炮台應該是由雷達所控制，由專業的炮手操作，並裝有感應導線。柯克指出，此種先進的導線是由美國海軍研發的，在二次大戰結束前，尚無其他國家能夠取得此

41《蔣介石日記》，一九五〇年四月三十和五月一、三、七、八、九、十日；Strong to State Department, May 16, 1950, no. 794A.00/5–1650; Strong toState Department, May 18, 1950, no. 794A.61/5–1850, *Formosa 1950–1954*, reel 1.

42 Cooke to Chiang Kai-shek, "Choushan Plan," memorandum, May 10, 1950, Charles M. Cooke Papers, Box 2; 石覺呈蔣介石，一九五〇年五月十四日，國史館，「特交檔案／軍事／金馬及邊區作戰」，第一〇一卷，編號58080；王叔銘呈蔣介石，一九五〇年五月十六日，「特交檔案／軍事／金馬及邊區作戰」，第一〇一卷，編號58081。

43 British Consulate in Tamsui to Foreign Office, March 19, 1950, FO 371/83297FC 1016/41; Strong to State Department, March 11, 1950, no. 794A.00(W)/3–1150, *Formosa 1950–1954*, reel 2.

44 Strong to State Department, April 10, 1950, no. 794A.00/4–1050; Strong to State Department, April 22, 1950, no. 794A.00/4–2250, *Formosa 1950–1954*, reel 1.

45 Strong to State Department, April 25, 1950, no. 794A.00/4–2550, *Formosa 1950–1954*, reel 1；美聯社新聞稿，一九五〇年四月二十五日，國史館，「特交檔案／軍事／金馬及邊區作戰」，第一〇二卷，編號58102。

46《蔣介石日記》，一九五〇年四月二十五日；Strong to State Department, April 28, 1950, no. 794A.00(W)/4–2850, *Formosa 1950–1954*, reel 3.

47 Cooke to MacArthur, April 27, 1950, Charles M. Cooke Papers, Box 6; Seymour Topping, *On the Front Lines of the Cold War: An American Correspondent's Journal from the Chinese Civil War to the Cuban Missile Crisis and Vietnam* (Baton Rouge: Louisiana State University Press, 2010),111–121.

種技術。柯克認為蘇聯當局正在製造這樣的導線，並可能由其提供給解放軍使用於防炮系統。他得出的結論是，由於共軍已占領海南島的北部海岸，島上的國軍海軍將再難以控制雷州半島海峽，同時也難以再阻止解放軍渡海南下。[48]柯克的報告成了壓垮駱駝的最後一根稻草：蔣立即向海南島下達最後的撤軍令。五月二日，約五萬國軍，攜帶軍火炮彈與物資，安全地撤到台灣。如今台灣島已成了國民黨最後與唯一的根據地。

溝通台北與東京盟總

儘管表面上，中華民國政府是「主動」撤出舟山群島與海南島，但情勢的演變，仍帶給蔣介石與台灣島上的軍民帶來了嚴重的信任危機。兩週之內，兩個重要島嶼要塞接連喪失，反共領土根據地進一步縮小，這不僅傷害了蔣介石與國民黨的反共大業形象，對蔣在美國的支持者亦是一大挫折。[49]蔣在美國國會最有影響力的兩個支持者，參議員諾蘭與眾議員周以德（Walter Judd），都坦率地向柯克表示，失去這些中國沿海島嶼據點，徒增他們在美國為台灣爭取援助的困難度。[50]當諾蘭從柯克那裡得知，相當數量的國軍部隊與物資裝備已安全從這些島上撤離，損失與傷亡並不如外界新聞媒體報導的那麼嚴重，他立即要求柯克，即使一張國軍部隊成功撤退回台灣的照片，對他繼續在美國爭取對台援助都有莫大助益。[51]

舟山群島和海南島相繼失陷後，派駐台北的美國外交領事人員與武官，已不再相信蔣介石能夠繼續挺下去，並預言國民黨政權很快就會垮台，蔣本人可能會流亡至菲律賓的馬尼拉或南韓的首爾。[52]五月二十二日，美國駐台北總領事館向在台美僑發出公開信，說近來的政局發展顯示國共「敵對情緒已逐漸蔓延至目前仍屬於平靜的地區」，其後果將是台灣對外的交通運輸可能遭受不利影響，總領事館因此敦促全體美僑，趁交通狀況還處於正常運作的情況下，儘速離開台灣。[53]美國大使館裡的武官則私下預估共軍渡海攻台的時機，將是在六月十五日到七月底之間，並建議美方把駐留台灣的外交人員數量，在六月中旬以前減至最低，最後僅留下兩名武官，待到最後一刻再撤離。[54]台灣島上則流言四起，說美方將很快關閉駐台使領館，令政府要員恐慌異常。連蔣介石的忠實盟友陳納德將軍，甫自台灣結束訪問返回美國後，也表示此行最大的不幸，是他親眼目睹了台灣島上國民黨民心士氣嚴重渙散，對他而言，此乃一「至為不幸」的發展。[55]

48 Cooke to Chiang Kai-shek, "Comments on the Hainan Battle," memorandum, April 23, 1950, Charles M. Cooke Papers, Box 2; 柯克致蔣介石備忘錄，一九五〇年四月二十三日，國史館，「特交檔案／軍事／金馬及邊區作戰」，第一〇二卷，編號58120。

49 中華民國駐美大使館呈蔣介石，一九五〇年五月四日，國史館，「特交檔案／外交／國防情報及宣傳」，第四卷，編號59679。

50 Knowland to Cooke, May 8 and June 20, 1950, Charles M. Cooke Papers, Box 4; Cooke to Knowland, May 23, 1950, Charles M. Cooke Papers, Box 4; Cooke to Knowland and Walter Judd, June 16, 1950, Walter H. Judd Papers, Box 164.

51 Knowland to Cooke, May 8, 1950, Charles M. Cooke Papers, Box 4.

52 Strong to State Department, May 12, 1950, no. 794A.00(W)/5–1250, *Formosa 1950–1954*, reel 2.

53 U.S. Consulate General in Taipei, "To American Citizens in Taiwan," May 22, 1950, Walter H. Judd Papers, Box 164; Strong to State Department, May 26, 1950, no. 794A.00(W)/5–2650, *Formosa 1950–1954*, reel 2.

54 Strong to State Department, May 18, 1950, no. 794A.551/5–1850, *Formosa 1950–1954*, reel 4; A. E. Cates, Jr. to Charles M. Cooke, memorandum, May 20, 1950, Walter H. Judd Papers, Box 164.

55 Chennault to Knowland, June 12, 1950, Charles M. Cooke Papers, Box 33.

眼看國民黨政權從南京一路向廣州、重慶、成都、台北撤退，如今已經沒有退路了。在這個國民黨統治台灣最黑暗的時刻，除了柯克，蔣介石幾乎難以相信任何人。為了驅散中華民國政府將海南島與舟山群島拱手讓給共產黨的傳言，柯克寫信給華府的要員，包括國防部長約翰遜，努力澄清事實，並爭取他們繼續向台灣提供援助與支持。[56]儘管早前柯克目睹了國軍在海南島上不忍卒睹的表現，他還是極力為蔣介石辯護，說失去海南島其實有助於台灣的防禦，畢竟補給海南島將帶給台灣沉重的物力與軍力負擔。[57]柯克甚至對美方友人辯稱，海南島的撤退乃是蔣介石「深思熟慮下」的策略，其目的之一，在於引起全世界關注遠東危機和共產主義勢力在該區域的擴張。[58]

柯克甚至願意挺身與他在台灣的美國同僚打對台。為了澄清有關美方對台立場的謠言，一九五〇年五月十九日，柯克在台北安排了一場非正式的會議，與幾名美國駐台軍事武官會面，出席者包括戈特少校（James Gault）、巴大維少校（David Barrett）和蓋伯特（John Gabbert）等人。柯克基於他在海南與舟山的個人考察，嚴厲反駁駐華武官認為國軍部隊撤出這些地方時，曾留下了數千部隊與寶貴軍事物資給解放軍的看法。柯克還質疑駐台使館對台灣未來的命運帶有偏見的報告。他說，一名線民對他透露，美國領事館人員和武官曾展開內部民意調查，大家最後推得七月十五日那天台灣將淪陷的結論，柯克此番言論令在場的武官感到極為尷尬，不得不承認確有其事。柯克嚴厲抨擊此一無端的臆測，竟然可以成為美駐台外交人員遞交華府正式報告的依據，並以此告誡美國公民撤出台灣。為了讓美國的政策規劃者瞭解真相，他就此次的非正式會議迅即寫就一份備忘錄，呈交給華府、東京兩地蔣介石的支持者，包括麥克阿瑟將軍和周以德等。[59]但柯克的「古道熱腸」卻遭到美國駐台北使館人員的冷漠以對與嘲諷。五月二十六日，駐華代辦師樞安發文呈報給他在國務院的上司，提及「大體上而言，柯克正在主持著整個中華民國的軍事戰略規劃事宜，但他能否在短時間內達成其分內的工作，實在令人存疑。」接著，師樞安還對柯克究竟是否有能力提振國民黨的士氣、防止台灣內部顛覆、整頓指揮國軍體系、改善協調與通信、防止經濟惡化等重要議題，提出強烈懷疑。[60]

但柯克根本不肯罷手。正當全世界都預期，隨著海南和舟山的失守，台灣的陷落已在所難免，柯克擔任起蔣介石與他那瀕臨崩潰的國民黨政權，以及麥克阿瑟與東京盟總之間的溝通橋梁。據目前所有可以掌握到的史料線索，在一九五〇年六月二十四日韓戰爆發之前，他曾於四月十日、五月二十四日、六月十六日，三次以蔣的私人信使身分，飛赴東京會見麥克阿瑟。這幾次會面，很大程度上加強了台北與盟總之間的聯繫，對蔣政權日後立足台灣，起了至關重要的作用。

一九五〇年四月，在柯克第一次前往東京的前夕，他替蔣介石代擬一封致麥帥私人信函，向麥帥提出三個關於台灣戰略安全的問題：第一，台灣島上的國軍空軍和海軍，是否仍應繼續保

56 Cooke to Louis Johnson, May 1950, Charles M. Cooke Papers, Box 33; *A Brief Report on the Evacuation of Hai-nan and Chow-San Islands*, memorandumby Cooke, May 1950, Charles M. Cooke Papers, Box 33.

57 Cooke to Knowland, May 23, 1950, Charles M. Cooke Papers, Box 4; Cooketo Forrest Sherman, May 23, 1950, Charles M. Cooke Papers, Box 8.

58 Bruce Cumings, *The Origins of the Korean War*, vol. 2, *The Roaring of the Cataract, 1947–1950* (Prince ton, NJ: Prince ton University Press, 1990), 526–528.

59 Strong to State Department, May 19, 1950, no. 794A.00(W)/5–1950, *Formosa 1950–1954*, reel 2; Memorandum from Charles Cooke to Walter Judd, May 20, 1950, Walter H. Judd Papers, Box 164.

60 Strong to Philip D. Sprouse, top secret telegram, May 26, 1950, *ROCA*, reel 14.

持足夠優勢，伺機在獲得中國大陸反共游擊隊的支援下，強化其裝備，包括先進的大型軍用雷達？對柯克而言，此裝備將可充分展示出台灣部隊的攻擊作戰能力；第二，如果在台國軍無法在海空兩軍配備大型雷達，則盟總方面對於仍留在中國大陸的國民黨游擊部隊，繼續進行游擊活動能力的評估為何？最後，如果台灣能夠自盟總取得新的軍事資源，則盟總評估國軍部隊的反共軍事行動還能維持多久？柯克提出此三個問題的用意，在於建議蔣介石，應排除萬難尋求盟總軍事裝備的支援，而不去管華府的遠東政策改變與否。[61]柯克作為蔣介石信使的新角色，相當程度上讓麥克阿瑟願意重新支持蔣介石所領導的國民黨政府。猶記得麥帥曾於一九四九年秋一度摒棄蔣介石，然此時他則開始轉變態度，公開宣稱即使蔣介石是一隻「長了角和尾巴的怪獸」，但是只要他堅持反共立場，我們就應該幫他一把。[62]

一九五〇年五月二十四日，當柯克在東京第二次會見麥克阿瑟時，他提交了一份關於國民黨政府軍事的第一手報告。他指責駐節台北的國務院外交人員，向華府提供對台灣局勢錯誤且帶有偏見的報告，並極力向盟總當局澄清各項不利於蔣介石的報導。柯克還抓住這次機會向盟總解釋，國民黨政府自舟山和海南撤退，實際上是出於台灣自身利益的考慮，並敦促麥帥和他的同僚與台北密切合作。[63]麥克阿瑟根據柯克所提供有關台灣、舟山與海南島的第一手訊息，於五月二十九日向美軍參謀首長聯席會議遞交了一份極著名的備忘錄，強調中、蘇共在上海地區的軍事合作引起他極大的關注，由於蘇聯戰機已經使用於解放軍的空軍，因此台灣安全問題乃當務之急。麥帥強調，如果最終蘇聯軍隊奪取台灣，則東南亞—菲律賓—日本之間的海運航線就會被切斷，日本將成為孤島。他最後發出有關台灣戰略地位強而有力的呼籲：

「一旦美國和蘇聯之間的戰爭爆發，台灣島對於美方的戰略價值，有如一艘『永不沉沒的海上航空母艦』。台灣處於極佳的戰略地理位置，這將有利於美方在亞太地區牽制蘇聯繼續擴張，並使得美軍的遠東指揮部前線發揮極大作用。」[64]

美國準備發動「倒蔣」政變？

柯克於一九五〇年六月中旬第三次前往東京時，蔣介石的地位正處於一個相當微妙的處境，當時甚至有謠言指出，只要美方不拋棄台灣，蔣介石願意主動放棄他的權力。根據加拿大學者艾西尼利（Robert Accinelli）的說法，大約在六月初，蔣通過一位名叫尼克斯（Karl W. V. Nix）的俄亥俄州商人，也是蔣、宋家的舊友，向與尼克斯頗有交情的杜魯門總統轉達一項個人訊息：蔣願意承認自己「過去的錯誤」，並表示如果他的退出，有利於台灣局勢，他願意這麼做，只要美國同意派遣一位不會前來羞辱他的人來台灣，主持大局。[65]美國國務院一份內部文件也記載，六月二十五日韓戰爆發的隔天，杜魯門總統曾向高級僚屬透露，約莫一個月前，他曾收到一封蔣

61 Cooke to McArthur, letter, April 1950, Charles M. Cooke Papers, Box 2;《蔣介石日記》，一九五〇年四月七日。

62 C. L. Shulzberger, *A Long Row of Candles: Memories and Diaries, 1934–1954* (New York: Macmillan, 1969), 687–688.

63 Cooke to Knowland, May 23, 1950, Charles M. Cooke Papers, Box 4;《蔣介石日記》，一九五〇年五月二十四日，第四十八盒。

64 MacArthur to the Department of Army, May 29, 1950, quoted in Lowe, *The Origins of the Korean War*, 175. See also Chen Jian, *China's Road to the Korean War: The Making of the Sino-American Confrontation* (NewYork: Columbia University Press, 1994), 117–119.

65 Accinelli, *Crisis and Commitment*, 25–26.

介石私函，大意是，如果他不再過問台灣政事對整體局勢有助益，他願意這麼做，杜魯門因此斷言，「若讓麥克阿瑟將軍進入台灣，則蔣介石將（從台灣）退場。」[66]而蔣介石私人日記則顯示，他確實曾在五月二十四日於台北會晤來訪的尼克斯，只不過日記裡並未透露任何交談詳情，遑論是否論及他下野之事。[67]

如果蔣對美方傳達此一私人訊息屬實，其實也不令人太意外。一九五〇年三月三日，在國務卿艾奇遜的辦公室裡，華府的重要外交決策者正閉門討論一項有關中國大陸與台灣高度敏感的行動方案，當時國務院官員考慮以下幾個重要問題：

一、美國不應該以承認當時遷往台北的國民黨政府為解決整個問題的最終方案；

二、美國不應該繼續承認當時遷往台北的國民黨政府乃是代表全中國的中央政府，但應與台灣省政府維持實質關係；

三、美國向來視台灣為中國領土的一部分，但如果台灣島上出現一個自發性建立且獨立於中國之外的台灣新政權，美國必須依據情勢的演變來決定其立場；

四、若台灣遭到外力攻擊，美國將不會贊同，而且將重新考慮其對台立場。

出席這場會議的要員們坦承，擬議中的行動方案旨在鼓勵促成一個「更令人滿意的台灣政權」，以及設法讓台灣獨立於中國之外，只不過國務院高級官員無法確定這個構想是否可行，因為以上四點很可能會在台灣引發一連串事件，而美方將無法掌控最後的結局。他們認為，台灣省政府實際上掌握不了島上的國民黨軍隊，省主席吳國楨並無真正的軍事決策影響力，在此情況下華府與台灣省政府維持實質的關係，其意義不太大。此外，如果美國政府決定不再承認遷往台北的國民黨政權是代表全中國的中央合法政府，卻繼續向台灣輸出軍火，這將使美國在聯合國等重要國際組織裡遭受全面批評。國務院高層同時也擔心，華府為了達成台灣島上的政權轉移而所採取的任何積極措施，都將讓美國政府必須對日後出現在台灣的新政權，表示支持之承諾。此次會議最後沒有得到任何結論。[68]

四月二十七日，情況出現了變化。當天美國國務院政策計畫局局長尼茲（Paul Nitze）向艾奇遜報告，他和國務院新聘任的外交顧問杜勒斯（John Foster Dulles）之間，對於台灣問題有一些「很有意思」的想法，並稱他將與東亞助卿魯斯克進一步研究此事。[69]這些人進一步研究的結果，是於五月三日提出一個大膽的「假設性」倒蔣計畫。在尼茲看來，若由獲美國大力支持與背書的孫立人在台灣發動一場軍事政變，將可成功，而且孫立人已經透過管道向魯斯克私下「透露」，他已準備好罷黜蔣介石，以便「完全接掌兵權」，他也會拔除台灣島上「所有國民黨當權派要員」的權力，一旦事成，美方將會把籌碼加在孫立人身上，並組織起有效的防禦力量，同時在大陸

66 Philip Jessup memorandum of conversation, top secret, June 26, 1950, *FRUS 1950*, vol. 7, *Korea*, 180.

67《蔣介石日記》，一九五〇年五月二十四日。有關尼克斯此一神祕的台北之行以及他與蔣介石會晤細節，仍有待進一步發掘。

68 State Department, memorandum, top secret, March 1950, in *ROCA*,reel 14.

69 Office of the Secretary of State to Windsor Hackler of the Bureau of Far Eastern Affairs, top secret, April 27, 1950, no. 794A.5/4–2750, *Formosa 1950–1954*, reel 4.

煽動反共的力量。[70]

孫立人究竟是否果真向美方作如此表示，不無疑問，然毋庸置疑，不尋常之事確實在醞釀之中。三星期後的五月三十日，國務院負責遠東事務的要員包括魯斯克、尼茲、吉瑟浦、莫成德與石博思等人，共同會商尼茲上述計畫草案，同時探討在台灣發起行動的各種可能性。與會者推測，蘇聯很可能樂見美國在拉下蔣介石後，投入部分兵力保護台灣，因為這將讓莫斯科當局有機會將中共推向與美國直接衝突的深淵，而蘇聯也有可能向毛澤東提供潛艦等直接然而卻無法辨認來源的軍事援助，來加劇美、中之間的軍事衝突。[71]與會者也認真擬出數個可能的路子，並將之合併成為一份正式備忘錄，由魯斯克於六月九日呈交國務卿艾奇遜。這份備忘錄的要點是，美方應該派人赴遠東地區，傳達美國的訊息給蔣介石，該位人士最好是當時擔任國務院外交顧問的杜勒斯。他已訂六月中旬前往日本，途中有可能轉往台灣一趟，並向蔣轉達以下訊息：在當前形勢下，台灣很可能陷落，美方將不會採取任何措施幫助蔣守衛台灣，蔣唯一能夠避免流血的方法，是將台灣交由聯合國託管。[72]

尚無明確證據顯示，艾奇遜最後曾回覆或者拍板魯斯克這份有關台灣政變的備忘錄，然而在一個星期之後的六月十五日，國務院高層於另一份極機密的備忘錄中，進一步描述了執行前述行動方案的程序。簡而言之，華府將透過一位私人密使，在絕對機密的情況下知會孫立人將軍，只要他想發動政變並取得台灣兵權，美國政府已經準備好提供他必要的軍事援助與建言。美國將給予孫立人一筆高達數百萬美元的經費，協助他收買攸關政變成敗的國軍高階將領，美方還必須向孫承諾，將另外提供他接管台灣政局初期所需之額外經費。此外，華府也準備從關島或其他美軍基地空運必要的武器彈藥，以滿足孫立人在發動政變前後之所需。[73]

在部分國務院決策者眼中，支持孫立人取代蔣介石，勢將影響美國與中共之間的關係，美方若提供孫立人軍事援助與顧問建議，將足以讓他比蔣介石更有效地防衛與治理台灣，而孫在日後中國大陸議題上，也將比蔣介石更加舉足輕重，且不易受到蔣以及其他國民黨舊勢力黨羽的掣肘。華府情報單位還掌握到，當時中共解放軍內部頗有權力鬥爭或者將領心懷不滿的傳言，一旦蔣介石下野，美方認為也許華府還能利用這股中共軍方內部的不滿情緒，易言之，華府似乎認為，一旦孫立人能夠在台灣站穩腳步，則他不無可能和部分心懷不滿的解放軍將領達成某種妥協，進而促使中共內部分裂。美方推斷，如果這種可能性確實存在，那麼比起消極地避免台灣落入中共之手，孫的上台可能將間接地促使中共分裂，這美國將更為有利。[74]

與此同時，西方主流媒體也積極鼓吹將台灣交給聯合國託管。為了在兵不血刃的情況下阻止台灣落入共產黨之手，《紐約時報》（New York Times）於一九五〇年春天的一篇評論中主張，蔣介石應該要「表現出世界級政治家的風範」，主動把台灣交給聯合國，然後離開台灣，而非扮演一個決心抵抗到最後一刻的中國老派軍人與政客。這篇評論說道，蔣介石以劣勢兵力，為了保

70 State Department memorandum entitled "Hypothetical Development of the Formosan Situation," top secret, May 3, 1950, no. 793.00/5–350, *Formosa1950–1954*, reel 1. See also Thomas J. Schoenbaum, *Waging Peace and War:Dean Rusk in the Truman, Kennedy, and Johnson Years* (New York: Simon& Schuster, 1988), 209; Leonard A. Kusnitz, *Public Opinion and Foreign Policy: America's China Policy, 1949–1979* (Westport, CT: Greenwood,1984), 33.

71 State Department, memorandum on Formosa, top secret, May 31, 1950, no.794A.00/5–3150, *Formosa 1950–1954*, reel 1.

72 Rusk to Acheson, top secret memorandum, June 9, 1950, no. 794A.00/6–950,*Formosa 1950–1954*, reel 1.

73 State Department, top secret memorandum, June 15, 1950, in *ROCA*, reel 15.

74 Ibid.

住台灣而吃下敗仗，最後平白將台灣拱手交予共產黨，無異自取滅亡。[75]

五月三十日會議後接下來幾個星期裡，魯斯克曾在美國祕密會晤了幾位素孚重望的旅美華人，包括二戰時期擔任中國駐美大使的自由派學者胡適，希望說服他支持孫立人兵變計畫，於蔣介石下台後成立的新政府裡，主掌內部行政事務。[76]以上種種跡象顯示，當時一股倒蔣政變似乎即將發動。誠如中央情報局主掌特別行動的局長特別助理佛提耶（Louis J. Fortier）於該年六月二十六日的一份備忘錄裡所載，韓戰爆發之前，確實有太多美國人予孫立人一種強烈印象，認為孫是美國對華政策上所最寄予厚望之士。[77]

此刻，蔣介石不太可能對美方有意除掉他的盤算渾然不覺。也許受到這些檯面下運作的風風雨雨所影響，萬念俱灰的他，曾在六月五日私人日記裡寫道：「四顧茫茫，只見黑暗悽慘，已無我生存立足之餘地。」他禱告並請求上帝賜予他力量，讓他能夠「與此萬惡勢力抗爭到底」。[78]一九五〇年六月中旬，柯克第三次的東京之旅，毫無疑問地與美國當時準備以較激烈的態度對待蔣介石有關。蔣介石透過柯克，以類似透過友人尼克斯傳達訊息給杜魯門總統的克制態度，經由柯克向麥克阿瑟及其主管情報業務的副參謀長查爾斯．韋樂比（Charles Willoughby）傳達了以下信息：「委員長知道自己處境危險，同意在各方面唯美國馬首是瞻，希望麥克阿瑟將軍同意接下此大任……徵求他的意見、指導和指引。」柯克還轉交一封蔣介石私人信函，邀請麥帥前來台灣考察，並且在形勢所迫之下，準備把台灣的軍權交給他。[79]蔣還透過柯克請求杜勒斯，以及一同前來日本訪問的國防部長約翰遜和美參謀總長聯席會議主席布萊德雷（Omar Bradley）將軍，派遣美國顧問來台，並請求給予經濟和政治援助，同時希望美方對於他本人以及他在台灣的領導權，發布一份「積極的政策聲明」。[80]

儘管蔣介石表面上謙恭地表示願意移交軍政大權，然而麥克阿瑟將軍仍堅持蔣應該繼續在台灣掌權，保衛該島以伺機反攻大陸。他在六月上旬與美國駐東京外交官會晤時表示，華府國務院不應橫生枝節，而是應設法協助蔣介石專注於對抗共產黨，然後「可以日後再嘗試改造他（蔣）」。[81]在東京盟總不支持的情況下，當時華府部分國務院官員欲推動驅逐蔣介石的軍事政變，實際上變得不太可行了。麥克阿瑟在和柯克會面之後，向華府方面提交一份對保衛台灣立場強硬的備忘錄：戰略上，台灣是「美國在東亞海上島鏈防禦體系的一部分」，精神上，台灣人民理應「有機會發展他們自己的政治前途」，政治心理上，共產主義在遠東地區的擴張必須被遏制。[82]為了回應蔣介石邀請前往台灣考察，麥克阿瑟還進一步向美軍參謀首長聯席會議建議，應

75 See *The New York Times*, editorial, April 27, 1950, in Julius Epstein Papers, Hoover Institution Archives, Stanford University, Box 22.

76 Ronald McGlothlen, *Controlling the Waves: Dean Acheson and the U. S. Foreign Policy in Asia* (New York: Norton, 1993), 120–122。一九五〇年春，有關胡適得到美國支持並且將出面領導台灣的「自由中國」此一消息，在香港的「第三勢力」裡流傳甚廣，參見當時為第三勢力活躍人士楊子餘未刊自傳第十七章，Thomas Tse-yu Yang Papers, Hoover Institution Archives, Stanford University, Folder 1.

77 "Memorandum for Colonel Bayer: Paragraphs of Colonel Fortier's reportmentioned in General Bradley's message," June 26, 1950, NARA, RG 218,Geographical File 1948–50, Entry: UD 7, 190:1/27/01.

78 《蔣介石日記》，一九五〇年六月五日。

79 Accinelli, *Crisis and Commitment*, 26; Cumings, *The Origins of the Korean War*, 2:540–543; Michael D. Pearlman, *Truman and MacArthur:Policy, Politics, and the Hunger for Honor and Renown* (Bloomington: Indiana University Press, 2008), 52–53.

80 Cooke to Judd, June 16, 1950, Walter H. Judd Papers, Box 96;《蔣介石日記》，一九五〇年六月十三、二十日。

81 William J. Sebald and Russell Brinan, *With MacArthur in Japan: A Personal History of the Occupation* (New York: Norton, 1965), 122.

82 Douglas MacArthur, "Memorandum on Formosa," June 14, 1950, NARA, RG 218, Geographical File, 1948–50, Entry: UD 7, 190:1.

對台灣的經濟、政治和軍事情勢進行全面的調查，以防止共黨勢力占領。六月二十二日，在與杜勒斯和約翰遜的談話中，麥克阿瑟明確指出，除非他有機會親自前往台灣考察，否則要在台灣達到美方預期的軍事與戰略目標，是不切實際的。[83]此一態度與立場也為麥帥兩個月後極具爭議的台灣之行，埋下伏筆。

另一方面，面對內憂外患，蔣介石底下的國安單位也開始在台灣各地展開恐怖的肅清行動，剷除島內的地下共黨組織與反國民黨外圍組織，將監視、布建的觸角往下延伸至台灣各地的基層群眾。這些手腕呈現了黨國體制在台灣形塑過程中不太令人意外的一面，旨在穩定國民黨於島內的統治，重建蔣介石在統治集團裡的最高地位。也許對國民黨而言，在當時艱困的時空背景環境下，使出非常手段以鞏固權力，有其必要性，然而這些後來被稱為「白色恐怖」且極具爭議的整肅行動，也在數十年後，產生強烈無比的政治後座力，讓國民黨政府必須為其當年的作為，付出極大代價。[84]

「特種技術顧問團」與美國駐台北大使館的角力

韓戰爆發前夕，蔣介石、柯克和麥克阿瑟將軍，建構了一個非比尋常的互動關係，因此當六月二十五日韓戰爆發後，柯克與他所領導的特種技術顧問團，繼續在東京盟總與台北之間扮演重要角色，也就不足為奇了。當杜魯門總統下令第七艦隊開進台灣海峽，防止共軍進犯時，柯克意識到風向已經改變了，他與特種技術顧問團成員在台灣的活動變得更加大膽，甚至公然繞過美國駐台北使領人員，遂行其事。一九五〇年七月下旬，在沒有向華府和駐台外交官徵詢的情況下，柯克向蔣承諾，將協助一百八十名國軍的海軍軍官與士兵，至十五艘美國軍艦上培訓。柯克堅信，這類項目將為台美之間的軍事合作邁出重要的一步。[85]

七月三十一日至八月一日麥克阿瑟在台灣兩天的訪問行程裡，他完全忽視了美國駐台北的外交領事人員與武官，他在島上談論的問題，這些官員也無從知曉。另一方面，柯克和他的特種技術顧問團核心成員則受邀參加每一場國民黨高層與盟總官員所舉行的高層會議。在一份於八月初呈交國務卿艾奇遜的機密報告中，美國駐華大使館代辦師樞安憤怒地向國務院長官們，抱怨柯克和他的手下，在韓戰爆發之後「態度轉變得非常明顯」，甚至公然要求使用大使館內的祕密通訊設備，來保持其顧問團與盟總及美國海軍第七艦隊之間的聯繫。報告中還提到，麥克阿瑟訪台後，在沒有事先知會大使館的情況下，飛機、人員和物資裝備突然運抵台北，嚴重損害了美國駐華武官的地位和作用，同時也破壞了大使館所建立起來的正規聯繫網絡。師樞安將這樣的蔑視視為巨大的侮辱，他認為柯克拒絕將所有重要的訊息與政策告知駐台武官的作法，只會徹底地弱化既有的武官機制。[86]

某程度上來說，特種技術顧問團在台運作的一個結果，是促成美國正式軍事顧問團在台灣的成立。在韓戰爆發後幾個月裡，華府的國務院和國防部爭論不休，應該擴展既有的駐台武官人

83 Sebald to State Department, June 22, 1950, no. 794A.00/6–2250, *Formosa 1950–1954*, reel 2.

84 有關一九五〇年代至一九七〇年代台灣「白色恐怖」之研究，可參見藍博洲，《白色恐怖》（台北：揚智出版社，一九九三）；Kang-yi Sun, *Journey through the White Terror: A Daughter's Memoir*（台北：國立台灣大學出版中心，二〇〇六）。

85 H.L. Grosskopfto Vice Admiral Gui Yongqing, memorandum, July 31, 1950, Charles M. Cooke Papers, Box 26.

86 Strong to State Department, August 5, 1950, no. 794A.00(W)/8–550, *Formosa 1950–1954*, reel 2.

數，來為台灣提供軍事顧問援助，或者另外組織一個和現有武官系統完全平行、獨立運作的軍事顧問團。國務院提議把軍事顧問團納入外交系統的監督之下，如此一來，華府的外交決策者才能完全掌握其動態。[87]國務院也提出腹案，若不打算另立軍事顧問團，那麼任何對台軍事與安全方面的意見與政策，都應該經由目前已解除職務的軍方退休人士或非官方人員，傳達給國民黨政府，並由台北當局方面支付這些非正式顧問薪資。[88]五角大廈軍方人士則反對國務院此一建議，除力持應儘速在台灣成立獨立的軍事顧問團之外，並主張今後美國的對台軍事政策，從東京盟總到美軍參謀首長聯席會議，都應該有一個直接的指揮體系。國務院很快意識到，美軍參謀首長聯席會議是站在麥克阿瑟將軍這一邊，他們早就考慮放棄傳統的顧問團理念，即以該駐在國大使來承擔主要職責，因為獨立的人員配置將能帶給東京盟總在對台軍事領域上，有充分的行動自由與發言權。[89]

值得注意的是，國務院與軍方兩個部門之間的爭論，皆不約而同地援引柯克和特種技術顧問團的例子，來支持自己的觀點。國務院認為，目前由完全退休或非官方軍事人員所組成、支領國民黨政府所給付的薪水、服務於台灣軍方的特種技術顧問團，其運作模式對於他們所建議的顧問團，是一個可行的範本。[90]軍事部門則認為，日本的盟總和台灣的特種技術顧問團之間，已經建立起相當平穩的聯繫管道，獨立於美國駐台北大使館而運作，並已成為軍事聯繫上穩固基礎。當時許多人士普遍相信，在盟總和美軍參謀首長聯席會議的支持下，柯克與他在台灣的特種技術顧問團，將會從一個私人的軍事顧問團，轉變成美國的正式駐台軍事顧問團。[91]

由於柯克當時被推測將成為未來美國官方軍事顧問團團長之最可能人選，他和與他相關的特種技術顧問團及中國國際商業公司，便成為競爭者與政敵們流言中傷的對象。對其最普遍的非難是，柯克的顧問團同僚個個都擔心，未來美國官方對台的軍事援助，將使得中國國際商業公司作為蔣介石的軍火代理角色受到打擊，而該公司相應的收入減少，必然將對特種技術顧問團的預算有不利的影響。[92]然而，除了擔心特種技術顧問團和中國國際商業公司的前途之外，韓戰的爆發讓柯克在國民黨政府的軍事與國防決策上，依然起了極為重要的作用，比如說，是否放棄當時國民黨所控制的最大沿海島嶼金門此一決策，顯示出柯克依然在蔣介石的軍事和安全決策上擁有最後發言權。韓戰爆發後，麥克阿瑟曾考慮動用國軍部隊來援助南韓。蔣從柯克得知此一訊息，深受鼓舞，並認為此乃絕佳機會，組建一支中、美兩國新的盟軍，並肩作戰。蔣與

87 Karl L. Rankin, *China Assignment* (Seattle: University of Washington Press, 1964), 105–106.

88 State Department, "Military Advisory Personnel for Formosa," office memorandum, January 20, 1951, no. 794A.5- MAP/1–2051; State Department, office memorandum, February 5, 1951, no. 794A.5- MAP/2–551; State Department, office memorandum, February 13, 1951, no. 794A.5- MAP/2–1351, *Formosa 1950–1954*, reel 4.

89 State Department, "Military Chain of Command on Formosa," top secreto ffice memorandum, March 13, 1951, no. 794A.5- MAP/3–1351, *Formosa 1950–1954*, reel 4.

90 State Department, "Military Advisory Personnel for Formosa," office memorandum, January 20, 1951, no. 794A.5- MAP/1–2051, *Formosa 1950–1954*, reel 4. H. Maclear Bate, *Report from Formosa* (New York: E. P. Dutton, 1952), 162–164.

91 NARA, RG 218, Geographical File 1951–53, Entry: UD 13, 190: 1, "Memorandum by the Chief of Staff on Establishment of a JUSMAG on Formosa," March 7, 1951; Cooke to Commander Chester F. Pinkerton, (member of the MAAG), memorandum, May 14, 1951, Charles M. Cooke Papers, Box 29; Cooke to Chiang Kai-shek, memorandum, June 8, 1951, Charles M. Cooke Papers, Box 27.

92 Strong to State Department, July 8, 1950, no. 794A.00(W)/7–850, *Formosa 1950–1954*, reel 2; Strong to State Department, August 4, 1950, no.794A.56/8–450, *Formosa 1950–1954*, reel 4; 陳誠呈蔣介石機密報告，一九五〇年七月十七日，國史館，「特交檔案／外交／美國軍事援助」，第四十七卷，編號59077。

其核心幕僚並預測，南北韓的軍事衝突最終將演變成為第三次世界大戰，到那個時候，美國將會歡迎所有反共的力量，屆時國民黨政權將有機會重返大陸，蔣本人也將重登國際舞台的中心。[93]

一九五〇年七月，蔣介石正考慮從金門及福建省沿海的其他島嶼撤軍，以鞏固台灣本島的防禦，作為向朝鮮半島戰場輸送三萬三千名兵力之準備。蔣此一想法，亦導源於美方稍早所發表的一個聲明，指出國民黨所控制的中國東南沿海島嶼，將不在美第七艦隊的保護範圍之內。[94]雖然柯克全力支持台北參加韓戰，但他卻強烈反對國軍撤出金門島。柯克深信，這個舉動不僅看起來像是對共產黨示弱，而且會對台灣乃至當時整個自由世界產生消極的心理作用。[95]雖然蔣心中有所不服，但最後還是讓步，同意不撤。如果當時撤軍金門的提議被通過，那麼後來兩次台海軍事危機的焦點，可能已不復存在。

一九五〇年底至一九五一年初，當韓戰局勢愈演愈烈，柯克依然無視於美國駐台的外交人員和武官，繼續在台灣的軍事和政治事務上展現他的影響力。他的特種技術顧問團成員遍布全台灣，參與重要的考察，監督國軍的軍事訓練計畫，致力於把國軍整頓成一支強大而富有戰鬥力的勁旅。[96]柯克同樣熱中協助蔣介石在國軍部隊裡，逐步推動有效的改革。柯克向蔣介石批評了國軍地面部隊與國防部兩者之間不一致的指揮權限。他建議國軍地面部隊的管理和運作職能，應該統一歸於一個獨立的指揮官手中，在他的權限內充分行使其權力。柯克還建議設立陸軍指揮官和指揮部，用以規劃、組織和運作一支可以隨時作戰的遠征軍部隊，作為改革全國陸軍指揮系統的第一步。[97]他還另外提出對海軍進行整編與改革的建議，他認為當時國軍海軍的指揮和運作存在著協調不一致混亂，故建議劃分海軍總部和參謀本部之間的職責與關係，前者負責行政，後者負責軍事指揮。[98]

由於柯克原本預期他將很快被任命為美國駐台軍事顧問團的團長，因此繼續積極從世界各地招募更多手下前來台灣服務。[99]他抱著同樣的熱情，繼續透過中國國際商業公司，為台灣購買更多軍事物資。一九五〇年九月十四日，柯克建議蔣介石購買當時最亟需的四種軍火，包括：九

93 《蔣介石日記》，一九五〇年六月二十九、三十日和七月一、二日；蔣經國呈蔣介石，一九五〇年八月十七日，國史館，「特交檔案／外交／對美外交」，第八卷，編號59312。

94 Strong to State Department, July 25, 1950, no. 794A.5/7–2550, *Formosa 1950–1954*, reel 4;《蔣介石日記》，一九五〇年七月七、八、九、十、十三日。

95 Strong to State Department, August 5, 1950, no. 794A.00(W)/8–550, *Formosa 1950–1954*, reel 2;《蔣介石日記》，一九五〇年七月九、十三日。

96 General R. L. Peterson to Cooke, memorandum, October 10, 1950, Charles M.Cooke Papers, Box 26; Captain A. B. Ewing to Cooke, memorandum,October 18, 1950, Charles M. Cooke Papers, Box 26; Ewing to General Sun Liren, memorandum, November 17, 1950, Charles M. Cooke Papers,Box 26.

97 Cooke to Chiang Kai-shek, “Organization of the Chinese Army,” memorandum, November 4, 1950, Charles M. Cooke Papers, Box 27; 柯克致蔣介石備忘錄，一九五〇年十二月四日，國史館，「特交檔案／外交／對美外交」，第九卷，編號58893。

98 Cooke to Gui Yongqing, “Chinese Naval Establishment,” memorandum, August 31, 1950, Charles M. Cooke Papers, Box 6; Walter Ansel to Admiral Ma Jizhuang, memorandum, September 19, 1950, Charles M. CookePapers, Box 27.

99 Cooke to Captain John Holbrook (U.S. Navy, Treasure Island, CA), July 5, 1950, Charles M. Cooke Papers, Box 26; W. B. Davidson (U.S. Navy commanding officer, Subic Bay) to H. L. Grosskopf, August 4, 1950, Charles M. Cooke Papers, Box 26; Cooke to Rear Admiral Bertram Rodgers (commandant,12th Naval District, San Francisco), March 7, 1951, Charles M. Cooke Papers, Box 26; Cooke to Captain W. R. Cooke (U. S. Naval Receiving Station, New York), April 19, 1951, Charles M. Cooke Papers, Box 26.

十三輛履帶式登陸車、二十五架P-51戰鬥機、十座預警雷達裝置及一一七輛吉普車。[100]當柯克擬訂這份採購清單之時，他絕對沒有想到，這批軍事物資的採購，竟然標誌著他在台灣的活動，行將走入尾聲。

毛邦初醜聞：尾聲的到來

柯克主張國軍部隊撤出舟山群島最主要的原因，是因為他認為島上的雷達預警系統嚴重不足。因此當台北高層於一九五〇年七月初，建議柯克透過中國國際商業公司採購新的雷達預警系統以加強台灣的空中防禦時，柯克相當認同並願意提供協助。蔣介石和他的軍事幕僚依賴柯克，因為他們明白，只有透過中國國際商業公司，以及其在華府的政、軍網路關係，方能夠從國務院軍需部獲得軍火的出口許可證。[101]七月中旬，一個中國國際商業公司所雇用的雷達工程師來到台灣，在島上進行地形勘查。勘查報告最後建議台北購買十組LGR-1或TPS-1款式的雷達裝置，作為將來在全台灣島上構築強大雷達預警系統的基礎。柯克和中國國際商業公司並規劃，在採買此十組雷達裝置之後，將進一步招募九名技術人員，加入特種技術合作案，為中華民國空軍設立一個新的培訓項目。[102]

然而國民黨政府派駐美國的軍方人員，對於蔣透過柯克和中國國際商業公司採購軍火的作法，懷恨在心，其中原因不難猜想：他們很想透過軍火交易從中獲利。此外，台北方面繞過常規管道的軍火採購方式，也令這些駐在美國的國府軍事人員對蔣介石的外國顧問，產生了嚴重的懷疑和誤解。一九五〇年九月中旬前後，台北駐美空軍採購團團長毛邦初，命令他的執行官向惟萱上校前往紐約面見中國國際商業公司人員，欲急切了解整個雷達採購案的最新進度。令毛和向極為不安的是，台北方面竟然繞過他們，由中國國際商業公司代表台灣來購買這批軍火裝備。向惟萱宣稱，他有理由懷疑，雷達出口商邦迪克斯（Bendix）公司給予中國國際商業公司極優厚的佣金，因此警告中國國際商業公司必須立刻中止雷達採購案，並把整個採購計畫移交給中華民國駐美空軍採購團來負責。[103]

中國國際商業公司並未理會向惟萱之意，並繼續代表國民黨政府購買其他軍火裝備，其中還包括一九五〇年九月柯克向蔣介石所提議的採購清單上的十座雷達預警系統和二十五架P-51戰鬥機。[104]中國國際商業公司曾意識到毛邦初將軍和他的部屬，似乎實際上欲從軍火採購案裡中飽私囊，故暗示他們，可以試試P-47型戰機的採購案。儘管這個項目並不在一九五〇年九月的軍火採購單上，但在軍火市場上不難購得，因此中國國際商業公司建議毛邦初趕緊前往台北運作，以利推動P-47戰機的採購案。[105]但毛邦初與向惟萱拒絕接受此一提議，他們決定採取行動，與中國國際商業公司決裂，以確保自己仍是中華民國政府的唯一對美採購代理。一九五一年一月三

100 Cooke to James Gray, memorandum, September 14, 1950, Charles M. Cooke Papers, Box 26.
101 Cooke to General Zhou Zhirou, July 6, 1950, Charles M. Cooke Papers, Box 27.
102 Robert Stairsto General Zhou Zhirou, August 1, 1950, Charles M. Cooke Papers, Box 27.
103 S. G. Fassoulis to James Gray, October 22, 1950, Charles M. Cooke Papers, Box 26; 顧維鈞，《顧維鈞回憶錄》，第八卷，頁三四六—三四九。
104 State Department, "Radar and P-51's for Formosa," memorandum, November 17, 1950, no. 794A.561/11–1750, *Formosa 1950–1954*, reel 4.
105 Fassoulis to Gray, November 28, 1950, Charles M. Cooke Papers, Box 26.

日，向惟萱前往美國聯邦調查局和美國空軍特別調查部，控告中國國際商業公司代表台北非法在美採購軍火。向還指控一些國務院官員和中國國際商業公司保持不正當的勾搭，以違法手段助其取得武器出口許可證。[106]聯邦調查局和美國空軍開始對中國國際商業公司展開調查。在調查過程中，台灣方面所苦苦等待的雷達裝備與戰機出口的許可證，被迫中止核發，其所欲招募新的雷達技術人員計畫，也被迫停擺。[107]

蔣介石得知毛邦初與向惟萱在美國的行徑後，極度惱怒。柯克向蔣建議，將這兩位官員召回台北，並且以能夠和中國國際商業公司合作的人取而代之。外交部也訓令駐華府的所有官員，停止對中國國際商業公司的指控與批評，同時宣布一個新的團隊，很快將被派往美國並接手進行中的武器採購業務。[108]由於擔心自己的政治前途乃至個人性命安危受到威脅，毛邦初與向惟萱決定向自己的政府開炮。他們公然指責國軍軍隊貪汙腐敗，挪用公共基金，並寫信給一些美國國會中蔣介石的支持者。他們的策略一度起了效果，一九五一年三月，眾議員周以德向蔣表達了他對毛所指控的貪腐問題之嚴重關切，他並稱除非此案立即獲得澄清，否則將很難繼續支持國民黨政府。[109]此外，海外主流新聞媒體則將此案描繪成國民黨在大陸時期派系鬥爭的重現，認為國民黨顯然還未從其失敗中得到教訓。[110]

台北方面所採取的補救舉措，是停止這兩名「無能且不忠」軍事官員的職務，並在美國對此種嚴重損害中華民國聲譽的「不當行為」，訴諸法律行動。[111]然而，毛邦初案所引發的軒然大波，對於柯克、中國國際商業公司與特種技術合作案所造成的傷害，已無可挽回。一九五一年四月杜魯門總統將麥克阿瑟將軍解職，標誌著柯克最強有力的靠山垮台了；蔡斯（William Chase）將軍於同月被華府任命為美國駐台北軍事顧問團首任團長，也標誌著「特種技術合作案」即將走入歷史。兩個月後，柯克向蔣提出結束特種技術合作案的時間到了；九月間，當絕大部分在國軍的顧問和培訓活動，逐漸轉移到蔡斯將軍所領導的軍事顧問團以後，「特種技術顧問團」正式宣告終止。[112] 柯克的黯然離去，也象徵著一段中華民國政府遷台以後與美國之間，非同尋常的軍事和安全關係，正式走入歷史。

106 Fassoulis to Gray, January 23 and 26, 1951, Charles M. Cooke Papers, Box 26;Cooke, memorandum, 1951 (n.d.), Charles M. Cooke Papers, Box 26.

107 C. W. Jack to F. T. Murphy, February 15, 1951, no.794A.561/2–1551, *Formosa 1950–1954,* reel 4; Fassoulis to Gray, January 23, 1951, Charles M. Cooke Papers, Box 26.

108 Cooke to Chiang Kai-shek, memorandum, January 23, 1951, Charles M. Cooke Papers, Box 26；顧維鈞，《顧維鈞回憶錄》，第八卷，頁四四三—四四八。

109 Judd to Chiang Kai-shek, March 20, 1951, Walter Judd H. Papers, Box 83；《蔣介石日記》，一九五一年三月九、十、十一日。

110 *Time Magazine,* editorial, September 3, 1951, 11–12.

111 Rear Admiral B. B. Biggs to Major General James H. Burns, Office of the Secretary of Defense, memorandum, June 19, 1951, NARA, RG 330, Records of the Office of the Assistant Secretary of Defense (330.6), Box 50; "Announcement by Chinese Embassy," 1951 (n.d.), Charles M. Cooke Papers, Box 26.

112 Cooke to Chiang Kai-shek, memorandum, June 8, 1951, Charles M. Cooke Papers, Box 26; Gray to Yin Zhongrong, September 1, 1951, Charles M. Cooke Papers, Box 26; Cooke to Chiang, September 30, 1951, Charles M.Cooke Papers, Box 27.

第八章 打造海島反共堡壘

韓戰爆發前後的一段時間裡，美國海軍退役上將柯克在中華民國政府內部軍事安全決策制訂過程中，扮演一個獨特的角色，與此同時，華府杜魯門行政當局也悄悄地開始全面評估對台政策。一九五〇年一月，當美國官方公開聲明準備靜候國共內戰局勢「塵埃落定」、實質上棄蔣介石所領導的國民黨政府於不顧，其所持的重要理由依據之一，乃是寄望於「中國式狄托主義」的出現，期待毛澤東終將與蘇聯共黨有所區隔。然而一九五〇年二月間《中蘇友好同盟互助條約》的簽訂，幾乎打消了中華人民共和國在可預見的未來裡，走上「中國式狄托主義」的可能性，莫斯科與北京的結盟，也促使華府決策者必須重新評估對華政策。[1]此一重新評估的結果，是一九五〇年四月間的《國家安全會議第六十八號政策文件》，回顧歷史，這份文件不僅深深影響杜魯門與往後的幾任美國總統，更讓美國深陷於亞洲泥沼裡。在這份文件裡，美方認定共產主義是一個內部協調一致的全球性運動，這也意味著其立場已否定「圍堵政策」倡導者肯楠（George Kenman）所強調的，美國必須能夠區別全球重大與邊陲利益的警言。再者，這份文件受到蘇聯研發首顆原子彈，甚至可能進一步製造氫彈的刺激，因而主張美國國防預算應增加兩倍，如此方能對抗蘇聯在全球的野心與企圖。[2]

華府這份新文件，對於美國的遠東政策，也產生強烈的衝擊。依據此份文件所闡述，「歐洲」將是蘇聯的頭號目標，莫斯科強烈希望能夠主導整個歐陸，然而該文件卻也警告，蘇聯在「亞洲」的機會卻是最大的。[3]許多華府高層人士開始認為，隨著中蘇締結同盟條約，美國想要利用北京與莫斯科之間的矛盾而獲取戰略利益，將只能成為一個長程目標，反之，中蘇共的結合，讓阻止美國介入台灣的因素也消失了。[4]甚至北京與莫斯科之間軍事同盟關係的出現，強化了台灣對於美國在圍堵與反制共產黨集團於亞太地區擴張上的重要地緣價值。[5]設想，如果蘇聯空軍取得台灣並以之為其作戰基地，那麼駛往西太平洋的蘇聯潛艦便能利用台灣作為掩護。如此一來，美國將很難封鎖住沖繩與台灣之間三百六十英里，以及台灣與菲律賓之間一百英里的缺口。反之，若將台灣置於美國的掌控之下，則可將蘇聯海軍力量封阻於東海，一旦台灣落入中共手裡，蘇聯潛艦將可自由往來於東海與太平洋之間。想到這裡，連華府行政當局那些原本主張可以犧牲台灣以換取與毛澤東新中國建立關係的官員們，也改變主意，同意美方應當努力保持太平洋第一島鏈屏障的完整性，以鞏固美國國安全利益。[6]

隨著《國家安全會議第六十八號政策文件》的出爐，原本已被束諸高閣的二戰時期「橫跨太平洋幹道」構想，似乎又再度重現，台灣本身的地緣戰略價值，也在美國官方政策研擬過程中，重新得到肯定與確認，只不過在華府看來，台灣未必非得由蔣介石治理不可。此刻，華府亟需一個直接介入台灣戰略安全的絕佳時機與正當理由，同時擬定「解決」台灣島上蔣介石勢力之可行方案。[7]如前一章所述，一九五〇年春，國務院尼茲等人所暗中提出之「去蔣保台」、扶持孫立人等「假設性」方案，基本上都是以上美國亞太政策新脈絡與新戰略思惟下的產物，只不過東京盟總麥克阿瑟將軍的個人態度，不願意此時把蔣介石拉下馬，因而使國務院的「倒蔣」計謀無從施行。

韓戰的爆發，提供了美方前述介入台灣所亟需的時機與正當理由。六月二十五日週日拂曉，北韓領導人金日成下令出兵南韓，在一陣猛烈炮轟後，北韓部隊跨越北緯三十八度線，戰事在朝鮮半島上西方戰略要地甕津半島揭開序幕，短時間內，北韓部隊占盡優勢，南韓部隊潰不成軍，李承晚大統領不得不緊急撤離首都首爾。此一突發性軍事衝突也徹底改變了往後東亞政治與外交格局；六月二十七日，杜魯門總統下令美國太平洋第七艦隊協防台灣海峽，執行「台海中立化」政策，防止中共解放台灣，以及國民黨政府反攻大陸。杜魯門也一改年初有關「台灣

1 Richard C. Thornton, *Odd Man Out: Truman, Stalin, Mao, and the Origins of Korean War* (Dulles, VA: Brassey's, 2000), 9–23. 有關美國放棄嘗試與中華人民共和國建立關係之轉折，另見Thomas J. Christenson, *Useful Adversaries: Grand Strategy, Domestic Mobilization, and Sino-American Conflict, 1947–1958* (Princeton, NJ: Princeton University Press, 1996), 77–138.

2 Acheson, *Present at the Creation,* 373–376; John Lewis Gaddis, *We Now Know: Rethinking Cold War History* (Oxford: Oxford University Press,1997), 75–77.

3 Nicholas Thompson, *The Hawk and the Dove: Paul Nitze, George Kennan,and the History of the Cold War* (New York: Henry Holt, 2009), 112–114.

4 Chen Jian, *Mao's China and the Cold War* (Chapel Hill: The University of North Carolina Press, 2001), 50–53.

5 Garver, *The Sino-American Alliance,* 23–25.

6 "Reminiscences of Admiral Sidney Souers," December 15, 1954, in *Documentary History of the Truman Presidency,* vol. 23: *The Central Intelligence Agency: Its Founding and the Dispute over its Mission, 1945–1954,* ed. Dennis Merrill (Frederick, MD:University Publications of America, 1998), 406–408.

7 有關杜魯門本人與一九五〇年初美國政府對於台灣議題的探討，參見 Thornton, *Odd Man Out,* 119–145.

屬於中國領土一部分」的立場，改稱台灣未來的政治地位，須等到太平洋地區安定，或者日本正式締結和約，或者經由聯合國考慮之後再行決定，易言之，隨著韓戰爆發，美國政府實質上已揚棄台灣屬於中國一部分的官方立場。[8] 一九五〇年七月二十四日，國務卿艾奇遜曾致一私函給麥克阿瑟將軍，內容進一步闡明華府決策者此時想法；艾奇遜在信中坦言，美國只有在台灣法律地位「未定」的情況下，才能夠名正言順地介入台海局勢而不構成「干涉中國內政」。艾奇遜稱，杜魯門此番說詞的用意，在於暫時凍結台灣的政治地位，直到出現適當的國際協議，並且以和平手段來決定該島的前途。艾奇遜對麥克阿瑟承認，美方這個「過渡性」措施似乎已對台北國民黨政府帶來極大困擾，「台灣地位未定論」不但不是澄清美國對台新立場的唯一辦法，甚至也不是最佳辦法，然艾奇遜卻希望能夠儘快與美國重要盟邦（特別是英國）達成共識，以應付韓戰危機，他積極尋求麥帥與駐日盟軍總司令部的諒解與支持。[9]

也許麥克阿瑟將軍能夠理解杜魯門與艾奇遜有關台灣地位論述的苦衷，然而台北的蔣介石卻肯定無法接受。韓戰爆發後，美國駐台北代辦師樞安向蔣介石遞交杜魯門有關台灣地位未定論的聲明節略，蔣至感憤怒，認為美政府「視我如一殖民地之不若，痛辱盍極。」[10] 不過蔣很快地即把個人情緒與憤怒暫時擱在一旁，以極務實的態度來看待整個東亞局勢的變化。在他看來，只要國民黨政府在台灣的統治地位不受影響，則他願意妥協，容忍美方對於台灣海峽中立化的安排，儘管在官方層次上，台北外交部將持續不斷地表達嚴正抗議，同時譴責美方此項措施。[11] 此刻，蔣介石似乎對於其在國民黨內外的至高無上領導地位，以及日後統治台灣「不受影響」，感到有些過度樂觀；誠然，隨著韓戰爆發，美國軍援重新到來，華府又開始與蔣介石打交道，然而此後美、台之間「恩庇與扈從」的關係，將讓蔣介石與其所領導的台北中華民國政府，逐漸失去了有關台灣軍事、外交與安全上的決策自主權。

強固台灣反共堡壘

回顧歷史，促成中華民國體制於台灣形塑、鞏固與深化的一個決定性因素，是毛澤東決定與蘇聯結盟，並同意支持金日成為統一朝鮮半島所發動的韓戰。儘管死裡逃生後的蔣介石其所面對的挑戰，依然巨大與艱困，然毋庸置疑地，韓戰的爆發，給予因國共內戰潰敗逃往台灣、四面楚歌且身陷困境的國民黨，一個重生與翻轉的絕佳機會。事實上，自從兵敗大陸轉進台灣之後，蔣介石一直期待著東亞地區爆發一場大戰，讓他有機會扭轉劣勢並且「翻盤」，重新回到中國大陸。從蔣介石與國民黨政府駐南韓大使邵毓麟之間在一九五〇年春天的往來機密函電內容中，我們驚訝地發現，當時台北為了設法讓美國改變其亞太政策，不斷試探各種方法，甚至包括由台灣派遣國民黨特務到板門店附近，企圖引發南北韓之間局部的武裝衝突，然後等待局勢演變成為一場大規模戰爭等離譜想法。[12]從台北的觀點來看，如果美國認定其必須保衛台灣，必

8 President's statement, June 27, 1950, *FRUS, 1950*, vol. 7, *Korea*, 202–203.

9 Acheson to MacArthur, top secret, July 24, 1950, no. 794A.5/7–2450, *Formosa 1950–1954*, reel 4.

10 《蔣介石日記》，一九五〇年六月二十八日。

11 《蔣介石日記》，一九五〇年九月十二日。

12 邵毓麟呈蔣介石有關美、蘇、朝鮮半島情勢與中華民國政府策略機密備忘錄，一九五〇年三月七日，國史館，「特交檔案／外交／對韓外交」，第六十八卷，編號54973；邵毓麟呈蔣介石，一九五〇年三月十七日，「特交檔案／外交／對韓外交」，第六十八卷，編號54976。

然會盡全力阻止中共渡海解放這座島嶼；如果遠東地區果真爆發全面戰爭，則華府將不會愚蠢地放棄台灣等中國大陸沿海各個前哨基地。蔣介石與其核心幕僚最擔心的是，美方如果認定其沒有「保衛」台灣安全之必要性，則其下一步必然是致力於與中共維持穩定且良好的外交關係並推動貿易往來，這將意味著「和平」，對於退守台灣一隅、生死未卜的國民黨政府而言，「和平」卻是其所不樂見的。蔣介石渴盼「第三次世界大戰」的爆發，以挽救其絕望的處境，從其解密檔案中可以發現，韓戰爆發前數個月間，他不斷要求軍方僚屬準備各種方案，以備在戰爭發生時，派上用場。[13]

韓戰爆發的消息傳到台北，蔣介石立即表示願意派遣三萬三千國軍最精銳部隊，並同意由美國人所寵愛的孫立人率領，開赴朝鮮半島戰場上與聯合國軍隊並肩作戰。當時向蔣介石獻上此計的，極可能是柯克，他力辯持反對意見的其他國軍將領，並得到蔣介石的認可。[14]台北的提議傳到華府，杜魯門總統最初反應顯得相當心動，然而當國務卿、國防部長與參謀首長聯席會議一致表達反對意見，他不得不向蔣介石婉拒。艾奇遜等人力陳，鑒於英國已經承認中華人民共和國而與國民黨政府斷交，美國若貿然接受國軍部隊投入韓戰，將導致盟國之間嚴重分裂，甚至可能誘使北京出兵朝鮮半島或者台灣。[15]此外，如果台灣的軍隊投入韓戰，這將與美方執行台灣海峽「中立化」的精神相互矛盾，也違背了華府希望台灣不受韓戰波及的戰略目標。[16]

蔣介石出兵參加韓戰的提議，究竟是出自真心，並且希望藉此實現其反攻大陸計畫，或僅只是一種外交姿態，目前仍未有定論。不論如何，這項提議所產生的外交宣傳效果頗大；此時已由杜魯門總統授予聯合國軍總司令、管轄範圍包含台海地區的麥克阿瑟將軍，即非常重視台北有關出兵參戰的構想。[17]七月三十一日，麥帥本人自東京飛抵台北，進行兩天的訪問，此行備受全球矚目，不但強化了蔣介石原本搖搖欲墜的領導地位與權力正當性，更極大地提高了國民黨政府的士氣與國際社會能見度。在台北停留期間，麥帥會晤包括蔣介石在內的國民黨軍政領導人物，並達成多項共識，包括東京盟總與台北之間建立起直接聯繫管道，並由盟總向台灣提供軍火物資，麥帥也贊同蔣介石所主張，由台北向麥帥所轄之「遠東司令部聯絡組」派遣聯絡代表，以利盟總方面進一步檢視台灣國軍部隊各項需求。更重要的是，除了華府派遣第七艦隊定期巡弋台灣海峽之外，麥帥在未事先徵詢華府五角大廈同意的情況下，私自批准美國駐遠東地區偵察機群巡邏中國大陸沿海地區。[18] 他似乎也和蔣介石達成祕密協議，同意自日本派遣三個中

13 外交部與國防部呈蔣介石報告，一九五〇年二月十五日，國史館，「特交檔案／軍事／中央情報機關」，第二卷，編號54298；戰略顧問委員會提案，一九五〇年五月二十六日，「特交檔案／軍事／中央軍事報告及建議」，第四十九卷，編號 56808。

14 Charles Cooke, draft of letter from Chiang Kai-shek to General MacArthur,November 13, 1950, Charles M. Cooke Papers, Box 29; Cooketo Chiang, memorandum, February 17, 1953, Charles M. Cooke Papers, Box 2.

15 George M. Elsey, memorandum, June 30,1950, in *Documentary History of the Truman Presidency,* vol. 18, *The Korean War: The United States' Response to North Korea's Invasion of South Korea, June 25, 1950-November 1950,* ed. Dennis Merrill (Frederick, MD:University Publications of America, 1997), 139; Department of the Army to SCAP, Tokyo, top secret, June 30, 1950, in *Documentary History of the Truman Presidency,* ed. Merrill, 18: 169; Acheson, *Present at the Creation,* 412–413.

16 Accinelli, *Crisis and Commitment,* 39.

17 Strong to State Department, July 21, 1950, no. 794A.00/7–2150, *Formosa 1950–1954,* reel 1. 有關韓戰時期麥克阿瑟與蔣介石之間情報合作關係之分析，參見Cheng David Chang, "To Return Home or 'Return to Taiwan': Conflicts and Survival in the 'Voluntary Repatriation' of Chinese POW sin the Korean War," (PhD dissertation, University of California at San Diego, 2011), 30–184.

18 Manchester, *American Caesar,* 563–567; Lowe, *The Origins of the Korean War,* 206–207.

1950 年 8 月 1 日，蔣介石在草山官邸與麥克阿瑟及中美軍官舉行軍事會談。麥克阿瑟在 1950 年 7 月 31 日的台灣行，提振了國民黨政府的士氣，強化了蔣介石的正當性。（黨史館提供）

隊的美軍戰鬥機群進駐台灣，時任國務卿的艾奇遜在其多年後出版的回憶錄裡也予以證實。[19]

麥克阿瑟完成這趟極受各方矚目的台灣之行後不久，其副參謀長福克斯（Alonzo Fox）將軍隨即率領另一組人馬，前來台灣進行三週的考察之旅，以便進一步確定國軍部隊的軍需狀況。福克斯考察團的報告出爐之後，以極為正面肯定的口吻說道，蔣介石部隊乃是美國太平洋第七艦隊的重要後援，只要美方提供足夠的援助與適切的顧問建言，台灣島上的國軍便能擊退來犯的中共解放軍。[20]福克斯的報告並建議華府提供台灣總額達一億五千八百二十萬美元的軍援，只不過當時其建議並未獲得華府認真考慮，直到中共數月後以「志願軍」名義出兵介入韓戰，美國政府才認真思考大量軍援台灣之必要性。

麥克阿瑟的台灣之行，令蔣介石雀躍萬分，卻令華府決策高層大為惱火。在白宮看來，這趟行程意味著這兩位主人翁已打算私自聯合決定美國的亞太政策，置華府立場於不顧。因此當麥帥從台北返回日本短短兩天後，杜魯門總統便派其資深外交顧問哈里曼（Averell Harriman）火速趕往東京，代表白宮傳給麥克阿瑟一個直截明瞭的信息：「不要理會蔣介石」。杜魯門非常擔心蔣介石利用此機會向中國大陸發動軍事反攻，因此亟欲透過哈里曼傳達口信，只要麥帥專注於打擊金日成，不去管其他地方，那麼他想要什麼，華府就會如其所願。[21]對此，麥克阿瑟未置可否，不僅如此，其在美國退伍軍人協會的演講稿於八月二十五日刊出後，令杜魯門更加憂心；

19 Acheson, *Present at Creation*, 422.

20 Fox Report: Survey of Military Assistance Required by the Chinese Nationalist Forces, top secret, September 11, 1950, NARA, RG 218, Geographical File 1948–50, Entry: UD 7, 190: 1/27/01.

21 Francis Heller, ed. *The Korean War: A 25- Year Perspective* (Lawrence, KS: Regents,1977), 25.

他在演說中強調，台灣不但是一艘「不沉的航空母艦」，也是一座美國艦艇大本營，若共產敵對陣營取得台灣，將對美國在西太平洋防線帶來巨大威脅。這並非他首次提出此看法，然此議於韓戰爆發後被刊載出來，顯然已牴觸了杜魯門最新的政策，即美國出兵執行台海中立化並保護台灣免遭中共攻擊，僅是基於朝鮮半島戰事的一時權宜之策。從美國國內政治觀點而論，這段時期麥克阿瑟的諸多言行舉止，給予美國國內反民主黨人士，極為充足的理由，讓他們得以壯大聲勢，持續攻擊杜魯門行政當局，白宮因而感到怒不可抑。[22]不僅在美國國內，麥克阿瑟將軍這些聽起來極其獨斷的言行，也讓美國在歐洲的盟邦感到不安，特別是英國與法國，他們絕不想看到毛澤東與蔣介石插手韓戰，以免北京開始對這些國家在亞洲的「人質」下手，特別是香港與法屬中南半島。倫敦當局特別感到憂心忡忡，認為一位駐日盟軍總司令竟然現身台灣並與早已被遺棄的蔣介石相談甚歡，這無疑表明華府在對華政策上已自亂陣腳，美國政府內部也出現了分裂之勢。[23]

眼見美英兩國對於遠東情勢的分歧加劇，國務院與倫敦當局積極協調彼此可共同接受的政策，並著手處理棘手的台灣問題。一九五〇年九月間，美、英、法三國就台灣地位與聯合國的中國代表權問題，商討策略，三方一致認為應在聯合國架構下設立一個委員會，來處理此兩項議題。[24]在台北，蔣介石面對此一發展，反應頗為平靜，他深知此時自己並無太多談判籌碼，因此正在為最壞的情況作打算；如果聯合國安理會於該年秋天的會議決議由北京取代台北席次，則台北將不惜退出聯合國。[25]

該年十一月十一日，英、美兩國針對台灣地位達成協議，決定成立一個委員會，並且在與相關各方商議研究之後，提出有關台灣未來地位的具體建言，在聯合國達成有關台灣地位的結論之前，將避免台海地區出現任何足以改變現狀的軍事行動，不論是台灣反攻大陸或者中共出兵解放台灣。[26]然而，當毛澤東下令出兵「抗美援朝」的消息傳出來後，有關在聯合國內設立委員會調查台灣地位的策略，立即瓦解。隨著中共出兵韓戰，美國在朝鮮半島面臨沉重的壓力，華府顯然不願因為任何有關台灣地位的爭議以及相關之討論，限制了其在台海地區軍事行動的自由，易言之，鑒於遠東情勢出現令人不安的重大轉變，台灣在美國安全戰略上的價值立即上升，到了一九五〇年末，先前禁止台灣對中國大陸採取軍事行動的政策，遭到華府決策高層重新評估思考，軍方人士甚至開始認真考慮讓台灣發揮更積極作用，作為牽制中華人民共和國的一股重要力量。[27]

一九五〇年十月底中共介入韓戰，一如一九四七年的二二八事件，促使美國政府再次轉變其

22 Harry S. Truman, *Memoirs* (New York: Doubleday, 1955–56), 2:355, 430–431; Donovan, *Tumultuous Years*, 262–264.

23 State Department, "General MacArthur's Visit to Formosa," memorandum,August 2, 1950, no. 794A.5/8–250, *Formosa 1950–1954*, reel 4;"Review of the international situation in Asia in the light of the Koreanconflict," memorandum, August 30, 1950, CAB 129/41, CP(50) 200.

24 E. T. Biggs, "Summary of events in Formosa during the month of October 1950,"November 4, 1950, in *Taiwan Politicaland Economic Reports 1861–1960*, ed. Jarman, 9:168–175. 有關聯合國中國代表權問題，另見Rosemary Foot,*The Practice of Power: US Relations with China since 1949* (Oxford: Oxford University Press, 1995), 22–51.

25《蔣介石日記》，一九五〇年九月三十日和十月一日、十四日。

26 Accinelli, *Crisis and Commitment*, 52; Kaufman, *Confronting Communism*,40–41.

27 Joint Strategic Plans Committee to the JCS, report on possible U.S. action in the event of open hostilities between the United States and China,December 27, 1950, NARA, RG 218, Geographical File 1948–50, Entry:UD 7, 190:1/27/01; CIA National Intelligence Estimate, "Consequencesof the Early Employment of Chinese Nationalist Forces in Korea," NIE-12, December 27, 1950, in *CIA Research Reports: China, 1946–1976*, reel1.

對台灣之戰略觀點。蔣介石顯然認為中共出兵朝鮮半島對其有利，畢竟韓戰局勢擴大，導致華府與北京之間的正面衝突，這將有利於滿足台北的外交需求。無怪乎當蔣介石得知杜魯門與英國政府嚴厲警告麥克阿瑟，勿因中共出兵韓戰而準備轟炸中國東北，且勿讓聯合國部隊跨越北緯三十八度線時，他感到憤怒與不滿，並在日記裡以「可恥」來形容。[28]隨著韓戰局勢升高，此時國民黨政府的價值與作用或有提升，然而台灣懸而未決的法律地位問題，仍令台北高層擔憂。時序進入一九五一年，朝鮮半島對峙僵局持續下去，華府外交決策者普遍認為有必要加快與日本結束戰爭狀態並締結和約的腳步，以便著手安排《對日和約》簽訂之後的《美日安保協定》，毫無疑問的，此時日本已成為美國在朝鮮半島軍事行動的最重要前沿基地。[29]

一九五一年一月初，杜魯門任命國務院法律顧問杜勒斯為特使，負責處理《對日和約》談判。[30]由於美國承認台北代表全中國，而英國則承認北京中共政權，因此杜勒斯決定與遠東委員會各會員國就《對日和約》問題分別舉行雙邊磋商，這也包括國民黨政府，此一談判策略頗具成效。英國政府對於華府繼續支持蔣介石感到嗤之以鼻，認為應當由北京出面代表中國，然已與中共實質上處於戰爭狀態的美國，完全無法接受。[31]

在取得日本政府向美方私下承諾，未來將與台北的中華民國政府締結和約，杜勒斯於一九五一年六月間，施壓倫敦同意其與美國共同發布一項聲明，表示海峽兩岸的兩個政權都將不會受邀出席舊金山和平會議，重新獲得主權地位後的日本政府，將自行決定其究竟與北京或者與台北簽署和平條約。[32]蔣介石得知其所領導並與日本進行了八年艱苦抗戰的國民黨政府，竟然被排除在舊金山和會之外，且戰敗投降的敵國日本政府，竟然有權來決定其是否和台北或者北京簽署雙邊和約，不禁感到極度失望與不滿。[33]九月九日，當聯合國四十八個會員國在舊金山簽署

《對日和約》時，悲憤無比的蔣介石，在台北以絕食方式來表達其心中的屈辱與憤怒。[34]

一九五二年二月二十日起，日本派遣代表前來台北，進行雙邊談判，此談判進展十分緩慢，也令蔣介石坐立不安。國民黨政府要求日本政府承認其代表全中國唯一合法政府，然日方卻堅持其與台北恢復國交乃是有限度與有條件的，以免妨礙其日後與中國大陸之間的經貿關係，雙方談判陷於僵局。[35]華府指示其駐台北外交人員出面調解，而堅定支持蔣介石的美國參、眾議員也力促杜魯門行政當局向東京施壓，絕不可在《中日和約》裡出現任何與美方現行對華政策相衝突的條文。日本政府最初頗為抗拒來自華府的壓力，並且似乎有意讓台北會談陷入停擺僵局。不論如何，就在《舊金山和約》正式生效、日本恢復主權之前的七個小時，台北時間四月

28 《蔣介石日記》，一九五〇年十一月二十一日和二十九日。

29 Roger Buckley, *The United States in the Asia-Pacificsince 1945* (Cambridge:Cambridge University Press, 2002), 70–74.

30 Su-ya Chang,"The United States and the Long-term Disposition of Taiwan in the Making of Peace with Japan,1950–1952,"*Asian Profile* 16, no. 5 (1988): 459–470.

31 Schonberger, *Aftermath of War*, 269–270; Michael M. Yoshitsu, *Japan and the San Francisco Peace Settlement*, Studies of the East Asian Institute(New York: Columbia University Press, 1982), 67–83.

32 Townsend Hoopes, *The Devil and John Foster Dulles* (Boston: Little, Brown,1973), 106–107; Richard H. Immerman, *John Foster Dulles: Piety, Pragmatism,and Power in U.S. Foreign Policy* (Wilmington, DE: SR Books, 1998), 30–37.

33 George Yeh and Karl Rankin, minutes of conversation, June 7, 1951, 012/6–029；顧維鈞與杜勒斯會談記錄，一九五一年六月十九日，中央研究院近代史研究所檔案館，「外交部檔案」，012/16。

34 《蔣介石日記》，一九五一年九月九日。

35 E. H. Jacob-Larkcomto Foreign Office, February 27, 1952, FO 371/99259 FC1019/19；秦孝儀編，《中華民國重要史料初編》，第七卷（四），頁八六一—八七〇。

二十八日下午，雙方終於順利簽署和約，於法理上正式結束交戰狀態。[36]

儘管有不少人懷疑日本政府於台、日雙方締約談判時使用拖延戰術，來彰顯其外交上的自主性，然而當時在台北參與談判的日本代表團某成員，卻向英國駐淡水領事館官員私下透露，東京其實並無意刁難台北，或者故意將談判拖延至《舊金山和約》生效之後。[37]不論真相為何，一九五二年東京與台北之間所簽訂的和約，具有重大意義；和約簽署以及雙方換文，得以向國際社會宣示雙方就和約適用範圍已經達成一致協議。有意思的是，此項和約內容本身，並未提及日本政府所正式承認的中華民國，其領土範圍究竟何在，在某些國際法與歷史學家看來，此和約事實上對台灣主權地位交代不清，因而替台灣獨立運動開啟了一扇窗。[38]值得注意的是，和約第三條所載有關日本政府及其國民在台灣和澎湖群島上的財產，以及日本政府對於台、澎地區之中華民國政府當局與居民所提出包括債權在內要求之處置，應由中華民國政府與日本政府另外商議特別的處理辦法，這不啻強烈暗示日本政府所承認的中華民國領土主權管轄範圍，僅及於台北所實際有效控制的台灣與澎湖地區。[39]《中日和約》的簽訂與生效，因此替一個以台澎島嶼領土為基礎，在法理上重新被界定的「海島」中華民國之永久定型，邁出極為關鍵的一步，其對台灣內政與外交上帶來的餘波，在半個世紀之後的今天，依然未完全消散。[40]

黨務改造

韓戰爆發後，儘管台北在外交上仍面臨各種嚴峻挑戰，然而隨著中共「解放」台灣的威脅暫時消弭大半，蔣介石此時得以著手啟動國民黨的權力改組與革新，同時深化國民黨在台灣的社會基礎。[41]誠如當時美國駐台外交人員所指出，杜魯門決定派遣第七艦隊協防台灣海峽，讓台灣與澎湖得以穩定下來，外在環境相對安全，也讓蔣介石有充分理由重新整頓國民黨的權力結構。[42]海峽對岸中華人民共和國政府的存在，讓退守台北的國民黨政府必須時時保持警覺；國民黨領導階層充分理解到，這個以海島台灣為權力根據地的中華民國政府，其聲稱代表全中國的正當性，將不斷受到海內外的挑戰與質疑，為了能夠與海峽對岸長期對抗與競爭，蔣介石除了必須在台灣建構一個穩固的防禦力量以及強有力的黨國體制，還得打造出一個具備效率的政府。[43]

一九五〇年八月五日，就在麥克阿瑟訪問台北四天後，國民黨中央改造委員會正式成立，十六位新任命的中央改造委員，皆由蔣所欽點，其中以行政院長陳誠和蔣介石的兒子蔣經國格外

36 Ibid., 1056–1060; Rankin, *China Assignment*, 115–117.

37 Jacob-Larkcom to Foreign Office, May 14, 1952, FO 371/99259 FC1019/42.

38 Wang, *The Dust That Never Settles*, 143–144.

39 Richard C. Bush, *At Cross Purposes: U.S.-Taiwan Relations since 1942* (New York: M.E. Sharpe, 2004), 93–94.

40 有關一九五二年中日和約談判相關研究，可參見林滿紅，《獵巫、叫魂與認同危機——台灣定位新論》（台北：黎明文化，二〇〇八），頁四十九—六十二；黃自進，〈戰後台灣主權爭議與「中日和平條約」〉，收錄於《中央研究院近代史研究所集刊》，期五十四（二〇〇六年十二月），頁五十九—一〇四。

41 楚崧秋於二〇〇七年八月八日接受作者訪談。

42 Strong to State Department, July 8, 1950, no. 794A.00(W)/7–850, *Formosa1950–1954*, reel 2; Strong to State Department, July 29, 1950, no. 794A.00(W)/7–2950, *Formosa 1950–1954*, reel 2.

43 Steve Tsang, "Chiang Kai-shek and the Kuomintang's Policy to Reconquer the Chinese Mainland, 1949–1958," in *In the Shadow of China: Political Development in Taiwan since 1949*, ed. Steve Tsang (Honolulu:University of Hawaii Press, 1993), 69–71.

受外界矚目。他們將成為黨內新一批領導核心，負責規劃和執行黨的改造政策。這些新委員的特色是：年輕（平均年齡四十七歲），而且受過良好教育，成員都是大學或大專以上學歷，其中九位曾經出國深造，兩位還從美國的大學取得博士學位。蔣介石同時指派著名史地學者張其昀為改造委員會的祕書長。[44]蔣也將那些地方派系出身且昔日在政壇上與他作對之資深黨員，安插到有名無實的中央評議委員會，藉此加以孤立並邊緣化。[45]

中央改造委員會為了使國民黨的影響力深入台灣基層社會，藉以擴大黨的社會基礎，因而致力於將島上不同社會階層與群體，尤其是知識分子，廣泛吸收成為新黨員。一份改造委員會公布的統計顯示，一九五〇年下半年至一九五二年初，共有四十多個黨支部，在全台各地招收知識分子和高學歷的青年入黨，以擴大黨員數量與素質。這一時期，有超過一百三十個黨區分部在各地努力積極招募有才能的人入黨。到了一九五二年初，在台灣的國民黨黨員之中，計有四成以上的黨員是具有初中以上學歷的年輕人。[46]中央改造委員會在吸收新血時，也成立幹部制度，以強化其對各級行政機關的政治及意識形態控制。一九四九年以前，國民黨將「區分部」定為基本的組織單位，並創立負責向黨員灌輸本黨理念的「小組」。黨務改造在台灣展開時，中央改造委員會要求黨內小組負責執行黨的政策，製作宣傳資料，吸收新黨員並調查黨員背景，以防止共產黨的滲透。[47]

一九五〇年代初期，國家安全實為台灣首要之務，蔣介石堅持加緊對黨組織及對小組的掌控，以防內部有人造反或遭敵人滲透。為了強化國民黨在台灣本省籍人士眼中的正當性並爭取國際社會（尤其美國）的繼續支持，他們必須採取新措施。然而，加強台灣的內部安全管控與維持民主表象並藉以改善國民黨的對外形象，兩者之間的確存在著極大矛盾與不相容。處境頗感艱困的國民黨，此時所採取的重要策略之一，是推動有限度的、地方層級的民主自治。為了賦予台灣作為代表全中國中央政府的正當性，國民黨政府讓具有代表性涵蓋全中國民選機關繼續運作。一九四七年五月，國民政府於南京選出一千多位選自大陸各省的國民大會代表、立法委員與監察委員，一九四九年他們自南京來到台灣後，獲准繼續保有席位，直到大陸光復並且舉辦下一次全國性選舉為止，這批原本出身中國大陸各地的民意代表，從此在台灣具有終身職待遇，儘管以今日民主化的標準來看，此一現象可謂光怪陸離，然而在國民黨政府遷台初期，這批民意代表的存在與在台北恢復運作，實為蔣介石向海內外宣稱其政府仍繼續代表全中國唯一合法中央政府的一個重要政治圖騰與資產。[48]

國民黨政府為了維持其代表中華民國的法統，無法在台北改選中央層級的民意代表，然而改造委員會委員為了提升當時國民黨的民主形象，開始著手推動台灣地方選舉。一九五一年一

44 楚崧秋先生認為，蔣介石深信張其昀的學者背景，將極有助於打造國民黨領導階層的新形象，並吸引更多知識分子加入國民黨，同時穩定台灣民心。

45 Bruce J. Dickson, "The Lessons of Defeat: The Reorganization of the Kuomintang on Taiwan, 1950–52," *China Quarterly*, no. 133 (1993), 56–84; 李雲漢，《中國國民黨史述》，第四卷，頁七十四—八十。

46 中央改造委員會年度報告，一九五二年八月，史丹福大學胡佛研究所檔案館，《中國國民黨中央改造委員會檔案》，6.4–2,reel 5.

47 中央改造委員會第三十次會議記錄，一九五〇年九月二十九日，史丹福大學胡佛研究所檔案館，《中國國民黨中央改造委員會檔案》，6.4–2, reel1；中央改造委員會第一四三次會議記錄，一九五一年五月三十日，《中國國民黨中央改造委員會》，6.4–2, reel 4。

48 Roy, *Taiwan: A Political History*, 84–85.

1950 年 8 月 5 日，韓戰爆發不久，國民黨中央改造委員會第一次召開會議。（黨史館提供）

月，台灣舉行第一屆縣市議會選舉，接著在四月間舉辦縣市長選舉。同年十二月，台灣省臨時省議會正式開議，由各縣市議會指派議員參加。[49]隨著地方選舉的實施，國民黨的候選人提名制度成為其對台灣地方政治控制的重要手段。只要是獲得黨提名的候選人，幾乎百分之百保證當選，這使得有心從政的台籍地方菁英爭相加入國民黨。這個結果有利有弊，一方面地方選舉使黨與本土菁英密切合作，強化其為代表台灣人民、具有正當性之政黨的主張，另一方面因涉入地方選舉運作，無可避免地助長了國民黨內派系分化。地方黨部極力拉攏地方派系人物入黨，久而久之，國民黨將發覺其對派系之掌控日益艱難，有時反而被地方派系所綁架。[50]

對國民黨來說，一九四九年後在台灣實施一連串成功的土地改革，是其贏得民眾支持並得以在島上延續生存的一項關鍵因素。一九五一年二月，中央改造委員會依照陳誠在一九四九年五月推動的「三七五減租」，開始推行「公地放領」，把島內五分之一的公有耕地出售給承租佃戶。此方案規定的土地價格，比市價低廉許多，購買人可以在十年內，用土地上所生產的農產品來抵押，而不需支付現金，而且利息全免，在繳清地價後即可取得土地所有權。[51]地價的評估與因應農業發展所需的新機制，則由管理農會業務的地方政府協助推動。這些新的政府機構，協助台灣農民遵循政府的指導方針。據統計，到了一九五二年夏天，十六萬英畝的公地已放領了十

49 陳陽德，《台灣地方民選領導人物的變動》（台北：四季出版社，一九八一），頁一二〇—一二五。

50 Dickson, "The Lessons of Defeat," 74–75; Steven J. Hood, *The Kuomintang and the Democratization of Taiwan* (Boulder, CO: Westview, 1987), 33–34.

51 中央改造委員會第八十七次會議記錄，一九五一年二月十九日，史丹福大學胡佛研究所檔案館，《中國國民黨中央改造委員會檔案》，6.4-2, reel 2。

一萬四千英畝，並有超過十五萬戶的佃農在此計畫下承購土地。[52]到了一九五三年初，「耕者有其田」條例允許地主擁有一定數量的土地，其餘土地則由政府以土地債券和股票的方式作為補償。當時發行債券和股票的是四個主要國營企業：台灣水泥公司、台灣紙業公司、台灣農林公司和台灣工礦公司。地主們的土地，由原來的佃農以該土地年產作物價值的二・五倍之價格購買下來，而四大公司資產的私有價值，則以債券和股票的形式來補償地主。同時，新的地主可以申請為期十年的免息償還貸款，還能夠從政府那裡得到一定的補貼，來改進耕作與灌溉設備。於是，一百多萬台灣人民藉由土地改革計畫得到了產權，農民的收入在一九四九年後的十年間成長一倍。[53]一九四九至一九五三年的土地改革的確有助於國民黨在台治理更得民心，也促成居統治地位的外省籍與台灣本省居民之間的關係漸進轉變。這些初期改革，加上國民黨自韓戰後得到的龐大美援，為台灣日後的經濟起飛，打下堅實基礎。

回顧歷史，蔣介石於一九五〇年代初期所推動的黨務改造，及其試圖深化國民黨在台灣社會基礎的種種作為，強化並鞏固了國民黨在台灣的政治地位，也加速了中華民國體制在台灣形塑與深化的步伐。一個較不為人所知的事實是，他所推行的這些改革舉措，一部分還出自於與海外敵對政治勢力暗中較勁的心態，甚至可說是受到這些海外勢力的挑戰而推動。一九四九年中共統治中國大陸之後，大批反共卻也反蔣的「第三勢力」分子紛紛前往香港避難，這些「第三勢力」成員的背景相當多元，形形色色，包括前粵系軍閥、前國民黨將領、蔣介石在黨內的政治對手與自由派知識分子等。[54]由於中共參加韓戰導致美國面臨不利的局勢，華府曾一度希望藉由暗中支持與整合這些「第三勢力」成員，協助其籌組訓練游擊隊並投入大陸敵後工作等手段，來轉移與分散北京的注意力，間接協助美國在朝鮮半島戰場上的戰事。華府決策階層也相信，美國支持反共反蔣政治勢力，也能讓感受到壓力的蔣介石國民黨政府，體認到必須推動更有效率的施政措施。[55]

約在一九五〇年末，華府情報部門關注活躍在香港的「第三勢力」分子，當時有數位真實身分不詳的美方人士，先後與張發奎、許崇智、童冠賢等人祕密接觸，美方同意提供這些人士大筆資金，助其推動諸多政治活動，並承諾讓這些反共反蔣的自由派人士在菲律賓有一據點。[56] 一九五一年夏，一項由中央情報局所策劃與贊助的祕密訓練計畫在沖繩啟動，約有八十名「第三勢力」年輕成員，以替關島一家「遠東開發公司」工作名義為掩護，被送往沖繩接受各項敵後工作與情報技巧的專業訓練，最後目的則在於培訓一批嫻熟蒐集情報的專業人才，並在美方協助下，到華南與海南島進行敵後任務。然而這些以「第三勢力」分子為主體的敵後工作，成效並不佳，被空投至華南地區的情報人員，大都不是被殺就是被俘，到了一九五二年底，這項計

52 State Department, "Land Reform on Formosa," confidential security information, August 26, 1952, no. 794A.00/8-2652, *Formosa 1950–1954*, reel 2.

53 Rankin to State Department, report on mutual security program in Formosa, January 9, 1953, no. 794A.5-MSP/1-953, *Formosa 1950–1954*, reel 4; F.A. Lumley, *The Republic of China under Chiang Kai-shek: Taiwan Today* (London: Barrie & Jenkins, 1976), 69; 陳誠，《台灣土地改革紀要》（台北：中華書局，一九六一），頁四十七—四十八。

54 麥志坤（Chi-kwan Mark）以英國檔案為基礎所完成的專著指出，到了一九五三年，香港境內「第三勢力」政治運動活躍成員，總數約在五千人左右，另有其他一萬五千名程度不一的支持者或追隨者，參見Mark, *Hong Kong and the Cold War: Anglo-American Relations, 1949–1957* (Oxford: Oxford University Press, 2004), 188.

55 Livingston Merchant, memorandum, February 9, 1951, *FRUS, 1951*, vol. 7: *Korea and China, Part 2*, 1574–1578.

56 張發奎，《蔣介石與我》，頁四八四—四八七；Yang Tianshi, "The Third Force in Hong Kong and North America during the 1950s," *Roads Not Taken: The Struggle of Opposition Parties in Twentieth-Century China*, ed. Roger B.Jeans (Boulder, CO: Westview, 1992), 270–271.

畫以失敗收尾。[57]

可以想見，台北當局對於美國暗中支持反蔣「第三勢力」，感到忐忑不安；蔣介石認為，這些由美國軍事情報單位幕後支持、充滿著政治意涵、且以中國大陸敵後情報工作為宗旨的祕密計畫，必然危及國民黨政府代表「自由中國」的正當性。蔣透過其情報系統還進一步得知，華府對於協助「第三勢力」充滿興趣的另一個重要原因，乃是根本不信任他所領導的國民黨政府，美方因而體認到必須培植一股有別於蔣介石的新勢力，以備未來中共政權垮台時，成為美方日後合作的對象之一。[58]

「第三勢力」的活動或許令蔣介石感到心煩，然而更令他擔憂的潛在政治對手，卻存在於台灣島上。蔣介石對於海內外台獨分子採取恩威並濟的手腕；如前章所述，在韓戰爆發前夕，蔣介石、蔣經國父子以國家安全為名，開始大規模逮捕「台灣再解放聯盟」的主要成員，韓戰爆發後，國民黨政府進一步擴大派遣特務與警察，在全台灣各地肅清藏匿的「匪諜」，這些人士包括同情中國共產黨者、反對國民黨分子，以及支持台灣獨立人士等。[59]一九五〇年八月中旬，行政院長陳誠即曾公開坦承，一九四九年台灣境內約有一萬五千人因為「政治因素」遭逮捕入獄，這個數字在一九五〇年夏天增加至兩萬三千人。[60]台灣長達十餘年的「白色恐怖」，自此揭開序幕。

另一方面，蔣介石願意以較為溫和、安撫性的手段，對待海外台獨人士。一九五一年五月間，廖文毅的密友林本土在東京知會盟軍總司令部，蔣介石曾派重量級「半山」丘念台前往東京，對旅日的「台灣再解放聯盟」諸多成員示好。根據林的說法，蔣介石展現極大善意，邀請「台灣民主獨立黨」主席廖文毅與其他盟友回到台灣，加入國民黨，一起在體制內推動台灣革新，並保證他們返台安全無虞。[61]桀驁的廖文毅於該年八月發表一封公開信作為回應，他痛批國民黨在台灣的統治缺乏正當性，並再度主張台灣民眾在聯合國的監督下舉辦公投，來決定台灣前途。[62]然而韓戰爆發後，整個東亞地區局勢翻轉，這也讓廖文毅所領導的政治活動無可避免地被逐步邊緣化，以其力量將蔣介石逐出台灣的可能性也愈加渺茫。事後來看，蔣介石一九五一年春的示好，似乎是廖文毅所主導的海外台獨運動勢力逐步瓦解的開始。[63]多位與廖關係密切的政治夥伴，在一九五五年與他分道揚鑣，回到台灣，廖文毅本人則遲至一九六四年春，終於放棄其政治理想並回到故鄉。

隨著台灣外在安全環境逐漸穩定下來，蔣介石也開始著手對付其在黨內的潛在對手。受美國人青睞的孫立人將軍是首要目標。韓戰甫爆發後數週內，有關孫立人在軍中「包庇藏匿」匪諜

57 Mark, *Hong Kong and the Cold War*, 191–192; 張發奎，《蔣介石與我》，頁四九五—五〇五。

58 蕭吉珊呈蔣介石觀察報告，一九五一年二月八日，國史館，「特交檔案／一般資料／民國四十年」，第一卷，編號38969；中央改造委員會呈蔣介石，關於第三勢力的報告，一九五一年六月十九日，「特交檔案／一般資料／民國四十年」，第三卷，編號39073。

59 Strong to State Department, July 8, 1950, no. 794A.00(W)/7–850, *Formosa1950–1954*, reel 4。也見薛化元、林果顯、楊秀菁編，《戰後台灣人權年表，一九四五—一九六〇》（台北：國史館，二〇〇八）。

60 Strong to State Department, August 19, 1950, no. 794A.00(W)/8–1950, *Formosa1950–1954*, reel 4.

61 Charles N. Spinks to State Department,May 7, 1951, no. 794A.00/5–751; Niles W. Bond to State Department, June 22, 1951, no. 794A.00/6–2251, *Formosa 1950–1954*, reel 2.

62 Rankin to State Department, August 22, 1951, no. 794A.00/8–2251, *Formosa1950–1954*, reel 2.

63 陳佳宏，《台灣獨立運動史》（台北：玉山社，二〇〇六），頁一七一—一七七。

的報告突然增加。[64]這些報告大都來自蔣經國所主持、且被孫立人鄙視的軍方政工體系。一九五一年底，美軍在台顧問團的一項提議，讓蔣介石對孫立人更加不放心；美方主張雙方成立一個聯合作戰指揮系統，用以協調台灣和周邊地區相關軍事活動，並由美軍顧問團團長蔡斯將軍和孫立人分別擔任美台雙方的指揮官，蔣介石對此斷然回絕。[65]

蔣介石也許希望盡早拔除孫立人，但也擔心來自美方的反彈。直到一九五五年，台美雙方簽署協防條約，正式締結同盟關係之時，厄運便降臨在孫立人身上。稍早於一九五四年六月間，孫立人先被拔除陸軍總司令之職，調往總統府擔任有名無實的參軍長一職，翌年八月間，孫突遭指控，稱其舊部僚屬郭廷亮為匪諜，郭預謀發動反蔣兵變，孫因而受到牽連，以「縱容部屬武裝叛亂，窩藏共匪，密謀犯上」為由，被軟禁三十三年之久，直到蔣經國一九八八年去世後才重獲自由。如今真相大白，郭廷亮當年被勸誘寫下自白書，成為羅織孫立人罪名之證據，二〇〇一年初，監察院重啟調查後，認為孫立人遭誣陷，是當年政府刻意製造，以剷除孫立人的影響力。[66]

當時蔣介石與蔣經國也想除掉的另一個目標，是遷台初期同樣受到美國人青睞的台灣省主席吳國楨。若說蔣介石拔除孫立人，是因為軍事與指揮體系上的顧忌，則吳國楨案的緣起，則是因其自由派政治作風與民主理念，與蔣氏父子水火不容。一如孫立人，吳國楨原是美方寄望改革台灣的另一人選，然而韓戰爆發後，東亞局勢改觀，美國為了穩固台灣，開始提供台北大量軍經援助，吳國楨因此逐漸失去其重要性。另一方面，蔣經國在全台各地積極布建情治網絡系統，也讓吳國楨深惡痛絕。[67]一九五二年十月，國民黨改造委員會完成階段性任務並召開第七次全國代表大會，以蔣家父子為核心的新權力結構於焉誕生，將近四分之三的黨代表隸屬蔣經國系統。翌年，吳國楨察覺到自己在國民黨體制裡的日子愈來愈難熬，於是辭去省主席職位，飛往美國。[68]一九五四年初，台北媒體開始大量流傳吳國楨在省政府時期盜用公款，涉嫌貪汙，吳不惜隔海與國民黨政府公然決裂，在美國媒體上控訴國民黨不民主、貪汙腐敗，並抨擊蔣經國在台灣大搞特務與軍隊政治工作，[69]此一論戰持續了相當長的時間，嚴重傷害了台北的國際形象，此後，吳國楨不曾再踏上台灣這塊土地。

台灣軍事機制的蛻變

韓戰爆發前後的一段時間裡，以美國海軍退役上將柯克為中心的「私人化」顧問政策指導角

64 《蔣介石日記》，一九五〇年六月二十六日、三十日，七月七日、二十八日，八月十八日。

65 沈克勤，《孫立人傳》，第二卷，頁七〇一—七〇二。蔣介石早已懷疑孫立人與美國暗通款曲，並認為美軍顧問團準備讓孫立人掌此兵符的提議，乃攸關「我國存亡問題」。見《蔣介石日記》，一九五一年九月三十日。

66 孫立人遭到解職後不久，蔣介石曾於日記裡寫道，「即使無共匪滲透，孫亦必歸叛變」，蔣對整個調查結果深信不疑，認為拔除孫立人毫無不妥。見《蔣介石日記》，一九五五年八月二十日。有關孫立人案的詳細探討，另見沈克勤，《孫立人傳》，第二卷，頁六九三—八二五。

67 黃卓群口述，劉永昌整理，《吳國楨傳：尚憶記》（台北：自由時報，一九九五），第二卷，頁四五七—四五九。

68 吳國楨肯定知道他此時已不再獲得華府的堅定支持。美駐台官員雖然感到遺憾，認為吳國楨的去職將意味著國民黨政府失去了一個能幹的省府團隊，但也認為新繼任省主席將更加著眼於促成中央與省府之間關係的和諧，對此，美國大使館表達歡迎之意。參見 Rankin to State Department, April 10, 1953, no. 794A.00(W)/4–1053, *Formosa 1950–1954*, reel 4.

69 《蔣介石日記》，一九五四年二月十九日和三月二日、十七日、二十五日；吳國楨致蔣介石的公開信，一九五四年三月二十日、二十八日和四月三日，收錄於Hubert G. Schenck Papers, Hoover Institution Archives, Stanford University, Box 24.

色，以及美國恢復對國民黨政府的軍事援助，對於一九四九年之後中華民國軍事機制的改造與轉型，皆發揮了深遠的影響。這項由美國所推動的國民黨軍事機制改革，強化了在國共內戰期間幾乎潰敗瓦解的國軍戰力，這對於退守台灣一隅、企盼有朝一日能夠反攻大陸的蔣介石而言，無疑是一劑強心針。然而若從更寬廣的歷史角度來看，台灣時期國軍機制的改造與轉型，卻也深化了「中華民國在台灣」此一政治現實，讓中華民國政府所控制的領土僅限於台、澎與中國東南沿海島嶼的狀態，無法再有突破之可能。

國民黨政府遷台後全面改革國軍部隊的第一步，是在制度上打造一個單一體系的指揮鏈。前一章曾提及，一九五〇年底，柯克曾力勸蔣介石合併當時的兩個軍事指揮體系，將陸軍與國防部兩個系統合而為一，賦予陸軍更為完整的權限。柯克的建議促使蔣介石著手調整紊亂的國軍指揮系統。一九五一年四月間，蔣介石頒布一項新法規，宣布將成立一個新的「國防會議」，直接隸屬總統，目的之一是協調軍令與軍政系統之間長久的權責爭議。[70]然而此一構想立即引來軍中內部激烈的爭辯甚至權鬥，迫使蔣不得不暫時擱置任何具體改革措施。翌年五月間，在美方強烈要求釐清國軍指揮體系與改善軍隊效率的雙重壓力下，蔣介石跳過正式的立法程序，強力推動軍事組織改造。他參照美國白宮國家安全會議的組織模式，在總統府內成立國防會議，而改組之後的參謀本部，行政上隸屬於主掌軍事行政的國防部之下，然在軍令的執行上直接聽命於總統。[71]

到了一九五四年春，國防會議進一步轉型成一個提供軍事高層與文官之間協商有關台灣重大經濟、社會動員等策略問題的重要平台。誠如當時英國駐淡水領事館的觀察指出，此一平台的出現，讓政府決策逐步走向透明化，國民黨內部不同派系或權力競爭者，此後很難再獨斷獨行。[72]當時另一項重要安排，是將此前妾身未明的軍事預算與法規業務，清楚劃歸由國防部管轄，據此，國民黨政府在軍事國防與安全議題上的決策過程，變得更加制度化。[73]

美國駐台北大使館與美軍顧問團皆樂見這些制度性變革；從華府的角度來看，把中華民國的軍事預算劃歸行政院所轄的國防部來掌管，強化了政府裡文官行政部門權力，並可提高文官參與台灣軍事預算決策的程度，事實上這方面的改革也是一九五一年春美軍顧問團在台北正式成立時的重要任務之一，希望藉此協助台灣建立起文官體系掌握國軍預算的常軌。

一九五一年二月間，華府五角大廈批准於財政年度之內，撥交台北總額七千一百二十萬美元的軍事援助。[74]美國政府打算利用這筆軍援，促使國民黨政府推動行政上的革新，其目標之一，在於穩定台灣財政，藉此打造一個具有成效，兼顧各領域需求，且不只是為了服從於國民黨「反攻大陸」此一崇高目標而產生的經濟制度。華府也要求國民黨政府「自謀其力」負擔台灣的財政預算，而非全然依賴美國經援，這讓台北高層理解到，美方不會同意台灣領導人將所有資源

70 行政院第一八五次院會會議紀錄，一九五一年五月九日，105-1/016；行政院第一八七次院會會議紀錄，一九五一年五月二十三日，105-1/017，國史館「行政院檔案」。

71 行政院第二三四次院會會議紀錄，一九五二年四月九日，國史館「行政院檔案」，105-1/029；行政院第二四〇次院會會議紀錄，一九五二年五月十四日，出處同前。

72 British Consulate in Tamsui to Foreign Office, "Summary of Events in Formosa during July, 1954," August 20, 1954, in *Taiwan Political and Economic Reports 1861–1960*, ed. Jarman, 10:534.

73 "Report on the Mutual Security Program in Formosa, First Half of 1954," July 21, 1954, no. 794A.5-MSP/7–2154, *Formosa 1950–1954*, reel 4.

74 這筆數目分拆如下：五千萬美元給陸軍，五百二十萬美元給海軍，一千六百萬美元給空軍。見State Department, "Projected Formosa MDAP Program for 1952–1955," top secretme morandum, February 21, 1951, no. 794A.5/2–2151, *Formosa 1950–1954*, reel 4.

1951 年春，蔣介石與美軍顧問團團長蔡斯少將（右）首度會面。（黨史館提供）

「不顧後果」地轉移到軍事開銷之上。美軍顧問團於一九五一年四月在台北正式運作後，監督美國援台經費的分配與使用，成為其重要責任之一。[75]

為了將台灣的軍事預算納入美國掌控，並設法降低國民黨政府高得離譜的軍事預算支出（韓戰爆發前後占台灣總預算七成），華府決策者對於軍援台北一事秉持著「公事公辦」的態度。當時主管遠東事務的助理國務卿魯斯克甚至堅持，為了實現這些改革目標，即使在美方要求執行過程中侵犯到中華民國的主權，仍屬必要且合情合理。[76]一九五一年五月間，經過一連串跨部討論，美國政府在對台軍援上擬定多項行動方針；駐台北的美軍顧問團將全權負責控管對台軍援物資與國民黨政府的軍事預算，而在美軍顧問團充分支持下，駐台北的美國經濟合作總署中國分署，將與行政院經濟安定委員會協調並發揮強大影響力，以改善國民黨政府年度財政預算的編列與執行，一旦美軍顧問團在執行必要任務時遇到阻礙，華府國務院與國防部將不惜聯手逼台北當局就範。[77]

一九五一年七月二十日，台北外交部收到一份美國國務院根據以上立場所寫成外交節略，要

75 State Department, memorandum, February 13, 1951, no. 794A.5- MAP/2–1351;State Department, memorandum regarding MAAG for Formosa, March 22,1951, no. 794A.5/3–2251; Executive Office of the President, Bureau of the Budget, to State Department, letter, March 23, 1951, no. 794A.5/3–2351, *Formosa1950–1954*, reel 4.

76 Dean Rusk to Thomas Cabot (S/ISA), "FE Proposal for Exercising United State Control over Chinese Military Expenditures," memorandum, May8, 1951, no. 794A.5- MSP/5–851; Rusk to Allen Griffin (ECA), May 9, 1951,no. 794A.5- MSP/5–951, *Formosa 1950–1954*, reel 4.

77 ECA presentation to the Bureau of the Budget, "Supplementary Funds for Fiscal Year 1952 to Support Mutual Defense Assistance Program for Formosa,"top secret, May 8, 1951, no. 794A.5- MSP/5–851; Southeast Asia Aid Policy Committee, State Department, top secret minutes, May 25, 1951,no. 794A.5- MSP/5–2551, *Formosa 1950–1954*, reel 4.

求台北當局制訂有效程序，來監督並控制台灣各級政府的軍事與民生用途預算支出，此份外交節略並強調，在國民黨政府擬定完善程序之前，美方所承諾的軍、經援助不會到來。[78]蔣介石聞後，對於華府公然對中華民國侵門踏戶甚感憤怒，他在七月底的私人日記裡寫道，想到「杜魯門有形與無形中不斷之侮辱誣衊，尤其以美援為理由，要求我軍事與經濟之不合理緊縮，腦筋中悲憤哀傷，竟至夜夢泣醒，此種汙辱刺激，實為近年來所未有之現象。」[79]

儘管如此，國民黨政府領導階層很快就明白，為了生存，此刻除了委屈與服從之外，別無選擇。美國駐華大使館代辦藍欽（Karl Rankin）向外交部提交此份節略後不久，他便主動就當時台北國防部擬徵召一萬五千名台籍士兵入伍一事，表達嚴重關切。在美方看來，雖然此項徵兵方案有助於台灣軍事防禦，然對台灣原本就沉重的財政負擔，無疑雪上加霜。台北當局只能妥協，將原先擬定徵兵人數減半。[80]不久之後，當美方得知國民黨政府打算透過一項高達一億五千萬新台幣的強制儲蓄方案，來籌措政府資金以降低財政赤字時，駐台官員再度跳出來反對；此一方案原本要求台灣本地商人與民眾，以現金來換取公營企業股票選擇權，然而駐台代辦藍欽與美軍顧問團團長蔡斯都擔心，這將引發台灣民心不滿，特別是農民，而且極可能大大斲傷民眾的經濟力與生產力。[81]為了讓台北官方打消這個計畫，藍欽力促華府提供台灣另外的選擇：在台灣銀行的配合下，經濟合作總署中國分署將撥款成立一筆四百萬至七百萬美元的基金，讓台灣民間企業有更多的外匯額度，進口更多的大宗商品與工業設備。美方認為此舉有助於提升台灣整體商品的銷售總額，此額度將等同於美方所提供的基金總數，可提高台灣本地貨幣之流通，讓主其事的台灣銀行有能力貸款給國民黨政府。[82]

國務院很快就批准藍欽此一構想，並主動向國民黨政府提出建議，與此同時，華府正式照會台北，要求國民黨政府允許美軍顧問團參與相關軍事議題之預算編列，包括國軍預算與美國軍援物資的分配與使用等細節。[83]蔣介石冷靜觀察這些時日以來，美國政府遲遲未撥交其所承諾的軍援物品，知悉杜魯門行政當局是以嚴肅的態度看待其所設定的目標，因此決定妥協，以免危及國家整體利益。一九五一年十月十二日，蔣介石不顧其幕僚與部屬的異議，勉強同意日後在政府編列軍事預算並送交立法院審查之前，將先徵詢美軍顧問團的意見，並將預算提交受美國政府影響極深的行政院經濟安定委員會來核可。蔣也同意在其他非軍事相關預算編列的過程中，向美軍顧問團尋求「諮詢」意見，至於其他地方縣市層級的預算，蔣介石也同意由經濟安定委員會先與省政府共同擬訂大原則。[84]藍欽完成使命後向華府回報，他說蔣介石表面上「頑固

78 Dean Acheson to Rankin, July 13, 1951, *FRUS, 1951*, vol. 7: *Korea and China, Part II*, 1750–1751; State Department to Nationalist Foreign Ministry,aide- memoire,July 20, 1951, TD/DMW, vol. 9, no. 58937.

79 《蔣介石日記》，一九五一年七月二十四日、二十五日、二十六日和八月一日。

80 國史館，「特交檔案／外交／對美外交」，第九卷，編號58944，藍欽與葉公超會談記錄，一九五一年七月三十日、三十一日和八月一日；Jacobs-Larkcom to Foreign Office,"Summary of events in Formosa during the month of June 1951," July 23,1951, in *Taiwan Political and Economic Reports 1861–1960*, ed. Jarman, 9:475.

81 Rankin to State Department, September 14, 1951, no. 794A.5- MAP/9–1451, *Formosa 1950–1954*, reel 4.

82 State Department, "Chinese Budgetary Problem and Taipei's Suggestions," memorandum, September 14, 1951, no. 794A.5- MAP/9–1451, *Formosa 1950–1954*, reel 4.

83 Rankin to State Department, September 27, 1951, no. 794A.5- MAP/9–2751, *Formosa 1950–1954*, reel 4；陳誠呈蔣介石，一九五一年九月十七日，國史館，「特交檔案／外交／對美外交」，第九卷，編號58941。

84 Rankin to State Department, October 13, 1951, no. 794A.5- MAP/10–1351, *Formosa 1950–1954*, reel 4;《蔣介石日記》，一九五一年九月二十一日、三十日和十月十一日、二十日。

與老派」，對於美國政府將其雙手伸進台灣政府內部決策感到極端不悅，然凡有助於打造並強化其台灣海島反共堡壘的任何資源，蔣介石都希望不計代價地全部爭取到手。[85]

對於美國對台政策以及華府對蔣介石個人立場而言，以上一連串舉措無異是重要的分水嶺；誠如國務卿艾奇遜對駐台北大使館的一份指令內容所言，不論美國人喜歡蔣介石與否，華府都不得不承認，蔣仍極具政治影響力，且是「自由中國」的最高領導人。[86]自國共內戰期間遭美國遺棄嫌惡的蔣介石，其政治上的地位再度獲得美國官方認可，這無疑地鞏固了蔣所領導的「海島」中華民國的國家生存與安全。然而，國民黨政府為此所付出的代價很高；在國家重要決策議題上，特別是軍事國防，蔣介石不再享有絕對的自主權。從外交與政治現實的角度來看，蔣介石在一九五一年十月與美方的妥協，讓華府得以透過駐台外交與軍事機構以及行政院經濟安定委員會，影響國民黨政府的諸多財經與預算決策。從美方的觀點而言，蔣介石願意順從美方意旨，從而建立了一套新的機制與遊戲規則，也讓島內各相關負責機構得以有效地執行，並推展台、美雙方共同約定與認可的各項決策。[87]雖然蔣介石交出了對國民黨政府預算決策的自主權，但也重新拾回美國對他的支持。另一方面，華府似乎也認知到，隨著冷戰對抗格局在亞太地區的升高，此刻只有蔣介石能夠壓得住國民黨政府龐大官僚機制，並承諾願意與華府妥協配合，這種雙邊關係與互動模式並非完美無瑕，甚至時有齟齬衝突，但也持續了數十年。

到了一九五四年底，台灣整體經濟、財政與貨幣情勢都有明顯改善，島內大宗物資價格大致穩定，政府預算與稅收約略打平，島上大部分地區的物資生產量，來到了一九四九年政府遷台以來的新高。[88]然而最為顯著的改變卻是在軍隊；一九五二年秋天，在美軍顧問團的堅持下，台、澎地區的陸軍部隊從最初的十個軍、三十一個未滿編師，改編為十個軍，二十一個精銳且裝備精良的整編師。[89]誠如當時駐淡水英國領事館所觀察，國軍將領也許在內心深處很難吞下此一由美國強勢主導的軍事改造。[90]在第三者英國人眼中，美軍顧問團顯然是這場與台北之間艱苦拉鋸戰的贏家，國軍將領或許抱怨美國人專橫，但也被迫開始習慣並且認同自己政府的軍事預算必須照章行事且編列合理。[91]

除了軍事預算之外，國民黨政府軍事部門的組織也有可觀的改善。一九五二年五月間成立國防會議之後，軍方部門開始引入民事訴訟程序，藉以強化軍中內部稽核與審計的功能。一九五三年底，在美軍顧問團的諮詢協助下，國防部將所有預算權力加以集中，而非分散至數個獨立運作單位。[92]蔣介石也讓行政院經濟安定委員會享有更廣泛的預算權力。隨著美軍顧問團、美國

85 Rankin to State Department, December 16, 1951, no. 794A.00(W)/12–1651,*Formosa 1950–1954,* reel 3.

86 Acheson to Rankin, Chase, and Moyer, October 17, 1951, no. 794A.5-MAP/10–1751, *Formosa 1950–1954,* reel 4.

87 Rankin to Acheson, October 17, 1951, no. 794A.5- MAP/10–1751, *Formosa1950–1954,* reel 4.

88 Rankin to State Department, "Appraisal of Effects of United States Aid and Technical Assistance to Formosa," memorandum, October 14, 1954, no. 794A.5- MAP/10–1451, *Formosa 1950–1954,* reel 4.

89 蔡斯將軍致周至柔，一九五一年六月二十九日，國史館，「特交檔案／外交／美國協防台灣」，第四十九卷，編號59126；周至柔致蔡斯，一九五二年一月二十六日，「特交檔案／外交／美國協防台灣」，第四十九卷，編號59129；Rankin to State Department, *Report on Mutual Security Program in Formosa,*January 9, 1953, no. 794A.5- MAP/1–953, *Formosa 1950–1954,* reel 4. 蔣介石認為此一整編乃是除去無能軍士官兵的重要手段，見《蔣介石日記》，一九五二年十月三十一日。

90 Jacob-Larkcom to Foreign Office, November 25, 1952, in *Taiwan Political and Economic Reports 1861–1960,* ed. Jarman, 10:166.

91 Jacob-Larkcom to Foreign Office, October 7, 1952, in *Taiwan Political and Economic Reports 1861–1960,* ed. Jarman, 10:138–139.

92 MAAG Taiwan, *Activity Report for Month of November 1953,* December 24,1953, no. 794A.5- MSP/12–2453, *Formosa 1950–1954,* reel 4; *Activity Report for Month of December 1953,*January 26, 1954, no. 794A.5- MSP/1–2654, *Formosa 1950–1954,* reel 4.

大使館與經濟合作總署中國分署影響力的提供，深受這些駐台單位影響的行政院經濟安定委員會，成為兼具效率與權力、主導冷戰時期台灣經濟與預算決策的重要機關。[93]

一九五〇年代初期，當中華民國軍方受到美國壓力而展開變革時，國民黨內不少高層人士不免心生抗拒，譬如由蔣經國所主導的軍隊政工體系，以及其所引發的諸多爭議，即是典型的例子。[94]美軍顧問團曾認定，兼具監察與保防功能的國防部總政治部，在國軍部隊體系裡製造了恐懼、懷疑與不安的氛圍。駐台美方人員深信蔣經國不僅指導軍隊政工制度，還掌管當時全台灣的特務與祕密警察。[95]美軍顧問團團長蔡斯還曾多次向蔣介石提議廢除政工制度，但皆不被蔣接受，雙方你來我往，互不相讓。當蔡斯提議在台灣省保安司令部內成立一個由美軍顧問團成員組成的「諮詢委員會」，作為反制與平衡蔣經國政工系統在軍中強大影響力的第一步時，蔣介石勉強讓步，同意美軍顧問團指派一名「聯絡官」進駐保安司令部。[96]

一九五四年末，藍欽在發回國務院的報告中發現，經過數年努力，國民黨政府軍事預算與財政規劃經美方審核再交由立法院審議的觀念，在國民黨政府官僚階層已根深蒂固，美軍顧問團與駐台北大使館的影響力可見一斑。[97]台北與華府於一九五二年間談判達成一連串有關美軍顧問團的協議，讓美國軍方得以使用台灣各地的機場、港口與其他必要的軍事基地設施，到了一九五四年，這些協議更進一步擴大適用於協防台灣所有的美軍單位，包括海軍第七艦隊、美軍太平洋司令部在台協調小組，以及一支美國空軍戰鬥機中隊等，這些單位都受到駐台美軍顧問團的監督與指導。[98]

眼見美方在台灣的活躍與影響力，蔣介石與其心腹也許五味雜陳，甚至忿忿不平，而提供台灣防衛以及國民黨政府大量軍援的美國，其態度未必因此而軟化。一九五三年底，當美國大使館得知國民黨政府未經美軍顧問團事先審核，即批准下年度高達十一億新台幣的軍事預算時，大為光火，立即向台北高層提出強烈抗議，並認為此舉嚴重違反雙方誠信原則。[99]蔣介石為平息美國人的怒氣，不得不出面解釋，政府所提出的預算只是一項「草案」，他本人尚未過目，一切要等到他審閱批准之後才會定案，蔣並承諾一旦預算草案重新擬定之後，必定會轉交給美軍顧

93 Rankin to State Department, *Report on Mutual Security Program in Formosa*, January 9 1953, no. 794A.5- MSP/1–953; March 11, 1953, no. 794A.5- MSP/3–1153; Rankin to State Department, December 25, 1953, no. 794A.00(W)/12–2553, *Formosa 1950–1954*, reel 4.

94 有關一九五〇年代台灣軍中政工制度之研究，參見Monte R. Bullard, *The Soldier and the Citizen: The Role of the Military in Taiwan's Development* (New York: M.E. Sharpe, 1997), 80–130.

95 State Department, "Commissar System in Chinese Army," memorandum, September 28, 1951, no. 794A.551/9–2851, *Formosa 1950–1954*, reel 4；周至柔呈蔣介石，談蔡斯將軍對政工制度之意見的備忘錄，一九五三年十一月二十四日，國史館，「特交檔案／外交／美國協防台灣」，第五十卷，編號59139。

96 《蔣介石日記》，一九五一年八月二十五日和一九五二年九月十七日；*Report of Formosa Mutual Security Program Evaluation Team*, March 13, 1953, Norwood A. Allman Papers, Hoover Institution Archives, Stanford University, Box 13; Report on Mutual Security Program in Formosa, January 9, 1953, no. 794A.5-MSP/1–953, *Formosa 1950–1954*, reel 4.

97 Rankin to State Department, "Appraisal of Effects of United States Aid and Technical Assistance to Formosa," memorandum, October 14, 1954, no. 794A.5- MSP/10–1454, *Formosa 1950–1954*, reel 4.

98 Division of Research for Far East, State Department, Intelligence Report IR 7052, "Prospects for U.S. and British Bases in the Far East through 1965," September 23, 1955, in *O.S.S./State Department Intelligence and Research Reports VIII*, ed. Kesaris, reel 1.

99 William Chase to Rankin, October 5, 1953, enclosed in Rankin to State Department, October 21, 1953, no. 794A.5- MSP/10–2153, *Formosa 1950–1954*, reel 4；《蔣介石日記》，一九五三年十月六日。

問團過目。[100]這個由美方「過目」預算的結果，是從原本國民黨所提的十一億新台幣，刪減為九億一千九百萬，還有一份來自華府國務院的備忘錄，「善意」提醒蔣介石，除非國民黨政府能透過增稅手段募集足夠經費，否則不得增加任何軍事經費支出，未來任何國防預算依然必須先經由美軍顧問團的審批。[101]

韓戰爆發後，台灣所推動的諸多軍事機制變革，儘管大部分是在美國人的壓力下推動，但無庸置疑，這些改革相當程度讓國共內戰時期潰不成軍、士氣低落的國軍殘兵敗部，逐步轉化蛻變成為一支有戰力與效率、且資源分配與預算更加透明的部隊。身為三軍統帥，蔣介石或許很難接受國軍部隊逐漸「美國化」，接受美援裝備且隨時受到美方監督，然從長遠來看，「美國化」的國軍軍隊，在冷戰時期，或許最有利於台灣整體防衛與安全。一九六一年，即美軍顧問團在台成立十週年，台北國防部官員公開讚美蔡斯將軍等歷任顧問團長，稱在他們的努力下，中華民國軍方得以建立一套健全的審計、稽核和預算制度。[102]從另一個角度觀察，這些軍事機制的蛻變也意味著，此後蔣介石領導下的台灣，其軍事力量與投射能力，都將大大地受制於美國對其所提供軍事援助程度與範圍而定。此後數年裡，蔣介石並未完全放棄以武力反攻大陸的國策目標，無時無刻不在考慮籌劃各式各樣的軍事行動。然而在現實層面上，若無美國政府支持並同意，任何此類的軍事反攻行動都不可能有成功的機會。這段歷史的諷刺之處在於，當國軍部隊的裝備、素質、士氣與決策機制都處於一九四〇年代晚期國共內戰失利以來最佳狀態，以台、澎、金、馬海島為最後權力根據地的中華民國已漸臻定型，格局既定，此後國民黨政府再也難有突破框架、獨力光復大陸的可能性。

100 Howard P. Jones to State Department, October 6,1953, no. 794A.5- MSP/10–653; Jones to State Department, "Interview with President Chiang Kai-shek on United States Review of Chinese Military Budget," memorandum, October 8, 1953, no. 794A.5- MSP/10–853, *Formosa1950–1954,* reel 4.

101 See General Chase to General Zhou Zhirou, November 13, 1953; Chase to Chiang Kai-shek, November 18, 1953; Chase to U.S. Department of theArmy, November 24, 1953; all enclosed in Jones to Rankin, "Ministry of National Defense Budget Estimate, January-June 1954," December 8, 1953,no. 794A.5-MSP/12–853, *Formosa 1950–1954,* reel 4.

102 中華民國國防部編，《美軍援顧問團駐華十年簡史》（台北：國防部，一九六一），頁三十七—三十九。

第九章
重返大陸或擁抱海洋？

韓戰爆發之後的幾個月裡，蔣介石忙著前往全台灣各地視察部隊，向官兵們精神講話，提振島內軍心士氣，並為國軍反攻大陸做足準備。雖然杜魯門行政當局最後婉拒蔣介石派遣三萬三千名精銳國軍部隊參加韓戰的提議，蔣介石仍依然堅信，此後台灣的命運將與朝鮮半島上的情勢演變緊密相連。一九五〇年十月初，當聯合國部隊越過北緯三十八度線向北韓發動進攻後不久，蔣介石從他自己的情報來源以及駐日盟軍總司令部得知，北京已開始在東北地區動員四十萬兵力，準備調往朝鮮半島邊境，他立即察覺到中共與美國之間的武裝衝突，似已無可避免，只不過此刻蔣仍沒有把握，雙方衝突最後是否會演變成一場大規模戰事。[1]

十一月上旬，當中共以志願軍名義介入韓戰的消息傳到台北，蔣介石立即思索接下來的策略。對台北而言，直接參與韓戰似乎是最有利的路子，這可讓國民黨政府在因應遠東未來局勢發展上，處於更有份量且更為有利的地位。[2]如果華府果真邀請中華民國政府參戰，蔣介石準備提出幾項要求，包括美國允諾同意讓國軍部隊借道朝鮮半島打回中國東北，並要求美方尊重國民黨重回中國大陸之後主權領土與行政管理權的完整，此外，蔣介石還打算要求華府承諾未來不再支持香港、日本、菲律賓等地的「第三勢力」分子。[3]

當中共以志願軍名義投入韓戰之後，蔣介石與其所領導的國民黨政府，在國際間確實開始處於相對有利的地位。當戰事於朝鮮半島陷入膠著狀態之後，讓三萬三千名國民黨軍投入戰場的構想，再度浮現於華府軍政階層的腦海裡，台灣的地緣戰略價值也再度成為美方制訂遠東策略時關切的重點。[4]而在台北，蔣介石展現出冷靜與理智，他在整體評估情勢之後，認為華府最終將再度拒絕讓國軍部隊參加韓戰，更別提允許國民黨政府軍事力量重新回到中國東北。他此時在其私人日記裡曾精準地預測，台灣海、空軍在中國大陸東南沿海地區執行有限度的軍事行動，用以牽制中共，將是國民黨政府日後可為韓戰出力的少數可行方案。[5]

蔣介石此刻的冷靜，似乎與他在官方層次與公開場合屢屢呼籲軍民，反攻大陸時機即將到來的高姿態，形成一個鮮明的對比。然細究幾項一九四九年以來情勢發展，蔣的務實態度，早已可見端倪；隨著國軍撤守台、澎、海南島與其他東南沿海島嶼，以及其在中國大陸上所控制的領土急劇縮減，國民黨政府實際上已無可避免地逐漸放棄以大陸作戰為導向的軍事戰略。一九四九年五月，當上海落入共軍手中後不久，國民黨政府宣告封鎖河北、山東、江蘇、浙江各省外海，以及天津、上海、溫州、寧波等沿岸重要港口，除禁止各國船隻進出這些港口之外，並警告將對違反此禁令者採取武裝行動，違反禁令所造成的一切損害，將由違規船隻負責。儘管當時美、英等國政府對此禁令提出抗議，然國民黨政府不予理會，甚至在一九五〇年二月間，將大陸沿海封鎖範圍，進一步擴大到華南地區，包括福州、廈門、汕頭和廣州等地。[6]

在此風雨飄搖的關鍵時期，儘管國軍部隊無力在大陸上採取有效的軍事行動以阻擋解放軍攻勢，然國軍海軍仍有基本力量，能夠在台、澎與東南沿海其所控制島嶼海域範圍內，攔截與搜索往來船隻，並阻止軍事與民生物資運抵中共所控制的地區。[7] 一九五〇年一月初，國民黨海軍在上海外海炮轟美國商船「飛箭」輪（Flying Arrow），並於上海近岸水域布置水雷。誠如美國中央情報局所言，這些舉措充分顯示出，儘管國軍的海軍力量依然薄弱，但仍可發揮基本作用。[8] 此外，韓戰爆發前幾個月，蔣介石倚重美退休海軍上將柯克及其所主持的「特種技術合作案」顧問團，而柯克又格外著重強化台灣海防，因此一九四九年遷台後的中華民國政府，為了因應全然不同的內外環境與條件，則逐步調整將其國防安全重點從陸地（大陸軍主義）轉向海洋，

1 《蔣介石日記》，一九五〇年十月四日、十四日。歷史學家陳兼（Chen Jian）認為，毛澤東欲將受到舊體制束縛的中國改造為一個新的社會主義國家，而一場適時的戰爭將有助於他達成此一目標。參見Chen, *Mao's China and the Cold War*, 85–117.

2 有關中共參加韓戰的經過，參見Sergei N. Goncharov, John W. Lewis, and Xue Litai, *Uncertain Partners:Stalin, Mao, and the Korean War* (Stanford, CA: Stanford University Press, 1993), 168–202.

3 《蔣介石日記》，一九五〇年十一月七日、九日。

4 CIA, "Strength and Usability of Chinese Nationalist Forces," December 17, 1950, in *Documentary History of the Truman Presidency*ed. Merrill, 32:364–366; and "Situation in Korea," memorandum of conversation, November 21, 1950, *Documentary History of the Truman Presidency*, 18:679–683.

5 《蔣介石日記》，一九五〇年十一月七日。

6 Secretaries to the Joint Chiefs of Staff, note on the blockade of the Chinese coast by Nationalist China, August 22, 1951, NARA, RG 218, Geographical File, Security Classified 1951–53, Entry: UD 14, 24/4/07.

7 中華民國海軍領海作戰與封鎖報告，一九五〇年（日期未注明），國史館，「行政院及所屬檔案」，5–2–2.1；Jacobs-Larkcom to Foreign Office, "Summary of events in Formosa during the month of May 1951," June 22, 1951, in *Taiwan Political and Economic Reports 1861–1960*, ed. Jaman, 9:454–455.

8 CIA, "Chinese Nationalist attack on U.S. shipping," memorandum, January 12, 1950, in *CIA Research Reports: China, 1946–1976*, reel 1.

乃勢不可免。此後，抑制共產黨在中國東南沿海的活動，以及以防禦各海島反共據點為宗旨的海洋戰略開始深化與扎根，成為國民黨政府戰略思維與決策擬定過程中的一個關鍵選項。[9]

在中共參加韓戰之後，台北軍方持續封鎖中國大陸沿海及共黨所控制的各重要港口，這個行動現在看來，相當符合美國利益。當杜魯門總統下令第七艦隊駛入台灣海峽執行台海中立化政策時，許多五角大廈軍事首長認為，國民黨政府不必因此而停止其海軍活動。[10]甚至福克斯代表團在其一九五〇年九月的訪台考察報告裡也指出，一旦第七艦隊在某些關鍵時刻，因執行其他任務而必須減少在台灣海峽地區的軍事活動時，能夠獨力運作的國民黨海軍，將可為美國軍事戰略帶來重要價值。[11]從更廣泛的戰略角度來看，正如肯楠在一九五〇年夏天呈給國務卿艾奇遜的兩份備忘錄所提出的，面對中共參加韓戰，美方缺乏對於中國大陸沿海地區實情的情報掌控，是美軍面臨的一大難題。肯楠儘管對蔣介石與其領導地位並無好感，然他現在也不得不指出，一旦台灣島上國軍部隊開始接受美方精實訓練與裝備援助，願意聽從美方指導，則這股力量將可改善美國在遠東地區的態勢。[12]易言之，把國軍部隊投入於監控、牽制中國大陸，而非直接參與韓戰，將最能實現此項目標。

反攻大陸：誰的願望？

在此必須指出，當朝鮮半島戰事成為杜魯門政府最迫切的問題時，華府許多鷹派軍事首長們，其積極謀劃反攻大陸擊垮共產黨的急切心情，不下於台北的國民黨要員。蔣介石一直夢想著以武力收復大陸，而美國五角大廈，卻是把國民黨的反攻宣傳口號，一步步化為詳細行動方針的一方。一九五〇年十二月二十七日，美國國務院和情報單位在其共同發表的國家情報評估報告中，基本上仍然認定此刻動用台灣部隊投入朝鮮半島，將使原本尚存以政治與外交途徑盡速化解韓戰的機會，變得毫無希望，也會讓華府執行台灣海峽「中立化」政策，變得更加困難，同時，多數聯合國成員並不樂見國民黨介入韓戰，認定台北的加入，將使北京變得更加好戰，或讓中共有合理藉口，把衝突升高成為一場世界大戰。[13]

然而毛澤東斷然拒絕聯合國停火決議，朝鮮半島情勢不斷升溫，戰事顯然暫時沒有平息之勢，這讓美方不得不改變立場。國防部「聯合戰略計畫委員會」（U.S. Joint Strategic Plans Committee）所著手定稿的一份評估報告裡，開始以「推翻中國共產黨」為其在亞太地區最終戰略目標；陸

9 韓戰爆發後，柯克重視國民黨海軍而較輕忽其他軍種的說法，變得更切合實際，因為若能夠打造一支強大的台灣海軍，為美國第七艦隊提供助力，將有利於美國在亞太地區的軍事與戰略。見柯克致周至柔兩份備忘錄，一九五〇年九月一日，國史館，「特交檔案／外交／美國協防台灣」，第四十八卷，編號59232、59233；"U.S. Seventh Fleet Plan for Conducting Operations to prevent an Invasion of Taiwan and the Pescadores."

10 Chief of Naval Operations, "Defense of Formosa," memorandum, July 27,1950, NARA, RG 218, Geographical File 1948–50, Entry: UD 7, 190:1/27/01; Joint Chiefs of Staff, "Defense of Formosa," memorandum, August 14, 1950, NARA, RG 218, Geographical File 1948–50, Entry: UD 7, 190:1/27/01.

11 Fox Report: Survey of Military Assistance required by the Chinese Nationalist Forces, top secret, September 11, 1950, NARA, RG 218, Geographical File 1948–50, Entry: UD 7, 190:1/27/01.

12 George Kennan to Dean Acheson, top secret memorandum, July 17, 1950, no. 794A.5/7–1750, *Formosa 1950–1954*, reel 4; Kennan to Acheson, memorandum,July 24, 1950, no. 794A.5/7–2450, *Formosa 1950–1954*, reel 4.

13 National Intelligence Estimate, "Consequences of the Early Employment of Chinese Nationalist Forces in Korea," NIE-12, December 27, 1950, *CIA Research Reports: China, 1946–1976*, reel 1.

軍為了設法以動用最少美國兵力與資源的情況下，達到削弱中共戰力之目的，並牽制解放軍不讓其繼續參加韓戰，曾提出一項以國軍部隊為執行主力的三階段行動方案。第一階段（六個月內）要以當前美方可動用的軍事力量來保衛台灣，接著向台灣提供軍事後勤支援；第二階段（六至十八個月）將藉由加強並擴大在中國大陸的反共游擊與敵後行動，來達到削弱共軍戰力的目的，同時強化國軍軍事力量作為日後反攻大陸的準備，並且以反攻奪回海南島為首要目標；第三（最後）階段由華府對國軍部隊提供大量軍援、支持與鼓勵，助其反攻大陸，推翻共黨政權。[14]

這項由美國陸軍所提出的行動方針，隨後得到美國海、空軍的支持，海、空軍的鷹派首長甚至力主應建議杜魯門總統立即撤銷婉禁止動用國民黨部隊來對付中共的禁令。[15]一個月後的一九五一年一月二十七日，「聯合戰略計畫委員會」針對國民黨政府出兵反攻大陸一事，完成另一份更為具體的調查報告，內容重申其原先立場，主張若美方能夠提供國軍部隊優異幹練的領導、現代化的裝備以及強有力的後勤支援，則將其投入與中共之間的任何戰爭中，從純軍事觀點來看，乃「至為可取」。這份報告還強調，台灣島上的國軍部隊，是亞太地區當下唯一可投入於中國大陸戰事的大規模地面部隊，美方若接受並且善用這支武裝力量，將可重燃大陸上數百萬反對中共統治的民眾以及亞洲全體反共力量的新希望。根據這份報告，在「最樂觀」的情況下，國軍部隊將能憑藉著美國海、空軍對其反攻登陸行動的強有力後勤支援，守住數個華南地區的大型游擊根據地，若藉由兩棲登陸作戰協同行動，也許將能奪回並守住廣西、雲南等西南省份的數個機場；據此，地下反共游擊勢力將得以在歷來中國中央政府難以完全掌控的地區，逐漸擴展，最後遍地開花。從長期而言，讓一萬至一萬五千名反共游擊兵力持續駐留在華南與東南沿海地區，將可散播中國大陸境內叛亂的種籽，最後或許有可能推翻中共政權；從短期來看，這些游擊兵力同時可牽制住解放軍大約三分之一的第二線部隊與三分之一的第一線部隊。這份報告結論強烈認為，若美方同時採納其他可能的遠東地區行動方針，那麼將可迫使中共的注意力從朝鮮半島上轉移，解除中共對中南半島的後勤支援，使得黃河以南的中國大陸地區逐步脫離共黨控制，打亂中國大陸其他地區的經濟發展，消除亞洲其他地區與國家遭到共產黨武裝侵略的威脅，最後削弱中共整體的軍力，並打破共產黨集團在全世界各地戰無不勝的迷思。[16]

正當華府軍方高層忙著紙上談兵，反覆討論利用台灣部隊開闢第二戰場、發動反攻大陸軍事行動可行性之際，此時蔣介石卻默默地設法避免躁進從事一場反攻大陸行動。[17]哈佛學者陶涵（Jay Taylor）曾指出，此刻台灣若捲入美、中之間的衝突，不但無助於朝鮮半島戰事的解決，甚至可能因為韓戰情勢日益膠著，而迫使北京與華府雙方之間不得不謀求改善之道，美、中之間果真達成和解，此一結局恐讓蔣介石與國民黨政府處境反而變得更糟。[18]然而此時蔣介石不計代

14 Joint Strategic Plans Committee to the Joint Chiefs of Staff, report by unpossible U.S. action in the event of open hostilities between the United States and China, December 27, 1950, NARA, RG 218, Central Decimal File, Security Classified 1948–50, Entry: UD 6, 631:24/2/04.

15 Ibid.

16 Joint Strategic Plans Committee, report by on course of action relative to Communist China and Korea–Chinese Nationalists, January 29, 1951,NARA, RG 218, Central Decimal File, Security Classified 1951–53, Entry: UD 11, 290:24/4/07.

17 曾銳生 (Steve Tsang) 的文章，對於蔣介石反攻大陸的真正意圖，做了開創性的研究。參見 "Chiang Kai-shek and the Kuomintang's Policy to Reconquer the Chinese Mainland, 1949–1958," in ed Tsang, *In the Shadow of China: Political Development in Taiwan since 1949* (Honolulu, University of Hawaii Press, 1993), 48-72.

18 Taylor, *The Generalissimo*, 469–470.

價避戰的理由，也許出於更為現實的考量；一九五一年一月八日，他在國民黨改造委員會上勸告所有委員，千萬不要以為中共參加韓戰，東亞局勢發生變化，國民黨就可以伺機反攻大陸，相反地，國民黨若沒有先充實自身實力並鞏固反共基地台灣，即使出現任何僥倖的勝利，都將只是曇花一現，不切實際。[19]

蔣介石的謹慎態度，背後顯然有著更深層的考量。韓戰爆發後，華府先前有關「棄蔣保台」的構想並未完全消失；台灣整體戰略地位的提升，未必等同於蔣介石權力地位的完全穩固。一九五一年初，美國務院思考對付中共的可行方案時，曾把「撤換蔣介石」視為一個可能選項；一月二十四日的一份極機密備忘錄中，國務院力勸白宮下令組織一個臨時任務編組，投入於利用與強化中國大陸上既存反共游擊力量之重要目標，與此同時，國務院認定台灣領導階層的「更動」，實刻不容緩。為達成此目的，國務院主張美方應先設法在台灣創造有利條件，然後伺機發動一場軍事政變，除掉蔣介石與其親信，如此一來，台灣島上的外省人便不得不與本地台灣菁英合作，在美國的指導下，建立一個願意與華府充分配合、有利於實現收復中國大陸目標的新政權。國務院同時向杜魯門總統提議，一旦台灣的領導階層被順利撤換，美國應儘速在島上成立一個新的作戰指揮體系，協助訓練台灣兩棲登陸的能力與強化地面部隊，同時提供後勤支援，最重要的是，美方應提供台灣新政權與美國軍事部門之間直接溝通的機制。[20]

以「後見之明」角度觀之，當時國務院官員們這些機密盤算，也許過於異想天開，根本少有成功之可能，然而這類假設性的方案，顯然已經碰觸到國民黨權力結構最敏感的神經。此時，孫立人顯然知道華府軍方有意利用國軍部隊投入反攻大陸計畫，他自一九五一年一月初起就多次主動向蔣介石請纓，稱一旦反攻行動在美方協助下展開時，應由他來接掌兵符，否則他將考慮辭去陸軍總司令的職務。[21]據此，韓戰期間由美方所主導的「反攻大陸」方案與國民黨內部權力關係，兩者之間出現了密切且微妙的關聯，迫使蔣介石必須謹慎以對。蔣肯定理解，若在美國支持與援助下發動反攻行動，則美國人向來所賞識的孫立人，勢必將扮演更重要的角色，若因此而必須擢升孫立人並讓他主導與指揮國軍部隊，那將是蔣介石最不樂見的事。[22]

考慮到此一微妙情況，我們可清楚理解到，當蔣介石在官方聲明裡不斷地展現出準備光復大陸、推翻共產黨政權決心之時，其核心幕僚所呈交的諸多軍事戰略計畫，卻是以「防禦台灣」而非「反攻大陸」為主軸。一九五一年一月十七日，蔣介石與其軍事幕僚開會時，他大膽臆測若聯合國部隊被中共志願軍逐出朝鮮半島，北京一定會將把矛頭轉向台灣，他設想的最壞情況是，台灣將在三月份左右遭到解放軍大規模轟炸，接著，中共可能在五月間進行兩棲登陸。[23]對蔣介石而言，一個政治上的諷刺在於，他之所以能夠保住台灣這塊最後反共堡壘，實肇因於美國在朝鮮半島遭到中共嚴重的軍事威脅與壓力；蔣對於此刻台灣終於被納入美國在遠東地區的安全防禦圈內感到欣慰，但卻也認為，一旦台灣成為美國對付中共的跳板，風險與代價都太

19 見蔣介石對中央改造委員會訓詞，一九五一年一月八日，收錄於秦孝儀編《總統蔣公思想言論總集》，第二十四卷，頁一—六。

20 State Department," Support of China Mainland Resistance and Use of Nationalist Forces on Formosa," top secret memorandum, January 24,1951, in *ROCA*, reel 23.

21 《蔣介石日記》，一九五一年一月十五日、二十五日、二十九日。

22 沈克勤，《孫立人傳》，第二卷，頁七〇一—七〇二。

23 《蔣介石日記》，一九五一年一月十七日。

高，特別是當杜魯門行政當局始終無法將「台灣」與統治台灣的「國民黨政府」兩者之間的關聯，劃分清楚，立場明確，更遑論此時國民黨正在進行改造與內部權力重組。對蔣而言，此時任何危及台灣與國民黨內部穩定的大膽軍事反攻之舉措，都是不智的。一九五〇年十二月初，杜魯門總統考慮到朝鮮半島緊張情勢因中共參戰而不斷升高，曾在日記裡感嘆道，自二次世界大戰結束後五年半光景，他不斷為維護世界和平而努力，如今看來，「第三次世界大戰」似乎真的將一觸即發。[24]也許杜魯門並不知道，那位大家所公認，不斷渴望著一場世界大戰真正爆發，讓其有機會谷底翻身的蔣介石，此刻卻想著避免與中共冒險一戰，並將鞏固國民黨在台灣之權力地位，視為首要之務。

一九五一年的二、三月間，聯合國部隊在朝鮮半島接連失利，處於極端劣勢，華府軍事與情報高層，不斷密集討論如何有效動用台灣國軍部隊，藉以紓解美國在朝鮮半島上的沉重壓力。當時華府粗估中國大陸上仍有高達七十萬的反共游擊勢力，其中大約有三十萬人宣稱仍繼續效忠國民黨政府。[25]在台北，美國駐華代辦藍欽和蔣介石私人顧問柯克，不斷就國民黨部隊發動「境外作戰」的可行性，以及著手打造台灣成為聯合國在遠東作戰基地等議題，與蔣介石身旁的官員反覆討論。藍欽力促華府與台北達成一項協議，爭取國民黨同意，一旦中共入侵中南半島時，蔣介石部隊將投入於華南地區作戰。柯克不但表示支持，還勸說蔣介石應立即出兵收復海南島，作為日後反攻華南與西南各省的試金石。[26]

不只是華府行政部門，連國會山莊也開始熱烈討論台灣在韓戰中所扮演之角色。一九五一年二月十二日，眾議院少數黨領袖馬丁（Joseph Martin）在紐約發表了一場極具煽動性的演說，他指責杜魯門總統不讓八十萬訓練精良的在台國軍部隊，在中國大陸上開闢「第二戰線」，他表示此乃愚蠢至極，並相信不論是麥克阿瑟將軍本人或者是五角大廈高層領導，都認為讓蔣介石參與韓戰，是降低美國參加韓戰成本的最佳選擇。三月八日，馬丁把他這份演講稿寄到東京給麥帥參考。[27]兩週之後，麥帥自東京呼應馬丁的主張，要求杜魯門總統同意動用國軍部隊反攻中國大陸，開闢第二戰線，以紓解朝鮮半島壓力。麥帥此番聲明傳到華府後，引發嚴重政治地震與民主、共和兩黨之激辯，四月十一日，憤怒的杜魯門總統宣布把麥帥解職並將他召回。[28]

按常理推動，或許有人會認為蔣介石將因失去如此一位強有力的支持者而感到惴惴不安，然在得悉麥克阿瑟遭到解職之後，他在日記裡寫道，雖然為其所遭受的委屈感到不平，但對於未來的局勢，他卻感到「樂多而憂少也」。[29]考慮到華府承諾之大量軍援即將到來，加上美國所主導與支持下的反攻方案，執掌兵權的人選極可能是孫立人，蔣介石堅決認定此刻絕非發動軍事

24 Robert H. Ferrell, ed., *Off the Record: The Private Papers of Harry S. Truman* (Columbia: University of Missouri Press, 1980), 204.

25 Secretaries to the Joint Chiefs of Staff, "Estimate of the Effectiveness of Anti-Communist Guerrilla Operation in China," February 12, 1951, NARA,RG 218, Central Decimal File, Security Classified 1951–53, Entry: UD 11,290:24/4/07.

26 State Department, "Mr. Rankin's Views Regarding Military Aid to Formosa and Use of Nationalist Troops in the Far East," top secret memorandum,February 28, 1951, no. 794A.5/2–2851, *Formosa 1950–1954*, reel 4; "Assumptions for Guidance of Preparation of Plans for an Expeditionary Operationfor the Seizure and Occupation of Hainan," memorandum by Cooke, 1951(n.d.), Charles M. Cooke Papers, Box 33;《蔣介石日記》，一九五一年二月十八日。

27 Pearlman, *Truman and MacArthur*, 178–180; Manchester, *American Caesar*, 638.

28 Manchester, American Caesar, 639–647; Jurika ed., *From Pearl Harbor to Vietnam*, 252–253; Donovan, *Tumultuous Years*, 355–362.

29 《蔣介石日記》，一九五一年四月十一日。

行動的好時機，如果處理不當，其代價甚至可能動搖其最高領導地位，以及台灣的安全。[30]那麼蔣介石該如何做呢？一個較為可行的策略，是將任何反攻大陸行動維持在可被接受與可被控制的範圍內，以確保國民黨作為「自由中國」之統治正當性。對蔣而言，在避免撼動其台灣軍政最高領導地位的前提下，以局部性而非大規模、全面性的軍事行動，來保持美方所希冀之反攻大陸動能，爭取更多軍經援助，乃對其最為有利之策略。[31]回顧歷史，蔣在韓戰鏖戰最激烈之際，不願順從美方之意貿然發動牽制北京的反攻大陸行動，這也讓撤守台灣的國民黨政府日後的軍事本質，逐漸被形塑為「守勢」而非「攻勢」，並且為日後華府同意與台北簽訂協防條約，建構了基礎。

海南作戰方案與沿海突擊行動

國民黨政府遷台之後，雖然不乏各式各樣的軍事保台計畫，然而直到一九五一年七月，韓戰爆發一年多之後，蔣介石的軍事幕僚才在柯克的指導與建議下，擬出一份代號為「三七五」的反攻大陸計畫。根據此計畫，國軍一旦準備就緒，將首先在海南島與福建沿岸地區發動兩棲登陸作戰，建立灘頭堡，以利後續反攻行動。[32]然而蔣介石對此案並不熱中，表面上他斥責僚屬對於所擬議之反攻登陸範圍過於狹小，要求提出重新評估，但私底下卻開始懷疑在他有生之年，究竟能否實現反攻大陸，八月八日，他在日記裡坦承：「今後復國事業，照事實論，幾乎不復可能。今後一切設計當為繼我後來者成功之謀，而不必為我親手成功之計也。」[33]一九五一年底，當柯克向蔣介石追問執行「三七五」計畫以奪回海南島之事時，蔣介石竟然私下埋怨，稱此一構想「必英、法所主動而令美國要求我為其作犧牲品也，可惡已極」。[34]

蔣如此之消沉態度，讓美方軍事情報單位於一九五二年初，即開始懷疑口口聲聲希望回到中國大陸的蔣介石，是否真的有心發動軍事反攻。二月間，參謀首長聯席會議提議美軍在中國東南沿海進行「威力展示」，以打壓中共在朝鮮半島戰場上的氣焰，並再度認真考慮動員國軍部隊。[35]五角大廈深信，國民黨一旦在美方支援下奪回海南島，無論在軍事、心理或後勤補給上，都將有利於美國抵制中共向東南亞地區進犯，奪下海南島，既能把中共軍事焦點自朝鮮半島引開，也助於提振全中國境內反共得民心士氣。若從戰略角度觀之，一旦海南島重由國民黨控制，該島將可成為日後對中國大陸展開進一步軍事行動的前哨基地。[36]華府因此向駐台北的美軍顧問團下達命令，要求擴大目前在台灣的一切軍事作戰訓練計畫，以因應未來兩個師的兵力用

30 一份一九五二年初呈蔣介石的報告指出，美國所承諾給予台灣的軍援，與排定於一九五一會計年度提供之作戰物資總噸數，將分別只有百分之二十八．三和百分之四．四一可以如期運抵台灣。見周至柔呈蔣介石，一九五二年一月二十二日，國史館，「特交檔案／軍事／中央軍事報告及建議」，第五十卷，編號56694。

31 Taylor, *The Generalissimo*, 454–502.

32 《蔣介石日記》，一九五一年七月二十五日、二十八日。

33 《蔣介石日記》，一九五一年八月八日。

34 《蔣介石日記》，一九五一年十二月二十日；Cooke to Chiang, memorandum,December 23, 1951, Charles M. Cooke Papers, Box 2.

35 Chief of Naval Operations to the Joint Chiefs of Staff, memorandum, February 5, 1952, NARA, RG 218, Geographical File 1951–53, Entry: UD 13,190:1/32/08 ; Secretaries to the Joint Chiefs of Staff, note on proposed sweep along the China Coast, February 8, 1952.

36 Joint Strategic Plans Committee, *Employment of Chinese Nationalist Forces outside Formosa*, April 24, 1952, NARA, RG 218, Geographical File1951–53, Entry: UD 13, 190:1/32/08.

於台灣境外地區作戰之準備。[37]

為了化解美方要求台北配合發動反攻海南島的壓力，蔣介石的幕僚提出一項「反提議」，要求未來國軍發動反攻大陸的初期登陸行動範圍，以福建沿海為主，並以福州為中心點，如果登陸後情勢朝有利方向發展，蔣介石願意考慮進一步擴大軍事行動範圍，往北向上海與南京推進，往南抵達廣州。這項方案與美方的構想背道而馳，且對海南島隻字未提。[38]三月二十六日，華府派遣梅利爾（Frank Merrill）將軍前往台北，會晤蔣介石。[39]梅利爾在二次大戰期間曾是史迪威將軍倚賴的副手，此時他代表華府的外交、國安與軍事情報系統，專程前來與蔣介石私下溝通，表達華府對於蔣介石「持重保守，不肯冒險反攻」的嚴重關切。蔣在日記裡坦言，他聞之「甚覺駭異」，繼之「以實情告知」，為示慎重，最後並以書面回覆美方詢問。[40]很顯然地，反攻海南島絕非此時台北的首要目標。

隨著朝鮮半島局勢在一九五二年春一度又逐漸緊張，華府軍方要求台北出兵奪回海南島的壓力也隨之升高。五月底，美國太平洋艦隊司令雷德福（Arthur Radford）抵達台北，勸蔣介石同意出兵海南島。他的到訪讓英國政府感到驚愕，似乎暗示華府已決心解除台灣海峽「中立化」政策，協助台北對中國大陸展開軍事行動，或者同意接受台灣部隊參加韓戰，以減緩美方壓力。同時，國民黨內部有關「反攻大陸」的呼籲再度升高，這種種跡象都讓英國人感到相當憂心。[41]

實際情況卻與英國所憂心的大相逕庭；蔣介石與雷德福的晤面，最初相談甚歡，最後卻變了調。海軍出身的雷德福強調海南島的戰略價值，以及對於全球反共大業的重要性，蔣介石則回稱，奪回海南島將消耗超過十個師的兵力，收復之後還須花上一年來肅清島上的共黨勢力，對蔣而言代價太大。此話讓雷德福感到荒謬可笑；蔣介石過去不斷堅持反攻大陸將提振國民黨士氣，然而他現在卻聲稱奪回海南島，只會對國民黨產生適得其反的效果。[42]此後短短數週內，美國海軍作戰部長費克特勒（William Fechteler）與二度到訪的雷德福，先後敦促蔣介石在美國支持下收復海南島，但蔣依然不為所動。[43]最後連原本擔憂美國被蔣拖下水的英國人都看出來，是華府在向國民黨施壓，而非蔣要求美國支持其軍事行動；英國駐淡水領事駱克睦（E. H. Jacob-Larkcom）在發回倫敦的報告中寫道，美國駐台軍事顧問「粗魯無禮」，催促國民黨向中共展示武力，當時倫敦對於收復海南的相關細節並不知悉，反而認定美政府向蔣施壓乃出於政治與外交考量，意在推進南、北韓和談，並藉此對執政的民主黨總統選情產生有利結果。[44]

雖然國軍出兵進攻海南島遲無具體進展，然而突擊閩浙沿海島嶼的敵後游擊行動，卻在中央情報局的支持下積極推進。一九五〇年十一月間，中央情報局與台北軍事情報高層祕密研商，決定共同合作沿海突擊行動。蔣介石的總統解密檔案揭示，此一計畫旨在成立一支總數約一千人、訓練精良的游擊部隊，由美方提供武器彈藥，作為滲透與破壞中國東南沿海地區甚至遠達

37 State Department, top secret memorandum, May 6, 1952, no. 794A.5/5–652, *Formosa 1950–1954*, reel 4.

38 《蔣介石日記》，一九五二年三月二十三日、二十四日。

39 周至柔呈蔣介石，一九五二年三月二十日，國史館，「特交檔案／軍事／中央情報機關」，第四卷，編號56896。

40 《蔣介石日記》，一九五二年三月二十六日。

41 Jacob-Larkcom to Foreign Office, "Summary of Events in Formosa during May, 1952," June 17, 1952, FO 371/99217 FC1019/46.

42 蔣介石與雷德福（Arthur Radford）會談紀錄，一九五二年五月九日，國史館，「特交檔案／外交／對美外交」，第十一卷，編號58956。

43 《蔣介石日記》，一九五二年七月二十日和十月十六日。

44 Jacob-Larkcom to Foreign Office, September 3, 1952, in *Taiwan Political and Economic Reports 1861–1960*, ed. Jarman, 10:124–125.

東北各省的軍事與其他民生基礎設施，包括鐵路、工廠與水庫等。雙方當時選定浙江外海一、兩個小島嶼，作為祕密訓練與聯絡基地，以及游擊隊武器彈藥儲藏地。蔣介石立即拍板同意此一合作構想，並指派其向來所信賴的鄭介民將軍來處理相關細節。[45]

由於中央情報局嚴重誤判，認定中共不會出兵介入韓戰，導致中共以志願軍參戰後，美方與台灣在中國大陸沿海地區的敵後游擊任務變得更加緊要。[46]一九五一年三月間，中情局人員開始以「西方公司」（Western Enterprises Incorporated）為名義，在台北設立基地，最初是為替台北代購軍火的民間企業公司，總部登記於美國東岸的匹茲堡。最初與台北祕密聯繫的詹斯頓（Charles S. Johnston）成為該公司掛名董事長，而台北分公司業務則由皮爾斯（William R. Peers）主持。首批提供外島游擊隊的軍火，於三月間運抵台灣，包括一千七百四十箱高爆炸藥、六百八十枝卡賓槍、四百二十九挺輕機槍、兩百支手槍、二十五箱無線電設備、七十具火箭發射器與三十七萬九千發彈藥。[47]當時浙江外海仍由國民黨所控制的小島嶼，包括漁山、披山、南麂、北麂、一江山與上、下大陳島等地，則被選為游擊基地。該計畫初始的要務之一是將這些島上各自為政的反共游擊勢力加以整編，統一指揮，蔣介石指派其在大陸時期的愛將胡宗南，化名「秦東昌」專司此事。一九五一年七月間，胡宗南在大陳島上成立「浙江省反共救國軍總指揮部」與浙江省政府，成為遷台後國民黨政府依然控有蔣介石故鄉浙江省的政治象徵。[48]這些初設於浙江外島的非正規游擊據點，隨後進一步擴大至金門、馬祖等福建外島，淡水、澎湖馬公與金門也分別成立由「西方公司」主持的訓練中心，開設游擊、敵後工作、戰鬥情報等訓練班課程。[49]根據一份有關「西方公司」的中文解密文件顯示，一九五二年三月間，已有一百四十九名學員完成訓練課程，後被空投滲透至緬甸北部、雲南省與海南島等地，從事敵後活動。[50]

從一開始，蔣介石對於中情局化身的「西方公司」成員以及其所主導的敵後活動，即懷有高度戒心，蔣曾私下批評這批人「心急好功，甚不易相處」，因此搬出蔣夫人宋美齡擔任「游擊委員會」主席，做為約束「西方公司」人員的一種手段。此「游擊委員會」成員還包括當時台、美雙方軍事情報高層，並成為國民黨遷台以後與美方情報系統建立直接接觸管道平台的第一步。[51] 儘管蔣介石對「西方公司」充滿戒心，然而他也知悉，此一沿海突襲與敵後計畫利大於

45 鄭介民、蔣經國呈蔣介石報告，一九五〇年十一月二十二日，國史館，「特交檔案／外交／西方企業公司」，編號59771；一九五〇年十一月二十六日，「特交檔案／外交／西方企業公司」，編號59772。

46 有關美國中情局對於毛澤東參戰一事的誤判，參見CIA Research Report, ORE 58-50, "Critical Situation in the Far East," October 12, 1950, in *CIA Research Reports: China, 1946–1976*, reel1; Ranelagh, *The Agency*, 215; Allan R. Millett, *The War for Korea, 1950–1951: They Came from the North* (Lawrence: University Press of Kansas, 2010), 298–303.

47 鄭介民呈蔣介石，一九五一年三月十七日，國史館，「特交檔案／外交／西方企業公司」，編號59776。

48 《蔣介石日記》，一九五一年七月二日；經盛鴻，《西北王胡宗南》（鄭州：河南人民出版社，一九九五），頁四四一—四四八；Frank Holober, *Raiders of the China Coast: CIA Covert Operations during the Korean War* (Annapolis,MD: Naval Institute Press, 1999), 108–109.

49 游擊委員會〈中美聯合行動（1952年）九月份月報〉，一九五二年十月，國史館，「特交檔案／外交／西方企業公司」，編號59782。

50 鄭介民呈蔣介石，一九五二年三月十五日，國史館，「特交檔案／軍事／金馬邊區作戰」，第一〇三卷，編號58130。

51 詹斯頓（Charles Johnston）致宋美齡函，一九五一年三月十五日，國史館，「特交檔案／外交／西方企業公司」，編號59781；《蔣介石日記》，一九五一年四月十五日、十八日，第四十八盒。游擊委員會其他成員還包括鄭介民、毛人鳳、陳納德、狄藍尼（Robert J. Delaney）等人，游擊委員會呈蔣介石，一九五二年三月十二日，備忘錄，國史館，「特交檔案／軍事／金馬邊區作戰」，第一〇一卷，編號58090。

弊，這些活動讓國民黨能夠在風險相對較小的情況下，維持「反攻大陸」的宣傳與勢頭於不墜，同時又不會觸及大規模反攻計畫由誰出掌兵符等敏感問題。此外，這些突擊活動有其實際功效，除了可以破壞中國大陸沿海地區的基礎設施之外，還可蒐集與掌握中共在沿海地區的第一手情資。再者，蔣介石還可以利用這些小範圍的突擊活動，作為其核實與評估國民黨戰力的機會，儘管現實的檢驗，似乎讓他對於能否發動一場成功的軍事反攻大陸，愈加感到遲疑。[52]

從一九五一年夏到一九五三年夏，由這些游擊隊所發動的數十起突襲行動，於閩浙沿海地區展開，這些行動包括小規模的沿海騷擾與船隻攔截，以及奪走數千條性命的大規模突擊登陸戰。持平而論，這些行動的實質報酬率似乎並不太高，政治上的宣傳效果，顯然要大於軍事或戰略上的真正效益。[53]一九五三年夏天，韓戰停火談判即將告一段落，「西方公司」也開始重新評估這些外島突擊計畫的廢存。中央情報局研判認為，隨著中共海軍力量逐漸增強，國民黨的游擊隊愈來愈難以登陸滲透，因此決定自浙江外島逐步撤離。[54]此外，駐台北的美軍顧問團與「西方公司」之間，以及「西方公司」與台北軍事情報機構之間聯繫上的諸多爭執與摩擦，包括國民黨人士對中央情報局人員的反感，都導致這一計畫逐漸走向終點。一九五五年春，中情局正式結束「西方公司」外島突襲行動計畫，並將相關業務移交美軍顧問團來負責。[55]

難捨大陸情懷

以海島防禦為優先的軍事戰略，此刻顯然最符合蔣介石與其所領導的海島中華民國；只要韓戰繼續延長下去，挾著台灣戰略地位的重要性，台北當局即可處在一個相對有利的地位，並以

「反攻大陸」為由，向美國爭取到更多的軍經援助。一九五三年初，共和黨的艾森豪（Dwight D. Eisenhower）上任之後不久，當投入國軍部隊於台灣境外作戰以牽制中共仍是美方軍方高層的一個熱門構想時，台北向華府提出一份反攻作戰計畫概要，內容明確指出，為了反攻「初期階段」所需，台灣需要數量驚人的武器裝備物資，包括數百萬計的彈藥、五百五十三架飛機、六百二十二艘各式船艦，還有三十六個師的地面部隊及相應裝備，而且反攻登陸作戰開始之後，還需要更多的裝備補給。[56]

也許蔣介石內心清楚，美國不可能承諾提供國軍部隊如此龐大的軍需，因此這類提案，可能只是台北向華府就美方希望蔣介石發動的「反攻大陸」，所展現的一種外交姿態。在韓戰停戰協議於一九五三年夏天簽署之前，台北有關此類以「反攻大陸」為前提的外交姿態與操作，絕非

52 一九五二、五三年西方公司最活躍的時期，蔣介石依舊相信光復大陸將是需要花上十年以上時間才能實現的長程目標，他此一務實心態，在某種程度上，或許源自於他在這些敵後活動期間所見所聞。見《蔣介石日記》，一九五三年三月十四日、五月三日、六月十八日。

53 Holober, *Raiders of the China Coast.*

54 狄藍尼致蔣介石備忘錄，一九五三年六月六日，國史館，「特交檔案／外交／西方企業公司」，編號59784；Delaney致蔣介石，一九五三年六月十日，「特交檔案／外交／西方企業公司」，編號59795；游擊委員會〈大鹿山、小鹿山及羊嶼突襲戰鬥詳報〉，極機密備忘錄，一九五三年六月二十七日，「特交檔案／軍事／金馬邊區作戰」，第一〇一卷，編號58099；游擊委員會〈大陳情況報告〉，一九五三年七月，「特交檔案／軍事／金馬邊區作戰」，第一〇一卷，編號58094。

55 Accinelli, *Crisis and Commitment*, 138–139.

56 〈國軍反攻大陸計畫概要暨所需軍品補充計畫綱領〉，國防部，一九五三年五月二十七日，國史館，「特交檔案／外交／對美外交」，第十一卷，編號58952。

僅只這一樁，而攸關三萬五千名被法越殖民當局留置的桂系國軍問題，即是一例。一九五一年夏，當美國人不斷積極慫恿蔣介石出兵收復海南島，以圖讓北京將注意力移開朝鮮半島，並且設法切斷中共對越共領導人胡志明的支援時，蔣介石便不斷思考如何利用此議題，為台北獲取最大利益。考慮到國民黨政府預算吃緊，加上留越部隊過去屬於白崇禧所轄，蔣屬意將其送回中國西南各省打游擊，而非接納使其成為台灣軍隊之一部分。[57]然而在得悉法越當局既不願把這些部隊遣返台灣，也不允許其重新武裝協助對抗越共，以免激怒中共時，台北於一九五一年春與華府磋商，以尋求更好的解決之道。

從戰略觀點而言，美國政府並未全然否決將這批留越部隊就地重新武裝、投入中南半島的構想，此想法之所以一度令華府心動，在於美方儘管決心協助法國對抗中南半島上的共產黨勢力，但不願動用美軍地面部隊。[58]為了確認此構想是否可行，該年七月間，美駐台北代辦藍欽提議讓美軍顧問團長蔡斯將軍，飛往越南與法國當局協商，只不過美國駐西貢外交官評估整體局勢後，並不贊成蔡斯前來，其越南之行在最後一刻被迫取消。[59]由於華府此時仍不斷催促台北早日出兵收復海南島，並於中國西南各省展開軍事行動，蔣介石決意將滯越部隊納為一個談判籌碼；八月二十九日，駐美大使顧維鈞前往國務院拜會東亞助卿魯斯克，強調重新武裝留越國軍以投入遠東地區混亂情勢的迫切性，顧在事先徵得蔣同意下，向美方暗示台北其實並不反對動用這些部隊來對付越共或者收復海南島，但前提是不得將其併入法軍，而是要允許其保留番號，以獨立戰鬥單位來執行軍事行動，並接受台北統轄。[60]

美國務院與國防部對此方案皆頗為心動，積極遊說法國政府同意，只不過法越當局擔憂任何行動都將被北京視為挑釁，而堅決不從，此議終究未能實現，直到該年底華府才恍然大悟，台北的真正意圖是打算遺棄與犧牲這批部隊，而非真正有心想好好運用之，因而不再對此議題存任何想法。[61]一九五三年春，韓戰可望停火之際，法越當局終於同意將其遣送回台灣，蔣介石便立即求美政府協助遣返作業，他告訴華府，雖然樂見這三萬餘人回到台灣後，能夠舒解軍中人力不足的情況，但他又以政府預算不足為由，要求華府同意撥出一部分援台安全基金，來支應遣返作業。[62]國務院雖深瞭台北的請求別有居心，意在慷美國人之慨，然艾森豪總統基於人道理

57 中華民國國防部關於留越國軍的建議，一九五〇年八月，國史館，「特交檔案／軍事／金馬邊區作戰」，第一〇四卷，編號58136；國民黨呈給蔣介石關於國民黨在香港、東南亞祕密活動的報告，一九五一年三月二十日，「特交檔案／軍事／中央情報機關」，第三八〇卷，編號56896。

58 State Department, "U.S. Government Response to Oral Message from Generalissimo Chiang Kai-shek to Mr. Lovett," top secret memorandum, May 25, 1951, no. 794A.5/5–2551, *Formosa 1950–1954*, reel 4; Robert J. McMahon, *The Limits of Empire: The United States and Southeast Asia since World War II* (New York: Columbia University Press, 1999), 59–63.

59 Rankin to State Department, July 2, 1951, no. 794A.5- MAP/7–2551; U.S. Embassy in France to State Department, July 5, 1951, no. 794A.5- MAP/7–5551; Donald Heath to State Department, July 13, 1951, no. 794A.5- MAP/7–1351, *Formosa 1950–1954*, reel 4.

60 State Department, Memorandum of Conversation, Subject: Chinese Troopsin Indochina, August 29, 1951, NARA, RG 59, 793.5851G/8–2951.

61 State Department to U.S. Legation in Saigon, September 24, 1951, NARA, RG 59, 793.5851G/9–2451; Heath to State Department, December 18, 1951, NARA, RG 59, 793.5851G/12–1851。遲至一九五二年十月間，美軍參謀首長聯席會議仍然認為一旦中共增援越盟部隊，則投入國民黨殘部用於與越共作戰一事，依然可行。參見Joint Strategic Plans Committee memorandum, October 23, 1952, RG 218, Geographical File 1951–53, Entry: UD 10, 190:1/29/01.

62 Rankin to State Department, May 1, 1953, no. 794A.00(W)/5–153, *Formosa 1950–1954*, reel 3; Rankin to State Department, May 8, 1953, no. 794A.00(W)/5–853, *Formosa 1950–1954*, reel 3; Rankin to State Department, July 13, 1953, no. 794A.5- MSP/7–1353, *Formosa 1950–1954*, , reel 4；《蔣介石日記》，一九五三年五月三日、九日、十九日。

1953 年秋，李彌的國民黨游擊隊從緬甸撤到台灣，受到盛大歡迎。（黨史館提供）

由，最後仍批准同意撥款協助。[63]一九五三年七月底，總計有兩萬三千名滯越國軍部隊分批被送往台灣安置。

韓戰期間，蔣介石與其核心幕僚皆體認到鞏固國民黨在台灣的權力基礎，乃首要之務，然而對於甫自國共內戰敗退撤守海島一隅的蔣介石而言，其內心深處終究依然無法忘懷中國大陸，此種複雜情緒，充分反映在其處理滯留滇緬邊境李彌部隊一事上。一九五〇年春，蔣介石任命李彌為雲南省政府主席，對其提供俸給並設法遙控這支游擊部隊。整個夏天，這支裝備不全的國軍殘部，與緬甸政府軍艱困作戰，力保其在緬北的游擊根據地，就在其幾乎難逃敗亡之時，美國中央情報局介入，提供金援來協助李彌重新整編其部隊，在華府眼中，這支武力或許有助於美國在韓戰爆發後牽制中共並遏阻共產黨在亞洲擴張蔓延。[64]該年年底，由中情局操縱、性質類似於「西方公司」的一個「東南亞國防用品公司」（Southeast Asia Defense Supplies Corporation）於曼谷註冊成立，做為暗中支援李彌部隊的外圍機構，杜魯門總統並批准代號「白紙行動」（Operation Paper）的祕密計畫，向李彌部隊空投彈藥與武器裝備，台北國防部也祕密提供部分裝備。李彌部隊獲得補給之後，積極擴編重組，在滇緬邊界成立一個訓練基地，教官來自台灣與

63 State Department, "Proposed Financial Aid to the Government of Chinato Support Repatriation of Chinese Internees from Indochina," memorandum,May 18, 1953, in *ROCA*, reel 32.

64 William M. Leary, *Perilous Missions: Civil Air Transport and CIA Covert Operations in Asia* (Tuscaloosa: University of Alabama Press, 1984), 128–131; Alfred W. McCoy, *The Politics of Heroin: CIA Complicity in the Global Drug Trade* (Chicago: Lawrence Hill Books, 1991), 163–168.

華府中央情報局，到了一九五一年春，李彌麾下已擴充至四千餘兵力。[65]一九五一年四月間，李彌率領兩千名游擊隊越過中緬邊境，向滇南進擊，在中情局顧問的指導下，兵分兩路往北挺進，在未遭到共軍抵抗下，一舉奪下滇緬邊境耿馬縣，然當李部繼續往北推進時，卻遭遇解放軍強力反擊，死傷慘重。李彌部隊在雲南境內待上不到一星期時間，便轉進回到緬北根據地。然李彌並不因此次失敗而動搖，隨後又曾派遣一支兩千人的特遣隊進入滇南境內，但很快又遭解放軍擊潰而撤回緬甸。[66]

蔣介石心中很清楚，這些由美國情報單位暗中支助的武裝游擊行動，在韓戰時期雖然具有地緣戰略上的必要性，然對於台灣的防衛安全並無直接關聯，儘管如此，此類軍事行動所能夠產生心理與政治宣傳效果，依然不容忽視。一九五二年初，當李彌被召返台北進行工作簡報時，他向蔣介石表示，這些反攻雲南的武裝游擊行動，聲勢已漸壯大。停留台北時，李向媒體表示，游擊隊依然堅貞效忠蔣介石與台北國民黨政府，他稱反攻雲南時只帶了三千人，回到緬北時已擴展壯大為三萬人。可以想見，台北樂見以李彌此類反攻滇南游擊行動，作為向海內外宣傳其光復大陸強烈決心的最佳例證。[67]

韓戰期間，在牽制中共的大戰略下，華府認為培植各類反共勢力是必要的。儘管李彌部隊反攻雲南以慘敗作收，中央情報局依然繼續暗中接濟之。[68]一九五一年底，李部在緬北重新整修啟用二戰時期猛撒地區的簡易機場，作為來自台灣與曼谷大型運輸機起降之用。「東南亞國防用品公司」自曼谷機場將大批武器物資運抵猛撒，轉運李彌部隊，李彌憑藉這些軍需品，在當地徵召緬甸少數民族一萬兩千名加入其游擊部隊，到了翌年上半年，這些擴編後的游擊部隊已集中在滇緬邊境上，隨時準備發動另一波攻勢，以奪回故鄉雲南。[69]

面對滇緬游擊部隊，此時台北的立場，似乎打算以較低的成本提供該部後勤裝備物資，作為以海島台灣為權力根據地的國民黨政府，繼續維持其反攻大陸策略的重要表徵。為達此目的，蔣介石下令台北向李部提供各項補給，即使他早已強烈懷疑美國人欲利用李彌來對付中共的策略，究竟是否有效。[70]此時台北政壇普遍認為，國民黨政府努力維持其在亞洲大陸上的軍事力量，依然有其必要性，然而在外交上，李彌部隊的存在開始帶給蔣介石空前的壓力。一九五三年三月間，緬甸政府向聯合國控訴台北中華民國政府侵犯其領土主權。儘管華府試圖淡化此一議題，台北甚至一度否認其與李彌之間有任何關係，然而在緬甸政府向全世界展示大量李部活

65 中華民國駐泰國大使館呈蔣介石極機密電報，一九五一年二月八日，國史館，「特交檔案／軍事／金馬邊區作戰」，第一〇四卷，編號58150；Victor S. Kaufman, "Trouble in the Golden Triangle: The United States, Taiwan and the 93rd Nationalist Division," *China Quarterly*, no. 166 (2001): 441–442.

66 Robert H. Taylor, *Foreign and Domestic Consequences of the KMT Interventionin Burma* (Ithaca, NY: Department of Asian Studies, Cornell University,1973), 32–33; McCoy, *The Politics of Heroin*, 169–179; Kaufman,"Trouble in the Golden Triangle," 442.

67 Ranking to State Department, April 1, 1952, no. 794A.521/4–152, *Formosa1950–1954*, reel 4；《立法院公報》，第十一卷第六期（一九五三年六月），頁二十一二十六。

68 Topping, *On the Front Lines of the Cold War*, 148–150; Alexander Cockburnand Jeffrey St. Clair, *Whiteout: The CIA, Drugs and the Press* (London:Verso, 1998), 215–234.

69 Office of Intelligence Research, Department of State, IR no. 5480.1, "Chinese Communist influence in Burma," April 15, 1952, *O.S.S./State Department Intelligence and Research Reports VIII*, reel 1; Division of Research for Far East, Department of State, IR no. 7350, "Disputed Frontiers:The Shan and Kachin States of Burma," November 29, 1956, *O.S.S./State Department Intelligence and Research Reports VIII*, reel 1.

70 《蔣介石日記》，一九五三年三月二十一日。

動照片以及李部被緬甸政府查扣的文件與武器裝備之後，台北已難逃遭國際譴責之命運。[71]

此一尷尬事件，讓美國政府決心對滇緬游擊部隊做一斷然處置。隨著韓戰停戰出現曙光，華府轉而向台北施壓，要求其下令撤出所有滯留緬甸的游擊部隊。蔣介石最初基於兩個理由，不願接受美方要求。首先，台北心裡有數，滇緬邊境距離台灣如此遙遠，其對於這支部隊事實上並無法完全掌握，也不確定其是否願意遵照指示撤離緬甸，前往台灣。[72]其次，誠如蔣介石告訴美方，緬北游擊部隊的撤離，也意味著台北國民黨政府將失去亞洲大陸上最後一個反共軍事力量與據點，一旦失去了，未來想要重返，將困難重重。[73]儘管如此，當李彌不斷要求台北增援以支持其抵抗緬甸政府軍圍剿時，台北又顧忌此部隊將成為一個燙手山芋。五月間，中華民國政府同意於曼谷召開由台、美、泰、緬四方代表所組成的四國軍事委員會，處理此議題，經過半年談判協商，首批兩千名游擊隊與其眷屬，開始從緬北地區開拔前往泰緬邊界，然後由陳納德將軍所主持的民航空運大隊載往台灣。此時，蔣介石再度以台北預算吃緊為由，讓華府同意負責補助整個滇緬游擊隊撤離作業一半的經費。[74]儘管冷戰時期依賴美援的台北當局，無法不聽命於美國老大哥的決定行事，然而蔣依然盡可能以靈活的手腕，爭取到台北與華府之間周旋的空間。

一九四九年以，後國軍自中國大陸撤入越南與緬甸境內的兩支殘部，在韓戰時期都曾經一度被華府考慮用來作為牽制中共的一股力量，然隨著朝鮮戰事於一九五三春夏之際逐漸走向和緩，其價值也隨之降低。對蔣介石來說，兩支武裝力量從中南半島與緬甸撤出，其在心理、政治與宣傳上所帶來的衝擊，遠勝於實質影響，易言之，此後台北在亞洲大陸上不再具有夠分量的軍事力量，來說服海內外廣大華人社會，即使國民黨政府缺乏外力支援，反攻大陸仍有可能。當國民黨在亞洲大陸上的軍事能見度進一步被削弱，以及其權力地位在台灣反共基地益加穩固上升之時，「中華民國在台灣」與黨國體制在島上的深化與永久化，也成了一個難以撼動的事實。

71 Shelby Tucker, *Burma: The Curse of Independence* (London: Pluto, 2001),165–168; Matthew Foley, *The Cold War and National Assertion in Southeast Asia: Britain, the United States and Burma, 1948–1962* (London:Routledge, 2010), 97–117.

72 李彌呈蔣介石，一九五三年二月二十六日，國史館，「特交檔案／軍事／金馬邊區作戰」，第一〇四卷，編號58153；《蔣介石日記》，一九五三年三月二十六日。

73 《蔣介石日記》，一九五三年二月二十一日、二十五日和三月二日、十八日、二十六日；Rankin to Walter P. McConaughy, May 4, 1953, NARA, RG 59,794A.11/5-453.

74 Rankin to State Department, May 8, 1953, no. 794A.00(W)/5–853, *Formosa 1950–1954*, reel 3; Rankin to State Department, February 19, 1954, no.794A.00(W)/2–1954, *Formosa 1950–1954*, reel 3；李彌呈蔣介石，一九五三年七月一日，國史館，「特交檔案／軍事／金馬邊區作戰」，第一〇四卷，編號58162；周至柔呈蔣介石，一九五三年十一月二十八日，「特交檔案／軍事／金馬邊區作戰」，第一〇四卷，編號58157。

第十章

「中華民國在台灣」的永久化

一九五〇年六月韓戰爆發後，整個東亞局勢有了重大轉變，一度已被杜魯門行政當局放棄的蔣介石與國民黨，因為美國海軍第七艦隊協防台灣海峽，而起死回生，轉危為安。韓戰的爆發，也讓台灣的命運與朝鮮半島上的局勢發展，息息相關。無可諱言，此刻台灣的軍事安全與國際地位，相當程度上是構築在朝鮮半島戰事的延續之上，韓戰愈膠著，台灣的戰略地位也就愈有保障。也因此當一九五三年初夏，朝鮮半島上的停戰協定談判進入尾聲之際，蔣介石心中的焦慮，似乎不下於南韓總統李承晚。當時極不願接受停火協議安排的李承晚，極力向華府要求簽訂一安保互助條約，作為他同意簽字的先決條件。[1] 該年稍早的四月至六月間，蔣介石曾三度致函艾森豪總統，提醒美國應注意共產黨陣營所發動的「和平攻勢」，並勸華府勿輕易陷入共產黨願意進行韓戰停火談判的「圈套」。[2] 六月初，蔣介石在台北會見來訪的美國聯邦參議員竇克生（Everett Dirhsen）與麥紐森（Warren Magnuson），他極力說服來客，台灣與東亞局勢的演變乃息息相關，並認為韓戰的停火無法結束亞洲戰禍，如欲消滅世界侵略之戰禍，必須先消滅中共，因為「亞洲問題全在中國大陸，而不在韓國也。」蔣甚至當場向來訪的美國參議員們表示，他自願擔負此一「滅共」的重責大任。[3]

如果我們仔細審查當時海峽兩岸之間的軍事與政治現實情況，也許連蔣介石本人，可能都要對他所表現出來的自信，打不少折扣。根據一份一九五三年初有關國民黨情報活動的機密文件顯示，自一九四九年政府遷台以來，儘管台灣島內的安全形勢，已有顯著加強，然而國民黨的大陸敵後情報工作與活動能力，卻正在迅速減弱之中。至一九五二年底，台北當局所能夠獲得的情報當中，來自大陸地區的總數，只占百分之十二．二，相較之下，來自台灣澎湖與金馬外島地區的情報，幾乎占了百分之五十，而來自香港與澳門的，則占百分之十八。這份機密報告也坦承，國民黨在華北、東北與西北地區的敵後工作，已極其微弱，成效不彰，對此，蔣介石深感震驚。[4]同一時間的另一份軍事情報機密文件則指出，一九四九年前後國民黨在大陸地區所設置的一〇七座無線電台中，現在只有二十九座仍在運作，其他八台暫時停止運作，三十台已失去聯繫，另外剩下的四十座，不是已操縱失靈，就是只能發揮局部功能。此一事實，與韓戰甫爆發不久後台北方面訓練、資助與派遣祕密特工人員向大陸進行敵後滲透的眾多計畫相比，已有天壤之別，參謀總長周至柔將軍承認，未來台北想要在中共所控制的區域內建立完善的情報網，並搜集最準確的情資，只會愈加困難，而正確的情報掌握，又是蔣介石欲對中國大陸展開任何軍事反攻或敵後行動的首要條件。[5]

以上的現實似乎可以解釋，為何當艾森豪總統於一九五三年初上台不久後，宣布美國政府即將在台灣海峽實行「去中立化」（de-neutralization），解除國民黨政府對大陸地區的軍事行動限制時，對台北當局而言，並非全然是一個好消息。當時英國駐淡水領事館發回倫敦的一份觀察報告中即明白指出，蔣介石顯然仍未為其獲得美國方面對其軍事行動的解禁，做好心理準備；在英國人看來，對蔣介石而言，「反攻大陸」原本只是其維持在台灣統治正當性的一個重要政治與宣傳口號，如今在華府宣佈解除台海中立化後，此口號卻突然變成一個必須面對與處理的「具體問題」。無怪乎在美方宣布解除台海中立化之後，台北方面立即發表聲明，稱在尚未做好充分準備之前，將不會貿然對大陸發動軍事反攻。[6]

一九五三年之際，對台北而言，發動正規的軍事反攻大陸行動並非一個好選項，而發動小規模、成本、風險與代價相對較低的大陸沿海突襲行動，就成了台北可以繼續向世人證明其反攻大陸決心的可行方案之一，該年七月間的東山島之役，即是重要例證。坐落於金門與汕頭之間，突出於閩南沿海，漲潮時自成一小島的東山半島，此時成為國民黨鎖定的目標，其構想是

1 Burton I. Kaufman, *The Korean Conflict* (Westport, CT: Greenwood,1999), 59–69; Peter Lowe, *The Korean War* (New York: St. Martin's, 2000), 90–100.

2 Howard Jones to State Department, April 23, 1953, no. 794A.5/4–2353, *Formosa 1950–1954*, reel 4; Rankin to State Department, September 4, 1953,no. 794A.00/9–453, *Formosa 1950–1954*, reel2;《蔣介石日記》，一九五三年四月十五日和六月七日、二十三日。

3 《蔣介石日記》，一九五三年六月七日。

4 周至柔呈蔣介石，一九五三年一月十二日，國史館，「特交檔案／軍事／中央情報機關」，第四卷，編號56893；《蔣介石日記》，一九五三年一月九日。

5 見中央改造委員會第四十二次會議紀錄，一九五〇年十月二十八日，史丹佛大學胡佛研究所檔案館，《中國國民黨中央改造委員會檔案》，6.4-2, reel2；中央改造委員會第一三六次會議紀錄，一九五一年五月二十一日，出處同上；周至柔呈蔣介石，一九五三年一月二十四日，國史館，「特交檔案／軍事／中央情報機關」，第四卷，編號56892。

6 Jacob-Larkcom to Foreign Office, "Summary of Events in Formosa during February, 1953," March 24, 1953, in *Taiwan Political and Economic Reports1861–1960*, ed. Jarman, 10:315–316.

空投一個兵團的傘兵部隊，消滅駐守該地的一營共軍，藉以控制半島，阻止從大陸增援的共軍登岸，緊接著發動兩棲登陸作戰，肅清共黨勢力。[7]

從蔣介石的角度而言，選在韓戰停戰協訂簽字的前夕發動此一突襲行動，似有重新喚醒美國乃至國際社會，展現台灣在亞洲冷戰場上重要價值與地位之用意，然而此行動的最終結果，卻令蔣介石大失所望。一九五三年七月十六日清晨，約六百名國軍傘兵空降東山島，在遭遇零星共軍抵抗後，順利控制了灘頭陣地，然而由於國軍對該地漲潮時間的計算，出現嚴重失誤，使得原計畫派往該島準備執行兩棲登陸作戰的五千名增援部隊，延遲數小時才抵達，這讓已經空降的傘兵部隊，必須單獨面對增援的大批解放軍。隔日，國軍面對解放軍壓倒性攻勢，被迫從東山島匆忙撤退。這次突襲行動最後造成三千三百名國軍傷亡，也損失了兩輛坦克、兩架戰鬥機，與三艘兩棲登陸戰車。[8]

當時國內外媒體曾大幅報導國軍部隊此一為時三十六小時的突襲行動，以及台灣對東山島的短暫控制，然即使蔣介石本人，也視此突襲行動為一大敗筆。[9]這次突襲行動所暴露的諸多缺陷，加上朝鮮半島局勢的和緩，讓這場軍事行動成為台北軍方與美國中央情報局「西方公司」之間有關外島祕密合作計畫，寫下休止符。[10]此後美國不再支持國民黨政府所轄外島游擊部隊，裁撤「西方公司」與其駐台情報人員，並將外島游擊部隊編入國軍正規部隊的序列，納入駐台北軍事顧問團的監督與裝備援助。更重要的是，東山島之役的失利，促使華府決策者加速重新界定與規範國民黨政府未來可能發動的軍事行動；在美國看來，韓戰停戰後，台北當局未來的軍事武力應該是「防禦」性質，而非以「攻擊」為目的。突襲東山島後不久，美國駐台北軍事顧問團團長蔡斯正式照會國民黨政府相關部門，要求在未徵得美方允許情況下，國軍不得對中國大陸採取任何軍事行動。蔡斯特別指明，台北在發動任何超過五百名以上官兵參與的軍事行動，或者採取任何營、團、師層級以上規模的沿海突襲行動之前，都必須先獲得美軍事顧問團的同意。[11]國民黨政府勉強接受此一條件，而回顧歷史，東山島之役後，蔣介石似乎對國軍的兩棲作戰能力，有更清楚的認識，此後，他未曾再下令國軍發動兩棲登陸作戰。

白團：蔣介石的日籍軍事顧問

自從杜魯門下令第七艦隊協防台灣海峽，並重新軍援中華民國政府，美國對台灣的軍、政與外交影響力明顯增強。蔣介石雖樂見台灣的安全因韓戰的爆發而獲得保障，但心理上他是否真心信任美國，仍不無疑問。自一九五〇年初起，為了平衡與抵消美國對台灣軍事決策的影響力，蔣介石曾起用一批日本退役軍官，來協助訓練國軍部隊，擬定作戰與社會動員計畫，並承

7 國防部〈東山作戰概要〉，極機密，一九五三年（日期未注明），國史館，「特交檔案／軍事／作戰計畫及設防」，第八卷，編號56952。

8 Jacob-Larkcom to Foreign Office, July 23, 1953, FO 371/105180 FC10111/50; Gui Yongqing to Cooke, August 14, 1953, Charles M. Cooke Papers, Box 6; Holober, *Raiders of the China Coast,* 195–222.

9 《蔣介石日記》，一九五三年七月十八日、二十一日、二十四日、三十一日。

10 Holober, *Raiders of the China Coast,* 221–222.

11 Rankin to State Department, top secret, July 17, 1953, no. 794A.5/7–1753, *Formosa1950–1954,* reel 4; State Department memorandum, August 3, 1953, no.794A.5/8–353, *Formosa 1950–1954,* reel 4; Rankin to State Department, top secret, September 4, 1953, no. 794A.5- MSP/9–453, *Formosa 1950–1954,* reel 4.

擔國軍軍事思想、教育與改造等重要任務。

一九四九年十一月間，當時在中國西南省份督導國軍最後防務的蔣介石，身旁曾有位名為富田直亮（中文名為「白鴻亮」）的退役日本軍官，協助蔣介石擬定作戰計畫。一位二戰時期的日本軍官突然現身重慶，在國共內戰之際，協助蔣介石進行反共作戰，看似突兀，實非出於偶然。隨著國軍部隊在內戰中節節失利，一九四九年春，當時已自總統職位「引退」的蔣介石，在「反共」的大前提下，尋求各種有助於國民黨東山再起的機會。他透過中國駐日代表團組長曹士澂，祕密接觸被中華民國政府軍事法庭宣判無罪釋放的日本頭號戰犯岡村寧次，同年七月，曹士澂前來台灣面見蔣介石，提出聘用日本軍官訓練國軍的構想，蔣表示同意，並指示中方由具有留日背景的湯恩伯將軍負責，日方則由岡村寧次會同曹士澂共同辦理。九月間，當時率軍駐守廈門的湯恩伯，向蔣介石報告已在當地成立一籌備小組，著手招聘「外來幹部」事宜。依據湯恩伯當時的規劃，決定以其所轄國軍第一六六師為基幹，編成一支「新軍」，由來自日本的「外來幹部」進行訓練，使之成為一支忠誠可靠的新部隊，協助蔣介石反共作戰。根據湯恩伯此份機密文件顯示，這一新編師的規模，包括「外來幹部」一千二百名，官兵九千名，馬匹三百匹，車輛五十輛，所需經費約四十八萬銀圓。[12]湯恩伯同時擬定工作綱要，由當時以私人顧問名義服務於其麾下的前日本北支那方面軍司令官根本博（化名「林保源」），指揮「外來顧問」，並決定在中華民國駐日代表團內，祕密設立一「東京分處」，由另一名前日本軍官吉川源三（化名「周忠徹」）擔任分處長，與當時中國駐日代表團組長曹士澂密切聯繫，積極招募日本「外來幹部」到中國服務。根據此份綱要，蔣介石將支付每位「安家費」三十美元，另有「旅費」二十美元，首期業務以三個月為限。[13]

雖然湯恩伯所提議組建的「新軍」，隨後因為戰事急轉直下，終未能夠組成，然而招募日本「外來幹部」服務於蔣介石麾下，卻仍然繼續推進當中。在岡村寧次的推薦下，白鴻亮和另外兩位前日本軍官荒武國光（中文名為「林光」）與杉田敏三，於一九四九年十月底，經九州到台灣，並隨後陪同蔣介石前往四川督導防務。到了一九五〇年初，共有十七名前日本軍官，追隨白鴻亮的腳步，祕密抵達台灣。這批軍官團因其領導人白鴻亮之名，而被稱為「白團」。[14] 二月間，蔣介石在台北圓山附近的一個隱祕處，設立了「圓山軍官訓練團」，由彭孟緝擔任教育長，並由「白團」成員開始對國軍將領開班授課，進行軍事教育與訓練，同時協助蔣介石擬定各項軍事計畫。在韓戰爆發之前，這支非正式的日本軍事顧問團所扮演之角色，頗類似美國退役海軍上將柯克所主持的「特種技術顧問團」，此時蔣介石已形同遭到美國政府遺棄，國民黨必須仰賴任何願意伸出援手的外國力量。因為官方層級對華援助與合作，實質上已經停擺，蔣介石倚賴這些來自國外的非正式顧問，也可看出在此風雨飄搖時期國民黨政府的軍事與安全決策，相

12 湯恩伯呈蔣介石，一九四九年九月二十三日，國史館，「特交檔案／軍事／中央軍事機關人事」，第四四四卷，編號54221；湯恩伯呈蔣介石，一九四九年九月，「特交檔案／軍事／中央軍事機關人事」，第四四四卷，編號54222；〈建設新軍經費概要〉，湯恩伯擬，一九四九年（日期未注明），「特交檔案／軍事／中央軍事機關人事」，第四四四卷，編號54223。

13 〈湯恩伯呈蔣介石反共聯軍籌備小組工作要綱〉，湯恩伯擬，一九四九年（日期未注明），「特交檔案／軍事／中央軍事機關人事」，第四四四卷，編號54225；〈湯恩伯呈蔣介石關於新編師給與規定之意見〉，一九四九年（日期未注明），第四四五卷，編號54226。

14 白團の記錄を保存する會編，〈「白團」物語〉，第四回，《偕行》（軍事學會刊物），一（東京，一九九三），頁二十六—二十七。

當程度上是奠基在「私人化」的基礎之上。

蔣介石啟用「白團」，在當時似乎另有一微妙的考量與作用，正如他頗有可能利用柯克及其顧問團來平衡陳誠與其軍中勢力，蔣亦有意藉著引入日本的力量，來制衡有強烈美國背景的陸軍總司令孫立人。一九五〇年四月間，正值美國有意扶持孫立人取代蔣介石的敏感時刻，蔣在未與孫討論的情況下，即下令將駐紮新竹湖口、當時被視為台灣最精銳優良的國軍第三十二師，接受「白團」特別指導與訓練，成為「白團」日本教官實踐與試驗其軍事理論的對象。同時，蔣介石還決定讓「白團」參與台灣的軍事動員計畫，使日本軍官團在此一重要議題上，扮演更重要的角色。此舉令當時名義上指揮國軍全體地面部隊的孫立人，感到極度屈辱與惱怒，他對蔣抱怨國軍不應向「敵國」學習軍事，也曾向美國駐台北使館官員「告洋狀」。[15]

隔年春天，當美國軍事顧問團在台北正式成立並開始運作之後，「白團」的存廢去留，成為顧問團團長蔡斯將軍最迫切解決的問題之一，在美國看來，美軍顧問團是無法與日本軍官團相容並存的。[16]此時「白團」的人數已經從最初的十八人增加到七十六人。美方認定，蔣介石之所以起用日本人，是為了向孫立人將軍及其麾下國軍部隊，傳達一重要訊息：他將無法容忍台灣的軍事防衛，完全聽命於美國人行事。對美方而言，起用「白團」也是蔣介石一貫採用的「分而治之」手腕。[17]而當蔡斯將軍進一步理解到蔣介石聘用「白團」來教育國軍部隊將領，乃在於突顯美國那套軍事方法並不適合中國國情，且國府人士將從日本軍官那裡獲得更大軍事利益，美方對「白團」的存在，也就愈加無法容忍。當然，孫立人的抱怨肯定也影響了美方的態度：一九五一年上半年，國軍部隊將領們輪番被調去接受「白團」的教育與授課計畫，時間最長達三至四個月，孫因而告訴美軍顧問團稱，此一計畫已嚴重影響到部隊正常的運作，特別是當「白團」的教育訓練課程與美軍顧問團對國軍的訓練任務與要求，形成極大的衝突。[18]

在美國強大的壓力下，蔣介石不得不妥協。一九五二年七月，蔣指示「白團」轉入地下，圓山軍官訓練團停止運作，「白團」成員總數也減至三十人左右。但在同年十一月，蔣介石以研究軍事戰術與戰史為名目，另外在台北的石牌成立「實踐學社」，由彭孟緝擔任「主任」，白鴻亮等人也以教官名義，繼續低調進行培訓國軍中高階將領的業務。[19]此後「實踐學社」又繼續運作了十七年之久，直到一九六九年初，最後四名日本教官結束任務返回日本。據統計，「白團」存在於台灣近二十年的時間裡，估計有超過一萬名國民黨高級軍官，接受其軍事培訓計畫與課程。[20]

15 Strong to State Department, May 19, 1950, no. 794A.00(W)/5–1950; Strongto State Department, July 1, 1950, no. 794A.00(W)/7–150, *Formosa 1950–1954*, reel2.

16 一九五一年六月二十七日與蔣介石會晤時，蔡斯將軍首度提出白團問題，並表示反對該團存在。蔣介石驚訝且惱怒，決定不予理會。見《蔣介石日記》，一九五一年六月二十七日。

17 Rankin to State Department, August 28, 1951, no. 794A.553/8–2851, *Formosa1950–1954*, reel4.

18 Rankin to State Department, July 2, 1951, no. 794A.553/7–251, *Formosa1950–1954*, reel4.

19 《蔣介石日記》，一九五二年七月五日、七日、十六日、八月八日，十一月二十四日；白團の記録を保存する会編，〈「白團」物語〉，第七回，《偕行》，四（一九九三），頁二十三—三十五。

20 〈「白團」物語〉，第十五回，《偕行》，十二（一九九三），頁二十—二十六；林照真，《覆面部隊》（台北：時報出版社，一九九六）。

「雙胞胎」計畫

一九四九年以後「白團」在台灣活動的這段歷史，以及其所帶來的歷史意義，仍有待學界進一步探討，譬如過去學者甚少注意到，「白團」曾在一九五〇年代蔣介石的對美軍事外交過程中，扮演一個間接、重要但鮮為人知的角色。一九五三年五月二十三日，在以「實踐學社」的名義活動了半年之後，白鴻亮與他的同僚草擬一份代號名為「光榮」的軍事反攻大陸作戰計畫（簡稱「光計畫」）。「白團」在此計畫中剖析，國軍部隊需要五年的整軍準備時間，以確保在得不到外援的情況下，也能獨力展開反攻大陸的軍事行動。考量到物產豐富、人口眾多的廣東省對未來國軍戰力的補充與培養，比福建省更具價值，「光計畫」主張國軍以珠江三角洲為假想目標，發動兩棲登陸攻擊，占領一部分華南地區為據點，並將國民黨力量延伸至海南島、閩西與桂東地區，若能維持至少六個月的時間，則可作為國軍奪回整個長江以南地區的第一步。此一以「廣東」為首要占領目標的設想，與過去數年間，蔣介石以「福建」為主要目標的反攻戰略，大相逕庭。為實現上述目標，「白團」建議蔣介石在未來數年之內，添購一千六百五十架戰機，建造總數達二十九萬八千兩百噸的海軍艦艇，同時打造擴編一支規模達六十個師（包括五十二個步兵師與八個裝甲兵師）的國軍地面部隊，並於一九五八年春，對中國大陸發動第一波軍事反攻。[21]

「光計畫」完成兩週之後，六月十一日，蔣介石親自前往石牌「實踐學社」聽取白鴻亮有關該計畫的詳細簡報，蔣顯然頗為滿意，他在當天的日記裡記載：「其方針與余原意相同，今後準備工作應積極指導。」[22]不過從後來諸多事件發展來看，蔣介石當時賞識「光計畫」之處，與其說是在於其所設定的反攻廣東、收復華南等宏偉目標，不如說是該計畫提供了蔣介石所需要的諸多國軍軍需細節與內容，事後證明，蔣確實以「光計畫」的精神和原則為基礎，與美國艾森豪政府談判交涉，以國軍未來反攻華南為目標，來向美國爭取更多的軍事援助。

一九五二年十一月，艾森豪搭配尼克森（Richard Nixon）當選美國總統，向來較同情國民黨與蔣介石的美國共和黨，在歷經二十年在野身分後，重新取得執政權。艾森豪當選後數週之內，蔣介石不斷思索未來與美共和黨新政府打交道的策略，在他的認知裡，艾森豪上台後，可能會要求台北派兵前往朝鮮半島參加韓戰，以儘早結束戰事。蔣此時在其日記裡所擬定對美交涉的幾個重點，包括台灣參加韓戰之條件、如何鞏固台澎防衛，並且確立中美共同防禦計畫為優先，蔣介石也希望藉由國軍參加韓戰，爭取美國對台軍援，同時準備在隔年反攻大陸開闢韓戰第二戰場，使共軍兩面應戰，疲於應付。在蔣介石看來，「解決韓戰之道，惟有能使國軍反攻大陸」，而要避免第三次世界大戰，「亦惟有使國軍能消滅共匪。」[23] 十二月八日，在與蔡斯和藍欽晤談時，蔣對於台灣的防禦能力感到擔憂，他顯然不滿意當時美國第七艦隊所能提供防衛台灣

21 彭孟緝呈蔣介石，〈「光」計畫〉，一九五三年五月二十三日，國史館，「特交檔案／軍事／實踐學社」，第二卷，編號58958；彭孟緝呈蔣介石，〈「光」作戰計畫附錄〉，一九五三年五月，「特交檔案／軍事／實踐學社」，第二卷，編號58559；彭孟緝呈蔣介石，〈光第一期作戰計畫〉，一九五三年五月，「特交檔案／軍事／實踐學社」，第二卷，編號58560。

22 《蔣介石日記》，一九五三年六月十一日。

23 《蔣介石日記》，一九五二年十一月十二日、十三日、十七日、二十九日；蔣介石，手諭抄件，一九五二年（日期未注明），國史館，「特交檔案／軍事／國防設施計畫」，第四卷，編號56925。

的能力，並主動告訴美方，有關派遣國軍出兵韓戰一事，台灣的生存與安危仍是其最大考量。[24]

蔣介石此時似乎認定美共和黨新政府上台後，必定會要求台灣協助出兵朝鮮半島，因此在艾森豪宣示就職的前夕，蔣擬妥幾個重要原則，作為今後對美交涉的基礎。首先，他將以台灣的安危獲得美國確切保障的前提下，以三個軍的國軍兵力投入韓戰，包括用於反攻大陸開闢第二戰場。其次，蔣將尋求美國提供以下承諾，作為回報：一是台北與華府簽訂安全互助協定，二是無論朝鮮半島局勢最後如何演進，美方都應繼續對台北提供軍事援助，在至為理想的情況下，蔣介石希望美國提供台灣三億美元的軍事援助預算，加上五億美元的新台幣幣制改革基金，但不包括國軍武器補充經費。[25]到了一九五三年初夏，眼見朝鮮半島即將達成停戰協定，蔣介石更加擔憂此後台灣的地緣戰略價值是否因此而滑落。六月初，美太平洋艦隊司令雷德福（Arthur Radford）將軍前來台北訪問，有鑒於雷德福即將返回華府，擔任參謀長聯席會議主席此一要職，蔣介石在與他會晤時，特別抛出了國民黨政府日後可能將「單獨」進行反攻大陸行動，以試探美方的態度，雷德福則以台美雙方建立一「聯合」作戰指揮體系，來回應蔣介石，對此，蔣立即表示同意與支持，並稱未來此一聯合作戰體系可歸美方指揮。[26]此刻，台北在得不到美方有關簽訂安全互助協定正面和積極的回應下，蔣介石決定改以國軍推動「反攻大陸」的宏偉目標，爭取未來美國在東亞冷戰格局與架構下，繼續提供台灣必要的軍事援助。[27]此一決策並不難理解，畢竟「反攻大陸」的目標是國民黨當時維繫「自由中國」統治的正當性，以及蔣介石本人作為國民黨內最高領導人地位，最重要的政治基石。

十二月二十八日，雷德福將軍再次到台北短暫停留，蔣介石利用此時機向他提交了一份名為「開」的特別軍援計畫，尋求美方支持。細查此一計畫的內容，我們可以辨識出，其精神與大綱不啻為當年稍早之前「白團」所提出「光計畫」的翻版。這份「開」案的目標，是希望在一九五八年，美方協助裝備、訓練與擴編總數達六十個師的國軍地面部隊，用來作為反攻廣東等華南地區的戰略部隊，並牽制駐守在中南半島邊境的解放軍部隊。由於此計畫的實施範圍過於龐大，總預算高達十三億美元，蔣介石擔心美方不願接受，因此備妥另一腹案，在此一腹案裡，台北當局從希望美國援助的六十個師，減至四十一個師（包括三十六個步兵師），同時也將美方協助的訓練與裝備時間，從最初擬定的三至四年大幅縮短至十八個月。蔣介石告訴雷德福，如此一來，不但節省預算，也可在較短時間內強化國軍部隊的作戰能力，使台灣能夠對遠東地區的反共大業有所貢獻。[28] 雷德福對於蔣介石在此場合突然提出「開」案爭取美國支持，頗感訝異，據蔣日記裡所載，當雷德福聽聞整個計畫的預算總額竟達十三億美元之譜，「忽現驚駭之色」，最後勉強決定「以私人非正式之文件而接收之」，讓蔣介石備感恥辱。[29]

一如預期，美國各決策部門對於台北提出的新軍援計畫，態度頗為負面冷淡。當時正大力協助國軍推動改革與整編的美軍顧問團，稱此「開」案的內容「完全毫無執行的可能性」（completely

24 MAAG Taipei to State Department, CINCPAC (Pearl Harbor), and CINCFE (Tokyo), December 8, 1952, *ROCA*, reel 27.

25 《蔣介石日記》，一九五二年十二月九日、十日、十一日。

26 《蔣介石日記》，一九五三年六月二日、四日。

27 《蔣介石日記》，一九五三年七月二十日。

28 Foreign Minister George Yeh to Admiral Radford, top secret letter, January 4, 1954, enclosed in MAAG memorandum to General Zhou Zhirou, February4, 1954, no. 794A.5-MSP/2–454, *Formosa 1950–1954*, reel 4.

29 《蔣介石日記》，一九五三年十二月二十八日。

infeasible of execution），而且幾乎每個部分都需大幅修正，方能符合美方的戰略要求。從政治角度而言，此一計畫將招募三十萬名台籍人士作為補充後備兵力來源，蔡斯將軍強烈懷疑這些本地台籍人士是否支持國民黨的反攻大陸行動，更遑論該計畫中在後勤與補給方面的諸多問題。[30]

美國駐台北大使館官員，同樣認為「開」案的內容與範圍，已超出美國現有援台方案的規模。不過，當時剛升任美國駐華大使的藍欽，從台北的立場出發，認為此特別軍援案的提出，正突顯國民黨政府與美方在政策上的差異，他認為蔣介石念茲在茲，以軍事反攻大陸為首要目標，然而華府既不願派兵支持他，也不願提供超出防衛台灣所需要的武器與裝備。[31]在華府，美國務院相關負責官員雖也不看好「開」案的可行性，卻普遍認為，蔣介石提出新的軍援要求，至少已成功促使華府以較新的立場與眼界，來看待對台援助計畫。易言之，在韓戰停火之後，美方現在應該認真考慮到，面對未來遠東地區的新形勢，台灣在各方面所能夠發揮的潛能究竟為何，而非如韓戰期間一般，僅將國軍部隊視作美國因應韓戰時可能派上用場的資源加以儲藏起來，卻備而不用。國務院官員的結論是，從長遠角度觀之，美國一味限制蔣介石進行軍事反攻大陸行動的要求，最終將無法為台北當局所接受。[32]

從韓戰結束前後的台美軍事外交角度而言，「開」案的提出，確實一度使蔣介石與美方打交道時，居於一個較為有利的地位。一九五四年三月間，當「開」案是否被採行仍在未定之天，因考量到華府決策高層最終可能婉拒蔣介石此一特別軍援要求，美軍顧問團為了避免蔣介石情緒反彈過大，決定暫時接受台北當局的要求，將全台灣步兵師的總數維持在二十四個師，而不再堅持其最初所提出的裁減至二十一個師的目標。此外，美軍顧問團也同意國軍可以繼續保留其他七個非步兵師，以及當時部署於外島約一萬五千名游擊部隊，並讓這些非正規部隊接受美援裝備。[33]

在蔣介石的思惟裡，值此韓戰甫結束之際，台灣是否準備好且有能力進行「反攻大陸」，不無疑問。從更現實的角度觀察，所謂的「反攻大陸」議題，在此刻更可能是他用來維繫「後韓戰時期」，國民黨政府在全球冷戰架構下的價值與地位的要件之一，藉以實現台北當局其他對美外交與政治上的目的。在此情況下，蔣介石修正其有關「反攻大陸」的概念、範圍與內涵，以符合台灣對美外交的需求，也就不足為奇了。一九五四年春，蔣介石一改過去數年間堅拒美國邀請國軍兵力投入反攻海南島的態度，轉而表示願意在美國協助與支持下，派兵奪回海南島及對岸的雷州半島。蔣反覆思量，認為以海南島與雷州半島的地理位置，接鄰中南半島，對當時美國在亞洲地區的地緣戰略具有重要意義。[34]當年四月七日，艾森豪總統公開宣示反對一項幾已談妥、旨在結束中南半島法國殖民政府與胡志明之間武裝衝突的協議草案，其理由是此協議將使中南半島上的共產黨勢力壯大，並導致東南亞地區產生「骨牌效應」。五月七日，法國位於越北的重要據點奠邊府失守，華府高層開始研究如何介入越戰，包括副總統尼克森與國務卿杜勒斯

30 MAAG Formosa to the adjunct general, Department of the Army, top secret, February 20, 1954, no. 794A.5-MSP/2–2054, *Formosa 1950–1954*, reel 4.

31 Rankin to State Department, "Chinese Government Military Aid Proposal," top secret memorandum, March 8, 1954, no. 794A.5-MSP/3–854, *Formosa 1950–1954*, reel 4.

32 Walter McConaughy to Walter Robertson, top secret State Departmento ffice memorandum, March 8, 1954, no. 794A.5-MSP/3–854, *Formosa 1950–1954*, reel 4.

33 Rankin to Everett Drumright, March 13, 1954, no. 794A.5-MSP/3–1354, *Formosa 1950–1954*, reel 4.

34 《蔣介石日記》，一九五四年二月三日和三月二十一日。

在內的諸多要員，甚至一度主張利用核子武器對付胡志明。[35]

蔣介石此時顯然欲投美國所好，同時把美國對台軍援與反攻海南島加以連結，為台灣軍事國防爭取最大利益。五月十三日，艾森豪總統的特使符立德（James A. Fleet）將軍與美國國防部次長麥克尼（Wilfred J. McNeil）抵達台北，當時有關兩人連袂訪台的真正目的，頗多揣測，英國駐淡水領事館向倫敦報告指稱兩人此行乃是希望參照北大西洋公約組織，籌組與之類似的東亞共同防禦組織，將台灣與香港納入。[36]然而事實證明，蔣介石利用與來訪美國友人會晤的機會，一方面大力推銷「開」案，另一方面提出國軍接受美援裝備，奪回海南島與粵南地區的構想，並稱在美方協助下，國軍占領雷州半島與海南島，將不會太困難。為了爭取美國同意此一特別軍援計畫，蔣介石特別修正其口吻，向符立德將軍強調此「開」案之主要目的，僅在於防守台、澎、金、馬，並用來打造國軍，成為一支未來美國隨時可以調用的戰略軍力，而非用於反攻大陸。然而考量到中南半島情勢日趨複雜，以及北京當局可能出現的不良反應，兩位美國訪客對於蔣介石的提議，僅表示將尊重和考慮，但拒絕做出任何具體承諾。[37]

外島危機與同盟關係之建立

數週之後，因遲遲等不到美國對於「開」案的正面回應，蔣介石逐漸失去耐心，於是他把重點轉至另一項選擇：爭取與美國簽訂共同防禦條約。一九五三年三月間，艾森豪就任美國總統後不久，駐美大使顧維鈞與新任國務卿杜勒斯會談時首度提及此事，當時杜勒斯頗為贊同美國與亞洲各反共盟邦締結協防條約的大戰略構想，然對於是否應與中華民國政府締結此約，卻持保留態度；簡而言之，美方所考量的，在於條約內容與美軍協防範圍，是否應納入當時仍由國民黨政府所控制的金門、馬祖、上、下大陳等東南沿海島嶼。杜勒斯認為，若將這些外島排除在協防條約之外，將有損於國民黨政府的聲望，然一旦納入，美國則可能被迫承擔不必要的風險與責任。[38]從國務院對於台北初步試探締結防禦條約的冷淡回應來看，或許可說明為何蔣介石選擇以「開」案，而非締結協防條約，作為與艾森豪新政府商議的優先方案。

一九五三年十月間，美國與南韓政府簽署安保條約，華府願意與一個處於分裂狀態的反共盟友簽訂條約，一時之間讓台北重燃希望，只不過此時蔣介石仍致力於推銷「開」案與反攻海南、粵南等方案。當時在華府訪問的蔣經國曾向杜勒斯強調，美國政府必須儘速增加對台軍援，最好從原先年度七千萬美元增加至八千一百萬美元。[39]然而華府此刻有其他考量，因為翌年四月底，即將於日內瓦召開有關中南半島停戰協議的高峰會，在達成任何具體協議之前，美國與台灣之間一旦締結協防條約，將使美國重要盟邦英、法等國感到不悅。因此，一九五四年初，艾

35 Ranelagh, *The Agency*, 430–431.

36 A. H. B. Hermannto Foreign Office, May 27,1954, FO 371/110232 FC1019/29.

37 蔣介石與符立德會談紀錄，一九五四年五月十三日，國史館，「特交檔案／外交／對美外交」，第十二卷，編號58983；蔣介石與符立德會談紀錄，一九五四年五月十六日，「特交檔案／外交／對美外交」，第十二卷，編號58985；《蔣介石日記》，一九五四年五月十三日、十六日。

38 Qiang Zhai, *The Dragon, the Lion, and the Eagle: Chinese-British-American Relations, 1945–1958* (Kent, OH: The Kent State University Press, 1994), 155–156; Hoopes, *The Devil and John Foster Dulles*, 263–265.

39 State Department, "Notes on General Chiang Ching-kuo's call on Secretary of State Dulles," memorandum, October 1, 1953, in *ROCA*, reel 30.

森豪行政當局決定擱置有關與台北締約之討論。[40]

到了一九五四年夏天，儘管亞太局勢已大為改變，然華府依舊避談蔣介石所提出的整軍方案，台北對華府的不滿情緒也急遽升高。六月二十一日，蔣介石突然下令解除孫立人將軍陸軍總司令之職務，改調任有名無實的總統府參軍長。根據蔣在其日記裡所言，他認為孫立人「其性拖拉呆滯，好聽細言，私植派系，用人複雜，心無主旨，受人愚弄」，若再重用他掌握兵權，將後患難除，因此決心讓孫立人去職，「即使美援受此影響，亦所不顧。」[41]然而從另一個角度來看，此一解除孫立人兵權的動作，也可解讀為蔣介石似已認定美國不會接受台北所提出的特別軍援要求，因而準備改弦更張，回到當初其所設定的另一個對美軍事外交方案，即簽訂協防條約。果不其然，就在將孫立人調職後一星期的六月二十八日，蔣介石在總統府約見即將返國述職的美國大使藍欽，此刻他不再談「開」案，而是正式表達台北與美國簽訂協防條約的意願。為了避免美方因捲入未來國民黨政府反攻大陸的計畫而被迫與中共開戰，蔣介石特別向藍欽承諾，一旦訂約，台北所有的軍事行動，皆須經兩國共同商決才能進行，他承諾未來台北不會採取任何單獨或片面軍事行動。[42]

台北最高當局希望訂約的籲求，立即傳到了華府，而如同「開」案一般，國務院內部最初反應，依然極為謹慎保守。負責東亞事務的助理國務卿勞伯森（Walter S. Robertson）力主華府與台北訂約，認為此舉能夠成為支持台灣繼續與中共相抗衡、維繫台海現狀的最有力手段，然而勞伯森的觀點卻遭到國務院內幾乎所有其他部門的強烈反對，除了金門、馬祖、大陳等外島是否應納入協防條約此一複雜因素之外，國務院內的多數意見，皆認為台、美之間的軍事同盟，只會引發當時已承認北京的廣大亞非不結盟國家，對美國產生更大的疑慮，激怒印度與緬甸，驅使這些國家進一步向北京靠攏，毫不意外，此一反對立場在國務院內占上風，因此直到一九五四年九月一日，國務卿杜勒斯從華府啟程前往菲律賓首都馬尼拉，出席東南亞公約組織（SEATO）成立大會前夕，美方推遲與台北談判締結軍事協防條約的立場，依然沒有改變。[43]

回顧這段歷史，中共極可能意外、間接地促成了台北與華府之間締結共同防禦條約。九月三日起，解放軍大規模炮擊金門，國軍部隊則以轟炸廈門加以反擊。[44]金門炮戰的爆發，一度讓國際間預估台海之間將成為朝鮮半島之外，亞洲冷戰的下一個主戰場。部分歷史學者認為毛澤東選擇炮擊金門的時機，乃是經過審慎挑選的，也就是在杜勒斯訪問馬尼拉期間，北京有意以炮擊金門行動，嚇阻剛成立的東南亞公約組織，不把台灣納入其會員。[45]不論北京當局的意圖為何，此一炮擊金門的行動，卻提供了蔣介石一個充分的理由來說服華府，簽訂一項協防條約對維護台海局勢、嚇阻中共採取軍事行動，乃具有重要性與迫切性。九月九日，杜勒斯由菲律賓返美途中，突然臨時決定轉往台北與蔣介石會面。在國務卿停留台北的短短五個小時內，蔣介石不斷向他強調台美訂約的急迫性。蔣介石費盡唇舌告訴美方，華府因為台、澎、金、馬地區

40 Ibid, 156–157; Rankin, *China Assignment*, 193–196.

41 《蔣介石日記》，一九五四年六月十九日、二十一日。

42 《蔣介石日記》，一九五四年六月二十八日。

43 Zhai, *The Dragon, the Lion, and the Eagle*, 157–158; Thomas E. Stolper, *China, Taiwan, and the Offshore Islands: Together with an Implicationfor Outer Mongolia and Sino-Soviet Relations* (New York: M.E. Sharpe,1985), 45–50.

44 Hermann to Foreign Office, October 6, 1954, FO 371/110239 FC1019/53.

45 有關金門炮戰之研究，參見Chang,*Friends and Enemies*, 116–120; Michael Szonyi, *Cold War Island: Quemoy on the Front Line* (Cambridge: Cambridge University Press, 2008), 42–49.

蔣經國 1954 年 9 月，視察金門前線大膽島，與官兵一同用餐，有美軍顧問隨行。（檔史館提供）

的局勢「游移未定」，而不敢與台北訂約，然正是由於台、美之間缺乏一項協防條約，才會讓此「游移未定」的局面發生。杜勒斯當下並未對蔣介石做出任何承諾，不過他向蔣保證，華府不會對他這番心聲「充耳不聞」。[46]

杜勒斯在台海危機之際前往台北訪問，普遍被國際間視為美國堅定支持台北對抗北京的重要表徵，無疑地，其來訪也增強了蔣介石處理對美軍事外交的信心。就在杜勒斯離開台灣的隔一天，蔣介石攜家帶眷，前往台中日月潭行館遊覽休憩。也許蔣介石意識到整個對美外交形勢，正朝有利方向轉變，因此儘管外島形勢持續緊繃，共軍依然繼續炮擊金門，但他仍在九月十四日的日記裡寫道：「帶經兒與武勇兩孫遊覽日月潭，廬山至雲海之風景，自埔里起深入山中百公里，實為遷台以來最有意義之一次旅行也，心身亦覺愉快健旺為樂。」[47]蔣介石利用外島危機發生的時機，讓美國朝野各界明瞭，在全球冷戰對抗的嚴峻形勢下，台灣具有不容被忽視的軍事戰略價值。從台中度假回到台北後數天，蔣介石在總統府約見美國大使藍欽與美軍顧問團團長蔡斯將軍，從美外交檔案可窺知，不知是有意或者無意，蔣介石當天顯得特別不耐煩，惱怒之情溢於言表，他向藍欽與蔡斯抱怨美國根本無意支持中華民國提高戰力，當朝鮮半島與中南半島遭受共產黨威脅時，美國很快就伸出援手，如今國民黨政府代表自由世界，與共產黨敵人進行激烈對抗，美國卻顯得「漠不關心」，他對此表示失望至極，並堅持藍欽與蔡斯必須把他坦

46 《蔣介石日記》，一九五四年九月八日、九日；The ambassador in the Republic of China (Rankin) to the Department of State, September 9, 1954, *FRUS 1952–1954*, vol. 14: *China and Japan*, Part 1, 581–582.

47 《蔣介石日記》，一九五四年九月十日、十二日、十四日。

率的談話，完整地傳達給華府決策高層。[48]

台北最高當局表現出來的不耐煩態度，開始發揮效用。在華府，美軍參謀首長聯席會議討論外島危機，與會絕大多數成員皆認定美方應以強硬姿態對付北京，並認為有必要協助國軍部隊繼續控制金門、馬祖等外島，同時建議在必要時應動用美軍來阻止解放軍占領這些島嶼。[49]然而反對美國武力介入台海危機的聲浪也不小，國防部長威爾遜（Charles Wilson）即表示，插手外島危機，將會讓美國捲入國共之間「尚未結束」的內戰當中，在他看來，美國一旦支持台灣防禦金、馬外島，恐怕要比試圖挽救法軍繼續保有越北奠邊府據點，更容易與敵人發生直接衝突。[50]為解決此一難題，國務卿杜勒斯決定將防衛外島議題，透過某一盟邦提交聯合國安理會，希望能夠通過一份禁止改變台海現狀的決議案，並要求中國沿海島嶼，包括金門、馬祖、大陳島等，停止戰鬥。杜勒斯確信由聯合國出面斡旋外島停火的做法，將能獲得美國盟邦的支持，一方面使台北當局繼續控有外島，另一方面避免美國因為這些外島而與中共兵戎相向，此一構想被杜勒斯稱為「神諭計畫」（Oracle）。九月間，華府將「神諭計畫」告知英國政府，並建議由紐西蘭向聯合國安理會提案，倫敦對此提議極表贊成，希望此案不僅能解除台海危機，美國或許將因此案的提出，打開與北京交往之門，最終促成中華人民共和國加入聯合國。[51]

英國駐淡水領事賀爾滿（A. H. B. Hermann）在金門危機期間發回倫敦的政情觀察報告中曾指出，雖然共軍已在九月底停止炮擊金門，外島緊張情勢已大幅降低，然弔詭的是，此時台北高層透過媒體輿論製造出共軍即將進犯台、澎的緊張氣氛，反而更加強烈。[52]這位英國領事的眼光犀利，看穿蔣介石似乎正運用外島危機來爭取美國更多援助與承諾，然而華府國會山莊裡眾多支持國民黨的參、眾議員們，卻顯然未能看清台海之間的真實情況，這些國會議員大聲疾呼，要求艾森豪總統採取更強硬的態度來對付北京。與此同時，行政部門裡的要員，如雷德福與勞伯森等人，均力持在聯合國推動「神諭」提案，在他們看來，此項決議將創造出某種有利的形勢，進而為聯合國日後通過允許美國協助台北防禦金、馬等外島，奠定基礎。[53]

另一方面，國務院部分中國事務決策官員考量到「神諭計畫」可能在聯合國製造「兩個中國」印象，甚至在聯合國內引發有關中國代表權爭議，引起蔣介石等台北高層不必要的反彈，視此舉措為美國準備再次「出賣」中華民國的另一個《雅爾達密約》，因此建議華府應當採取某些補救措施，以平息台北方面的疑慮，而簽訂協防條約即是一個理想的補救措施。十月七日，國務院東亞助卿勞伯森接受美駐華大使藍欽的建議，向杜勒斯呈交一份關鍵的備忘錄，力主華府與台北締結共同防禦條約的時刻已經到來。在勞伯森看來，與台北訂約不僅可以抵銷「神諭計畫」對國民黨政府所造成的不利影響，同時也有助於嚇阻中共進犯台灣。至於該條約所應涵蓋的協

48 Rankin to State Department, memorandum of September 21, 1954 conversation among President Chiang, Ambassador Rankin, and General Chase, September 21, 1954, no. 794A.5-MSP/9-2154, *Formosa 1950–1954*, reel 4;《蔣介石日記》，一九五四年九月二十一日。

49 Chairman of the Joint Chiefs of Staff to the Secretary of Defense, memorandum, September 11, 1954, *FRUS 1952–1954*, vol. 14: *China and Japan*, Part 1, 558–610.

50 Acting Defense Secretary (Anderson) to President Eisenhower, September 3, 1954, *FRUS 1952–1954*, vol. 14: *China and Japan*, Part 1, 556–557

51 Accinelli, *Crisis and Commitment*, 165–168; Steve Tsang, *The Cold War's Odd Couple: The Unintended Partnership between the Republic of China and the UK, 1950–1958* (London: I.B. Tauris, 2006), 121–138.

52 British consul in Tamsui to Foreign Office, October 22, 1954, in *Taiwan Political and Economic Reports 1861–1960*, ed. Jarman, 10: 544.

53 Rosemary Foot, "The Search for a Modus Vivendi: Anglo-American Relations and China Policy in the Eisenhower Era," in *The Great Powers in East Asia, 1953–1960*, eds. Warren I. Cohen and Akira Iriye (New York: Columbia University Press, 1990), 152–153.

約 1950 年代，蔣介石視察金門島。第一次外島危機無意間促成台北、華府締結共同防禦條約，以島嶼為根據地的中華民國得以合法化。（黨史館提供）

防範圍此一難題，他主張須能準確地反映出美國對台北軍事防衛的承諾，在現有的基礎上，既不擴大也不縮減。[54]

翌日，艾森豪總統同意與台北簽訂協防條約的提議，其中最關鍵的因素，在於他堅信此一以「防禦」為本質的條約，將可讓蔣介石未來對大陸的軍事行動上，處在一個更為被動的地位，從而讓華府得以「駕馭」蔣日後的一切軍事行動，降低未來台海發生大規模戰事的可能性，從而保障美國利益。[55]美政府此時願意締結條約，也出於實際之考量；與台北正式結盟，可為美方取得及運用台灣島上的軍事基地、資源與設施等，提供重要的法律依據。其次，正式同盟關係的建立，也可提供雙方一個互動的穩定架構，以利美方推行有助於各項強化台灣政治、軍事與經濟力量的方案。此外，在與台北簽署協防條約之後，美軍部隊即可部署於台灣，並逐步掌握島上的軍事要塞，如此一來，美國在亞太地區冷戰場上將如虎添翼。[56]

在台北，蔣介石對於「神諭計畫」與即將到來的協防條約談判毫無所悉。十月十二日傍晚，當勞伯森的專機抵達台北時，蔣仍然在桃園角板山行館裡休憩，對於美助理國務卿突然造訪，

54 Rankin to State Department, October 5, 1954, no. 794A.5- MSP/10–554;Robertson to Dulles, top secret memorandum, October 7, 1954, no. 793.5/10–754, *Formosa 1950–1954*, reel 4.

55 Dulles to Robertson, memorandum, October 8, 1954, *FRUS 1952–1954*,vol. 14: *China and Japan*, Part 1, 709.

56 Division of Research for Far East, State Department, Intelligence Report IR 7052, "Prospects for U.S. and British Bases in the Far East through 1965,"September 23, 1955, in *O.S.S./State Department Intelligence and Research Reports VIII*, reel 1; Ralph N. Clough, *Island China*(Cambridge, MA: Harvard University Press, 1978), 10–14.

蔣寫道：「究為何事，未先通知，其必非為軍援增加之事，或為金門停火之事乎？可慮。」[57]翌日，台、美雙方官員進行了三輪會談，在談判過程中，蔣介石在堅持中不乏彈性，充分展現出其民族主義者加上機會主義者的特質。一如美國所料，蔣在聽聞「神諭計畫」後強烈反彈，認為此舉百害而無一利，不啻重蹈美國過去對華外交政策錯誤的覆轍，而且將嚴重打擊國民黨政府與台灣民心士氣，蔣並聲稱，不論美國是否提供援助，他都將命令外島上的國軍部隊，戰至最後一兵一卒。勞伯森聞後，接著告訴蔣，如果在聯合國推動「神諭計畫」的同時，華府與台北簽署協防條約，也許會有助於改善國民黨政府的處境。蔣立即心領神會，向勞伯森表示，若華府考慮與台北簽訂協防條約，那麼他願意對「神諭計畫」重新加以審慎評估。有鑒於「神諭計畫」勢在必行，談判最後，蔣介石要求華府在紐西蘭於聯合國安理會提案之前，即正式宣布台、美雙方進行協防條約談判，以減緩「神諭計畫」對台北所帶來的負面效應。[58]

十月底，中華民國外交部長葉公超在華府與美國務院官員開始進行協防條約談判，隨後不久，十一月一日，解放軍開始轟炸浙江沿海的大陳島，這使得未來協防條約內容中如何界定外島防衛，益形重要。[59]從現有的中、美史料中可窺知，在將近一個月的漫長談判過程中，雙方主要有三點歧見：第一，關於未來條約中美軍協防義務所涵蓋的領土範圍，該如何界定；葉公超極力避免在文字敘述上僅提及台灣與澎湖，以免造成中華民國領土只限於台、澎，而不包括整個大陸的不利印象，然而與談的助理國務卿勞伯森不接受，只同意該協約註明除了適用於台灣、澎湖之外，「並適用於以後經共同協議所決定之其他領土」。[60]葉公超對此曾徵詢蔣介石的意見，蔣指示若條約文字有出現「協防台澎有關問題共同協商決定之」等類文字，則不明提外島字句亦可。[61]此一歧見因而獲得化解。

第二，美方希望藉由協防條約的簽訂，限制國軍未來的軍事行動，為了堅守該條約單純的「防禦性質」此一底線，勞伯森堅持未來台北在未與美方磋商並獲得同意之前，不得主動對大陸發動軍事行動，以免美國因該協防條約而被迫捲入與中共之間的直接衝突。葉公超則辯稱，為了顧及任何心理上可能產生的不利影響，蔣介石始終不願意在公開場合宣布放棄反攻大陸，或者承認國軍在未取得美國允許下不會進行反攻復國大業，葉告訴美方，台北當局尚未準備好放棄其反攻大陸的權利與行動自由，而且蔣介石身為「自由中國」的最高領導人，他將難以用美方的提議，來說服其文武官員與人民。對於葉公超的解釋，國務院立場強硬，不肯讓步。此時蔣介石的態度是關鍵因素，在他看來，美方此種苛刻之無理要求令人無法忍受，但又不能不從速訂立，因而指示葉公超與駐美大使顧維鈞，他可以同意此一條款另外以換文方式予以保密，但不載於條約正文之內，以免損害台灣的軍民士氣，此一安排最後獲得美方同意。[62]

第三，雙方的爭端，還圍繞在未來國軍在台、澎、金、馬等外島地區的部署與調動。國務院

57 《蔣介石日記》，一九五四年十月十二日、十三日。

58 Memorandum of conversation, October 13, 1954, *FRUS 1952–1954*,vol. 14: *China and Japan*, Part 1, 728–753.

59 Rankin to State Department, November 6, 1954, no. 794A.00(W)/11–654,*Formosa 1950–1954*, reel 4; Appu K. Soman,*Double- Edged Sword: Nuclear Diplomacy in Unequal Conflicts: The United States and China, 1950–1958* (Westport, CT: Praeger, 2000), 122–153.

60 Memorandum of conversation, top secret, November 4, 1954, *FRUS 1952–1954*, vol. 14: *China and Japan*, Part 1, 860–861; 葉公超與勞伯森會談紀綠，一九五四年十一月四日，國史館，「特交檔案／外交／對美外交」，第十二卷，編號58982。

61 《蔣介石日記》，一九五四年十一月七日；Soman, *Double-Edged Sword*, 146–148.

62 Memorandum of conversation, top secret, November 6, 1954, *FRUS 1952–1954*, vol. 14: *China and Japan*, Part 1, 870–871; 葉公超與勞伯森會談紀綠，一九五四年十一月六日，國史館，「特交檔案／外交／對美外交」，第十二卷，編號58982。

堅持依據協防條約，未來美方對國軍的部署與調動擁有發言權，助理國務卿勞伯森特別指出，他擔心一旦台美締結防禦同盟關係，台北有可能把大量國軍部隊自台灣與澎湖抽調，部署於金、馬外島，如此一來，美國將為履行防衛台、澎之義務而增加極大壓力。葉公超駁斥稱，此問題充滿假設與理論性，在現實上幾乎不可能發生，且台北將無法接受其於所統轄領土範圍內調動部隊的權利受到干涉，然而國務院對此議題的態度堅決。[63]此時蔣介石再度認定，儘早締結共同防禦條約，比重新議定美方要求的重要條文，來得更為緊迫與重要。[64]最後雙方各讓一步，同意斟酌文字，改稱未來部署在台灣本島與澎湖群島上的國軍部隊，不應降至「可能嚴重損及台、澎地區防衛能力的水平」，除此之外，為了避免國民黨重兵部署在協防條約裡並未具體承諾的其他外島地區，華府表明將不保證未來會對駐守外島的國軍部隊，提供大量且充足的後勤支援。[65]

一九五四年十二月二日，杜勒斯與葉公超分別代表雙方政府簽訂共同防禦條約。一如雙方先前所磋商，條約正文對於美國是否防衛外島地區，故意略而不提，希望以此模糊戰略，達到嚇阻中共的效果，同時阻止蔣介石利用這些外島為反攻大陸的跳板。必須指出的是，台北軍政高層對於締結此一協防同盟關係，情緒反應混雜不一，就心理層面而言，此條約緩解了中華民國政府在國際政治與外交舞台上的壓力，並可化解其與美國之間沒有防禦條約關係的尷尬處境，特別是在美國與日本、南韓、菲律賓及其他東南亞反共國家，都已簽署類似安保協定。而協防條約的存在，也可被視為美國在國際上決心繼續承認並支持台北的明證，並消除蔣介石與其官員心中的疑懼，即美國最終將會在英國等其他西方盟邦的壓力下，轉而承認中華人民共和國，甚至再度倡議將台灣交由聯合國託管。然而，駐華大使藍欽也觀察到，此條約的內容與精神，在國民黨高層內部也引發爭議與批評，特別是一如預期的有關國軍反攻大陸之權，以及外島防衛等議題。[66]

回顧歷史，當時台北政壇裡對於協防條約內容還有所疑慮的人士，或許未曾真正意識到，此一結果也許正是蔣介石此刻所企盼的，也是遷台後國民黨政府在主客觀環境下所能爭取到的最佳結果。協防條約簽訂當天，蔣介石在日記裡寫道：「此乃十年蒙恥忍辱，五年苦撐奮鬥之結果，從此我台灣反攻基地始得確定，大陸民心乃克振奮，此誠黑暗中一線之曙光，難怪共匪之叫囂咒罵，可知其心理之恐怖為如何矣。天父賜我如此之厚，能不勉旃。」[67]平心而論，蔣之所以感到滿意，與其說是台灣的軍事戰力將因此得到提升，不如說台灣這塊國民黨最後的權力根據地，其安全地位總算獲得法理上的保障。誠然，蔣得到他心中期盼的，台北與華府之間的軍事防禦同盟關係，然而此一盟邦關係，卻也在本質上，將中華民國政府的有效統治範圍，以法律條文的形式，進一步局限在台灣與澎湖，並將蔣介石希盼以軍事手段收復中國大陸的願望，

63 Memorandum of conversation, top secret, November 16, 1954, *FRUS 1952–1954*, vol. 14: *China and Japan*, Part 1, 896–898; 葉公超與勞伯森會談紀錄，一九五四年十一月十六日，國史館，「特交檔案／外交／對美外交」，第十二卷，編號58982。

64 《蔣介石日記》，一九五四年十一月十一日。

65 Memorandum of conversation, top secret, November 19, 1954, *FRUS 1952–1954*, vol. 14: *China and Japan*, Part 1, 904–908; 葉公超與勞伯森會談紀錄，一九五四年十一月十六日，國史館，「特交檔案／外交／對美外交」，第十二卷，編號58982。

66 Rankin to State Department, December 11, 1954, no. 794A.00(W)/12–1154, *Formosa 1950–1954*, reel 4。英國駐台領事館人員亦有類似之論斷，參見"Tamsui Political Summary, Novemberand December, 1954," in *Taiwan Political and Economic Reports 1861–1960*, ed. Jarman, 10: 556–558.

67 《蔣介石日記》，一九五四年十二月三日。

逐漸消弭於無形。協防條約生效後的十多年間，蔣介石曾經不只一次挑戰或希望打破該條約加諸國民黨政府身上的框架，譬如一九五八年第二次外島危機期間在金門、馬祖部署大量國軍，以及一九六〇年代初期欲以「國光計畫」推動軍事反攻大陸等，皆是明例，然而因為協防條約內容的規範，以及美國對台軍事決策根深蒂固的影響力，都讓此類想法或嘗試，無真正實現之可能。一個以台、澎（再加上金、馬外島）為基礎的中華民國格局，自此底定，無法再有太多變動的空間。

結語

一九五四年十一月二十五日，即台北與華府簽署《中美共同防禦條約》前一週，隸屬於總統府的「光復大陸設計研究委員會」正式成立，由副總統陳誠擔任主任委員。在成立大會上，蔣介石強調應著重文化上、社會上、經濟上、教育上可能發生的各種問題，提出改造方案，並以鞏固台灣、建設台灣為優先，以「建設台灣的經驗作為重建大陸的藍本」。[1]此刻，也許蔣介石開始意識到，台北與華府締結協防盟約的代價之一，將是中華民國永遠立足於台、澎海島，國民黨政府重新回到中國大陸，只能成為一個遙遠的夢想。[2]此後數十年間，國民黨政府領導階層，開始務實地著重於打造台灣成為保存傳統中華文化的復興基地，讓國民黨在台灣的治理模式與經驗，成為大陸未來的藍圖，而非僅只訴諸武力來與海峽對岸打交道。

以台灣為根據地而與中國大陸不相統屬的海島中華民國，似乎也正是此刻華府行政當局決策者所想要的。一九五四年十一月間，中共出動戰艦、機帆船與登陸小艇，先後進犯浙江外海的大陳島，以及孤懸於金門、馬祖之間的烏坵島。十一月十四日晚，共軍在大陳島附近海域以魚雷擊沉國軍主力驅逐艦「太平號」，顯示解放軍開始有能力使用魚雷進行夜間作戰。美國人立即理解到，一旦共軍有此能力，其在未來將更有意願於中華民國海軍所控制的水域內，大膽地開啟海戰。如果中共明知該水域有美國海軍第七艦隊協防而不懼戰，那麼從華府角度觀之，此意味著中、美之間可能引發直接衝突，意義非同小可。[3] 外島局勢日趨緊張之際，華府的軍事情報當局進一步推斷，儘管此刻並無充分證據顯示共軍潛艇已在黃海以外水域執行任務，然如果解放軍下定決心攻擊這些外島的話，其武器裝備與訓練水準，將足以執行必要之軍事行動。[4] 據此，如果華府欲避免與中華人民共和國爆發戰事，那麼設法撤離東南沿海島嶼上的國軍游擊部隊，乃勢在必行。

一九五五年一月十日，毛澤東再度命令共軍大舉進攻大陳島，八天後，約一萬名共軍發動陸、空兩棲作戰，占領了上大陳島以北約九英里處的一江山島，島上約一千名國軍死傷慘重。面對台海危機有復發之勢，國務卿杜勒斯提議美軍協助台北撤出金門、馬祖以外其他外島上的國軍軍事部署，儘管部分華府高層官員對此提議表示反對，然艾森豪總統力挺杜勒斯。[5]

在台北，作風務實的蔣介石，認定其沒理由不接受杜勒斯的提議；大陳島位於蔣的故鄉浙江省外海，儘管彈丸之地，卻是遷台後國民黨政府唯一僅存並掌控的一塊總統故鄉領土，象徵意義極大，放棄它們肯定很不好受，但蔣介石清楚大陳島易攻難守，且作為台灣北面的防禦前哨，其功效並不大。此外，蔣也明白，若台北拿不出東西來與華府進行政治交易，那麼將別指望美國願意承諾協防當時戰略地位比大陳島更為重要的金門與馬祖，易言之，大陳島必須成為台、美交易下的一個妥協與犧牲品。蔣介石同時也擔心，當美國參、眾兩院正在逐條審查批准協防條約之際，台北如堅持不願自大陳撤軍，無端讓美軍捲入與共軍衝突的危機，恐將帶給美國國會不良觀感。[6]

蔣介石既然願意配合，艾森豪總統即於一月二十四日向國會提出《福爾摩沙決議案》（Formosa Resolution），該案授權美國總統得以動用美軍武力保衛台灣、澎湖及其他有關地區，翌日，國會通過此一決議案，二月九日，參眾兩院進一步批准中美協防條約。[7]蔣介石對於《福爾摩沙決議案》的內容刻意忽略金門與馬祖，感到失望不滿，但除了在日記裡批評外交部官員「腦筋昏沉卑劣」之外，並未具體向華府追問此事，反倒私底下認為美國通過此決議，乃中華民國之幸。[8]

可以想見，協防條約與決議案的通過，對於當時台灣的軍事防衛利弊互見；有了美國政府以條約與國會決議案等形式，公開承諾對台澎金馬的軍事防衛，則日後面對海峽彼岸的中共，台北所控制的中華民國領土安全，將獲得極大安全保障。然而條約與決議案所帶來的另一個結果，即是此後國軍部隊的戰略規劃將無可避免地走向守勢，軍事行動範圍也將受到美方嚴厲管制，要在台、澎、金、馬以外地區用兵，機率將微乎其微。一九五五年三月初，蔣介石在台北與杜勒斯晤面時，他再次向杜保證，未來在沒有和華府充分磋商與諮詢之前，台北絕不會單方面向中國大陸發動軍事行動，蔣甚至坦率地告訴杜勒斯，他現在所面臨的一大麻煩，是如何不

1 秦孝儀編，《總統蔣公思想言論總集》，第二十六卷，頁一八三—一八四。

2 出處同上，頁一八四。

3 MAAG Taipei to CINCPAC and the State Department, November 10, 1954;CINCPAC to MAAG Taipei and the State Department, November 16, 1954;State Department, "Reported Chinese Communist Assault on Wu-Ch'iu," memorandum, November 26, 1954, *ROCA*, reel 37.

4 CINCPAC to MAAG Taipei and the State Department, December 7, 1954,*ROCA*, reel 37.

5 Accinelli, *Crisis and Commitment*, 185–189; Soman, *Double-Edged Sword*,130–131.

6 《蔣介石日記》，一九五五年一月二十日、二十一日、二十二日。

7 Accinelli, *Crisis and Commitment*, 190–194。撤退作業於一九五五年二月十一日完成，不久後共軍即不費一兵一卒占領上、下大陳島。

8 《蔣介石日記》，一九五五年一月二十九日、三十日、三十一日。

讓此一約束影響到國民黨的軍心士氣，並維繫住未來以武力光復大陸的一線希望。[9]

此後十餘年間，在台、美協防條約的束縛下，蔣介石與其所領導的中華民國政府，未曾真正打消以武力反攻大陸的懸念，近年來台北國防部所出版的諸多口述歷史訪談紀錄，讓當時蔣介石所擬定之一連串反攻大陸祕密軍事計畫，逐漸公諸於世。[10]一九五六、五七年間，蔣介石持續將最精銳的部隊部署於金門與馬祖外島；一九五四年九月間，這兩個外島共駐紮了約三萬名國軍，到了一九五六年底，外島駐軍已升高至近十萬，國軍陸軍的重要軍事裝備，有超過三分之一部署在這些外島之上。[11]當時美方研判，蔣介石此一軍事部署，意在把美國拖入台海的軍事衝突。一九五八年八月底，共軍炮擊金門，台灣海峽的緊張情勢再度升高，此時，美國要求蔣介石從外島撤出部分兵力，但遭到蔣介石拒絕，他並提醒艾森豪行政當局，除非華府允許國民黨政府發動大規模軍事行動，否則台北恐將失去金門與該島三分之一的駐軍。[12]

一九五八年金門外島危機期間蔣介石所表現出來的強硬立場，成了稍後台海緊張情勢消退時，華府決意進一步規範與限制台北未來軍事行動的主要原因之一；一九五八年十月二十三日，杜勒斯再度訪問台北，在其堅持下，台美雙方發表了一份聯合公報，內容聲明未來中華民國政府同意將以「政治」手段，而非武力，來達成光復大陸的目標，蔣介石還被迫同意減少外島駐軍。[13]有趣的是，當華府再度擔心蔣介石有意把美國拖下水，與中華人民共和國兵戎相向之時，有關「倒蔣」的念頭再次出現；時任國防部長的麥艾樂（Neil McElroy）曾一度提議由美國支助發動一場倒蔣政變，讓願意聽從美方意旨、願意自外島撤軍的其他國民黨人士上台掌權。[14]儘管蔣介石對於美方要求公開聲明日後只能以政治手段回到中國大陸一事，感到極端不快，然此刻他不得不屈服，並且在其私人日記裡，以「此事結果亦將於我有益也」自我安慰一番。[15]無庸置疑，蔣介石是個民族主義者，然面對政治與外交現實與壓力，他終究無從迴避以務實的態度來應對。

一九五〇年代全球冷戰對峙達到最高峰之時，蔣介石為了其所領導的海島中華民國之防衛安全得到美國條約承諾，而感到欣慰，然而到了一九六〇年代初期，他希望發動軍事反攻大陸的念頭與決心，因為毛澤東大躍進運動的失敗以及大饑荒所帶來的混亂局面，再度重新燃起。[16] 此一構想最後終究未能實現，也許有多方面的原因，然而最為關鍵的因素，仍在於台北無法擺脫一九五〇年代美方對於台灣軍事防衛所設框架的層層束縛。一九四九年以後「中華民國在台灣」的形塑，也許直到一九五〇年代結束為止，依然持續不斷地在演化與進行，其中所涉及到諸多

9 Dulles to the State Department, March 4, 1955, *FRUS 1955–1957: China*, 323–324;《蔣介石日記》，一九五五年三月二日、三日。

10 徐柏林於二〇〇七年五月二十五日接受作者訪談。另見國防部史政編譯室編，《塵封的作戰計畫：國光計畫——口述歷史》（台北：國防部史政編譯室，二〇〇五）

11 Kenneth W. Condit, *The Joint Chiefs of Staff and National Policy, 1955–1956, vol. 6: History of the Joint Chiefs of Staff* (Washington, DC: Historical Office, Joint Chiefs of Staff, 1992), 208–209.

12 Dwight D.Eisenhower, *The White House Years: Waging Peace, 1956–1961* (Garden City, NY: Doubleday, 2000), 298–300.

13 Memorandum of conversation, October 23, 1958, *FRUS 1958–1960*: vol. 19, *China*, 438–440; Dulles to the State Department, October 23, 1958, ibid., 444。有關杜勒斯對一九五八年外島危機處理之討論，另參見 Soman, *Double-Edged Sword*, 173–200.

14 Chang, *Friends and Enemies*, 198.

15 《蔣介石日記》，一九五八年十月二十三日、二十四日、二十五日、二十六日。

16 汪士淳，《漂移歲月：將軍大使胡炘的戰爭紀事》（台北：聯合文學，二〇〇六），頁一五三—一五五、一六八—一二一；中央研究院近代史研究所編，《蔣中正總統侍從人員訪問紀錄》（台北：中央研究院近代史研究所），第一卷，頁二十八—二十九。

台、美之間的複雜與互動關係，將是今後學術界可以進一步深入探究的領域。

蔣介石在一九七五年四月五日逝世時，其政治遺囑敦促同志與同胞「實踐三民主義，光復大陸國土」，此後二十年間，他的繼承人，包括蔣經國在內，始終未能實現這個夢想，兩岸之間隔著台灣海峽分治之勢，一如一九四九年十二月以來的情況。

進入二十一世紀，兩岸關係的起伏，已成為影響東亞地區國際關係格局的重要因素之一，從民進黨首次執政所造成兩岸關係的低潮，到國民黨重新執政期間兩岸關係快速發展，再到民進黨二度執政所帶來雙方對未來關係的不確定與相互探底摸索，面對世局，今日我們重新探索半個多世紀以前，兩岸隔海分立的格局如何產生，中華民國如何在台灣島形塑，以及美國在此一歷史過程中如何扮演其角色，可謂正逢其時，作者衷心期盼本書各章節討論，將有助於我們思考並回答這些重要議題。

參考書目

官方檔案

NATIONAL ARCHIVES AND RECORDS ADMINISTRATION, MARYLAND, USA

Record Group 59, Records of the Department of State, Decimal Files (identified as RG 59)

Record Group 84, Records of the Foreign Service Posts of the Department of State (identified as RG 84)

Record Group 127, Records of the U.S. Marine Corps (identified as RG 127)

Record Group 165, Records of the War Department General and Special Staffs (identified as RG 165)

Record Group 218, Records of the Joint Chiefs of Staff (identified as RG 218)

Record Group 226, Records of Office of Strategic Services (identified as RG 226)

Record Group 319, Records of the Army Staff (identified as RG 319)

Record Group 330, Records of the Secretary of Defense (identified as RG 330)

Record Group 334, Records of Interservice Agencies (identified as RG 334)

Confidential U.S. State Department Central Files: Formosa, Internal Affairs 1945-1949 (identified as *Formosa 1945-1949*), microfilms.

Confidential U.S. State Department Central Files: Formosa, Republic of China 1950-1954 (identified as *Formosa 1950-1954*), microfilms.

台北國史館

《蔣中正總統檔案》

「籌筆」

「革命文獻／政治:政經重要設施」

「蔣總統家書／致蔣夫人書信」
「經國先生文電資料」
「特交檔案／軍事／國防設施計畫」
「特交檔案／軍事／金馬及邊區作戰」
「特交檔案／軍事／實踐學社」
「特交檔案／軍事／中央軍事報告及建議」
「特交檔案／軍事／中央軍事機關人事」
「特交檔案／軍事／中央情報機關」
「特交檔案／軍事／作戰計劃及設防」
「特交檔案／軍事／總統對軍事訓示」
「特交檔案／外交／對韓外交」
「特交檔案／外交／對美外交」
「特交檔案／外交／訪問菲律賓」
「特交檔案／外交／國防情報及宣傳」
「特交檔案／外交／美國軍事援助」
「特交檔案／外交／美國協防台灣」
「特交檔案／外交／西方企業公司」
「特交檔案／一般資料／民國三十九年」
「特交檔案／一般資料／民國四十年」
「特交檔案／政治／西藏問題」
《行政院檔案》
《行政院暨所屬檔案》
《外交部檔案》

台北中央研究院近代史研究所檔案館

《外交部檔案》

HOOVER INSTITUTION ARCHIVES, STANFORD UNIVERSITY, CALIFORNIA, USA

Norwood A. Allman Papers

Charles M. Cooke Papers

Chiang Kai-shek Diaries（蔣介石日記）

Julius Epstein Papers

Robert A. Griffin Papers

Walter H. Judd Papers

George H. Kerr Papers

Alfred Kohlberg Papers

Shen Keqin Papers（沈克勤檔案）

Hubert G. Schenck Papers

T. V. Soong (Song Ziwen) Papers（宋子文檔案）

United States Office of Strategic Services Miscellaneous Records

United States Office of War Information Miscellaneous Records

Albert C. Wedemeyer Papers

Thomas Tse-yu Yang Papers（楊子餘檔案）

Zhongguo Guomindang Zhongyang Gaizao Weiyuanhui Dang'an (Archives of the KMT Central Reform Committee)（中國國民黨中央改造委員會檔案）

THE NATIONAL ARCHIVES, LONDON, UNITED KINGDOM

Foreign Office Records (identified as FO).

Cabinet Office Records (identified as CAB)

口述歷史訪問

陳履安，中華民國副總統陳誠之子、一九九三年至一九九五年擔任中華民國監察院長。

楚崧秋，一九五四年至一九五八年擔任蔣介石總統新聞祕書。

沈克勤，一九四九年至一九五〇年擔任孫立人將軍侍從官。

徐柏林（退役上校），一九七二年至一九七四年擔任中華民國陸軍裝甲獨立第一旅戰車營營長。

報紙、政府公報

重慶，《大公報》，一九四三年。

台北，《立法院公報》

台北，《台灣新生報》，一九四九年。

英文著作

Accinelli, Robert. *Crisis and Commitment: United States Policy toward Taiwan, 1950-1955* (Chapel Hill: The University of North Carolina Press, 1996).

Acheson, Dean. *Present at the Creation: My Years in the State Department* (New York: W. W. Norton, 1969).

Ballantine, Joseph W. *Formosa: A Problem for United States Foreign Policy* (Washington D.C.: The Brookings Institution, 1952).

Barnett, A. Doak. *China on the Eve of Communist Takeover* (New York: Frederick A. Praeger, 1963).

Bate, H. Maclear. *Report from Formosa* (New York: E. P. Dutton & Co., Inc., 1952).

Borg, Dorothy and Heinrichs, Waldo eds. *Uncertain Years: Chinese-American Relations, 1947-1950* (New York: Columbia University Press, 1980).

Brunero, Donna. *Britain's Imperial Cornerstone in China: The Chinese Maritime Customs Service, 1854-1949* (London: Routledge, 2006).

Buckley, Roger. *The United States in the Asia-Pacific since 1945* (Cambridge: Cambridge University Press, 2002).

Bullard, Monte R. *The Soldier and the Citizen: The Role of the Military in Taiwan's Development* (New York: M.E. Sharpe, 1997).

Bush, Richard C. *At Cross Purposes: U.S.-Taiwan Relations since 1942* (New York: M.E. Sharpe, 2004).

Chang, Gordon. *Friends and Enemies: The United States, China, and the Soviet Union, 1948-1972* (Stanford: Stanford University Press, 1990).

Chang, Su-ya. "Pragmatism and Opportunism: Truman's Policy toward Taiwan, 1949-1952." Ph.D. dissertation, Pennsylvania State University, 1988.

— "The United States and the Long-term Disposition of Taiwan in the Making of Peace with Japan, 1950-1952." In *Asian Profile*, 16: 5 (1988), pp. 459-470.

Chen, Cheng. *Land Reform in Taiwan* (Taipei: China Publishing Company, 1961).

Chen, Jian. *China's Road to the Korean War: The Making of the Sino-American Confrontation* (New York: Columbia University Press, 1994).

Chang, David Chang. "To Return Home or 'Return to Taiwan': Conflicts and Survival in the 'Voluntary Repatriation' of Chinese POWs in the Korean War." Ph.D. dissertation, University of California at San Diego, 2011.

— *Mao's China and the Cold War* (Chapel Hill: The University of North Carolina Press, 2001).

Chiang, Kai-shek. *China's Destiny* (New York: Roy Publishers, 1947).

Chiu, Hungdah ed. *China and the Question of Taiwan: Documents and Analysis* (New York: Praeger, 1973).

Clough, Ralph N. *Island China* (Cambridge, MA: Harvard University Press, 1978).

Cockburn, Alexander and St. Clair, Jeffery. *Whiteout: The CIA, Drugs and the Press* (London, Verso, 1998).

Cohen, Warren I. and Akira Iriye eds. *The Great Powers in East Asia, 1953-1960* (New York: Columbia University Press, 1990).

Collier, Ruth Berins and David Collier. *Shaping the Political Arena: Critical Junctures, the Labor Movement and Regime Dynamics in Latin America* (Princeton: Princeton University Press, 1991).

Condit, Kenneth W. *The Joint Chiefs of Staff and National Policy, 1955-1956, Vol. 6: History of the Joint Chiefs of Staff* (Washington D.C.: Historical Office, Joint Chiefs of Staff, 1992).

Converse, Elizabeth. "Formosa: Private Citadel?" In *Far Eastern Survey*, 18: 21 (October 1949), pp. 249-250.

Copper, John F. *Taiwan: Nation-State or Province?* (Boulder, Colorado: Westview Press, 1999).

Christenson, Thomas J. *Useful Adversaries: Grand Strategy, Domestic Mobilization, and Sino-American Conflict, 1947-1958* (Princeton: Princeton University Press, 1996).

Cumings, Bruce. *The Origins of the Korean War, Vol. II: The Roaring of the Cataract, 1947-1950* (Princeton: Princeton University Press, 1990).

Dickson, Bruce J. "The Lessons of Defeat: The Reorganization of the Kuomintang on Taiwan, 1950-52." In *The China Quarterly*, No. 133 (1993), pp. 56-84.

Dillon, Michael. *China: A Modern History* (London: I. B. Tauris, 2010).

Donovan, Robert J. *Tumultuous Years: The Presidency of Harry S. Truman, 1949-1953* (New York: W.W. Norton & Company, 1982).

Eastman, Lloyd E. *Seeds of Destruction: Nationalist China in War and Revolution, 1937-1949* (Stanford: Stanford University Press, 1984).

Eastman, Lloyd E., Ch'en, Jerome, Pepper, Suzanne & van Slyke, Lyman P. *The Nationalist Era in China, 1927-1949* (Cambridge: Cambridge University Press, 1991).

Fenby, Jonathan. *Chiang Kai-shek: China's Generalissimo and the Nation He Lost* (New York: Carroll & Graf Publishers, 2003).

— *Modern China: The Fall and Rise of a Great Power, 1850 to the Present* (New York: HarperCollins, 2008).

Finkelstein, David M. *Washington's Taiwan Dilemma, 1949-1950: From Abandonment to Salvation* (Fairfax, VA: George Mason University Press, 1993).

Foley, Matthew. *The Cold War and National Assertion in Southeast Asia: Britain, the United States and Burma, 1948-1962* (London: Routledge, 2010).

Foot, Rosemary. *The Practice of Power: US Relations with China since 1949* (Oxford: Oxford University Press, 1995).

Forbes, Andrew D. W. *Warlords and Muslims in Chinese Central Asia: A Political History of Republican Sinkiang 1911-1949* (Cambridge: Cambridge University Press, 1986).

Gaddis, John Lewis. *We Now Know: Rethinking Cold War History* (Oxford: Oxford University Press, 1997).

Garver, John W. *Chinese-Soviet Relations 1937-1945: The Diplomacy of Chinese Nationalism* (Oxford: Oxford University Press, 1988).

— *The Sino-American Alliance: Nationalist China and American Cold War Strategy in Asia* (New York: M.E. Sharpe, 1997).

Glaser, Charles. "Will China's Rise Lead to War?" In *Foreign Affairs*, 90: 2 (2011), pp.80-91.

— "Disengaging from Taiwan: Should Washington Continue its Alliance with Taipei?" In *Foreign Affairs*, 90:4 (2011), pp. 179-182.

Gilley, Bruce. "Not So Dire Straits: How the Finlandization of Taiwan Benefits U.S. Security," *Foreign Affairs*, 89:1 (2010), pp. 44-60.

Gillin, Donald G. and Myers, Ramon H. eds. *Last Chance in Manchuria: The Diary of Chang Kia-ngau* (Stanford: Hoover Institution Press,

1989).

Gold, Thomas B. *State and Society in the Taiwan Miracle* (New York: M.E. Sharpe, 1997).

Goncharov, Sergei N., John W. Lewis, and Xue Litai, *Uncertain Partners: Stalin, Mao, and the Korean War* (Stanford: Stanford University Press, 1993).

Gordon, Leonard. "American Planning for Taiwan, 1942-1945." In *Pacific Historical Review*, 37: 2 (1968), pp. 201-228.

Gup, Ted. *The Book of Honor: Covert Lives and Classified Deaths at the CIA* (New York: Anchor Books, 2001).

Heller, Francis ed. *The Korean War: A 25 Year Perspective* (Lawrence, KS: Regents Press of Kansas, 1977).

Ho, Ming-sho. "The Rise and Fall of Leninist Control in Taiwan's Industry." In *The China Quarterly*, No. 189 (2007), pp. 162-179.

Holober, Frank. *Raiders of the China Coast: CIA Covert Operations during the Korean War* (Annapolis, MD: Naval Institute Press, 1999).

Hood, Steven J. *The Kuomintang and the Democratization of Taiwan* (Boulder, CO: Westview Press, 1987).

Hoopes, Townsend. *The Devil and John Foster Dulles* (Boston: Little, Brown and Company, 1973).

Hopkins, William B. *The Pacific War: The Strategy, Politics, and Players that Won the War* (Minneapolis, MN: Zenith Press, 2008).

Hughes, Christopher. *Taiwan and Chinese Nationalism: National Identity and Status in International Society* (London: Routledge, 1997).

Hunt, Michael H. *The Making of a Special Relationship: The United States and China to 1914* (New York: Columbia University Press, 1985).

Immerman, Richard H. *John Foster Dulles: Piety, Pragmatism, and Power in U. S. Foreign Policy* (Wilmington, DE: SR Books, 1998).

Jacobs, J. Bruce. "Taiwanese and the Chinese Nationalists, 1937-1945: The Origins of Taiwan's 'Half-Mountain People' (Banshan ren)." In *Modern China*, 16: 1 (1990), pp. 84-118.

Jagchid, Sechin. *The Last Mongol Prince: The Life and Times of Demchugdongrob, 1920-1966* (Bellingham, Washington: Western Washington University, 1999).

Jarman, Robert L. ed., *Taiwan Political and Economic Reports 1861-1960* (Slough, UK: Archive Editions Limited, 1997), 10 Vols.

Jeans, Roger B. ed. *Roads Not Taken: The Struggle of Opposition Parties in Twentieth-Century China* (Boulder, CO: Westview Press, 1992).

Jurika, Jr., Stephen. ed., *From Pearl Harbor to Vietnam: The Memoirs of Admiral Arthur W. Radford* (Stanford: Hoover Institution Press, 1980).

Kaufman, Burton I. *The Korean Conflict* (Westport, CT: Greenwood Press, 1999).

Kaufman, Victor S. *Confronting Communism: U.S. and British Policies toward China* (Columbia, Missouri: University of Missouri Press, 2001).

— "Trouble in the Golden Triangle: The United States, Taiwan and the 93rd Nationalist Division." In *The China Quarterly*, No. 166 (2001), pp. 440-456.

Kerr, George H. *Formosa Betrayed* (Boston: Houghton Mifflin Company, 1965).

— *Okinawa: The History of an Island People* (North Clarendon, VT: Tuttle Publishing, 2000).

Kesaris, Paul ed. *O.S.S./State Department Intelligence and Research Reports VIII: Japan, Korea, Southeast Asia, and the Far East Generally: 1950-1961 Supplement* (Washington D.C.: University Publications of Ameirca, 1977), microfilms.

— *CIA Research Reports: China, 1946-1976* (Frederick, MD: University Publications of America, 1982), microfilm.

Kim, Donggil. "The Crucial Issues of the Early Cold War: Stalin and the Chinese Civil War." In *Cold War History*, 10: 2 (2010), pp. 185-202.

Kusnitz, Leonard A. *Public Opinion and Foreign Policy: America's China Policy, 1949-1979* (Westport, CT: Greenwood Press, 1984).

Kuo, Tai-chun and Myers, Ramon H. *Taiwan's Economic Transformation: Leadership, Property Rights and Institutional Change 1949-1965* (London: Routledge, 2012).

Lai, Tse-han, Myers, Ramon H., and Wei, Wou. *A Tragic Beginning: The Taiwan Uprising of February 28, 1947* (Stanford: Stanford University Press, 1991).

Laird, Thomas. *Into Tibet: The CIA's First Atomic Spy and his Secret Expedition to Lhasa* (New York: Grove Press, 2002).

Leary, William M. *Perilous Missions: Civil Air Transport and CIA Covert Operations in Asia* (Tuscaloosa, AL: University of Alabama Press, 1984).

Lew, Christopher R. *The Third Chinese Revolutionary Civil War, 1945-49* (London: Routledge, 2009).

Lin, Hsiao-ting. *Tibet and Nationalist Frontier: Intrigues and Ethnopolitics, 1928-49* (Vancouver: University of British Columbia Press, 2006).

Liu, Xiaoyuan. *A Partnership for Disorder: China, the United States, and their Policies for the Postwar Disposition of the Japanese Empire, 1941-1945* (Cambridge: Cambridge University Press, 1996).

— *Reins of Liberation: An Entangled History of Mongolian Independence, Chinese Territoriality, and Great Power Hegemony, 1911-1950* (Stanford: Stanford University Press, 2006).

Lowe, Peter. *The Origins of the Korean War: Second Edition* (London: Longman, 1997).

— *The Korean War* (New York: St. Martins's Press, 2000).

Lumley, F. A. *The Republic of China under Chiang Kai-shek: Taiwan Today* (London: Barrie & Jenkins, 1976).

MacEachin, Douglas J. *The Final Months of the War With Japan: Signals Intelligence, U.S. Invasion Planning, and the A-Bomb Decision* (Washington D.C.: Central Intelligence Agency, 1998).

Mahoney, James. *The Legacies of Liberalism: Path Dependence and Political Regime in Central America* (Baltimore: The Johns Hopkins University Press, 2001).

Manchester, William. *American Caesar: Douglas MacArthur, 1880-1964* (London: Little, Brown and Company, 1978).

Mark, Chi-kwan. *Hong Kong and the Cold War: Anglo-American Relations, 1949-1957* (Oxford: Oxford University Press, 2004).

Marolda, Edward J. "The U.S. Navy and the 'Loss of China', 1945-1950." In Larry I. Bland ed., *George C. Marshall's Mediation Mission to China: December 1945-January 1947* (Lexington, VA: George C. Marshall Foundation, 1998), pp. 409-420.

McCoy, Alfred W. *The Politics of Heroin: CIA Complicity in the Global Drug Trade* (Chicago: Lawrence Hill Books, 1991).

McGlothlen, Ronald. *Controlling the Waves: Dean Acheson and the U.S. Foreign Policy in Asia* (New York: Norton, 1993).

McMahon, Robert J. *The Limits of Empire: The United States and Southeast Asia since World War II* (New York: Columbia University Press, 1999).

Mendel, Douglas. *The Politics of Formosan Nationalism* (Berkeley: University of California Press, 1970).

Merrill, Dennis ed. *Documentary History of the Truman Presidency, Vol. 18: The Korean War:The United States' Response to North Korea's Invasion of South Korea, June 25, 1950~November 1950* (Frederick, MD: University Publications of America, 1998).

— *Vol. 23: The Central Intelligence Agency: Its Founding and the Dispute over its Mission, 1945-1954* (Frederick, MD: University Publications of America, 1998).

— *Vol. 32: The Emergence of an Asian Pacific Rim in American Foreign Policy: The Philippines, Indochina, Thailand, Burma, Malaya, and Indonesia* (Frederick, MD: University Publications of America, 2001).

Millett, Allan R. *The War for Korea, 1950-1951: They Came from the North* (Lawrence, KS: University Press of Kansas, 2010).

Morison, Samuel Eliot. *History of United States Naval Operations in World War II, Vol. XIII The Liberation of the Philippines, 1944-1945* (Boston: Little, Brown and Company, 1959).

Nalty, Bernard C. *War in the Pacific: Pearl Harbor to Tokyo Bay* (Norman, OK: University of Oklahoma Press, 1999).

Ong, Joktik. "A Formosan's View of the Formosan Independence Movement." In *The China Quarterly*, No. 15 (1963), pp. 107-114.

Pakula, Hannah. *The Last Empress: Madame Chiang Kai-shek and the Birth of Modern China* (New York: Simon and Schuster, 2009).

Pearlman, Michael D. *Truman and MacArthur: Policy, Politics, and the Hunger for Honor and Renown* (Bloomington: Indiana University Press, 2008).

Phillips, Steven. "Between Assimilation and Independence: Taiwanese Political Aspirations under Nationalist Chinese Rule, 1945-1948." In Murray A. Rubinstein ed., *Taiwan: A New History* (New York: M.E. Sharpe, 2007), pp. 275-319.

Ranelagh, John. *The Agency: The Rise and Decline of the CIA* (London: Weidenfeld & Nicolson, 1986).

Rankin, Karl L. *China Assignment* (Seattle: University of Washington Press, 1964).

Rigger, Shelley. "Why Giving Up Taiwan Will Not Help Us with China." In *Asian Outlook*, No. 3 (2011), pp. 1-8.

Roy, Denny. *Taiwan: A Political History* (Ithaca: Cornell University Press, 2003).

Schoenbaum, Thomas J. *Waging Peace and War: Dean Rusk in the Truman, Kennedy, and Johnson Years* (New York: Simon and Schuster, 1988).

Schonberger, Howard. *Aftermath of War: Americans and the Remaking of Japan, 1945-1952* (Kent, OH: The Kent State University Press, 1989).

Scott, Peter Dale. *Drugs, Oil, and War: The United States in Afghanistan, Colombia, and Indochina* (New York: Rowman & Littlefield, 2003).

Sebald, William J. and Brinan, Russell. *With MacArthur in Japan: A Personal History of the Occupation* (New York: Norton, 1965).

Shoemaker Christopher C. and John Spanier, *Patron-Client State Relationships: Multilateral Crises in the Nuclear Age* (New York: Praeger Publishers, 1984).

Shulzberger, C. L. *A Long Row of Candles: Memories and Diaries, 1934-1954* (New York: Macmillan, 1969).

Soman, Appu K. *Double-Edged Sword: Nuclear Diplomacy in Unequal Conflicts: The United States and China, 1950-1958* (Westport, CT: Praeger Publishers, 2000).

Spanier, John. *Games Nations Play: Seventh Edition* (Washington D.C.: Congressional Quarterly Inc., 1990).

Spence, Jonathan D. *The Search for Modern China* (New York: W. W. Norton, 1990).

Stopler, Thomas E. *China, Taiwan, and the Offshore Islands: Together with an Implication for Outer Mongolia and Sino-Soviet Relations* (New York: M.E. Sharpe, 1985).

Sun, Kang-yi. *Journey through the White Terror: A Daughter's Memoir* (Taipei: National Taiwan University Press 2006).

Szonyi, Michael. *Cold War Island: Quemoy on the Front Line* (Cambridge: Cambridge University Press, 2008).

Tai, Wan-chin. "The U.S. Policy toward Taiwan in 1949 and the Mission of Livingston T. Merchant." In *Tamkang Journal of International Affairs*

(Taipei), 9: 3 (2006), pp. 93-125.

Taylor, Jay. *The Generalissimo: Chiang Kai-shek and the Struggle for Modern China* (Cambridge, MA: Harvard University Press, 2009).

Taylor, Robert H. *Foreign and Domestic Consequences of the KMT Intervention in Burma* (Ithaca: Department of Asian Studies, Cornell University, 1973).

Thomas, Evan. *The Very Best Men: The Daring Early Years of the CIA* (New York: Simon & Schuster, 2006).

Thomas, Lowell. *History As You Heard It* (New York: Doubleday & Company, Inc., 1957).

Thompson, Nicholas. *The Hawk and the Dove: Paul Nitze, George Kennan, and the History of the Cold War* (New York: Henry Holt and Company, 2009).

Thornton, Richard C. *Odd Man Out: Truman, Stalin, Mao and the Origins of Korean War* (Dulles, VA: Brassey's, Inc., 2000).

Tong, Te-kong, and Li, Tsung-jen. *The Memoirs of Li Tsung-jen* (Boulder, CO: Westview Press, 1979).

Topping, Seymour. *On the Front Lines of the Cold War: An American Correspondent's Journal from the Chinese Civil War to the Cuban Missle Crisis and Vietnam* (Baton Rouge, LA: Louisiana State University Press, 2010).

Truman, Harry S. *Memoirs* (New York: Doubleday, 1955-56), 2 vols.

Tsang, Steve. *The Cold War's Odd Couple: The Unintended Partnership between the Republic of China and the UK, 1950-1958* (London: I.B. Tauris, 2006).

—"Chiang Kai-shek and the Kuomintang's Policy to Reconquer the Chinese Mainland, 1949-1958." In Steve Tsang ed. *In the Shadow of China: Political Development in Taiwan since 1949* (Honolulu, University of Hawaii Press, 1993), pp. 48-72.

Tucker, Nancy Bernkopf and Bonnie Glaser. "Should the United States Abandon Taiwan?" In *The Washington Quarterly*, 34:4 (2011), pp. 23-37.

Tucker, Nancy Bernkopf ed. *China Confidential: American Diplomats and Sino-American Relations, 1945-1996* (New York: Columbia University Press, 2001).

— *Taiwan, Hong Kong, and the United States, 1945-1992: Uncertain Friendship* (New York: Twayne Publishers, 1994).

— *Patterns in the Dust: Chinese-American Relations and the Recognition Controversy, 1949-1950* (New York: Columbia University Press, 1983).

Tucker, Shelby. *Burma: The Curse of Independence* (London: Pluto Press, 2001).

United States Department of State. *Foreign Relations of the United States* (Washington D.C.: Government Printing Office, 1862-) (identified as *FRUS*).

— *Occupation of Japan: Policy and Progress* (Washington D.C.: Government Printing Office, 1946).

— *The China White Paper: August 1949* (Stanford: Stanford University Press, 1967), 2 Vols.

— *Records of the Office of Chinese Affairs, 1945-1955* (Wilmington, Delaware: Scholarly Resources Inc., 1989) (identified as *ROCA*), microfilms.

United States Senate. *Final Report of the Select Committee to Study Government Operations with Respect to Intelligence Activities* (Washington D.C.: U.S. Government Printing Office, 1976).

United States Senate Committees on Armed Services and Foreign Relations. *Hearings to Conduct an Inquiry into the Military Situation in the Far East and the Facts Surrounding the Relief of General of the Army Douglas MacArthur from His Assignments in That Area*, 82nd Congress, 1st Session, 1951.

Mei-ling T. Wang. *The Dust that Never Settles: The Taiwan Independence Campaign and U.S.-China Relations* (Lanham, MD: University Press of America, 1999).

Wachman, Alan M. *Why Taiwan? Geostrategic Rationales for China's Territorial Integrity* (Stanford: Stanford University Press, 2007).

Wang, Peter Chen-main. "A Bastion Created, A Regime Reformed, An Economy Reengineered, 1949-1970." In Rubinstein ed., *Taiwan: A New History*, pp. 320-338.

Wedemeyer, Albert C. *Wedemeyer Reports!* (New York: Henry Holt & Company, 1958).

Westad, Odd Arne. *Decisive Encounters: The Chinese Civil War, 1946-1950* (Stanford: Stanford University Press, 2003).

Xiang, Lanxin. *Recasting the Imperial Far East: Britain and America in China, 1945-1950* (New York: M. E. Sharpe, 1995).

Yoshitus, Michael M. *Japan and the San Francisco Peace Settlement* (New York: Columbia University Press, 1982).

Zhai, Qiang. *The Dragon, the Lion, and the Eagle: Chinese-British-American Relations, 1945-1958* (Kent, OH: The Kent State University Press, 1994).

— *The China and the Vietnam Wars, 1950-1975* (Chapel Hill: The University of North Carolina Press, 2000).

中文與日文著作

何鳳嬌編，《政府接收臺灣史料彙編》，全二輯。台北：國史館，一九九〇年。

中央檔案館、廣東省檔案館編，《廣東革命歷史文件匯集》，全五十輯。廣州：廣東人民出版社，一九八八年。

陳誠，《陳誠先生回憶錄——建設台灣》，全二輯。台北：國史館，二〇〇五年。

陳佳宏，《台灣獨立運動史》。台北：玉山社，二〇〇六年。

陳鳴鐘、陳興唐編，《台灣光復和光復後五年省情》。南京：南京出版社，一九八九年。

陳思宇，《台灣區生產事業管理委員會與經濟發展策略（一九四九—一九五三）》。台北：稻鄉，二〇〇二年。

陳興唐編，《台灣「二二八」事件檔案史料》，第一輯。台北：人間出版社，一九九二年。

陳陽德，《台灣地方民選領導人物的變動》。台北：四季出版社，一九八一年。

陳儀深，〈再探二二八事件處理委員會——關於其政治立場與角色功能的評估〉，收錄於張炎憲、陳美蓉、楊雅慧編，《二二八事件研究論文集》。台北：吳三連台灣史料基金會，一九九八年。

陳儀深，〈豈止是「維持治安」而已——論蔣介石與台省軍政首長對二二八事件的處置〉，收錄於李旺台編，《二二八事件新史料學術論文集》。台北：二二八事件紀念基金會，二〇〇三年。

陳正茂，〈廖文毅與台灣再解放聯盟〉，收錄於《傳記文學》，卷九四期一（二〇〇九年），頁四—一六。

蔣經國，《風雨中的寧靜》。台北：黎明文化，一九七四年。

廣東省檔案館編，《東江縱隊史料》。廣州：廣東人民出版社，一九八四年。

中央研究院近代史研究所編，《白崇禧先生訪問紀錄》。台北：中央研究院近代史研究所，一九八四年。

郝維民編，《內蒙古自治區史》。呼和浩特：內蒙古大學出版社，一九九一年。

黃彰健，《二二八事件真相考證稿》。台北：聯經，二〇〇七年。

黃杰，〈黃杰自述〉，收錄於《傳記文學》，卷三八期三（一九八一年），頁三三—四二。

黃翔瑜編，《富國島留越國軍史料彙編》。台北：國史館，二〇〇六年。

黃自進，〈戰後台灣主權爭議與《中日和平條約》〉，收錄於《中央研究院近代史研究所集刊》，期五四（二〇〇六年十二月），頁五九—一〇四。

黃卓群、劉永昌，《吳國楨傳——尚憶記》，第二輯。台北：自由時報，一九九五年。
許雪姬，〈日據時期中華民國台北總領事館，一九三一年—一九三七年〉，收錄於台灣大學歷史系編，《日據時期台灣史國際學術研討會論文集》。台北：台灣大學歷史系，一九九三年，頁五五九—六三三。
中央研究院近代史研究所編，《二二八事件資料選輯》，第一、二輯。台北：中央研究院近代史研究所，一九九二年。
中央研究院近代史研究所編，《蔣中正總統侍從人員訪問紀錄》，第一、二輯。台北：中央研究院近代史研究所，二〇一二年。
姜平，《李濟深全傳》。北京：團結出版社，二〇〇二年。
金沖及，《轉折年代——中國的1947年》。北京：北京：三聯書店，二〇〇二年。
經盛鴻，《西北王胡宗南》。鄭州：河南人民出版社，一九九五年。
中國國民黨台灣省黨部編，《中國國民黨台灣省黨部首任主任委員翁俊明先生紀念銅像揭幕特刊》。台中：中國國民黨台灣省黨部，一九七五年。
顧維鈞，《顧維鈞回憶錄》。北京：中華書局，一九九八年。
賴澤涵，〈陳儀與閩、浙、台三省省政（一九二六—一九四九）〉，收錄於中華民國建國八十年學術討論會編輯委員會編，《中華民國建國八十年學術討論集》，第四輯。台北：近代中國出版社，一九九一年，頁二三三—三五六。
賴澤涵，《「二二八事件」研究報告》。台北：時報文化，一九九四年。
藍博洲，《白色恐怖》。台北：白色恐怖，揚智，一九九三年。
李松林，《蔣介石的台灣時代》。台北：風雲時代，一九九三年。
李玉、袁蘊華、費祥鎬，《西南義舉——盧漢劉文輝起義紀實》。成都：四川人民出版社，一九八七年。
李雲漢，《中國國民黨史述》。台北：台北：中國國民黨黨史委員會，一九九四年。
李宗黃，《李宗黃回憶錄》。台北：中國地方自治學會，一九七二年。
林滿紅，《獵巫、叫魂與認同危機——台灣定位新論》。台北：黎明文化，二〇〇八年。
林桶法，《戰後中國的變局——以國民黨為中心的探討一九四五—一九四九》。台北：台灣商務，二〇〇三年。
林照真，《覆面部隊——日本白團在台祕史》。台北：時報出版，一九九六年。
劉進慶，《戰後台灣經濟分析》。台北：人間，一九九二年。
劉統，《中國的1948年——兩種命運的決戰》。北京：三聯書店，二〇〇六年。
呂芳上，〈台灣革命同盟會與台灣光復運動（一九四一—一九四五）〉，收錄於中華民國史料研究中心編，《中國現代史專題研究報告》，輯三（一九七三年九月），頁二五五—三一五。
馬鴻逵，《馬少雲回憶錄》。香港：文藝書屋，一九八四年。
中華民國國防部編，《美軍援顧問團駐華十年簡史》。台北：國防部，一九六一年。
國防部史政編譯室編，《塵封的作戰計畫》。台北：國防部史政編譯室，二〇〇五年。
彭孟緝，〈台灣二二八事件回憶錄〉，收錄於中央研究院近代史研究所編，《二二八事件資料選輯》（一），頁三九—一〇八。
秦孝儀編，《中華民國重要史料初編——對日抗戰時期》。台北：中國國民黨黨史委員會，一九八一年。
秦孝儀編，《總統蔣公大事長編初稿》。台北：中國國民黨黨史委員會，一九七八年。
秦孝儀編，《總統蔣公思想言論總集》。台北：中國國民黨黨史委員會，一九八四年。
秦孝儀編，《光復台灣之籌劃與受降接收》。台北：中國國民黨黨史委員會，一九九〇年。
秦孝儀編，《國民革命與台灣》。台北：中國國民黨黨史委員會，一九八〇年。
沈　醉，《我的特務生涯》。北京：中國文史出版社，二〇〇五年。
沈克勤，《孫立人傳》。台北：學生書局，一九九八年。
邵毓麟，《使韓回憶錄》。台北：傳記文學，一九八〇年。
白團の記録を保存する會，〈「白團」物語〉，一—十五回。《偕行》（軍事學會刊物），東京：一九九三—一九九四年。
蘇嘉宏、王呈祥，〈陳儀在台主政期間（一九四五—一九四七）的經濟政策：孫中山先生「民生主義」的實踐與背離〉，收錄於《國立國父紀念館館刊》，期十二（二〇〇三年），頁五五—七〇。
桐廬，〈論華南「經建」陰謀的破產〉，收錄於中央檔案館、廣東省檔案館編，《廣東革命歷史文件匯集》，期四十九。廣州：廣東人民出版社，一九八八年，頁二九—三五。

汪士淳，《漂移歲月——將軍大使胡炘的戰爭紀事》。台北：聯合文學，二〇〇六年。

吳景平，《宋子文政治生涯編年》。福州：福建人民出版社，一九九八年。

吳景平，《宋子文評傳》。福州：福建人民出版社，一九九八年。

吳國楨，《從上海市長到台灣省主席（一九四六—一九五三）》。上海：上海人民出版社，一九九九年。

吳國楨，《夜來臨——吳國楨見證的國共鬥爭》。香港：香港中文大學出版社，二〇〇九年。

吳淑鳳，〈宋子文與建設新廣東〉，收錄於《東華人文學報》，期五（二〇〇三年），頁一一九—一五九。

吳興鏞，《黃金檔案——國府黃金運台一九四九年》。台北：時英，二〇〇七年。

薛化元、林果顯、楊秀菁編，《戰後台灣人權年表，一九四五—一九六〇》。台北：國史館，二〇〇八年。

薛慶煜，《孫立人將軍傳》。呼和浩特市：內蒙古大學出版社，二〇〇〇年。

楊維真，《從合作到決裂——龍雲與中央的關係（一九二七—一九四九）》。台北：國史館，二〇〇〇年。

楊正寬，《從巡撫到省主席——台灣省政府組織調適之研究》。台中：台灣省政府新聞處，一九九〇年。

張發奎，《蔣介石與我——張發奎上將回憶錄》。香港：香港文藝藝術出版社，二〇〇八年。

張令澳，《我在蔣介石侍從室的日子》。香港：明報出版社，一九九五年。

周宏濤，《蔣公與我——見證中華民國關鍵變局》。台北：天下文化，二〇〇三年。

朱浤源，〈孫立人與麥帥：一九四九年〉，收錄於中央研究院近代史研究所編，《一九四九年：中國的關鍵年代學術討論會論文》。台北：中央研究院近代史研究所，二〇〇〇年，頁二八五—三二八。

誌謝

本書是筆者於二〇一六年三月由美國哈佛大學出版社所出版之專著*Accidental State: Chiang Kai-shek, the United States, and the Making of Taiwan*的繁體中文版，此一研究成果的完成，得益於多位傑出之士的協助。首先要感謝筆者服務的美國史丹佛大學胡佛研究所，所長吉利根（Thomas W. Gilligan）的領導和投入，將胡佛研究所打造成為世界一流智庫與學術重鎮；感謝胡佛研究所第一副所長暨胡佛檔案館館長魏肯（Eric Wakin）對我的研究與檔案行政工作所給予的支持與鼓勵。以下學者與學友閱讀了英文原著各章節的初稿，並提供諸多批評與寶貴修改意見，在此也表達誠摯的謝意：周錫瑞（Joseph W. Esherick）、宋仲虎（Leo Soong）、John Garver、麥志坤（Chi-kwan Mark）、陳明銶、常成、戴鴻超、葉文心。本書部分章節曾在以下機構以學術會議論文或者專題講座的形式發表，我要感謝這些主辦單位以及諸多與會學者所提出的寶貴意見與建議：史丹佛大學國際關係學院、英國牛津大學聖安東尼學院、日本東京防衛省防衛研究所、日本東京大學大學院、北京中國社會科學院近代史研究所、北京大學歷史系、北京人民大學國際關係學院、上海復旦大學歷史系、成都西南交通大學政治學院、台北國史館、國立政治大學外交學系、國立清華大學通識中心、國立成功大學政經研究所。為避免掛一漏萬，恕本人不在此將與會學者一一列名。

我要感謝下列機構，為撰寫本書所需的檔案史料收集，提供最專業的諮詢與服務：美國國家檔案館、史丹佛大學總圖書館微捲收藏部、胡佛檔案館、英國國家檔案館、台北國史館、台北中央研究院近代史研究所檔案館。我特別要感謝美、台兩地的研究生助理，這些年來對於此研究計畫所提供的各項協助：張興民、鄭巧君、楊善堯、尤云弟、翟翔。我也要感謝台北中國國民黨黨史館主任王文隆博士慨允提供本書所收錄之部分照片。

哈佛大學出版社資深編輯Kathleen McDermott女士，為英文原著的誕生，出力甚大，沒有她的鼓勵與支持，就沒有此書的問世。哈佛大學出版社以下同仁對於出版計畫的熱烈支持，我也同樣表示由衷感激之意：Stephanie Vyce, Michael Higgins, Katrina Vassallo, Anne Zarrella, Deborah Grahame-Smith, Carol Noble。英文原著兩位匿名審查人與哈佛大學學術出版評鑑委員會諸位委員們，提供了極為有用的批評指正與修改建議。我要特別感謝遠足文化事業股份有限公司對出版中譯本的熱情支持，以及總編輯龍傑娣女士與譯者黃中憲先生所付出的巨大努力與辛勞。

最後，我要藉此機會表達我對家人最誠摯的謝意，十餘年來，他們對我的學術研究工作，給予最大的鼓勵、支持與包容：父親林文輝、母親郭珮華、岳父徐柏林、岳母張春鳳、內人徐海蕾與兩個兒子林易安、林易賢。

國家圖書館出版品預行編目資料

意外的國度：蔣介石、美國、與近代台灣的形塑 / 林孝庭作；黃中憲譯. -- 初版. -- 新北市：遠足文化, 2017.03　面；　公分. -- (遠足新書；4)
譯自：Accidental state : Chiang Kai-shek, the United States, and the making of Taiwan
ISBN 978-986-94425-3-4(平裝)
1.臺灣史 2.中華民國外交 3.中美關係
733.29　106003660

遠足文化

讀者回函

遠足新書 04

意外的國度：蔣介石、美國、與近代台灣的形塑
Accidental State: Chiang Kai-shek, the United States, and the Making of Taiwan

作者・林孝庭｜**譯者**・黃中憲｜**責任編輯**・龍傑娣｜**編輯協力**・張興民｜**校對**・施亞蒨｜**封面設計**・林宜賢｜**出版**・遠足文化事業股份有限公司 第二編輯部｜**社長**・郭重興｜**總編輯**・龍傑娣｜**發行人兼出版總監**・曾大福｜**發行**・遠足文化事業股份有限公司｜**電話**・02-22181417｜**傳真**・02-86671851｜**客服專線**・0800-221-029｜E-Mail・service@sinobooks.com.tw｜**官方網站**・http://www.bookrep.com.tw｜**法律顧問**・華洋國際專利商標事務所蘇文生律師｜**印刷**・崎威彩藝有限公司｜**排版**・菩薩蠻數位文化有限公司｜**初版**・2017年3月｜**初版十五刷**・2024年7月｜**定價**・420元｜ISBN・978-986-94425-3-4